THE XXIV
WORLD
CONGRESS OF
PHILOSOPHY

在这里，
中国哲学与世界相遇

24位世界哲学家访谈录

李 念/主编

Congratulation on The 24th World
Congress of Philosophy

人民出版社

目
录

序

孙 向 晨

　　自 2018 年 8 月 20 日为期 8 天的第 24 届世界哲学大会在北京国际会议中心结束，转眼间，喧嚣一时的世界哲学大会已经落幕一个多月了，其丰富的意涵仍在我们中间慢慢回荡。李念女士主编的《在这里，中国哲学与世界相遇——24 位世界哲学家访谈录》就是一份很好的馈赠。

　　谈起世界哲学大会，似乎就有一段长长的回忆。当上一届世界哲学大会在雅典闭幕后，定于在北京召开的第 24 届世界哲学大会就紧锣密鼓地进入了筹备阶段。从 2014 年 9 月 3 日第一次筹备会议开始，之后的每年，国际哲学团体联合会（FISP）的国际项目委员会都会在北京大学召开筹备会议，除了莫兰（Dermot Moran）作为 FISP 的主席和斯卡兰蒂诺（Luca M.Scarantino）作为秘书长之外，波佐（Riccardo Pozzo）担任项目委员会的主席，此外还有五位国际委员和五位中国委员，国际委员来自美国、希腊、南非、俄国与韩国；中国委员则有杜维明、王博、谢地坤、江怡和我；北大的刘哲老师也一直参与这项浩繁的筹备工作。四年的时间，在筹办北京第 24 届世界哲学大会的过程中大家结下了深厚的友谊。因此，此时说起世界哲学大会就不再只是一个外在的事件，而是有着种种亲切的感受。大会的筹备是复杂的：从大会主题的各种翻译到各分会场的主题，从会场的组织到重要与会嘉宾的邀请，从徽标的设计到各方的联络，似乎有无数的事情要做。以哲学的名义，邀请各大洲哲学家在多元文明之间进行交流，这一切都非常值得。

这次会议固然以其主办的规模、会议的场次、参加的人数、议题的丰富所开创的新纪录而被载入史册，但更重要的在于其对于中国与世界的意义。"学以成人"（Learning to be human）是这次大会的"主题"。这是个颇具中国色彩的主题，在这本采访录中，我们看到这个主题受到了国际学界的普遍欢迎。但在国内却引起了小小的争议，理由是这个主题不够哲学，或者以为这个主题过于中国化。这样的反应始料未及，却折射出同一种偏狭的哲学观。仿佛中国的，就不能是世界的，仿佛只有符合怎样的标准才算是哲学。以这种眼光衡量这个剧烈变化世界中的哲学，是会迷失自我的。事实上，无论是古希腊哲学，还是希伯来传统，抑或是印度文明，都有着丰富的关于"学"的思想，"学"并不简单地涉及教育问题，更在各文明体系中有着本体论地位。"学"是一座桥梁，勾连起不同的世界、不同的社会、不同的世代，正是在这种"勾连"中，"成人"才成为一种可能。在这个全球化时代，这个主题尤其值得我们从哲学上来加以探讨。对于这个略显中国化的主题，我们既不应妄自尊大，也不必妄自菲薄。以某种中国色彩的表达来彰显人类共同关切的主题，恰恰是北京为这次世界哲学大会作出的最为美妙的贡献。

举办7000多人参与的"世界哲学大会"，是这次世界大会的一大创举，会场人来人往，川流不息，可谓赛过"集市"。苏格拉底当年在集市中从事哲学活动时，是很难想象今天的哲学规模。有人以此讽刺世界哲学大会的"热闹"，我感到的却是一种"骄傲"。在现代学科体制下，学术活动以越来越专业的方式进行着，论题越来越狭隘，不同的学科老死不相往来，甚至鸡犬不相闻。这样的状况远远脱离了对人类真实生活反思的需要。来自121个国家与地区的学者，以人类思想特有的丰富性和多元性，在总共99个分论题的会场上，以及其他各种类型的邀请会议或圆桌会议上，举办了一千余场的哲学活动，使不同文明的人们有机会坐在一起共同应对现代思想的挑战。这样的哲学论坛无论在广度上还是在深度上都是前无古人的，这也是目前任何其他学术活动所无法取代的，这种全球性的思想探讨非常值得我们珍惜。

世界哲学大会除了吸引学术界的专业人士，更有很多社会人士参与，从哲学爱好者到中小学教师，从中小学生到社会商界人士，充分显示出在现代社会中，哲学对于社会的重大吸引力。我中学同学的儿子，还只是一名高中生，特地从上海赶来北京，参加了全部8天的会议，可能有些他未必能听懂、未必能明白，但他听得津津有味。我想这并非个案，这正是中国社会在不断进步的体现，这也是哲学大会的魅力所在。其实，在联合国教科文组织下，有很多世界性的学科大会——世界历史学大会、世界社会学大会、世界艺术史学大会，惟有世界哲学大会最能引起社会的广泛关注。当然，从会场反应来看，我们的社会人士对于哲学议题还是相当陌生，对哲学进行的方式也相当隔膜。相比欧洲很多国家在中学阶段就对哲学有系统的学习，相比美国在大学通识教育中对哲学教育的重视，中国目前的教育体制对于公民的哲学教育与训练是远远不足的，通过世界哲学大会反映出我们在公民的哲学教育方面还有很大的改善空间。本书的出版，正可以弥补这方面的缺陷。

这次世界哲学大会在国内学界引起的热烈反响也是超乎想象的，在全国哲学界掀起了一股参会的热潮。这样的热情反衬出我们在全国层面上还缺乏这样的全面性哲学论坛，只好借着世界哲学大会才能形成国内哲学界人士的大团聚。相比奥运会，我们有全运会；相比世界奥林匹克数学竞赛，我们有国内的比赛；但相应于世界哲学大会，我们却没有全国性的哲学大会，我们甚至都没有一个全国性的哲学学会。我们有的只是中国学科体制下很多二级学科的学会，比如中国哲学史学会、外国哲学史学会等等，没有一个全国性的哲学学会，这对于哲学教育与创新是非常不利的。甚至国际哲学团体联合会执委会的成员也因为没有全国性的哲学学会推荐而略显尴尬。本书的编撰正好反映出这种无隔阂的哲学风格的魅力，有英美哲学，有欧陆哲学，有中国哲学，也有印度、伊朗、土耳其、南非的哲学；有社会批判的传统，也有女性主义的立场。这才是哲学创造真正需要的多元环境。借助于这次世界哲学大会在中国召开的热潮，我们是否也该成立一个全国层面包含各种哲学学科的哲学学会呢？

世界哲学大会以一种集结的方式，让各种风格的哲学突入中国的知识界；然后会以一种更为沉静的方式继续发挥作用。本书也将以一种余音缭绕的方式陪伴我们左右。它以最为朴实的方式告诉我们，这个世界的哲学家们是怎样卷入哲学生活的，他们在关注些什么，在思考些什么？

李念女士主持的文汇讲堂一向有着极为敏感的学术直觉。她在世界哲学大会前就策划了24位哲学家的访谈（实际上因缘际会，最终追加的外一篇，促成了现在呈现出的25位哲学家的访谈）。这是一项非常有创意的思想活动，得到了复旦大学哲学学院与华东师范大学哲学系的积极响应。很短的时间内，在北京组委会的大力支持下，李念主编和复旦才清华老师、华东师大刘梁剑老师领衔组成项目组，两校老师联系了各个国家的哲学家，寻找各种访谈的机会，文汇讲堂团队做了大量细致的编辑工作。终于，在第 24 届世界哲学大会召开前，完成了所有这些访谈内容在文汇 APP 和各家微信公众号上的精美排版，李念女士为此付出了最大的辛劳。在大会举办的整个过程中，每天都能阅读到一篇篇具有深度的访谈，我不由得惊叹于这次访谈的高效。在如此短的时间里，把各项采访完成得如此美好；访谈涉及了很多著名哲学家，涉及很多语种，覆盖了美洲、欧洲、非洲、亚洲等多个国家。这真是一项非常了不起的工作。

凡事多有机缘，虽然访谈的大部分哲学家是发动学界各位学者联系的，当这些哲学家都汇集在一起时，发现大部分被访谈的学者都来复旦访问过，有些还是很好的朋友。读着他们的访谈，世界哲学大会上还略显抽象的画面，立刻变成了一幅幅生动的形象，不断在眼前展开：美髯公布兰顿（Robert Brandom）在复旦"杜威讲座"中的系列演讲；年近百岁的张世英先生清晰的思路以及对青年学者的热情关注；德贡布（Vincent Descombes）对英美哲学毫无偏见的"法国"哲学；热情友好的安乐哲（Roger T. Ames）对中国哲学的深刻洞见；平卡德（Terry Pinkard）努力推动中美德三方进行的联合研究；与格哈特（Volker Gerhardt）在柏林洪堡大学黑格尔桌前的合影；与希尔贝克（Gunnar Skirbekk）讨论多元的现代性；李文潮先生在波茨坦展示的莱布尼茨手稿；一幕幕，一幕幕……从 1993 年我留校复旦当老师开始，到 2018 年被选为 FISP 指导委员会的新任成员，25 年来，在自己成长的同时，也正见证了中国哲学家与世界哲学界的对话与融合。1996 年，我接待的第一个国际学者就是麦克布莱德（William Leon McBride）教授，他来复旦哲学系讲授萨特哲学、女性主义伦理学与政治学等内容，讲座很成功，我们聊得也很开心，从政治哲学到中国文化传统，从萨特到中国三峡。我还陪他游览了豫园，记得他特别买了一幅中国画以示对中国文化敬重。只是那时去虹桥机场的路还没有高架，一路坑坑洼洼，十分拥堵，急得老麦团团转。之后我们一直保持着通信联系。当时还没有电脑，没有 email，用的是老式打字机，寄的是国际邮件；2004 年在芝加哥美国中西部哲学年会上，我们又是老友相逢，继续我们的恳谈，从美国哲学到中国哲学，从女性主义到马克思主义；甚至有一年在枫丹白露（Fontainebleau）还曾偶遇他们夫妇在庆祝结婚纪念。2006 年老麦作为 FISP 的秘书长代表国际哲学界来复旦，庆祝复旦大学哲学系建系 50 周年以及哲学学院的建立；2013 年，在雅典他作为 FISP 主席主持了第 23 届世界哲学联合会。25 年来，麦克布莱德教授来过中国很多次，见证了中国各方面的迅猛发展，也帮助中国哲学与世界有了很深入的对话与交流。

2006 年，在香港中文大学哲学系的"亚洲现象学会议"（SPA）上第一次认识莫兰教授，他关于现象学的大作《现象学：一部历史的和批评的导论》是现象学界的标准读物。这些年，为筹办 2018 年北京的世界哲学大会，每年都与他在北京见面，结下了深厚友谊。莫兰教授对国际哲学界非常熟悉，对于涉及的每一位哲学家的研究与著作都如数家珍；他对于哲学思想多样性的尊重，努力致力于弥合英美哲学传统与欧陆哲学传统的热情令人印象极为深刻。2018 年第 24 届世界哲学大会结束了，他也卸下了主席的重任；同时他从爱尔兰都柏林大学三一学院退休后，来到美国的波士顿学院继续他的哲学家生涯。非常荣幸接受他的热情邀访，我明年将会去波士顿与他继续我们关于中国现象学的对话。

2016 年 10 月，卢卡（Luca M. Scarantino）作为 FISP 的秘书长，再次代表国际哲学界来复旦大学祝贺哲学学院（系）建系 60 周年。

他热情洋溢的发言令在场的校友深为感动。他的开放、多元与包容,他的理解力、亲和力以及执行力都是非凡的。还记得 2017 年他与太太在复旦演讲过后,大家一起在大学路喝啤酒、聊哲学的场景。他感受到中国的美好与友谊,甚至都想来上海工作。2018 年他当选为新一届 FISP 主席。

三任 FISP 主席,从当初在满街灰土的上海焦急地堵塞在去机场的路上,到认同中国学者的工作,想直接融入中国的哲学家群落;这些年中国与世界交流与对话的密度与力度,在哲学上同样有着最为直观的表现。哲学是对世界最深层次的理解,通过哲学的交流,世界正融合得越来越紧密,但相互理解的任务依然是艰巨的。在这些接受访谈的哲学家中,我们看到,他们都对中国哲学在世界哲学版图中的地位与作用充满高度的期待。我想这也是本次世界哲学大会在中国召开的最大意义。

这本访谈录掀开了哲学家们神秘的面纱,让哲学的工作直接面对中国的大众。在中国,社会上对哲学还普遍存在着某些偏见与误解,不是以教条的方式理解哲学,就是以高深莫测为遁词拒绝哲学。这些第一流的哲学家们以最切己的方式,面对中国公众侃侃而谈,这对于破除哲学的神秘,直接了解世界哲学的动态非常有意义。这次文汇讲堂、复旦大学哲学学院与华东师大哲学系做了一项有意思的工作,它让哲学家的工作以直白、亲切的方式袒露出来。事实上,哲学深切地关心着这个世界,其关照世界的方式是极为多元的,但于根基处又有着根本的一致。未来希望有更多这样的作品呈现在世人面前。

是为序。

[作者为复旦大学哲学学院教授、院长,第 24 届世界哲学大会项目委员会委员,FISP 指导委员会委员 (2018 年起)]

罗伯特·布兰顿
Robert Brandom

从"理由空间"中找到促进社会良好运作的支点

——访谈分析哲学和新实用主义代表人物、美国匹兹堡大学杰出教授 R. 布兰顿

被访谈人：罗伯特·布兰顿（RobertBrandom），美国匹兹堡大学杰出教授，美国艺术与科学学院院士，以下简称"布兰顿"

访 谈 人：复旦大学哲学学院讲师孙宁、复旦杜威中心博士后周靖，《文汇报》记者李念，以下简称"文汇"

访谈时间：2018 年 4 月初邮件采访、4 月 29 日面访语言使人成为人，理性的人——能给出和索要理由，并以此为生。布兰顿的整个哲学便是基于这一洞见而来。不管是他的语义推论主义，还是逻辑表达主义，无一不体现了扩宽理由空间的渴求。2016 年，美国教育网站评选全球 50 位最具影响力的健在哲学家，他位列第四。

2018 年 4 月下旬，匹兹堡大学杰出教授布兰顿来复旦杜威中心做为期一周的讲学。他以"理由的结构"为总标题做了三讲，系统介绍了他的语义推论主义、逻辑表达主义和分析实用主义等思想。虽然学者们往往抱怨布兰顿的书太"硬"，一方面是因为语言的晦涩，另一方面是因为他所引入的一些技术性处理，但细致的读者会从布兰顿厚重且晦涩的书页中发现他那颗温柔的心——那是一颗充满关怀与好奇的心。他关怀的是人类社会的良好运作，他好奇的是有什么方案可以有助于人类更良好地交往。

而在生活中，68 岁的布兰顿则是一个完全的天真、纯粹、快乐的人。他是一个拥有学者生活的纯粹哲学家，正如他那白花花的长胡子从嘴唇直至肺腑。他有着康德般的规律生活，早上 6 点左右就会起来写作至少 3 小时且雷打不动，这也是他成功的秘诀之一。晚上他会躺在床上想问题。但这些又丝毫不妨碍布兰顿毫无保留地享受美食与美酒。这次中国之行，除了学术交流的满足之外，也满足了他对中国文化的想象。看到新鲜事物时，他会停下来瞅个半天，仿佛也要对此做一番逻辑分析；遇到十分钟爱的雕像时，他也忍不住想要保留点什么——于是，他掏出了不知被淘汰了多少年的翻盖手机，拍些照片。但是，一旦谈起哲学，他就开始严谨起来，仿佛每根胡子上都伫立着逻辑战士……

哲学之缘与轨迹

文汇：您读大学时并不是在哲学系，请问您何时开始迷恋哲学，并以此为志业？

从数学转向形式语义学，源于对概念的兴趣

布兰顿：在耶鲁读本科期间，我主修的是数学。当时想，如果我数学学不下去了，就去学物理。随着学习的深入，我对基本的概念问题越来越有兴趣。在 20 世纪 60 年代末期至 70 年代初，我正处在本科和研究生的学习阶段，数学逻辑中的模型论正充分发展为一种运用到可能世界的内涵形式语义学，我被这一发展深深吸引并受到了鼓动。这种形式语义学能够以数学的方式理解意义、表征以及概念内容，我颇受这一图景的启发。但是，我不满于当时甚至到现在的叙事，它们把数学形式主义与那些关键的哲学论题关联起来。在我看来，我们所需要的是将研究语言和意义的数学方式同更为人类学的方式结合起来，后者典型地体现在实用主义者（包括后期维特根斯坦）那里。

在普林斯顿领略分析哲学界诸多翘楚风采

文汇：您在研究生期间就进入了分析主义哲学的大本营普林斯顿大学，并于 1977 年获得哲学博士学位，可否分享其间的一些故事？

布兰顿：我读研究生开始在普林斯顿，我遇到了一些非常杰出的老师，这是最有意思的事。比如 1941 年出生的大卫·刘易斯，他应该是世界语言学界最有影响力的学者了；差不多同龄的克里普克，他也许是他那一代最天才的哲学家，17 岁就写出模态逻辑语义学的完全性定理，在此之后，每隔四五年就有革命性的成果，他造就了现代分析哲学的历史转折，因为他对维特根斯坦的阐释，产生了"克里普克斯坦"（Kripkenstein）一词。但他的性格非常奇特，甚至可以说古怪。当然还有我的博士导师理查德·罗蒂。

罗蒂给予我无私帮助，我理解他为何离开普林斯顿

文汇：我们能否谈谈您与您的导师罗蒂的友谊。罗蒂曾说，当代美国最有名的四位哲学家，不应该是：戴维森、普特南、奎因和罗蒂，而是：奎因、塞拉斯、戴维森、布兰顿。他把自己的名字换成了您的名字，您如何看他的这个说法？您和他相差 19 岁，可以分享一下您和他的友谊吗？罗蒂在 20 世纪 80 年代后期离开了普林斯顿大学，这一事件被视为他与分析哲学的决裂，而转向了偏于文学领域的"后哲学文化理论"，1998 年时，晚年的罗蒂又对海德格尔、德里达、马克思的继承者们等文化左派大力批判，您对此怎么评价？

布兰顿：罗蒂对哲学史非常熟悉，从古希腊到近现代无一例外。罗蒂从来没有离开过分析哲学，他不但自视为实用主义者，还自视为分析哲学家，但他的哲学图景对分析哲学而言过于宏大了。而且，罗蒂的实用主义图景超出了美国的实用主义，这幅图景将早期海德格尔和晚期维特根斯坦容纳在内。他将这些资源都综合为自己的独特哲学形态。罗蒂极为赞赏塞拉斯，他和塞拉斯的一个共同点是，他们都有很强的历史感，对哲学史极为熟悉。他出版于 1967 年的著作《语言转向》就是一个例证。

罗蒂和杜威一样，是中国文化的爱好者。我选择去普林斯顿是因为罗蒂，我觉得通过罗蒂能够更好地学习塞拉斯，胜过单独从塞拉斯那里学习。普林斯顿的哲学系当时由形式语义学主导，罗蒂显得格格不入。我觉得自己如果只做罗蒂式的哲学，也会显得格格不入，于是也向刘易斯学习，并尝试综合起罗蒂式的哲学和普林斯顿式的哲学。罗蒂曾告诫我要警惕过于分析化的倾向，并不遗余力地向其他哲学家推介我，比如向哈贝马斯推介我的著作《使之清晰》，他告诉哈贝马斯，我的书对他在语言理论中寻找政治哲学基础是极有帮助的。

我既尊崇康德和黑格尔，也迷恋弗雷格和维特根斯坦

文汇：还有哪些哲学家给您带来了最重要的影响，这些影响是什么？

布兰顿：刚才说了，在那些我曾有幸面对面交流过的哲学家中，给我带来最大影响的或许是我的博士阶段的导师罗蒂，以及在匹兹堡大学的前辈塞拉斯和达米特，他们教会我看到语言哲学中的各类不同问题之间如何被关联在一起。在那些已然逝去的伟大哲学家中，一方是德国古典哲学的康德和黑格尔，另一方是分析学界的弗雷格和维特根斯坦，我着魔般地迷恋他们的著作，多年来我一直研读他们的著作，与书中的思想角力，我从中受益良多。

在很多文化中，大胡子都是智慧和学识的象征

文汇：冒昧而问，听说，您夫人和您 17 岁就相识，有着青梅竹马的感情生活，她对您一如既往地支持，您觉得邻居们是敬佩您多一些还是夫人多一些？您怎么看哲学家在社会和在学院中的地位？

布兰顿：确实，我 17 岁遇到了妻子，这是我一生的幸运。她是个优秀的儿科医生，在她所创建的领域颇有建树，但最初非常困难，因此，很长一段时间，我自觉承担了抚育两个儿子的任务，现在他们都已成人，都是作家，其中一位在新媒体的专业杂志社工作。我感觉他们同时受到了父母双方的影响。

文汇：可否说说你飘飘美髯的故事？这次在复旦做讲座，会议照片发布后，大家对您的眼神和胡须有三种说法，一种说您像泰戈尔，一种说您像教父，一种觉得您像恩格斯。我想，大家都觉得您有很高深的学问。

布兰顿：(笑) 看一个哲学家不是看表象，想知道我是谁，就读我的书。在我崇拜的哲学英雄阵列里，皮尔士、詹姆士、弗雷格都有大胡子。在很多文化中，大胡子都是智慧和学识的象征。我的妻子喜欢我的胡子。

文汇：您是美国国家艺术与科学院院士，这方面您需要作特别贡献吗？

布兰顿：这是一个很高的荣誉，我很珍惜。于我而言，就是做好我的研究，如果主题足够重要，我会在表达和写作之前花足够的时间去思考和酝酿。比如我花了 18 年写《使之清晰》，花了 30 年写关于黑格尔的书。

学术特点和贡献

文汇：在您自己看来，您最大的学术贡献是什么？在您已经出版过的书中，您认为哪一本最为重要，为什么？

我最重要的三本书：《使之清晰》
《介于言与行之间》《信任的精神》

布兰顿：当一切尘埃落定，时光已经有了年轮，哲学史学家们能够以一种冷静的眼光审查我的著作时，我相信他们会认为我最大的贡献在于如下三本书中：《使之清晰》（*Making It Explicit*）、《介于言与行之间》（*Between Saying and Doing*，该书基于我在牛津大学所做的洛克讲座讲稿而写成）以及我快要完成的黑格尔研究专著《信任的精神：对黑格尔〈精神现象学〉所做的实用主义式的语义解读》（*A Spirit of Trust: A Pragmatist Semantic Reading of Hegel's Phenomenology*）。我花了 18 年的时间完成了《使之清晰》的写作，而写黑格尔研究专著，我已经花费了 30 多年的时间。求索路漫长，生命太短暂。我也期待人们会认识到我与以前的两个学生赫洛比（Ulf Hlobil）和卡普兰（Dan Kaplan）合写的逻辑哲学方面的著作《后果逻辑》（*Logics of Consequences*）也具有重要意义。

我和"匹兹堡学派"中塞拉斯、麦克道威尔的异同

文汇：许多哲学，包括中国的一些学者，认为塞拉斯、麦克道威尔和您构成了"匹兹堡学派"。您本人接受这一哲学标签吗？

布兰顿：我既乐于接受这个名称，也对此感到自豪。在我看来，塞拉斯是他那一辈哲学家中思想最深刻且最为重要的美国哲学家。就此来说，他能与美国实用主义的奠基人皮尔士相比肩，后者思想也非常深刻，在他那一辈人里是最为重要的美国哲学家。塞拉斯曾经说自己的哲学抱负在于，将分析哲学从它的休谟阶段推进到康德阶段。我的老师罗蒂则恰当地把我的工作描述为，旨在将分析哲学从它早期的康德阶段推进到它

完成式的黑格尔阶段。他那一辈分析哲学家中，塞拉斯的不同寻常之处在于，将对语言哲学和心灵哲学的技术分析同历史的和系统化的哲学思考结合起来。我继承了这一旨趣。

我的同事麦克道威尔也是我甚为赞赏的当代哲学家。尽管他的哲学方法是为哲学病做诊断的诊疗法，这一方法与后期维特根斯坦的理论寂静主义思想一致，但他也在塞拉斯哲学中发掘了一些观念上的原料，根据这些材料，他得以认识到说理的 (discursive) 理解——我们这类文化生物所具有的最自然的特征——为何要求人们以一种迥然不同于自然科学的方式来作出理论探究？这些年来，我们之间涉及最多且最有成效的哲学对话集中于对康德、黑格尔、维特根斯坦以及塞拉斯的讨论上。我们之间实质的分歧以及我们之间实质的一致意见均凸显了说理规范性的重要意义，麦克道威尔以他自己的方式将之解读为我们人类的核心要素。

当前美国哲学界的思想分裂正在通过跨界对话弥合

文汇：您对美国哲学的当前情况以及未来发展有何评价？

布兰顿：长久以来，美国哲学界一直有着某种可以算作是思想上的分裂，例如我们有更为关注技术的分析哲学家们，有更为关注文句 (literary) 的大陆哲学家们，还有些美国实用主义者等等。在跨越这些传统的边界时，先前并没有许多有价值的对话。我认为，当前出现了最好的态势：这些阵营的分界已经得到了很大程度上的克服。无疑，尽管还零星存在一些顽固分子，大部分美国哲学家——尤其是新崛起的年轻一代——已经认识到他们的同事们各种研究哲学的方式所具有的价值，他们已经学会了跨界交流并从不同的视角中获益。我本人也在积极地促进这类交流，试图实现分析哲学与德国观念论这两个相异的传统之间的会话。这两个传统不仅与包括皮尔士、詹姆士、杜威在内的实用主义传统有许多汇聚之处，也与早期海德格尔、后期维特根斯坦、奎因、塞拉斯以及罗蒂等人有诸多共鸣。

三大关键基柱：语义推论主义、规范实用主义 以及逻辑表达主义

文汇：为了能够更容易地理解您的思想，您能为正在研习您哲学的学者和学生提供些建议吗？

布兰顿：我的著作中有三大关键思想基柱：语义推论主义、规范实用主义以及逻辑表达主义。语义推论主义根据概念在推理中所起到的作用来理解它们。这种作用即是能在推论中担任前提或结论，能够作为支持或反对使用其他概念的证据，以及具有能够支持或反对它自身的证据。

规范实用主义则认为，将我们这种能够认知以及有意向地采取行动的生物从那些"只不过是"自然生物中区分开的是，我们生活在一个规范的理由空间中，我们在这样的空间里行动并遭遇到自己的同伴。信念和意向表达了我们的承诺，在某种特殊的意义上，我们需对它们负责，它们行使的是我们的权威。承诺、责任以及权威都是些规范性的概念。规范实用主义者，诸如后期维特根斯坦，认为规则或原则这类形式中清晰地 (explicitly) 体现了规范，但根本地，我们可以根据隐含于我们社会实践中的规范来理解这些有着清晰形式的规范。

逻辑表达主义将语言理解为某种我们可以使之清晰、某种我们可以说出、不然就会隐含于我们做的活动中的东西。逻辑表达主义认为，具体的逻辑语汇——范式上说，例如条件句（"如果……那么……"）、否定句以及真性模态语汇——都是我们已经使之清晰、已经可以说出来的东西，我们唯一能做的只有"言说"这件事。

近十年：与年轻合作者尝试以表达主义的方法研究逻辑

文汇：您现在正在经历思想上的转变吗？您能告诉我们您正在进行的研究或近期的研究计划吗？

布兰顿：正如我刚才提到的那样，我乘坐着行驶多年的巨船，现在终于要结束这段漫漫之旅，驶入目标港口了，即我的黑格尔研究专著《信任的精神》即将要出版了。我最近的思想体现在《介于言与行之间》一书中，

但这一思想受到了塞拉斯的启发，即我最感到兴奋且在我看来最值得努力弄清楚的问题是，真性模态逻辑语汇同指称性的规范语汇所表达的内容之间有着怎样的深层关联。对这种关联的理解构成了我对黑格尔观念论解读的核心。但是，我不认为黑格尔以及我已经看透了这一问题。就最晚近的工作来说，我过去十年间一直在尝试以表达主义的方法来研究逻辑，旨在勾画出逻辑表达主义式的理论语汇——如果在逻辑哲学中，我们一直是逻辑表达主义者，我们该会设计出怎样的逻辑语汇？我相信我那些才华横溢的年轻合作者，尤其是赫洛比和卡普兰，在此方面已经取得了重要的实质进展。这个研究项目还在进行中。

我看中国哲学和世界哲学大会

文汇：您如何看待哲学与当今世界的关系？

哲学应该教导我们如何去为促进更好对话而做关联努力

布兰顿：我从自己的哲学研究中得到的启示是，语言在"使我们成为我们之所是"上有着十分重要的意义。我们本质上是说理的生物，并且因此而成为理性生物。我们进入语言的实践完全改变了我们的生物本性。语言实践是使得我们成为文化生物，而并非只是自然生物的原因。进一步地说，说理生物的一个基本利好在于，我们能够会话。我们所有的社会机构，其终极目标均在于滋生和支持伟大的人类会话。即便对教育而言，我们也应将其最终旨向理解为，培养我们参与人类会话的诸种能力。我们的物质条件的改善最终也应该被认为是让人们更可能参与会话的一种手段。

达成一定数量上的一致意见是讨论得以进行的必要背景条件。但是，不存在可事先确定的具体事务，这些事务被当作是一致背景的必然要素。一般来说，达成一致意见既不是会话的目标，也不是会话的要旨。它只不过是一种使会话得以可能进行的条件。它的要旨更在于，当会话遭遇到各种不同的视角时，使集体以及个人有可能进行自我建构、自我转变以及自我发展。

因此，哲学应该教导我们试着去理解，如果通过对我们的机构及其设置的改良而能够更好地促进会话，我们便应该努力作出这种改良。这涉及克服因由地缘、区域文化、物质发展、国籍、种族、性别，以及我们所说的每一种语言之间的差异（这颇具反讽意味，因为语言也是人类参与会话得以可能的首要条件）而造就的障碍。

文汇：您在美国是否经常参加哲学年会？第 24 届世界哲学大会首次在北京召开，您对这个源于欧洲人主办的年会有何印象？

布兰顿：世界哲学大会很重要，它从 20 世纪就开始存在。今天，不同哲学文化之间的对话尤为重要，特别是将中国哲学展示给世界。

学以成人的理解：自身目的均在于自我理解

文汇：请问您如何理解这次大会的主题"学以成人"？

布兰顿：我认为这个主题是第一要务。黑格尔曾教导我们把我们自身理解为一种特殊的存在：一种本质上具有自我意识的存在，在此意义上，我们自身的目的构成了我们自身之所是的本质要素。对于个体和群体来说，其自身的目的均在于自我理解。我们在自身之中成就了我们客观之所是。作为本质上具有自我意识的存在，我们受到一种独特的发展过程的约制。如若改变了自身的目的，我们的自我理解（不仅是理论上，还在于实践上的——这体现在我们的劳作和行动中）便会改变我们实际之所是。出于这个理由，我们是一种具有历史的生物，而非自然生物。我们的历史塑造了我们如今之所是。

中国的悠久历史和丰富文化将为对话提供资源

文汇：您来中国学术交流前，对中国哲学和文化一定了解得不多，通过这次访问，是否有所改善？普通生活中也会带有中国文化和哲学的痕迹吗？

布兰顿：我对中国哲学所知甚少。像许多大学生一样，我曾在《哲学导论》课上读过孔子的《论语》；也如许多主修哲学的学生那样，我曾选修过中国传统哲学课程。然而,到博士研究生阶段,我便不再继续学习中国哲学了。

来中国之前,这个问题对我来说太大了而无法作出回答,并且我的知识储备也无法让我给出些推测性的答案。这次来到复旦做杜威讲座,一方面感受到中国哲学界同仁的巨大潜力和优秀工作,另一方面,也在长江三角洲感受到发展速度非常惊人,我很幸运能见证这些历史性的进程。

中国漫长且不同于西方的历史提供了一座丰富的文化宝库,我们能借以促进人类会话。但是,过去只是现在的序幕,我们当下面临的问题在于,我们作为一种本质上具有自我意识、能够自我规定的生物,总是在向前地创造我们的历史,从而塑造我们自己。我们只有在参与会话的初期,才会独立地考量历史的因由。当然,这些考量既包括具体的哲学探究,也包括更为宽泛意义上的文化探究。我对中西会话中能够碰撞出怎样的风景颇有兴趣。

文汇:您回到匹兹堡后,会进一步加强和中国哲学界的交流吗?

布兰顿:会的。事实上,我已经在和邀请方做一些合作的商谈了。

文汇:非常感谢您接受采访,愿您常来中国,参与作为文化生物的人类对话。

文 / 孙宁、周靖、程都 (文汇—复旦—华东师大联合采访组)

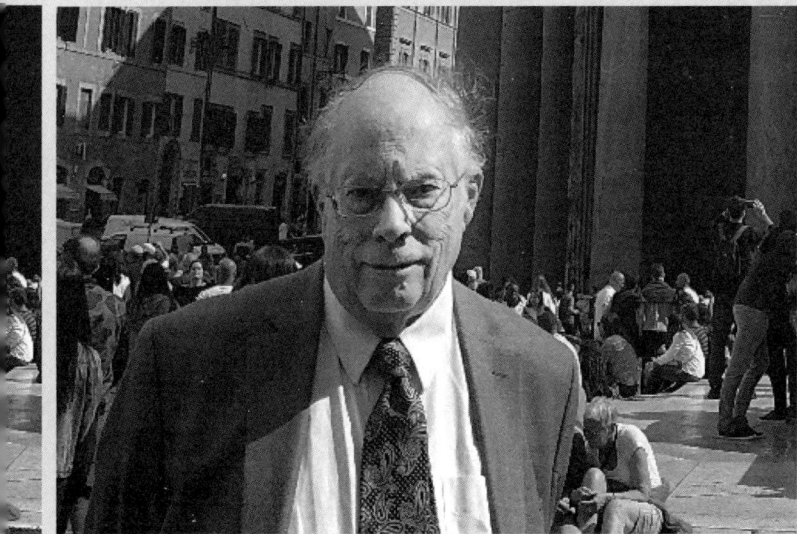

威廉·麦克布莱德
William Leon McBride

从存在主义等角度均衡认识马克思的批判性

——访谈政治哲学家、国际哲学团体联合会前任主席、美国普渡大学汉森杰出教授 W. 麦克布莱德

被访谈人：威廉·麦克布莱德（William Leon McBride），
美国普渡大学汉森杰出教授，国际哲学团体联
合会前任主席，以下简称"麦克布莱德"

访 谈 人：新加坡南洋理工大学哲学系博士研究生胡建
萍、指导老师：新加坡南洋理工大学哲学系教
授、主任李晨阳，以下简称"文汇"

访谈时间：2018 年 5 月—7 月多次邮件采访

1960 年的夏天，在法国南部共产主义重镇里尔，22 岁的美国乔治城大学毕业生麦克布莱德，驾车独自开向欧洲腹地，伴随他的既有萨特、尼采等存在主义书籍，也有厚厚的马克思研究著作。作为富布莱特奖学金获得者，麦克布莱德在进入耶鲁攻读哲学硕博前在此有一年时间深入理解马克思哲学。麦克布莱德的游览目标中也有欧洲其他的社会主义国家，这丰富了他判断马克思重要性的依据。而此时养成的治学习惯——"用脚求证，用智平衡"也就此伴随了他一生。

20 世纪 60 年代开始，美国的哲学研究一直以分析哲学为主流，撇开偏见探究左翼的马克思思想，以政治哲学、欧陆哲学为终身研究重点，不仅需要勇气，也需要学术远见。青年麦克布莱德和苏联交换生做深入沟通，参加南斯拉夫实践小组活动并保持持久的联系，也促成了他治学的第二个显著特点——对平衡的追求。从耶鲁大学毕业后，他前往普渡大学任教并成为汉森杰出教授，谈及理由是因为喜爱两个学校共同的哲学多元包容精神。在耳顺之年被选为国际哲学团体联合会 (FISP) 里第一位来自美国的秘书长、第一位主席后，麦克布莱德对维持哲学研究方式的多元化、均衡发展有了更自觉的追求，富有激情的麦克布莱德告诉笔者，"哲学的全球化"是他下一个研究目标。

在访谈中，这位健谈的长者会骄傲地分享同开一门"女性哲学"课程的妻子在医学护理、心理学领域的卓越成就，以及她如何得到西蒙娜·德·波伏娃的肯定和推荐；也将在耶鲁开跨学科课程时，比尔·克林顿来听讲作为美好的回忆；更是如数家珍地夸奖学生们的业绩，这或许就是岁月和哲学的无尽馈赠——激情、执着、睿智。

哲学之缘与轨迹

文汇：亲爱的麦克布莱德教授，感谢您接受我的采访。在您上大学之前，是否已经计划好将哲学作为您终生的事业了？因为我注意到，在您去耶鲁大学读哲学硕士之前，您本科在乔治城大学就是修习了哲学专业并在法国里尔大学待了一年。

父母希望我从医，我在寻找兴趣中逐步锁定哲学

麦克布莱德：年轻的时候，我还不确定自己将来要从事怎样的职业，尽管担任大学教师一直是我心目中的未来职业选择之一。在我出生之前，我的母亲已经在高中英语老师的岗位上工作了 19 年。我的父亲是一名药剂师，所以他希望我成为一个科学家或者是医生，但是从小学高年级开始，我就比较倾向于人文学科，对哲学问题很有兴趣。

在乔治城大学的时候，我主修哲学（根据美国的本科生教育制度，一个大学生会被要求修读很多不同专业的课程），辅修的专业在当时叫作"政府学"（现在一般叫作"政治学"，但是我并不是非常赞同这种命名方式）。所以，我是逐渐认识到自己希望成为一个哲学家的，而不是灵光一现、一拍脑袋就决定了的。大学毕业后，我获得了富布莱特奖学金 (Fulbright Grant) 的资助，从而有幸能够在法国里尔专注于哲学专业的学习和研究，当时，我所关注的核心问题就是存在主义，不过同时我也开始逐渐了解到马克思的思想对欧洲的政治、哲学的影响。

在国际歌诞生地里尔的访学，让我开始重视和研究马克思

文汇：1977 年，您的著作《马克思的哲学》(*The Philosophy of Marx*) 付梓出版，该书又于 2015 年成功再版。在这本书中，您讨论了很多马克思哲学中的重要问题，包括其方法论、历史与社会描述的进路以及马克思对于未来的展望等，这和里尔大学这段学习有关吗？

麦克布莱德：我在读本科时开始涉猎马克思的著作，不过我是在存

在主义视角下，尤其是萨特的存在主义，以及西方政治哲学的视角下去更完整地理解马克思的。在法国里尔大学的学习，让我开始重视马克思的影响力。当时的里尔仍是一个高度工业化的城市，同时也是法国共产党的重镇，著名的《国际歌》正是在这里诞生的。巧合的是，当年我正好目睹了苏联共产党中央委员会第一书记赫鲁晓夫访问里尔。当时里尔市举办了一个隆重的欢迎接待仪式，赫鲁晓夫也在那里留宿了一晚。

随后的那个暑假，我自驾穿越了几乎大半个欧洲，甚至去了希腊。在旅途中，我两次横穿南斯拉夫，深入了解了共产主义在当地的发展现状。回到美国之后，我进入耶鲁大学攻读硕士学位。在硕士研究生二年级的时候，我读了萨特当时出版的《辩证理性批判》(*Critique de la Raison dialectique*)，这部著作在很大程度上受到马克思哲学的影响，因此正好融合了我的两大主要研究兴趣——存在主义和政治理论。

另外，1962 年夏天，我遇到了一位俄罗斯新闻指导员，他叫瓦伦丁·索科洛夫 (Valentin Sokolov)，他曾是为数不多的被送到法国学习的苏联交换生之一，与他的交往也令我获益匪浅。（我和索洛科夫第一次碰面是在我们被邀请去罗曼·罗兰的遗孀家中做客时，她本人也出生在俄罗斯。不过这就是另外一个故事了。）当时，我正在撰写我的博士论文，出版时题目叫《法律与社会的根本变革：哈特与萨特论革命》(*Fundamental Change in Law and Society: Hart and Sartre on Revolution*)，这也是我出版的第一部著作。

随着我对马克思思想了解的深入，我得到了斯戴芬·科纳 (Stefan Körner) 的邀请，为哈金森大学图书馆撰写一本关于马克思的书，科纳曾从奥地利流亡到英国，在邀请我著书的那年，他在耶鲁教授了一段时间的课程。那本书的主要目的是向受过高等教育但不一定是专业学者的读者们简要地介绍一些重要哲学家们的思想。在那几年中，我开始与日渐壮大的南斯拉夫实践小组 (Yugoslav Praxis Group) 的哲学家们熟识，参加他们在科尔丘拉岛 (Island of Korčula) 上举办的学术夏令营。

在 20 世纪 70 年代韦尔登主义鼎盛时期，我就重视政治哲学

文汇：在《马克思的哲学》中，您探讨了马克思的一些政治概念，例如公正与自由。之后您出版了两部著作《萨特的政治理论》（*Sartre's Pditical Theory*）和《社会与政治哲学》（*Social and Political Philosophy*）。在后者的导论中，您曾经写道："毫无疑问地，对于政治事务的探索和研究应该构成整个哲学事业的一个重要部分"。请问，您如何评价政治哲学的重要性？我能否这样理解，对于您来说，政治哲学一直以来都是您学术研究的最核心关切？

麦克布莱德：当然，我把政治哲学视为哲学、也是政治学极其重要的一个组成部分。在我参加工作的头些年，跟马克思传统领域的研究工作相比，英语世界中关于政治哲学的新的研究成果是相对缺乏的。这段时期曾被称为"韦尔登主义的鼎盛时期"，它以一个英国哲学家韦尔登（T.D.Weldon 的名字来命名，韦尔登认为不存在一种理性论辩的方式——能够为一种政治系统而不是另一种进行辩护。

不过，我的哲学兴趣一直都是非常广泛的，在社会和政治哲学之外，我还对法律哲学（我博士论文的一半内容都是关于一位英国法律哲学家哈特）、存在主义、现象学以及西方哲学史感兴趣。

普渡大学始终坚持在哲学上包容不同流派，
虽小但与耶鲁氛围一致

文汇：您在耶鲁大学获得了硕士和博士学位，并留校任教了一段时间。从 1973 年开始，您一直在普渡大学哲学系任教。您能否谈一谈耶鲁大学哲学系与普渡大学哲学系之间的主要差异？当年您为何选择去普渡大学担任教职？

麦克布莱德：在我就读期间，耶鲁大学的哲学系是非常出色的，因为它具有哲学上的多元包容精神（philosophical eclecticism），包容不同流派。系里的老师们代表了很多不同的哲学研究倾向。当时，并没有很多其他同等规模的哲学系能够在欧陆哲学方面与耶鲁哲学系比肩，因为美

国很多其他大学的哲学系都把重心放在"分析哲学"上，忽视了对其他路向的关注。但是，当时的耶鲁大学哲学系也有一些分析哲学家，至少在我求学期间，威尔弗里德·塞拉斯（Wilfrid Sellars）就是系里的教员之一。而且20世纪60年代末的耶鲁哲学系研究生项目每年都会招收很多学生，在我入学那一年，还有19个跟我一样的新生同学。但是现在这种情况已经不可能再发生了。

至于普渡大学，在我离开耶鲁的那年，它对我的加入给予了热烈的欢迎。跟耶鲁比起来，普渡大学哲学系要小得多，但也不至于太小。在我加入时，它已经成为了一个自主性颇强的哲学系。重要的是，普渡哲学系也有跟耶鲁一样的在哲学上多元并包的精神，尤其可贵的是时至今日它依然在践行这一原则。

当时主要负责招募我去普渡大学的卡尔文·施拉格（Calvin Schrag）曾是耶鲁大学神学院的研究生，后来当过保罗·蒂利希（Paul Tillich）的助手，后者毕业于哈佛大学，专业领域就是欧陆哲学。当我初到普渡大学时，已故的理查德·葛利普（Richard Grabau）是当时的哲学系系主任，他是研究卡尔·雅斯贝斯（Karl Jaspers）哲学思想的专家，在耶鲁大学获得博士学位。所以对我来说，从耶鲁到普渡，哲学研究的氛围并没有发生很大的变化。

这些年，我亲眼见证了很多从普渡哲学系毕业的学生们获得了成功，例如玛格丽特·西蒙斯（Margaret Simons）致力于为波伏娃（Simone de Beauvoir）的哲学家身份正名，尤其是在美国范围内，获得了无人可及的成功。又比如萨利·肖尔茨（Sally Scholz），目前正担任北美社会哲学协会的主席。前些年，普渡大学授予我汉森杰出教授的称号，对我来说是巨大的荣誉。总体来说，普渡大学哲学系的工作经历和条件都是令我满意的。

与妻子同上"女性哲学"，自己爱教马克思哲学、法兰克福学派课程

文汇：您这些年来主要教授哪些课程？常参与哪些学术活动？

麦克布莱德: 这些年我最常教授的课程是关于社会哲学和政治哲学的本科生课程。我和我的妻子安琪拉 (Angela) 曾在多年前共同讲授一门课程，即"女性哲学"。至于研究生课程，我经常讲的主要有法律哲学、社会和政治哲学，以及存在主义。当然，这些课程的内容每年都会有所调整。在这些课程中，我最喜欢讲的是马克思哲学，同时以《资本论》、卢卡奇、罗尔斯以及法兰克福学派为重点。

除了授课之外，我还在很多哲学组织机构中担任要职，我是北美萨特协会的联合创始人和主任，现象学与存在主义哲学协会 (SPEP) 的联合创始人之一，我还曾担任北美法语哲学协会主席、北美社会哲学协会主席。当然也包括国际哲学团体联合会 (FISP)，我是上一届的主席。

FISP 主席的最大挑战是维持好世界哲学的共同体

文汇: 您担任了很多学术团体的职务，如北美社会哲学协会、现象学与存在主义学会、北美萨特协会。作为 FISP 的前任主席，能否分享一下在任时最具有挑战性的经历？

麦克布莱德: 对我来说那是一段非常有意义的经历，以 2013 年在雅典举办的上一届世界哲学大会而告终。当时，我是第一个担任 FISP 主席的美国学者，五年之前我曾是第一个担任 FISP 秘书长职位的美国学者。现在我依然以前任主席的身份直接参与 FISP 的工作。在本届世界哲学大会之后，新的主席和指导委员会成员将在联合大会上选举产生，尽管如此，就像其他所有的历任主席一样，我仍将继续保持指导委员会成员的身份。这些都给我提供了很好的机会，去不同的地方遇见、了解世界各地的哲学家们。

对我来说最具有挑战性的是维持一个世界哲学的共同体，而不是仅仅把我们的活动局限在五年一届的世界哲学大会或者一年一度的高中生国际哲学奥林匹克竞赛 (主要由 FISP 资助举办) 等这样的形式上。为了维持这一哲学共同体，我们通过发布新闻通讯、更新我们的官网 (这些工作在我们这个采访进行的一周前都由普渡大学主要负责) 以及其他方式来传播信息。除此之外，与来自各个国家、拥有不同政治倾向的哲学家们保持良好的关系也是一大挑战，但我相信我们的成绩还是有目共睹的。

哲学思想和贡献

文汇：作为一个知名哲学家，我们来讨论一下您的哲学思想和学术研究。自柏拉图以来，正义概念一直是许多哲学家的核心关注之一。罗尔斯甚至认为正义是社会制度的首要美德。尽管罗尔斯的正义理论在当今世界具有很大的影响力，但是您指出了其理论的一些问题。在您看来，在这些问题中，哪一个是罗尔斯及其支持者们需要面对并解答的最棘手问题？例如，您认为在罗尔斯的正义概念中存在着一种历史相对性，您能否详细地解释一下？

罗尔斯的正义论，其解释工具"原初状态"部分非常武断

麦克布莱德：事实上，这样来理解我对罗尔斯的批判方式是具有一定误导性的。在我早期对《正义论》的书评中（我的这篇书评也是最早发表的几篇之一），主要批判的是罗尔斯将自己的哲学路径描述为"在永恒的相下"（sub specie aeternitatis），也就是"从永恒的视野"来研究哲学。

我认为，事实上，抛开抽象性不谈，罗尔斯的理论主要受惠于罗尔斯本人出生和成长的环境，也就是 20 世纪中叶的美国，这种影响之深远远超过罗尔斯本人所意识到的程度。同时，我也不认同他所使用的基本解释工具，也就是他所谓的"原初状态"（the original position），具体的原因有很多，在这里我们没有足够的时间来讨论。一句话来说就是，罗尔斯的原初状态理论有一些部分非常武断。除了早期的一些著作之外，罗尔斯后期将自己的兴趣转移到了国际问题上。《万民法》（*The Law of Peoples*）一书从很多方面来说都是存在很大问题的，即使是一些罗尔斯的拥趸也不得不承认这一点。因此，尽管你说得很对，罗尔斯的理论，尤其是早期的理论，具有很大的影响力，我也已经通过在许多课程中讲授罗尔斯的思想，感受到了这种影响力。但是我相信这种影响力的黄金阶段已经过去了，而且我希望我的这种感觉是正确的。

马克思为何不直接用"正义"范畴，
他提供了潜在的社会主义动机

文汇：尽管马克思有意识地避免在他的著作中直接使用"正义"这一范畴，但是他的正义理论依然值得我们深入研究。您认为马克思的正义概念和罗尔斯的正义论之间最主要的区别是什么？我们能不能说，于马克思而言，因为向社会主义的转化将会消除未来社会对于正义概念的依赖，所以他的正义概念本身就预示着一种对正义讨论的取消？

麦克布莱德：你说的当然是部分原因，不过有可能马克思刻意避免使用"正义"一词的更根本的原因是他认识到这个术语在哲学领域和世界范围中都被过度使用了，而且这种使用往往是以一种意识形态的方式进行的，即"我的正义观念是正确的，你的是错误的"这样的方式。

从我的那篇书评开始，我一直认为，"完美正义"（perfect justice）概念的存在或者持有完美正义理论可以被建构的信念，是一个错误，但是这没有排除对于非正义（injustice）的哲学化书写，而这也正是马克思终其一生在做的事。本质上来说，罗尔斯的正义论认为对于"社会基本善"（social primary goods）的平均分配是更好的分配方式，除非某种不平等分配能够给社会中最弱势群体带来更大的好处。所以这种正义观理论上是允许一种社会主义经济、资本主义经济或者改良型经济体制的，但是实际上它几乎完全忽视了马克思哲学向我们提供的潜在的社会主义动机。

进一步地，正如很多切中要害的批评者所指出的那样，罗尔斯显然把自己局限在了正义讨论中的分配问题上，忽视了人类社会生活的其他面向（例如种族歧视和性别歧视），而这些正是任何关于正义概念的完整探讨所必需的。

作为知识分子，并不能确保其作出的决定一定正确

文汇：在《东欧剧变的哲学反思》（*Philosophical Reflections on the Changes in Eastern Europe*）中，您提出，新消费主义、物质主义和利己主

义在当今东欧国家的盛行从某种程度上来说导致了知识分子的地位及其在政治领域的影响力的下降。我认为这是一个非常值得注意的现象，而且更重要的是，这也是如今整个世界都在面临的问题。对于这一点，您能否与我们分享一下您的看法，或者您对于当今世界，不管是东方还是西方的建议？

麦克布莱德：是的，我知道亚洲国家也面临着相似的问题，但是我恐怕无法提供万全之策。珍视人文学科价值的人必须保有其本心，对自己的信念坚定不移。人们对此很容易陷入过度的悲观之中，但是事实上，我们之中这样的人比我们预想得更多。关于知识分子和政治，二者之间的联系比我们所认为的更紧密也更广泛。举例来说，前捷克斯洛伐克的哈维尔（Havel）、法国的马克龙（Macron）等，后者曾是保罗·利科（Paul Ricoeur）的学生之一，这样的例子我还可以举很多。不过需要承认的是，成为一个知识分子并不能确保一个人作出正确的决定！

我对萨特伦理学"抱有显著的同情态度"，因为认同其研究方法

文汇：我们可以看到，在萨特的哲学思想中，伦理与政治的关系是非常复杂和模糊的，因为他在早期著作中讨论了伦理学但是随后又抛弃了它。这也可以被视为萨特哲学的一个重要特征。在弗雷德里克·奥拉夫森（Frederick Olafson）教授的书评中，他认为您对萨特哲学持有的一种"显著的同情态度"导致您忽视了萨特本身对于伦理学的极端负面的评价和态度。请问您将如何回应这种观点？

麦克布莱德：事实上，尽管萨特确实放弃了他的《伦理学笔记》（*Notebooks for an Ethics*），后者在萨特去世之后才最终得以出版，但是萨特本人从未放弃过对伦理学问题的研究。萨特不希望将伦理学问题从社会政治事务中完全分离出来，我也持有同样的观点。在这方面，特别能够体现萨特后期研究兴趣的是他为罗马葛兰西研究所的一场讲座所准备的讲稿（多年以后正式发表）。这篇讲稿受到来自马克思的很大的影响，强调了"成人"（becoming human）的概念。

除了萨特撰写《伦理学笔记》时所处的年代之外，我对萨特的思想抱有一种强烈的同情和共鸣，当然还有很多其他的原因，其中一个就是，他将传统的西方哲学研究伦理学的方式视为不现实的、抽象的以及歪曲的，而我也深以为是。

未来计划：继续研究马克思、萨特、波伏娃及哲学的全球化

文汇：您正处在思想成熟的黄金年龄，下一个十年有何学术计划？

麦克布莱德：基本上来说，接下来的时间里，我还是会继续撰写关于马克思、萨特甚至波伏娃的论文，用于论文集的出版以及学术会议的出席。目前我非常期待能够在本届世界哲学大会的"纪念马克思诞辰 200 周年"的会议上进行特别专题报告。除此之外，我计划进行的研究项目是"哲学的全球化"（这也是我的一本书中的一个章节名）。有观点认为，只有一种或者少数几种在西方世界得到健全发展的哲学形式才是"真正的"哲学，而我的"哲学的全球化"就是要坚持拒斥这样的观点。

我看世界哲学大会和中国哲学

文汇：本届世界哲学大会的主题是"学以成人"。"学以成人"主要来源于儒家思想，后者也是中国文化中最主要也最具有影响力的一个思想传统。"学以成人"代表了儒家道德修养的主要目标，最终指向成为君子或者圣人。这是一项持续终生的事业，在这个过程中，人必须坚持不懈地学习实践。如果从西方哲学传统的角度来说，我们应该如何理解这一主题？

赞同马克思看"成人"：人的潜能完全实现和自由发展

麦克布莱德：几天前，我收听广播，听到 一个作者将亚洲传统中主要的"快乐"概念与主流的西方"快乐"概念进行对比。前者试图强调其中一贯的平静与和谐，包括你提到的儒家哲学；后者倾向于强调主动性，甚至是某种程度上的狂热。我发现这种比较很有意思。类似地，不同哲学

传统中的"学以成人"显然各自有不同的侧重，但是我想有一点是相通的，那就是某种程度上的礼仪和礼让 (civility and comity) ——和平地、卓有成效地共享我们所生活的世界。我最近开始觉得，"学以成人"应该被视为一个长期进化发展的过程，而处在当今时代，距离最终的目标，我们还有很长的路要走。

文汇：您曾经将马克思哲学视为一种批判性哲学，它揭示了现存社会的主要特征对其社会成员所施加的限制，导致社会成员的"潜能的自由发展和实践"受到局限。根据马克思的异化理论，我们能否这样理解，"成人"对于马克思来说，就代表着人的潜能的完全实现和自由发展？在这一过程中，社会或者社会结构扮演了什么样的角色？

麦克布莱德：我很喜欢你的这个思路和表达。在《1844 年经济学哲学手稿》中，马克思在他的现代社会和历史新开端的可能性中提出了异化的概念，关于这一点我已经思考并且讨论过多次。

在马克思的设想中，在历史的新开端之际，人的潜能第一次能够得到完全的实现和发展。显然，对马克思来说，这种机会只能由社会机构的剧烈变革和剥削的根本性消除带来。我同意马克思的这一主张。

中国哲学或以融合西方思想尤其马克思哲学的方式发展

文汇：您如何看待中国哲学或者中国文化？对于中国哲学及其在未来的发展，您抱有怎样的期许？

麦克布莱德：我必须承认，我对中国哲学的了解还非常表面，对此我感到深深的遗憾。但是我的确没有足够的时间来让自己成为中国哲学的专家。当然，我读过一些中国哲学，我是从《论语》开始接触中国哲学原典，但我知道这是不够的。因此，我无法预测中国哲学的未来，但是我可以说，中国哲学很有可能会以一种融合西方思想，尤其是马克思哲学的方式实现发展。

"我们何以可能将儒家思想、马克思主义和自由市场经济融合在一起？"在我早些年带领着一批哲学家访问中国的时候，有一次一位中国哲学家向我们提出了这个问题。到目前为止，我大概已经去过中国 25 次，所以很自然地，中国文化已经在一定程度上影响了我，跟年轻的时候相比，我对中国历史的了解也更加全面深入。

中国文化非常伟大，它是整个人类在较短的历史范围内实现的伟大成就之一，因为只有几千年的历史被记录了下来。我去过中国的很多城市，而且我的一个女儿已经在香港中文大学教了二十多年的心理学课程。

最成功的哲学，应该是从经验出发，而非从先验出发

文汇：在您看来，哲学与现实世界之间存在着怎样的关系？

麦克布莱德：我相信，如果你问题中所说的现实世界是我们每天所生活的世界、感受到的世界的话，即使是哲学中最抽象的形式，也与现实世界相关联。有一些哲学思想会比其他的哲学思想更好地揭示这个世界的深刻本质。对我来说，我相信今天最成功的哲学应该是那些以经验为出发点的，而不是从先验概念（priori conceptions）出发的。

传统和创新：对未来来说，现代就是最古老的时代

文汇：您曾在您的一篇论文中提到，之所以将沃尔特·考夫曼（Walter Kaufmann）作为一个例子来讨论，是因为这正好揭示了当我们决定重新考察一个在哲学历史上已经根深蒂固的概念时，想要同时避免沦为谬论或者落于陈腐是一件多么困难的事情。我认为您的这一论述具有深刻的意义，同时也是至关重要的。因为今天的学术界中所讨论的问题，几乎都已经被我们的先辈研究过了。因此这也成为我们如今必须面对和解决的最棘手的问题之一：如何在传统和创新之间实现一种平衡？关于这一点，请问您是否能够为当今世界的哲学研究者以及年轻一代的学术人提出一些建议？

麦克布莱德：我很喜欢你的这个问题，不过我认为这会引起过度的担忧。我非常赞同，我们应该尊重传统，同时保持哲学史的活力，不管是西方哲学、中国哲学还是其他哲学传统。（顺便提一下，我认为马克思在这方面给我们树立了一个很好的榜样，因为他对于西方哲学史的把握非常到位。）但是新问题总是在不断产生，为哲学创新带来足够的空间，也

带来一种往往来自于某些哲学家而不是其他哲学家的品质，这些哲学家中的一部分人会以学术研究的方式来捍卫哲学传统。

但是，我们也不应该忘记霍布斯在《利维坦》（*Leviathan*）结尾处所说的话："最后，对于那些陈述真理明晰或使我们能找到更好的方式去寻求真理的古人，我固然是抱有敬意的，但我也认为我们不必因为年代久远就盲目崇拜古人。这一点本身并没有太多值得敬仰的地方。因为我们如果敬仰年代的话，（对未来来说）现代就是最古老的时代。"我很赞同。

文／胡建萍（文汇—复旦—华东师大联合采访组）

张 世 英
Shiying Zhang

哲学应把人生境界提高到"万有相通"

——访谈黑格尔研究专家、"万有相通"哲学创建者、北京大学教授张世英

被访谈人：张世英，中国著名黑格尔研究专家、中西哲学和文化比较专家、北京大学美学与美育研究中心学术委员会主任，第 24 届世界哲学大会荣誉委员会委员

访 谈 人：《文汇报》记者李念，以下简称"文汇"

访谈时间：2018 年 3 月面访

2011 年 1 月 10 日，我在北大采访，听闻有首届未名论坛中西马高端对话，临去机场前听了半小时。对话中，杜维明先生代表中国哲学，从西哲角度发言的学者是张世英先生，据主持介绍说已经九十高龄。我暗暗吃惊他思维的清晰。

今年 3 月 3 日，我在邮件中向张世英先生提及此事。8 日上午，我走在北京近郊回龙观某小区的路上，张世英先生随笔里描绘的西南联大的镜头一一浮现，不免兴奋：我是去聆听一个世纪啊。年届 97 周岁的张世英先生已在家中整装等待，随后分两个半天，近五个小时的采访展开。

上午的阳光从窗外慢慢挪进客厅采访的沙发，从西南联大求学到黑格尔研究、新世纪后创建"万有相通"原创哲学，直到即将召开的世界哲学大会，张世英先生一一答来，条理清晰，谈到兴头上便会露出幽默和顽皮劲跑调一会儿，引得我和一旁旁听的古稀年的女儿哈哈大笑。我不禁遐想，如果不是当年家境贫苦，休学两年失去了直升清华研究生的机会，以其超强的逻辑性，跟着金岳霖先生，世上是否会多一位分析哲学大家呢？午餐，按约定张老在外请客，席间，他准确地回忆何时受华东师大杨国荣邀请；顺道去复旦，俞吾金何等好问，等等，对接触过的上海学者如数家珍并一一询问现状。

访谈的尾声，他突然哀叹一声，说：我最近愈发感到紧迫，夜里也会因为哲学思考而醒。追问，便答：朝闻道，夕死可矣。中国哲学何为，哲学何为，还有一些思考来不及写了。临走前他送我一本 2016 年底出版的《九十思问》，说是提前三天为我网络购买。回来读完此书，这许是他 95 岁时给自己的留念，但更是给世人的礼物，张老客厅里那幅遒劲秀丽的书法又浮现："思如泉涌，笔随云飞，九十五岁张世英（书），二〇一六年四月。"真是一种幸运,这位可敬、可信、可爱的哲学长者,他的呼吸和思维已是天下所有思考者的共同财富了。

哲学之缘与轨迹

文汇:您谈到自己最喜爱老庄哲学和陶渊明的境界,这和您父亲张石渠先生自小教您读《论语》《孟子》《庄子》《古文观止》等,并每周要写一篇文言作文不无关系,而他在 1938 年武汉沦陷后,辞去市区小学教职在家务农的风骨,更有直接的垂范作用。您选择哲学,也受他影响吗?

进西南联大从经济系转到社会学系,
再转哲学系才感终身安定

张世英:父亲是我的启蒙老师,家里六子女,他无力让所有人受教育,便把希望寄托在我一人身上。我小时一言一行都受到他的管教,最怕他,也最爱他,他对我的教育直接影响了我的哲学生涯。

我在念小学时就显示出很强的数学天赋,五年级汉口市全市小学生数学和作文比赛,我两项都得了第一名;作文在初中的全市比赛中也获第一名。但我个人的思维更倾向于数学,在高二分科时,我选了理科,一个潜因是想远离政治。当时,学校里参加国民党的同学成绩普遍不好,而亲共产党的同学成绩都比较好,因此,我在情感上更倾向于共产党。一次,我鄙视一位三青团团员说:"成绩这么差,还做三青团团员。"这位同学就向国民党告密,我高中会考得了全市第一名,就在会考结束那天,共产党员同学紧急通知我:"你上了国民党的黑名单,他们要来抓你了,你快逃。"我连夜逃到了重庆。

初中时,我常去图书馆看名人传记,就有很多"胡思乱想",先想要做哥伦布去发现新大陆,后来又憧憬如何能上天,就想要去学气象学,觉得那样就能上天了。我很早就在想遥远的事情,它们常常不切实际,"我要改变世界"的想法一直盘亘在脑海中。进西南联大,选了经济系,是因为不满意国民党,才改变学理科的志愿,以为经济学是经世济民之道。

可上了一学期，都是具体的算账和生意经，和我的预期相距甚远。于是，我转到了社会学系，老师布置去妓院调查，又让我很失望。那年选修了贺麟先生的公共课《哲学概论》，我被吸引了，尤其是他讲述的荷花的"出淤泥而不染"暗合了我的理想。所以，第二学年，我就转到了哲学系，思辨玄想，这正是我所喜欢的专业，我选对了，再也没有后悔过。我的高中同学、也是经济系同学问我学些什么？我说："桌子被感知时才是桌子。"他吃惊地说："怪不得哲学系出疯子，你要小心啊！"

文汇：电影《无问西东》里西南联大有个转系的学生，原型是您吗？您看过这个电影吗？

张世英：那天，我儿子要带我去看，但有点感冒，我女儿阻止了。可能是吧。

70 多年后再遇当年同学杨振宁：你那时就是个天才

文汇：我看了您有关 1941 年秋到 1946 年在西南联大学习的回忆，您描述："西南联大就是万神庙，哲学系各有风格：冯友兰，博古通今，意在天下；贺麟，出中入西，儒家本色；汤用彤，雍容大度，成竹在胸；金岳霖，游刃数理，逍遥方外。"能上冯友兰的《中国哲学史》，跟贺麟修学黑格尔，和金岳霖研习分析哲学，聆听汤用彤的魏晋玄学和道家哲学，很精彩也很过瘾！可能当年西南联大的学生现在健在的并不多了。

张世英：有的，我知道的有物理学系杨振宁、外文系的许渊冲。当时，我们住在同一个寝室。杨振宁小我一岁，因为我们文理科很少交流，寝室、图书馆都很简陋，我一般都去云林街上泡茶馆读原著，当时并不认识。杨振宁的父亲是西南联大数学系的系主任，当时学生对他颇有微词，可是杨振宁的数学天赋是闻名西南联大的，有时他走过，大家都会在背后用羡慕和好奇的口吻议论，"这就是他爸爸生下的天才。"

2016 年，在一个美学座谈会上，我碰到了杨振宁，还坐在一起，我对他说："我很早就认识你，你是个天才。"我们握了握手。我发言完就走了，会后有人转述，杨振宁评价我：这是个搞哲学的专家。

文汇：嗯，70 年后同学相聚。

冯友兰与贺麟观点相左，各讲各的，好比程朱和陆王

张世英：在西南联大，有来自北大、清华和南开三校的教授，各派思想云集，思维都很活跃。也可以看出不同的校风，清华的教授大多西装革履，上下课都很准时；北大的则中国传统的人文气息更重一些，思维活跃，很多观点常常是相反的。以哲学系为例，当时贺麟和冯友兰的观点就相左。贺麟所讲相当于中国哲学中的陆王心学，侧重人生体验；冯友兰接近于程朱理学，也和柏拉图相似，强调理性、抽象。"鹅湖论战"，朱熹和陆象山论辩。在西南联大呢，贺麟和冯友兰像鹅湖两派，但各讲各的，并不论战。冯友兰身穿长袍马褂，满脸大胡子，戴着高度眼镜，讲起课来开始有点结巴，后来一泻千里。

我一直保留着他在西南联大时的教材《中国哲学史》，新中国成立以后经过多次修改，但我只看这个老版本。我感觉冯友兰的思路受了金岳霖的影响，冯先生的"新理学"是柏拉图的"理念"和新实在论与中国程朱理学相结合的一个统一体。冯先生受英美新实在论影响很深，因此，虽然我跟他学的是中国哲学史，他却将我的兴趣引向了西方哲学史。中国哲学侧重意会、顿悟，较少理论分析。但冯友兰的讲课中，分析很清晰。我一直受冯友兰的影响。

冯友兰在新中国成立后非常不容易。1957年，他提出"抽象继承法"，就开始挨批。一生起起伏伏，写了很多检讨。最后十年讲了很多真话，还评价了毛泽东思想的三个阶段。前几年，韩国前总统朴槿惠撰文，说自己在绝望时就是从冯友兰的《中国哲学史》中汲取了东方智慧，感悟到人生的力量。她现在在司法阶段，我颇为同情。因此，冯友兰的贡献还是相当大的，他是 20 世纪中国真正有自己独创思想体系的哲学史家和哲学家。

贺麟领我入门研究黑格尔，但我更喜爱金岳霖和分析哲学

文汇：当年您因为家庭经济困顿，放弃了念研究生，直接去南开执教。现在让您再选择，您还会选择清华吗？

张世英：是啊，刚才说了，我被贺麟先生所吸引，毕业论文《新黑格尔主义哲学家 F.H.Bradley 思想研究》也是受他指导，他还教我读英文原著，但是，我天性喜欢金岳霖先生的分析哲学。金先生的《知识论》与《形而上学》课程，比起生动活泼、两百人挤满教室内外的贺麟先生的课，显得很枯燥，但我的数学偏好让我非常喜欢分析哲学的逻辑性。

毕业时，哲学系的公告栏里宣布，我被保送，可以在清华研究生院和北大研究生院里任选一个直升，我想了想，还是选了金岳霖先生在的清华。当时，我已经要和闻一多的女高足中文系彭兰女士结婚。因为没有选择北大，我就不好意思请贺麟先生为我证婚。事后，贺麟先生知道了这两件事，觉得我论文既然做了黑格尔，应该去北大深造，但听我说了"我喜欢数学、逻辑，还是走分析哲学的路"后，就笑笑说，"各有千秋，作出成绩都一样"。我跟着金岳霖读了罗素的英文原著《哲学问题》，知道了杜威，也学了一些分析哲学。

当年报考西南联大，我一心就想效仿老师们去美国留学。在进入西南联大第二年时，我休学一年，一边教中学，一边和同学用挣来的钱请外语系王佐良老师教我俩学英语。当时战乱，大家的经济都很拮据，这种方式也很流行。我们跟着王佐良读完了《哈姆雷特》。大学期间我也苦学了德文，为以后打下很扎实的基础。

旁听外文系吴宓讲英诗的"一和多"，忘了去上必修课

文汇：您说您当年旁听了六门课，您的印象特别深的是？

张世英：是啊，当时西南联大盛行旁听。一天，我去本系上课，经过一个教室，看到密密麻麻的人，就挤进去听。黑板上，从头到底写满了 One 和 Many，排成金字塔，原来是吴宓教授在讲英诗和莎士比亚，我被他的"一即多，多即一"理论吸引了，忘了原来的必修课。这样，就旁听了一学期。吴宓很有个性，跑到昆明的街上，看到一个餐馆挂了"潇湘府"的匾额，就敲着拐杖要砸，"这是我们林妹妹的，你们也配用？"我和一位同学后来也想请吴宓为我们讲英语，给他讲课费，但他说："我岂能靠钱买得？"我们只能作罢。

那时，刘文典公开讲红楼梦，因为听课人太多，地点换了三次，最后在空旷的操场上，他迟到了半小时，开口就是"你们这些林黛玉和贾宝玉啊……"那场讲座从晚七点一直延续到深夜。坐在我旁边的是化学系教师，我感到奇怪，他瞪了我一眼：教化学就不能听红楼梦了？中文系的闻一多和哲学系的沈有鼎都开《易经》课，我也经常看到两人相互旁听。

哲学特色与贡献

文汇：这样的故事大概可以讲几天几夜吧。2016 年 4 月《张世英文集》十卷本出版，但近年还可以看到您不断刊文，至今也还是北大美学和美育研究中心学术委员会的主任，学界都赞您"会通东西"，您是新中国后黑格尔的最早研究者，2006 年，您又担任了人民出版社从德国苏尔坎普出版社引进的 20 卷《黑格尔文集》中文版主编，我所说的只是最为人知晓的黑格尔的一部分，您自己如何评价这 60 年的研究轨迹？

研究分前三十年和后三十年，后三十年有自己的原创

张世英：我把自己的研究轨迹分为改革开放前后两个三十年。在新中国成立后到改革开放前，我主要是研究西方哲学史和黑格尔。1956 年，上海人民出版社出版了我的《黑格尔的哲学》，到 1972 年第 3 版时，印数已超过 20 万册，不少当年的青年学者在四十年后相见，还向我致谢，因为就是读着这本书了解黑格尔的。我有所汗颜，当时的立场是批判黑格尔的唯心主义思想。

后三十年，抛弃了教条主义框框后，我开始研究西方现当代哲学，读尼采、海德格尔、德里达、伽达默尔、哈贝马斯等大家的书，同时，开始看中国哲学，试图把两者结合起来研究，就有了一些自己的新观点，主要体现在《大人之际——中西哲学的困惑与选择》《进入澄明之境——哲学的新方向》等几本书。

新世纪后，北大哲学系有创新举措，2001 年我 80 岁时，让我给本科生一年级上课，上完就出书，就产生了《哲学导论》一书，这就是我自己

的体系,本体论、认识论、伦理学、美学、历史哲学都涉及了,成为不少高校的教材,其他学者也开始写此类书籍,2015 年,此书还获得了华东师大第三届"思勉原创奖"。表扬的人说可以和冯友兰、熊十力的哲学相比,批评的人则认为,没有结合人类文明史,这让我萌发补充的念头,于是又先后出版了《境界与文化》和《中西文化与自我》两书。这大概就是我的哲学研究轨迹。

对黑格尔辩证法的研究 1975 年传至法国, 影响了巴迪乌、白乐桑

文汇:您在黑格尔和德国古典哲学的基础上,不断地努力做着中西方哲学的关联。我们一一来谈论。黑格尔哲学的研究,您在 1956 年就有著作,在《张世英文集》里,有《论黑格尔哲学三书》《论黑格尔的逻辑学》《黑格尔〈小逻辑〉绎注》,前三十年和后三十年有否不同? 批判黑格尔的唯心主义的书,其政治色彩会比较浓吗?

张世英:的确不同。但是因为我当年对黑格尔的解读是完全从德文原著入手,基本主体还是可以的。1952 年 10 月,全国高校院系大调整,哲学系都并入北京大学,我从武汉大学回到母校。我讲黑格尔,就一边批判他的唯心主义,一边褒扬他的辩证法。

1974 年,第一批法国留学生白乐桑来北大哲学系旁听,第二年回国时就把我的《黑格尔的哲学》带回到法国,当时白乐桑和一位意大利留学生就把我的这本书的一部分翻成了法文。法国青年学者巴迪乌 (Alain Badiou, 也译为巴迪欧) 很感兴趣,写了《论黑格尔辩证法的合理内核——张世英 1972 年一文的翻译、介绍与评论》的小册子。2016 年孙向晨教授又策划并组织力量出版了《巴迪乌论张世英 (外二篇)》一书。

据说,巴迪乌原来也跟着自己的老师批判黑格尔,但我对黑格尔辩证法合理性的评论让他改变了想法。这本小册子 1975 年就在法国出版出售。而我们正处于断绝对外往来的时期,1976 年,白乐桑又来中国,让北大哲学系的负责人把此书带给我,因为某些历史原因,我并没有拿到。

有意思的是,白乐桑后来成了著名的汉学家,做了法国教育部的中

文总督。2012 年，我的学生胡自信去英国兰开夏大学孔子学院做院长，一次会上见到了白乐桑，和他谈及张世英是自己的导师，断了四十年的联系就此接上了。那年 9 月，白乐桑在访华之际来拜访我，我们一口气谈了 5 个小时，晚饭时又谈了 2 个小时。他亲手把这本 2001 年再版的法文书给了我。

20 世纪 80 年代初，结合西方现当代哲学
给予黑格尔"现当代先驱"的解读

文汇：这是哲学无国界的佳话。您在 20 世纪 60 年代还出版了《黑格尔〈精神现象学〉述评》和《论黑格尔的逻辑学》，后者被翻成日文。但在 1982 年您又出版了《黑格尔〈小逻辑〉绎注》，1986 年出版了《论黑格尔的精神哲学》，这两本书都被誉为中国"系统论述"黑格尔哲学体系中这两个部分的"第一部专著"。

张世英：您提到的其实就是我后三十年的第一部分工作。冲破了教条主义思想，我重新开始学习西方现当代哲学，这后两本黑格尔的著作，第一本是用黑格尔注黑格尔，是一种"集注"；第二本我把黑格尔的精神哲学理解为"关于人的哲学"，而人的本质就是精神，是自由。全书贯穿这个基本观点。

在 2001 年应山东人民出版社之约写了《自我实现的历程——解读黑格尔〈精神现象学〉》。总体来说，我的观点是，黑格尔哲学既是传统形而上学的顶峰，又蕴含和预示了传统形而上学的倾覆，是他死后的包括现象学等现当代思想的先驱。2006 年我应约担任《黑格尔全集》中译本的主编，这或许是我对黑格尔研究的最后一笔。

原创哲学"万有相通"将中西哲学放在人类思想史中考虑

文汇：我们都知道您 1995 年的《天人之际——中西哲学的困惑与选择》是您哲学研究的转向，而 1999 年出版的《进入澄明之境——哲学的新方向》，以及 2002 年讲课集成的《哲学导论》是您新哲学观的进一步发展和系统化。您最后将自己的原创哲学命名为"万有相通"，是一个怎

样的逻辑?

张世英：如你所说，20 世纪 80 年代初，中国哲学界掀起"主体性"的热潮，于是引发我重温笛卡尔以后的"主体性哲学"的兴趣，我又阅读了欧陆的现当代人文主义思想，感觉海德格尔等的思想和中国老庄有所相通，因此，我也产生了一种渴望：中国人的哲学怎样走出新路子，或者说，中国哲学向何去，哲学何为。于是，我重新将中国哲学和西方哲学都放在整个人类思想发展的长河中去评价其地位、作用和意义。到《哲学导论》讲解时，我进一步把两本书中已经成形的"万物一体"思想做了新的诠释，既吸取了老庄的"万物与我为一"思想和宋明道学家"仁者以天地万物为一体"、"一体之仁"的思想，又更多地结合了西方的"在场"和"不在场"综合为一的观点。

核心意思就是，天地万物千差万别，但彼此又如尼采所说是"相互联系、相互影响、相互作用"，三个相互统称为"相通"，而"在场的东西"又以"不在场的东西"为根源；人生在世或世界文明，大体都经历了"前主客关系的天人合一——主客体关系——后主客关系的天人合一"三个阶段，为了区别中国传统的旧的"万物一体"观，我主张称之为"万有相通的哲学"。由于孙月才和陈泽环两位学者都对我的观点提出了"只讲个人精神境界"的评价，所以，我反思后进一步探索，又写了《境界与文化》和《中西文化与自我》两书。

《哲学导论》这本书，我是把哲学的根本问题概括为人生在世的"在世结构"的问题来展开，分为本体论与认识论、审美观、伦理观、历史观和中西哲学史的发展，前三章分别聚焦在真善美，"万有相通"的思想贯穿全书。课给本科生上，旁听的人很多，后来系里发了个文档给我，集纳了学生的评价："敬业勤勉，学识渊博，风趣幽默，条理清楚，发人思考，和蔼可亲"。

2015 年，"思勉原创奖"获奖会上，我发言时强调，中华文化要发挥原创性，就应保持"天人合一"的整体性、高远性的优秀基础上，有分析地吸取"主客二分"式中自我的"主体性"。

我看世界哲学大会和中国哲学

文汇：谢谢您，不断突破学科、突破自我、突破中西。我们在英国剑桥国际传记中心收入的《国际知识分子名人录》第 9 版、《头五百》名人录第 2 版等国际权威书籍里都能看到有您的专页，我想这是名副其实的，也是中国人的骄傲。我们再转到第三个大话题，关于第 24 届世界哲学大会，2017 年启动仪式上，您做了主题发言。我想请您分享一下哲学和当今世界的关系？

哲学对人和世界的看法分两种：天人合一和主客二分

张世英：我反复在想，你这个问题是什么意思。这要从何谓哲学定义说起，会有很多种。我的定义是哲学是关于人生的精神境界的学问。从人类文化的发展来看，哲学主要是在讲人和世界的关系。海德格尔曾说过"人生在世"。我把人和世界的关系分为两类，一类是主客二分，一类是天人合一。第一类，人把世界当作我使用的对象，世界是为我所服务的，人和世界彼此处于外在的关系。第二种，这里的"天"指自然，人与世界浑然一体，完全融合，如心理学家所分析的，处于婴儿时代，因为婴儿并不能意识到妈妈的奶是在我之外，这种是原始的天人合一，后世有所发展。

世界哲学对主客体的认识也分了两种三个阶段，即从浑然一体的、原始的天人合一到主客二分，再到高级的天人合一。

古希腊哲学代表人类早期的哲学思想，无论是泰勒斯还是赫拉克利特，从粗略而言，都认为"万物有灵魂"，人的灵魂也是世界的灵魂，有"物活论"的思想。中国传统哲学，长期处于原始的天人合一阶段。

西方自进入文艺复兴阶段以后，笛卡尔提出"我思故我在"的命题，英国的培根强调"知识就是力量"，此时人独立于神而存在，开始主张主体对客体世界的改造，科学发展；这种思想又经过 18、19 世纪的康德和黑格尔的发展，尤其是黑格尔是主客二分的集大成者。但是到了现当代，尼采、海德格尔、德里达纷纷反对主客体二分，将之称为"人类中心主义"，尼采甚至说："人把地球都挖完了。"当代哲学反思传统的"自我专制主义"。哈贝马斯提出了"主体间性"，即人和人之间要和谐。

我认为，主体间性的思想是当代应该推崇的主流，它要求彼此平等对待、和谐共生。复旦大学的孙向晨教授最近写了一本书《面对他者》，就研究了尊重"他者"的概念。

文汇：是否可以这样理解，从人类历史和中西哲学史来看，当今哲学和世界的关系，就应该要研究平等、追求和谐共生，或者说推崇高级的天人合一。

张世英：我还想补充一点。18世纪末19世纪初，社会很重经济，觉得哲学非常玄，是不现实的学问，大家都不太感兴趣。因此，黑格尔就提出，"让仙女下凡，从寂寞的冷宫里解放出来"。所以，你问我哲学和当代世界的关系，我就借黑格尔"仙女"之说，当今世界也要请"哲学仙女"下凡，让哲学现实化，同时现实的人也要懂点哲学，有点精神追求。

现当代西方哲学强调从概念世界
回到生活世界，就是回归"人"

文汇：第24届世界哲学大会的主题是"学以成人"，您怎么理解？

张世英：我很早就听说了这个题目。中国传统哲学大多是围绕"怎样做人"研究的，缺乏自然科学中认识世界的认识论。西方传统哲学非常重视抽象的东西。比如在柏拉图看来，有现实的世界和概念的世界之分，现实中的方的、圆的桌子等具体实物都不是很真的。人是无法找到一个绝对方的或圆的实物，只有方的圆的概念才是最真的。

这类概念哲学一直统治着西方哲学世界，一直到黑格尔这位概念哲学之集大成者。在中国先秦哲学中，只有名家的公孙龙有过类似的思想，比如白马非马，就强调了概念。但是我很赞成这个主题。

世界哲学中也有很多主题是讲"人"。刚才讲到西方哲学中主客二分法统治了很久，但到了海德格尔、德里达、哈贝马斯都强调"人的生活世界"，而不是只讲概念。这个主题符合当今世界的发展趋势。从海德格尔到哈贝马斯都讲共生,表面上看是一种对天人合一的恢复,有人就说了:中国传统文化中很早就有这种思想了。在我看来,并不是一回事。中国传统提倡尊重自然,强调天人合一,自有高远的境界,但是,我们必须看到,中国人没有注重科学的底子。

中国哲学应当沿着"德先生"和"赛先生"之路继续走下去

文汇:您 1991 年离休后,一直在思考中国哲学向何处去,您对中国哲学有何期待?

张世英:总体来说,我希望中国哲学沿着五四时期提倡的德先生和赛先生之路走下去。为什么这么说呢? 刚才说到世界哲学到了近代沿着"主客二分"逻辑发展,而中国长期处在原始的"天人合一"、"万物一体"阶段。

到了鸦片战争,西方文化跟着洋枪大炮一同进入中国,批判力度就加大了:魏源说:万物一体之说"上不足以治国用,外不足以靖疆域,下不足以苏民困";梁启超明确推崇西方主客二分法,引入笛卡尔和培根,研究康德等;而谭嗣同则主张"心之力",心就是思想,强调我的思想的力量。我的看法,这些都是在宣传西方近代以来的"主体性哲学"。

到了五四运动,提出德先生和赛先生,在我看来就是对此前魏源、梁启超、谭嗣同思想的一个总结,也是对西方主客二分的期待。因为,科学就是强调人的主体性要征服自然,民主就是要发挥人的主体性,反对封建专制。

五四运动被称为中国的文艺复兴,很有道理。文艺复兴的两大发现是什么? 人的发现和自然的发现,前者就和德先生对应,后者就和赛先生对应。中国的步伐比起西方来晚了几个世纪,所以我们应该加紧步伐,继续沿着五四开创的民主与科学的道路前进。

中国哲学界的精神境界不要片面地被经济所束缚

文汇:您始终站在人类历史的比较中来看待问题,很有高远境界。对中国哲学发展现状和态势,有何基本看法?

张世英：现在国家的发展大力推行经济繁荣，一方面带来了市场的繁荣，但同时也忽视了人的精神世界的意义。因此，我希望我们要提高"人的精神境界"。中国是个"诗的国度"。中国士大夫有学而优则仕的传统，但又都有"身在江湖，心在魏阙"和"身在魏阙，心在江湖"的矛盾，儒家学说被官方所利用，而道家思想追求田园生活就成了平衡。所以，我提倡今天的中国哲学的精神境界不要片面地被经济所束缚。

寄语年轻学子：不要睡在现实的"坑"里，
要脚踏实地，仰望星空

文汇：非常感谢您。您昨天那么爱吃红烧肉，又如此娴熟地从手机里接收邮件，我想起王博教授对您的评价：您健康的身体和活泼的灵魂就是哲学最好的名片。这对天下学人都是莫大的鼓励，罗素享有九十多岁高龄，您一定会创哲学家的记录的，您的秘诀是什么？晚年的乐趣？

张世英：我年轻时爱听京剧，三十多岁时，就带着女儿去王府井听尚小云、程砚秋等唱戏。晚年爱听昆曲，也爱听古典音乐，现在也爱旅游，有时会去南方。健康的秘诀是保持乐观。

文汇：2016年，北大设立了"张世英美学哲学学术奖励基金"，面对全球华文学者，您想对年轻人说些什么吗？

张世英：西方哲学之父泰勒斯也是个科学家，本领超强。一天，他走路时仰望星空，不小心摔到土坑里，被庸俗的市民大为嘲笑。黑格尔就说："你们讥笑哲学家坠落在坑里，但你们自己是一直睡在现实的坑里，所以谈不上坠落到坑里。哲学家是仰望星空的人，教人高瞻远瞩。"黑格尔还说，哲学家其实也很能干，他也会赚钱，并不脱离现实。我想告诉年轻人八个字：脚踏实地，仰望星空。

文 / 李念（文汇—复旦—华东师大联合采访组）

伊约娜·库苏拉蒂
Ioanna Kuçuradi

在伦理中寻求人的相同性，减少价值冲突*

——访谈人权研究专家、土耳其哲学协会主席、马尔提普大学教授 I. 库苏拉蒂

被访谈人： 伊约娜·库苏拉蒂 (Ioanna Kuçuradi)，土耳其马尔提普大学教授，土耳其哲学协会主席，第 21 届世界哲学大会主席，以下简称"库苏拉蒂"

访 谈 人： 华东师范大学哲学系副教授王寅丽，以下简称"文汇"

访谈时间： 2018 年 4 月—5 月，多次邮件

* 本文受"华东师范大学一带一路与全球发展研究院专项课题项目"资助，项目批准号为：ECNU-BRGD-201815。

许是有着人类哲学摇篮之称的希腊的血缘，出生于土耳其的当代著名哲学家伊约娜·库苏拉蒂的人生华章都与哲学密不可分，每次邮件往来我们都能感受到她缜密、活跃的思维，回答问题多半会从概念澄清入手，因而大家亲切地尊称这位 81 岁的马尔提普大学教授为"哲学祖母"。

她几乎见证了世界哲学这 30 年来的点滴变化。在 1948 年成立的国际哲学团体联合会（FISP）中，库苏拉蒂担任了十年的秘书长，因为工作出色继而被推选为 1998—2003 年的主席。主席任期内，她成为 FISP 支持的第 21 届世界哲学大会主席，那年首次从欧美移入亚洲在伊斯坦布尔召开的大会获得好评，她也因此成为 FISP 荣誉主席。形象而言，坊间会称 FISP 是国际哲学学术界的"众议院"，那么以个人学术水准衡量的国际哲学学院（IIP）则是"参议院"，2014—2017 年，因人权研究而闻名的库苏拉蒂被选为 IIP 主席。

在土耳其学术界，她更是闻名遐迩。自 1979 年，她就是土耳其哲学学会主席。1969 年，获得伊斯坦布尔大学哲学博士之后的第五年，库苏拉蒂在海塞台普（Hacettepe）大学创立了土耳其的第三个高校哲学系。库苏拉蒂早年研究叔本华、尼采、舍勒哲学中"人"的概念，由此从哲学人道主义和伦理学出发引向了现实的社会、政治和法律问题，成为国际著名的人权哲学家。1981 年她将人权教育设为海塞台普大学的必修课，1994 年当选为土耳其新成立的人权高级咨询委员会主席，在她领导下，委员会将人权课程引入小学和中学教育。

2015 年 9 月，库苏拉蒂率 IIP 近三十名院士来北大召开为期三天的年度研讨会"人的维度"，其间她接受记者采访时风趣地说了一句："别忘了苏格拉底就是来自大众的哲学家，即便分析哲学精湛的推理、论证最终还是要回到对人的服务。我研究的人权也不是法律概念，而是哲学层面的。"于是，采访话题就从人的哲理开始。

哲学之缘与轨迹

文汇：您曾翻译过康德的不少著作，从研究叔本华、尼采开始继而转到人权研究，取得了不菲的成绩，您是如何走上哲学道路的？您在少女时代，是否也像苏菲一样，接到了陌生的来信，从而掀开了"好奇"的一生？

走向哲学：好奇于"为何同一事物却有不同评价"

库苏拉蒂：我在高中时代就注意到，人们对相同的事物会作出迥异的评价，日常生活中的任何一件事情，一个人、一个活动或一项法律，人们都会作出完全不同的、甚至相反的评价，许多冲突由此而生。对此的不解和反抗让我走上哲学道路，后来提出了我的评价理论，即在"价值推定"、"价值归属"和"正当评价"之间作出区分，并对其中每项活动进行分析。此刻回顾过往的岁月，我发现促使我研究哲学的一个关键原因就是人们"对同一事物有不同评价"的事实。另外，十四五岁时阅读柏拉图的《申辩篇》，对我也是一个很重要的激励。

哲学在土耳其：走出大学围墙，服务儿童到成人

文汇：您是土耳其哲学协会会长，哲学在土耳其是否受欢迎？

库苏拉蒂：在过去的 60 年中，哲学和哲学教育在土耳其得到了充分发展。20 世纪 50 年代末，我还是学生的时候，我们只有两个哲学系，一个在伊斯坦布尔大学，另一个在安卡拉大学，1969 年我在海塞台普大学建立了第三个哲学系。目前，土耳其 185 所大学中设有 64 个哲学系。

当 1974 年成立土耳其哲学学会时，我们的目标之一是让哲学"走出大学围墙"，即为知识大众提供哲学活动，我们成功地做到了这一点。对哲学活动的需求并不仅仅限于伊斯坦布尔、安卡拉、伊兹密尔等大城市。

在较小的城市，也有一些群体，如商业团体、律师、医生，他们也希望有哲学课程。我们与各区市政府当局合作，努力满足这些要求。自20世纪90年代初以来，我们的哲学学会为儿童提供哲学课程和开发项目，还以"法律工作者的道德和人权"为题，为法学学生组织关于法律哲学问题的暑期学校。

"伦理学"20年复兴：我视其为提供价值知识的一门学科

文汇：自从1971年出版了《人与价值》、1977年出版了《伦理学》之后，伦理学是您哲学研究一直关注的主题，最近又出版了《伦理学与世界问题》，请问您是如何把伦理学和实际问题联系在一起的？

库苏拉蒂："伦理学"在过去15年或20年里成了一个流行词，诸多因素造成了世人对"伦理学"兴趣的复兴，由此产生了各种"专门伦理学"和"应用伦理学"，但并非"哲学伦理学"。我想区分"伦理学"在当前讨论中的至少三种主要含义：(1) 在有些语境下，伦理学指现存的规范体系，有的是在特定群体中有效的道德规范，有的是广泛传播的生活准则，有的是特定的文化规范，他们构成了认识论上不同的规范。(2) 在另一些语境下是指成文的规范体系或准则，这些规范要么是从现存的规范中挑选出来的，要么是为了特定目的演绎出来的，是所有相关的人一致同意并通过适当程序生效的，例如所有的"专门伦理学"。(3) 我更愿意用"伦理学"来指一门哲学学科，作为哲学学科，它把人类的伦理现象作为一个整体来研究，提出伦理价值的知识，这种伦理价值知识不仅是发展和应用任何道德准则的必要条件，也用于评价日常生活中的行为。

将价值视为一种人类关系，或可避免"价值危机"

文汇：当代许多人主张，任何道德规范或准则都是某种社会建构，从而可以被修正，但这样的观点不免使我们陷入所谓的"价值冲突"或"价值危机"。您认为伦理知识如何能够避免陷入相对主义？

库苏拉蒂：有一种广泛的假定，认为道德行动是规范决定下的行动，所以只要一个人在给定形势下不是根据他或她的利益冲动行事，而是根据他所属文化中有效的规范行事,其行为就是道德的。这种看法是错的,而且在一个人面对规范冲突的情况下,错误就更明显。为此我要把我自己的观点限制在两种规范上:一种是那些在不同历史处境下从经验中归纳出来的规范,一种是根据人类价值的知识,借助归谬法从不同情境的比较中推演出来的规范,前者会引起所谓的"价值危机"或"文化冲突",后者的目标不是提出或证成伦理准则,而是澄清作为一种人类现象的人类关系,提出可证实或证伪的知识,表明依据不同种类的知识,采取"正确"或"有价值"行动的可能性。

认识"人权":在伦理关系的框架中理解人的"相同性"

文汇:您是从价值知识的进路来研究人权的,这两者是怎样联系的?

库苏拉蒂:评价(evaluation)活动通常以"价值推定"(value imputations)和"价值归属"(value ascriptions)两种方式进行,前者是根据对评价者有效的一个普遍价值来"推定"个体对象的价值,后者是从对象与评价者的特定联系出发,来把价值归属于这个对象。但这两种方式都不能真正让评价者把握所评价对象的价值。因此我着手分析"正当评价"(right evaluation)的要素或步骤,我认识到必须在一个"伦理关系"的框架中来定义价值。在此框架中,正当评价遵循三个步骤:第一步是尽可能细致地理解评价行为——它背后的评定标准、伴随的价值经验以及行为的意图和目标等;第二步是了解评价行为在作出或无法作出的条件下关涉其他活动的可能性特征;进而第三步是确定行为的伦理价值,而要真正把握行为的伦理价值,就要将前述可能性关联到人的价值,即构成人的特殊性、品格和成就的潜能。因此,行为的伦理评价依赖于人这个物种的意涵,而处在一种伦理关系中的行为的另一要素则是评价者,那个做评价的人的经验,所以对价值活动的分析最终把我引向人的价值。

"正当评价"是一种认识活动,它预设了评价者方面的不同知识,同时也要考虑评价对象的特性。在行动的案例中,对行动做评估的人要理解为什么行动者要实施这项行动,他的理由或原因,"为什么"也包括他

（她）的价值经验、信念和世界观等。随后这项行动还要与相同处境下的其他可能行动比较。进一步还需要认识这项行动的伦理价值——它是对或错，重要的或微不足道的。行动的伦理特性就关联到了人的价值，这个行动对人类的意义。例如，关于潜能的认识是人能够成为什么样的人的认识，也是那些实现了其潜能的成就的人所取得的成就对于人类而言的意涵的认识，这些比较向我们提供了一种假设性或条件性的知识，即在此条件下人们通常能实现他们的潜能。

人权是对待个人的伦理规范，但人权也是行动的原则。例如，当它在联合国的国际人权文书中被消极地表述为"没有人应当遭受酷刑和虐待"时，意味着谁也不能虐待人。在此我把人权和行动联系起来，从而和行动的评价问题联系起来。从这个角度看待人权，影响深远，特别是影响人权教育。你要教人们如何作出正当评价，提供人权概念的知识，即人权在实践上有何要求和为何如此要求，当然最重要的人权教育是帮助人们理解所有人在人的地位和身份上的"相同性"，这是人权的基础。

哲学特色与贡献

文汇：在一篇对您的访谈中，您被描述为"在土耳其难以解决的政治动荡中历时最长的幸存者"，哪些现实经验促使您走上人权研究的道路？

现实中的价值冲突和政治动荡促我探究人权概念

库苏拉蒂：我在早期经历过两个巨大的绊脚石，对它们的反抗促成了我对哲学的理解。一个是价值相对主义的挑战，我说过，我早年发现在几乎任何事情上，人们都有相互冲突的评价，造成许多无谓的冲突。这促使我从哲学上反思"评价"活动，我认为相对主义和绝对主义的价值理论都无法充分解释这一事实。

对我来说，土耳其难以解决的政治动荡是促使我反抗的另一个巨大绊脚石。我从 20 世纪 70 年代后半叶开始探究人权概念，1994—1996 年我担任"人权高级咨询委员会"主席,在此期间我们发表了有关人权问题的报告。由于委员会的出色工作,人权教育被纳入了中学必修课,不过我们的工作并不总能得到政府的采纳。1998—2000 年间我任土耳其议会人权委员会主席,我们造访监狱,撰写了多个重要报告,对于消除监狱虐待来说是一个转折点。1998—2005 年我作为"联合国人权教育十年"土耳其委员会主席,推广了对于政府公共人员和 NGO 组织人员的人权教育,我们不仅帮助培训者学习相关的法律知识,而且让他们认识到他们的"人权身份"。我认为这种认识是具有保护人权的真诚意愿的关键因素。

人权概念:保护人类潜能,保护发展潜能的条件

文汇:人权是一个含混复杂的概念,您是怎么定义人权的?

库苏拉蒂:人权表达了每个人应当如何被对待和如何对待他人的部分要求,以使每个人都能实现他(她)的人类潜能,即人类作为一个物种的属性。这些属性让人类区别于其他有生命物:例如人生产了面包,发明了电,写了有人会读的《小王子》,提出了平等的理念,表述、生产和传递知识,创立国家这样的建制等。这些特性或潜能构成了"人的价值"或尊严。

人权首先是个人的权利,是每个人平等拥有的,因为他们同样是人,人权要求保护在每个个人身上的人类潜能,创造和保护个人能够实现他们潜能的持久条件。一部分要求是对个人拥有的人类潜能的直接保护,另一部分要求涉及个人发展他的潜能所必需的一般前提条件。我将人权概念限制在这两种要求内,即第一类的基本权利是个人安全和所谓"基本自由"的禁止性要求(interdictory demands),如个人在实现他的人类潜能的活动中不受阻碍或侵犯的权利;第二类基本权利涉及发展潜能的一般前提,如生存、受教育、工作的权利,满足健康所需要的生活水准的权利。第二类也是个人拥有的基本权利或人权,但它们不同于第一类权利之处在于,它们只能通过某个国家给定个人的其他权利,如社会、经济和一些政治权利,来间接地得到保护,并主要通过政治决策所建立的公

共机构和组织来进行。因此我又把人权分为直接保护的权利和间接保护的权利。

从知晓价值到实践需要伦理教育

文汇："人的价值"涉及根本的评价活动，您主张通过认知考察获得伦理知识，我同意这一点。但即使人们获得了一些伦理知识和价值序列，他们如何对此有信念而愿意照着做，在面对价值冲突的时候甚至为之作出妥协和牺牲呢？因为有知识并不意味着有对知识的信念和承诺。是否每个人对人权的知识还需要借由他们特定的文化传统乃至宗教信仰来支持和诠释？

库苏拉蒂：当然，如果"有人权知识"的意思是"知道列在国际人权文书上的名目"的话，"有知识"并不意味着有承诺，也不表示那些知道的人会据此行事。但是对于那些有意愿去行动以便保护人的尊严的人，则不能没有这种知识。

我认为要在给定条件下保护人权，有三点非常重要：（1）有保护人权的真诚意愿。这种意愿可以通过了解我所谓我们的"人类身份"（human identity）来获得，即我们首先都是人，这是在我们是土耳其人、中国人、美国人、肯尼亚人，男人或女人，印度教徒、佛教徒、穆斯林、基督徒或无神论者之前的共同身份。（2）有人权和每种人类权利的概念知识，以及我们对于必须去行动的处境的知识。（3）知道如何在给定处境下去发现人权对于行动的意涵，而这假定了你知道如何恰当地评价一个处境。

我所谓的"人权的伦理教育"——区别于仅仅教授司法规范的人权教育——能帮助唤醒保护人权的意愿。文化传统和宗教只能让人权教师的工作变得更容易些，假定他们也了解文化宗教因素与某些人权重合之处的话。但人权是世俗思想的产物。

文化权利是群体权利，是基本权利下的运用

文汇：您是如何理解人权区别于文化权利，以及文化相对主义的？

库苏拉蒂：人权是个人的权利。参与文化的权利（right to culture），

也就是个人有参与"人文化成"活动（如艺术、哲学）的机会和可能性。而所谓的"文化权利"（cultural right）是群体或集体的权利。在我的权利分类中，群体权利不是人权或基本权利，而是基本权利在既定情形下的运用。主要是指得不到群体权利，个人权利就得不到保护的情况，例如少数人说母语的权利。

至于"文化相对主义"，这是一个事实。危险在于人们无视恰当／客观评价，把价值混同于一般价值判断——一个文化对于"好"与"坏"的看法，从而把价值等同于个别价值判断。

世俗主义的词义中就包含了康德意义上的启蒙

文汇：您如何从世俗人道主义的立场来论证人权概念？

库苏拉蒂：我们要在两种人道主义之间作出区分，一种是作为社会阶级理论的人道主义，一种是对人类处境的哲学分析，前者作为理论试图解释事实，后者是对更开放、更基本的某种东西的分析。我们要记住解释和分析都是认知活动，都可能以正确或错误的方式进行，其结果也是可以被证实或证伪的。另一方面，人道主义总是关于人的价值的观点，它是从对人类处境的分析得出的结论，也构成了社会理论或解释的出发点。

我主张"世俗化"（laïcité）是人权有效实施的必要条件。为此我想区分两个不同却相互补充的词 laïcité（世俗化）和 secularism（世俗主义）。法语中的 laïc 源于希腊词，意思是俗人，不属于祭司阶层。Laïcité 的意思因此不仅仅指政教分离，还要求不能以任何宗教和文化规范来决定社会关系制度和公共事务机构。这是一个启蒙理念和现代国家原则。secular 在词源上来自拉丁词 saecularum，意思是"时代"、"世代"，在我看来它表达了想要改变、适应时代要求的愿望，在此意义上和"现代化"是同义词。历史地看，"现代"是康德意义上的启蒙的结果，即，"当人脱离了自己加之于自己的不成熟状态时"，"找到了运用自身理智的勇气，而不需要他人的引导……和首要在宗教事务上的引导"。

基于以上思考，世俗化和世俗主义是一个硬币的两面，即世俗概念的消极和积极方面。世俗化表达了何者不应决定国家和公共机构，世俗主义则表达了何者应当决定它们，也就是"时代"的哲学思想所塑造的观念。在此意义上，我们也可以说"世俗国家"是指它的法律从人权中演绎出来的国家，根据人权来管理的国家。而半个多世纪以来各种"发展"成为国家政策的目标——经济的发展、文化的发展、可持续发展、以人为中心的发展等等。这类"发展"目标，与"自由"市场的全球化一起，引导着我们的步伐。

推荐阅读《人权：概念与问题》和《伦理与世界问题》

文汇：您的分析非常清晰而富有学术性，如果年轻学子要尽快熟悉您的理论，您推荐他们看您的哪些书？

库苏拉蒂：我会推荐我的已翻译成英文、法文和俄文的书。它们是：《人权：概念与问题》《伦理与世界问题》《人权之战》《时间的哲学》《伦理学》。前三本书通过澄清概念来对付我们时代的问题，《伦理学》和最早出版的《人与价值》（*İnsan ve Değerleri*）处理的是评价问题，而不是广为谈论的价值相对主义和价值绝对主义。对于懂现代希腊语的读者来说，我推荐我的诗集《幕布背后》（*Apo to Parapetasma Piso*）。对于懂土耳其语的读者，我也建议他们阅读我的 *İnsan ve Değerleri*、*UludağKonuşmaları* 和 *İnatla ve Umutla Değerler Peşinde*。

今后十年：展示与价值、认识论相关的问题，拍纪录片

文汇：您对您今后十年的工作有何规划？

库苏拉蒂：我并没有制订非常严格的计划。有些事情我想做，仅仅是因为我看到有需要。不要忘记我已经81岁了！目前，我希望着手马尔提普大学的人权博士课程，该课程的核心是哲学和道德，这将是土耳其大学的第二个人权博士项目。第一个是我在海塞台普大学做的项目。我想真正做几件事，包括系统地展示与价值问题、人权和认识论有关的问题，是人权研究让我理解了认识论的问题。我还想为广大公众制作几部有关价值观和人权问题的纪录片。

我看世界哲学大会和中国哲学

文汇：您如何看待哲学与当今世界的关系？

哲学是为了让我们用概念清晰思考

库苏拉蒂：哲学作为知识，区别于世界观（Weltanschauung）、生活观（Lebensanschauung）和任何意义上的"科学"，它对我们的生活和世界始终都是重要的。这在"后现代"之后的当前尤为重要。然而，我必须澄清我对"哲学"的理解。当我读到国际文书中使用"哲学信念"这样的表述时，我总是感到不安。如果你不像我一样，把"信念"理解为一种心理感受的话，这个表达究竟是何意？无疑，我们所有的人都有信念——可辩护的或不可辩护的信念。相信是一种人类现象。但是，我们不应该把它们与知识混为一谈。

为什么我们需要哲学知识？为了能够清晰地思考，我们需要知道我们使用的术语或概念的内容。下定义，以及我所说的概念化，就是哲学的工作。流行一时的词语，如果每个人在使用流行一时的词语时却不知其究竟指涉何物，那么它们就是空话。用空洞的字眼如何能清晰地思考呢？康德所谓的"悖论"，即一个正确的推理却得出了错误的结论，有时就是这类空洞语词造成的。使用带有心理暗示的空洞语词，就可能造成煽动。阐明这类语词属于哲学家的工作。

对哲学的理解有许多可能性，我这里想强调我所谓的"观念的概念化"，和我所称的"认知上可辩护的观念的概念化"（cognitively justifiable conceptualization of ideas），哲学能作出的重要贡献在于概念。当涉及观念时，概念常常构成判断的标准。这就是为什么概念在专门使用概念和决定他人命运的人的头脑里，必须清楚明晰的原因。

"学以成人"意味着人需要适当的训练和榜样

文汇：您和世界哲学大会有很深的渊源，您是 2003 年第 21 届世界哲学大会的主席，在古老城市伊斯坦布尔围绕着"哲学面对世界问题"的主题，与来自不同文化传统的哲学家们交换想法，可以说是当代哲学文化交流的一个里程碑。您对本次大会的主题"学以成人"有何见解？

库苏拉蒂：的确，"学以成人"是对我们时代的迫切需要之物的一种很有意义的表述。我们生来是人，但是成人却是我们每个人必须学习的事情。即，我们必须成为人，配得上这种资格。为此，我们需要适当的训练和榜样。例如，我们需要我所谓的人权道德教育，以便打击世界各地日益猖獗的暴力行径。我还要提醒大家注意"裁军"。第二次世界大战后"国际社会"议程的项目之一就是裁军。现在没人再提这件事了。

期待北京大会：能观察 21 世纪前 25 年内的时代精神

文汇：您担任 2003 年伊斯坦布尔世界哲学大会主席，在您的领导和辛勤工作下，大会非常成功。您对 2018 年北京世界哲学大会有何期待？

库苏拉蒂：世界哲学大会反映了哲学的时代精神 (Zeitgeist)。北京大会让我们有了一个机会来观察 21 世纪最初 25 年里的时代精神。我在此次大会中主持一个特别会议并发言，这个特别会议题为"在 21 世纪第一个 25 年里看我们的世界"。

这是在亚洲举办的第二次世界哲学大会。你知道第一次是 2008 年在韩国举办的，当时作为 FISP 的主席，我坚决地公开支持在韩国举办大会，因为这是我们联合会历史上在亚洲召开的第一个世界大会。我因此被一些哲学家斥责为"有偏私的"，你看，甚至哲学家有时都会混淆概念，例如把公平混同于无偏私。

我很高兴此次大会在中国这个世界上人口最多的国家召开。大会让参与者有机会了解他们的中国同行在做什么，也让中国同行了解其他国家的同行在做什么，假如语言障碍能克服的话。他们也有机会建立起未来合作的新联系。我有很多期待。首先期待的是，在这个暴力业已渗透到我们生活所有领域的历史时刻，在北京召开的此次大会一方面能提醒世界上的所有人，特别是那些当政者，有必要在现实处境下学以成人；另一方面，也能指明一些可行途径，特别是提醒人们，我们需要在教育中帮助年轻人去学以成人。

期待中国文化：请保持智慧滋养下的归属精神

文汇：请告诉我们您对中国哲学或中华文明的理解。你对中国的哲学和文明有何期待？

库苏拉蒂：不同文明就像河流一样，同样地流动和滋养着人类，我认为世界上所有的文明成就都是共有的。给"哲学"前面加上民族的修饰——如中国哲学、土耳其哲学、德国哲学等等——我理解为哲学著作所使用的语言。亚洲哲学、欧洲哲学等等则是告诉我们哲学著作产生的地点。但是如果一个文本是哲学的，即包含了哲学知识，那么它是哪里生产出来的并不重要。当然，生活处境和敏感程度的不同，会让一些人比另一些人更有可能捕捉到和处理哲学问题。

我常去中国，但每次都是短暂停留，所以很难从外部来做判断。对我来说，中国意味着我的中国朋友和同事。其中年龄最大的是姚介厚教授，三十多年前我们在贝尔格拉德联合国教科文组织的一次会议上第一次相遇。

除此之外，中国对我来说还意味着中国人对"归属"的意识。让我讲一个故事作为例子：我曾被邀请参加太湖附近的一个会议。到那儿我得先飞到上海，然后从上海去那里。当我到达上海时，一位年轻女士和一位年轻男子接待了我，他们俩驾车带我去开会的地方。在路上我得知，年轻女士是那个地区的法官，而那个年轻人是她的助手。他们都想为这个重大活动提供帮助。我不知道还有哪个国家的法官会这样做。请保持这种精神！我钦佩中国思想家们的智慧，是它滋养了这种精神。我将哲学和智慧区分开来，两者我们都需要，但请不要混淆它们。而且我认为今天这种智慧必须与人权知识结合起来。

就我所见，在人类事业的各个领域，中国都在取得新的突破。我也希望中国可以在世界政治中扮演一个更重要的"稳定"角色。

文汇：谢谢亲爱的库苏拉蒂教授的精彩回答，哲学家都很长寿，希望您工作到下一个十年。

文 / 王寅丽（文汇—复旦—华东师大联合采访组）

若瑟兰·伯努瓦
Jocelyn Benoist

从现象学到分析哲学，只为寻找"实在性"

—— 访谈法国当代融合新生代哲学家、巴黎一大教授 J. 伯努瓦

- **被访谈人：** 若瑟兰·伯努瓦（Jocelyn Benoist）、巴黎一大哲学系教授，以下简称"伯努瓦"
- **访 谈 人：** 复旦大学哲学学院讲师谢晶，以下简称"文汇"
- **访谈时间：** 2018 年 4 月—5 月多次邮件采访

　　若瑟兰·伯努瓦是当代法国哲学界的一位奇才。我们在他身上找不到任何"巴黎索邦大学哲学教授"这个头衔"应有"的气息：他既不古典，也不正统，生于 1968 年的他看上去还是一个对于新鲜事物带着极大热情的顽童。他的谈吐不仅风趣，而且无忌，充分体现了他哲学思想鲜活而又锋芒毕露的特征。

　　50 岁对于哲人而言可能仅仅是思想的成形期，而伯努瓦，就像他自己说的，却已经历了好几段学术生涯。我在巴黎求学时，也每每惊讶于在任何领域的博士论文答辩委员会、任何主题的学术研讨会上，都能看见他的身影。而每次他的言谈间，都透露着对于现象学、结构主义、日常语言学派乃至社会本体论的精深造诣。

　　在本次访谈中，伯努瓦难得以系统的方式述说了自己的哲学之路。他看上去不按常理出牌的研究方式和路向背后实际上是对于同一个问题意识——实在性的问题———一以贯之的关怀。而当他称真正的领域只有一个，那就是哲学时，我们能顿然感受到"被技术官僚称为'研究'的东西"和真正的思想之间的天壤之别。

　　和结构主义之后的很多法国学者一样，伯努瓦对于思想和文化的多样性问题也非常敏感。在本次访谈中，我们能发现这一敏感绝非出于好奇，而是出于一种时代责任感。曾游学世界，并似乎在冥冥之中与中国有着特殊缘分的他在"中国与世界"这个问题上也是不按常理出牌。他并没有像很多西方学者那样把中国文化视作一种彻底异质的精致传统，而是对于以中国为代表的各种非西方现代性寄予高度的期待。从他的身上，我们能看到西方哲学想要走出自身的普世主义自大，并在一个对话共同体中把握自身特殊性的那种反思精神。

哲学之缘与轨迹

文汇：您是法国当今最重要、最多产的哲学家之一。您的著作非常惊人：《康德与综合的局限：感性主体》（1996）、《没有对象的表象：现象学与分析哲学的起源》（2001）、《意向性的局限：现象学及分析哲学研究》（2005）、《感觉与感性：背景中的意向性》（2009）、《概念：分析导论》（2010）、《实在论哲学基础：关于我们有什么的思考》（2011）、《可感者的声音》（2013）、《现象的逻辑》（2016）、《实在的地址》（2017），这份书单还远远没有结束。

成长于告别"结构主义"时代，受"回归现象学"学术训练

您的哲学思考涉及本体论、心灵哲学、认识论、语言哲学、社会哲学等等非常广泛的领域。但是，在中国，像绝大部分当代法国哲学家一样，您的名字相对比较陌生。您会如何把自己介绍给那些对西方哲学感兴趣的中国学人和读者？比如说，很多人会将您的哲学之路归结为从现象学向分析哲学的转向，您是否同意这样的界定？

伯努瓦：和我一样年龄的20世纪60年代法国哲学家所受哲学训练的学术背景是80年代现象学的回归。像所有的"二次"或"重生"一样，这一回归当然是颇有嫌疑的。现在回过头来看，它的意义还是挺清楚的：要让大家知道结构主义的这段插曲已经演奏完毕了。当然，我不同意这一点。但当时我还没有很清楚地意识到这一切。

现象学吸引我的地方，在于它对于具体性的重视，在于它要将概念暴露于经验之中。从这个角度讲，经院现象学，尤其是法国的新现象学，如马里翁（Jean-Luc Marion）、柏格森（Henri Bergson）很快就令我感到不适。我当时对于现象学完全没有能力正视实在性这一点颇为不满，对此，我自己很讶异，因为我期望它能带给我的就是对实在的敏锐感。当然，我的期待是有失偏颇的：一种将一切还原为"显现"（l'apparaître）的学说难道会给予我们实在吗？另外，实在真的是可以被给予的吗？（换句话

说,总是将它处理为被给予的东西,这有意义吗?)但我还是花了很长的时间才明白:现象学是一条死路。

失望于"现象学"对"实在"无力而逐步转向:
分析哲学—心灵哲学—实在论

伯努瓦:所以我的博士研究属于法国现象学,我想要找到的是主体,我的谱系学研究方式①将我带向了康德。我的博士论文是1994年完成的,当时我已经有了不少积累,发表了很多关于胡塞尔的文章,它们变成了我的第一本书。

在这本书后我感到我的身上发生着转向。在我完成博士论文写作的接下来几个月中,知识论重新变成我最感兴趣的问题(它在一开始就是我的问题)。同时我也开始对现象学产生了最初的怀疑,因为我阅读了雅克·布弗雷斯(Jacques Bouveresse)。此外,我又遇到了我的妻子桑德拉·罗吉叶(Sandra Laugier),她是研究维特根斯坦和美国哲学的专家。

这一相遇当然对我产生了非常深远的影响。从此,我的哲学研究进入了第二个阶段——从1994年到2003年。在这一时期,我首先想要做的是从谱系学的角度来让现象学和分析哲学对峙,我当时希望能通过让现象学溯源(其奥地利和德国的源头)来重整现象学,将它导向极严格分析性的方向。当时,我还是期待能有某种实在论现象学。这一思想史的工作在2003年画上了句号。

当时我与特拉维斯(Charles Travis)相遇,此后去美国和加拿大访学,我发现这些与我想要找到起点的愿望非常契合。说新起点,并不是要与之前的研究一刀两断,而是要对它的目的进行重新定义。从那时起,尽管我还是继续在某些问题上从事思想史的研究,例如关于维也纳学派(石里克 Moritz Schlick、卡尔纳普 Rudolf Carnap),或关于实用主义(詹姆士 William James、刘易斯 C.I.Lewis),但我的关注点转移到了个人研

---

① 谱系学方法由尼采提出、福柯加以运用与发挥,是一种分析社会现象的方法,用以说明事物在不同条件下呈现出打破旧结构、构建新结构的连续结构形态。——编者注

究上，它首先关乎心灵哲学。整个这一阶段的主角是意向性概念。

在特拉维斯的影响下，我越来越有意识地将之放入情境论的思想框架中。起初，我的想法是必须认为意向性彻头彻尾地受到实在的外在限制。当时我渐渐远离现象学和总是伴随着它的顽固的内在论（我称之为"逻辑内在论"），上述限制对我来说就显得越来越没有必要：其实我越来越看不出它还有什么意义。相信要限制意向性，这很可能还是赋予它一个过于实体性的地位。事实上，在这一阶段的末尾，我可以说与意向性问题讲和了，我不再将之视为问题，而是视其为一种将我们进入实在的形式化的便利方式。

从 2010 年（《概念：分析导论》）起，我的研究进入了一个新的阶段。我之前对于某种心灵哲学的追求现在摆脱了那些近代哲学的建构性神话，因而能更彻底地对实在论进行更全面的思考，而我的实在论现在也摆脱了现象学的掌控。这就是我今天的研究所处的问题域。

走上哲学路：中学教育体制和中学哲学教师父母的熏陶

文汇：如果再往前追溯的话，哲学是如何成为您的事业的呢？在法国，人们对哲学的兴趣产生得很早，这可能是因为在中学就有哲学教育，它是公民教育的一部分（至少从理论上来说），也可能是因为存在着很强的知识分子传统、热衷于思辨和论证的传统。对于您来说，成为哲学家是出于偶然，还是出于"宿命"？

伯努瓦：是的，哲学确实在很长的一段时期内在法国教学体制中扮演着拱顶石的角色，至少从第三共和国以来——第三共和国出于政治理念将哲学奉为所有学科之母。一直到今天，哲学对人们的吸引力仍然是巨大的。

我的情况从社会学角度来说没有任何偶然性，因为我的父亲就是中学的哲学教师，他本人心怀着这一共和的理念。我是在书本中长大的。我有一种可能很荒谬的负罪感：他是工人的儿子，因此需要自己去争取到一切，而我收到的是现成的文化财产，因此我能去做批判文化这件奢侈的事情。

哲学特色和贡献

文汇：如果您自己评判，最主要的作品和成果是什么？

早期代表作：揭示现象学和分析哲学的同源，
修正对整个 20 世纪哲学的既定看法

伯努瓦：就像我刚才所说的，我的研究经历过几个阶段，而我当然总是认为我正在从事的是最重要的、最有代表性的，所以，如果说我真有什么研究成果的话，我目前很难给出定论。我的博士论文名为《康德与综合的局限：感性主体》（1995），尽管它的走向与我现在的研究南辕北辙，但我不会否认它的价值。它的出发点是对于彻底主体性的寻找，其方式是对于康德的一种超级法国现象学式的解读，其中充斥着梅洛－庞蒂（Maurice Merleau-Ponty）、莱维纳斯（Emmanuel Levinas）的思想。

然而，我相信在这番对于可感者之彻底性和不可还原性的揭示过程中，还是存在着某种对我而言一直很重要的真理的。当时我只是还没找到思考这一彻底性的正确概念：它如果被界定为是"显现"或"给予"，我们就必然会失去它。就此而言，我的哲学之路当然是有连续性的，就像马修·孔都（Matthieu Contou）所指出的，在我关于康德的那本书的问题意识和我最具个人色彩的书《可感者的声音》之间，尽管存在术语上的不同，其实是一脉相承的。

博士论文之后，我出了一系列关于胡塞尔、关于现象学原型、关于现象学和分析哲学共同源头的书。通过这些研究，我以自己的方式去改变大家对于整个 20 世纪哲学的既定看法——尤其是现象学和分析哲学喜欢将彼此对立起来（事实上也有一些理由对立起来）的传统。

《意向性的局限》开创个人风格，提出意义内在论，
肯定"知觉实在论"

伯努瓦：在我更个体的研究阶段，我觉得要提到《意向性的局限》

(2005)。此书尚带过渡性的风格，有些章节属于思想史，但它无疑开创了我一直持续到今天的个体之路。就像我前面说的，我现在对自己曾经捍卫过的那种外在论持有疑问，因为我不能完全确定我们是否还需要它（事实上，我们越不是内在主义者，就越不会相信我们需要那种内在论）。所以这部作品的意义在于它揭示出了真正的问题是意义内在论，而不是心灵内在论，或至少说，仅仅克服后者是不足以使我们摆脱前者的。这也预示了我对于"意义／感觉 (sense)"①概念的批判，它贯穿于我的研究。此外，我在该书里首次肯定了知觉实在论，它在我今后的研究中成为了一个主轴。

《可感者的声音》阐述"知觉"问题的多维度，
《现象的逻辑》澄清"现象"概念的结构

伯努瓦：在近期的研究中，值得一提的有：《概念：分析导论》提出了概念在实在中的投入、它们的情境性、它们的局限和它们生效的现实条件等问题。《可感者的声音》(2013) 很可能是我最具个人色彩的哲学作品。我从博士论文就开始关心可感者的不可还原性问题，而现在我找到了恰当的表达方式——本体论和诗（在 poiésis 的意义上，亦即在我们对于可感者做些什么的意义上）的表达方式，而不再是美学或现象学的表达方式。我觉得这本书在澄清"知觉"概念的多重维度（事实上，介于知识论维度和本体论维度的"知觉"概念存在着多义性）这一点上作出了贡献。它也对分析艺术功能（作为对于可感者的展开）奠定了基础（尤其是反理念主义）。

《现象的逻辑》(2016) 致力于澄清"现象"的概念。在粗线条描绘其思想史的同时，我也在书中展开其语法，并且我指出"显现"之话语（它在从柏拉图到现象学的西方哲学中扮演了如此重要的角色）总是意味着有某种实在的结构，只有存在着某种实在结构，某物才可能在其中"显

---

①　法语中的 sens 同时有感觉和意义的含义。伯努瓦的研究着眼可感者和实在，又大量使用分析哲学的方法，所以往往以一词二意的方式使用 sens。——译者注

现"。再强调一遍，实在具有优先地位，并且我们不能再以一种将实在"现象化"的传统手段去思考"实在"概念本身了，相应地，我们需要用其他的方式去理解它。

未来计划：梳理"实在论概论"，关于实在的愚蠢、冷漠和我们对此的责任

文汇：您未来几年的计划是什么呢？

伯努瓦：有长期的计划，也有短期的计划。我很希望能完成一部关于实在论的概论，以便证明写这样一本书毫无意义，但这要花很大的篇幅。这本书是关于实在的愚蠢与冷漠（indifférence）的。尽管如此，我还是想追问：实在总是会在哪些方面有所不同（différence）[①]？我们对其负有何种责任？

就眼前来说，我现在先想写一本关于虚构的小册子，我已经有材料了，如果大学和被技术官僚称为"研究"的东西还能给我留出点时间，我就可以完成它。

三种当代法国研究现状描述："如此不法国"、平庸时代、坚守传统与对外开放

文汇：您见证了法国哲学走出结构主义、回归现象学、受分析哲学影响这些不同的阶段。您认为它的现状和趋势是什么呢？

伯努瓦：这个问题不容易回答。我在几种倾向中犹豫不决。

第一种是玩一个非常法国的游戏，也就是解释"为什么我如此不法国（Why I am so Unfrench）"（但就我而言这不是真的），并抱怨法国知识界在结构上（也即实际上）的缺陷：肤浅、时尚效应、无用的论争。

第二种倾向则是解释我从年轻时就怀有的一种哀伤感：我感到法国思想的黄金时代（20 世纪 60 年代）已经不复存在，而我们活在一个相对于那个黄金时代非常衰败和平庸的时代，这个时代有的只是落井下石和

[①]　这里有一个冷漠（indifférence）与不同（différence）的文字游戏。——译者注

戏谑嘲讽的风气。但与此同时，那个所谓的天堂我并没有见到过，对我而言它是虚幻的，并且我对于概念分析的严格要求在诸多方面都与 60 年代的哲学风格格格不入。

最后，第三种，也很可能是最中肯的说法。在许多次出国访学之后（当然主要是在西方或西化的世界），我发现法国还是有着最活跃的知识分子环境。或许是因为法国存在着某些很强的思想传统，尤其是在抵制英语世界的平均化倾向方面；当然，这也很有可能是因为最近三十年来法国哲学得到了越来越充分的开放（虽然在这一过程中总是充斥着各类矛盾）。

今天，分析哲学在法国的存在已成事实，在很多方面，这都改变了整个哲学界的风貌。但分析哲学并不孤军作战，它所登上的是一个业已定型的、复杂的哲学舞台，登场的学者们均受过相应的哲学训练。这样产生的结果是全然不同的。我认为，当今法国知识分子的生活恰恰是因为其多样性和开放性而变得精彩纷呈。无论法国知识分子界存在着哪些实际的缺陷，都不会改变这一点。

大陆哲学和分析哲学的联姻，为何不能说成大陆哲学的分析化？

文汇：所以法式哲学的生命力还是旺盛的。这也是很多中国学者的印象。但在您对于自己哲学之路的描述中，有一点一定会引起中国同仁们的注意。

从外部看，我们对于"分析哲学在法国"有不少陈词滥调。要么我们以为法国是最后一批抵制分析哲学的国家之一；要么我们以为在法国，有一些学者在传承所谓"大陆哲学"的古老传统，而另一边则有一些学者变成了分析哲学的专家。但您告诉我们，事实上不仅这两个传统的联姻（就您而言这一联姻还能从本意上理解）已经发生，而且在法国有着整整一代学者是这一联姻的产物，您是联姻中最出众的代表，而且您还说这一联姻产生了一些特殊的效果。

这些效果特殊在哪里呢？比如，就您而言，我们理解了在您对现象学传统产生不满和失望后，分析哲学是如何深刻地影响了您，它使您重新表述实在性的问题。但是，为什么这不能简单地被说成是大陆哲学的分析化呢？

法国对分析哲学的引入，摆脱了问题碎片化、
过度技术化，德贡布、布弗雷斯是典范

伯努瓦：确实，尽管最初法国对于分析哲学有所抵制，并且一直到 20 世纪 80 年代为止法国在这方面都毫无疑问是落后的，但现在分析哲学在法国已经有几十年的历史了。它在法国仍然属于少数群体，但像雷卡纳蒂（François Récanati）或斯佩贝尔（Dan Sperber）这样的学者已经在相关的国际研究领域中成为了领军人物。这个圈子有着蓬勃的生机，我相信类似的现象会发生在所有原来不属于分析传统的国家。

我觉得法国特有的情况是传统出身的、来自不同视野的哲学家在某种分析文化中的浸润，这使得他们的问题意识得以更新。这一杂交反过来也影响到了法国哲学界中的分析哲学的存在方式——无论是其主题还是分析方法，分析哲学均被赋予了更宏观的影响力。并且，尤其值得注意的是，分析哲学在法国收获到了一种更具传统、更具哲学性的意义，这恰恰是英美分析哲学所不具备的。因为恪守经典分析哲学教条的学者们是很难走出将论题碎片化，进而使哲学过度技术化的倾向的。就此而言，凡桑·德贡布（Vincent Descombes）当然是典范性的人物：他吸收了分析哲学的问题和方法，但这是为了一个非常宏观的哲学规划服务的，这一规划的根基主要是对于法国社会学传统的反思，而且他始终在哲学风格和自己所处的论证范围上非常具有法国范儿。

另外，当然还要强调雅克·布弗雷斯的重要性，他在分析哲学在法国的引进、传播、教授中扮演着决定性的作用，但他用来从事分析哲学的那种具有历史性的法国风格是不可模仿的。他由此实现了某种原本不存在的，并在很长的时间内在分析哲学占主流的国家中根本不可想象的东西。（当然，今天的情况不再是这样的了，因为在英语世界情况也在发生变化。）很多非常自由的对于分析哲学的法式接收都要归功于他。

点评同时代同领域学者：麦克道威尔、特拉维斯、
德贡布、加布里耶尔等

文汇：那么您怎么看待和您同领域的哲学家呢？

伯努瓦：这个问题对我来说很难，因为可以说，我已经经历了好几条生命了……我涉及了很多不同的领域，并且即使是今天，我知道我在研究什么，但我并不知道自己在哪个"领域"做研究。说实话，对我来说，只有一个大"领域"：哲学。

就现象学而言，坦白说，我觉得这类哲学已经是行尸走肉：它不再有能力生产鲜活的哲学话语，并且已经被评论主义压垮。相反，近二十年来我们毫无疑问在认识这一思潮的多样化历史这方面获得了长足的进步，尤其是一些优秀的学者对于其起源阶段的研究：列日（Liège）的一群青年学者和一些年长的学者（Jean-François Courtine, Jean-François Lavigne）。至于它在当下的使用，我很怀疑。依我看这方面做得最有意思的是 Natalie Depraz，即使（但这也是有意思的地方）她相对于现象学正统来说有点旁门左道。您看，我对于内在论还是非常大度的！

在心灵哲学的领域，当然麦克道威尔（John McDowell）对于我是至关重要的，尽管他的核心观点激发了我的强烈反抗，但依然是我好几本书的创作动力。至少我觉得他所开启的问题域很有意思——它们至少有重构的价值。

总的来说，在分析哲学这边，除了布弗雷斯（我仍然在他的作品中发现很多的信息和论题）和桑德拉最初对我的影响，无疑是特拉维斯对我的影响最具决定性。他的思想向我提供了必要的工具，让我得以正确表达我感兴趣的问题。我认为他是一个伟大的哲学家，他应该得到比现在大得多的知名度。他 2000 年的作品《无阴影的思想：思想和语言中的表象》是心灵哲学的一个转折点，我觉得我们还没有认识到其意义。最近几年，我的观点也与德贡布的大大拉近了距离（一开始，他的新经院主义背景让我望而却步），我不知道这是不是意味着我也变成了（新）保守主义者。我希望不是，但无论如何我对德贡布的研究很感兴趣，并且我已

经不再确定究竟有什么东西还能在我们之间产生分歧，除了对于不同问题的兴趣。比如，我相信，对我在可感者问题上所持有的异端论说，他是无动于衷的。但是，就意向性论题而言，我们越来越一致。

在我最近期的研究中，实在论绝对变成最核心的问题。在上述影响之外（布弗雷斯、德贡布、特拉维斯），我还接触到了"新实在论"的研究，尤其是马尔库斯·加布里耶尔（Markus Gabriel）和毛里齐奥·费拉里斯（Maurizio Ferraris）。

我自己不是很确定是否会同意"新实在论"（如果说确实有"新实在论"这么个概念的话），但我认为，就这一"领域"的哲学思考，从他们身上可以学到很多。马尔库斯·加布里耶尔代表了德国哲学的新生，他的基础是对于德国观念论的一种独到的解读，他通过自己与英语哲学和法国当代哲学的接触而对前者进行改造。在德国终于出现了哲学上的新事物！这是多么幸福的事情。至于毛里齐奥·费拉里斯，一开始我不太能接受他，他对于潮流的那种意大利式的追求令我颇为厌烦，但渐渐地我意识到他是在创造潮流，这不是一回事。他所有关于资料性（documentality）的理论都非常有价值。

我看世界哲学大会和中国哲学

文汇：第 24 届世界哲学大会 10 天后在北京召开。世界哲学大会的宗旨之一是要让哲学入世（单数意义上的世界，我们共同生活于其中）。您认为我们应该如何理解哲学与当今世界的关系？

哲学有义务去冒险设想一个未知世界，
它与现实有距离但非"不闻不问"

伯努瓦：哲学与世界的关系很可能在任何时代都是个老大难的问题。哲学深受一种原则上的非现世性之苦（除非哲学将这一原则发展并变成一种积极的价值）。不是说哲学是永恒的或是对于当下不闻不问的，而是说它与当下总是保持一定的距离，这一距离使它得以去质疑和批判当下。

另一方面,我认为认识到现实本身是哲学家的职责所在,这是我自己对于"实在论"含义的理解①,它在今天再一次变成哲学中的核心问题。我们不可能对于这一现实(它有明亮也有昏暗的一面)不闻不问。就其昏暗面而言,我首先会指出我觉得属于"当今世界"的主要特征是世界的缺失性。全球化的时代同时也是不平等、紧张关系和危机以令人无法容忍的方式激增的时代,这与大家摆脱西方对于世界之占有的困难和必要性息息相关。

这一切是否构成一个世界?我们常常对此质疑。但就算这个世界是不存在的,另一个世界也肯定是可能的,或者毋宁说其他的世界②是可能的。应该由哲学(如果它还有灵感的话)来设想这一未知的世界,也就是说让哲学去冒这个险。

理解"学以成人":如卡维尔所说"哲学是针对成人的教育"

文汇:您怎么看本次哲学大会的主题"学以成人"?

伯努瓦:这是个很漂亮的题目,但首先它颇有些令人焦虑:如果说需要学会做人,那是否就意味着我们也可以不是人,意味着人的地位不是被给予的,而需要我们拼力争取?就好像如果我们没有作出这番努力,我们就不是人。

然而,人类具有元人性(archi-humain)——即使当他以种种方式处于非人状态的时候。事实上,严格地说,只有人才可能成为非人。尽管如此,"学以成人"的说法是成立的,因为做人,就是花时间去学习,而在学习的过程中,我们总是并首先是学做人。哲学如果不是这种学习过程的延伸,它又是什么呢?就是美国哲学家卡维尔(Stanley Cavell)的那个优美的(对我的妻子桑德拉非常重要的)说法——"哲学是针对成人的教育"。

---

① 实在论(réalisme)与现实(réalité)是同一个词源。——译者注
② 原文中为复数。——译者注

惊讶于中国学者如此熟悉西方哲学但并不皈依它，
是建多元世界的希望

文汇：您 2008 年曾去北京大学参加关于梅洛－庞蒂的学术大会。您对于中国学者和中国大学的印象如何？

伯努瓦：我对此真是所知甚少，因为就目前而言这是我唯一一次去中国。但我必须坦白，那次大会上我绝对被所遇到的学者的水平惊艳到了。萨特思想的译者、法国哲学研究中心主任杜小真教授的人格魅力，她的年轻同事刘哲的睿智，包括您在内的那些博士生的超常水准，都让我难以忘怀，尤其是你们对于我们哲学传统的了解，有些人甚至从没来过法国。在你们身上能感受到对于西方哲学的渴望，不一定是要皈依它，而是为了把它变成新的东西而先去熟知它，这为在一个多元世界中从事哲学带来了希望。

建立多样的世界，中国可以是主角，
存在非西方的现代性的可能

文汇："学以成人"的主题既对来自西方人本主义传统的学者有言说力，也对中国人有言说力，因为它是儒家的准则。您是如何理解中国思想和文明的，您对它又有何期待？

伯努瓦：我不可能声称理解一个我知之甚少并且不掌握其语言的文化世界。世界上不存在语言之狱，我也不相信文化间不可互通，但在像中国这样强大的、距离西方语言系统如此之远的文明面前，我们想要声称理解她必须要以语言的习得为最基本的条件。如果我能透露一个没有任何哲学性的小秘密的话，那就是，我在孩提时代做过关于中国的梦，我对中国文明怀有极大的热情，这很可能是对于彻底的他处的渴望。

不幸的是，长大后其他东西的学习占据了所有的时间，我也没有继续我的对中国的了解，但是我和一位拥有一半中国血统的法国哲学家结了婚。由此来看，世上是没有偶然的事的！

今天，较之我学术生涯的最初阶段，我对文化多样性的问题变得更

敏感了。我认为西方所言的"哲学"（在其内部多样性中）很有必要就自己特有的特征，将自己作为一种特定的思想体系去把握自身，并意识到其他思想传统的力量（包括它们对西方称为"知性 intellect"的抽象存在的质疑能力）。除了知性／认识这方面，还有一个政治问题。我相信我们时代的主要任务恰恰是建设一个多样的世界——它也是一个严格意义上的"世界"的唯一可能形式，它不是我们称为"全球化"的那种冒牌物。①

在这一任务中，中国显然是主角：在文化多样性的自我建设过程中（该过程既是现实的，亦是学术的，且两者不可分离），存在着某种根本性的、非西方现代性的可能性。我不是要否认（好像这种否认会有任何意义似的）西方人的存在，而是要构想一个走出西方所施加于它的、具有灾难性的一体化的世界。西方在将自己变成"伪—世界"的同时也否认和削弱了作为西方的自己，或至少是作为特定文化场所的自己（我们有时称此为美国化）。然而，如果存在着这样一个文化世界——上述可能性能在其中成为可能，或者至少它同时具有非西方的独特性和"普世性"，因而能让我们把这个问题提上议程——那么它肯定是中国。也就是说，在今天的全球化时代，我非常期待中国文化的能量，这会是一个令平等多样性最终成为可能的世界。列维－斯特劳斯在奠定其人类学之时，其起点是对一种空前的文明流失的意识，他的人类学代表了西方对所谓传统文化的摧毁。列维－斯特劳斯是对的。今天，所有的问题都在这里：我们真正要知道的是，除了西方文化中的"现代性"之外，是否还有其他现代性②的可能？这个问题的政治和现实意义越重大，它的哲学意义就越关键。哲学既不能无视于它，也不能被它吓退。

最重要的不是将"你们"视为不同，而是寻找我们自己属于哪个"我们"

文汇：您的说法很特别。西方学者更多地是在中国的传统中看到弥

---

① 法语中的世界（monde）和全球化（mondialisation）是同一个词根。——译者注
② 原文为复数形式。——译者注

补现代社会弊端的可能。但您强调的是中国的现代性——非西方的现代性。为什么把焦点放在这里？

您提到了列维－斯特劳斯，他所对比的是现代和非现代、热的历史和冷的历史。如果我没有理解错的话，您保留了法国人类学的立场（列维－斯特劳斯、杜蒙）：不同的社会通过彼此对比才能同时意识到自身的特殊性和彼此的"公约数"，并且这一彻底的比较对于西方能否把握自身而言至关重要。但对于您来说，需要比较的东西不完全在于传统和现代，而是不同的现代化方式。

伯努瓦：如果说我对中国传统或中国诸传统只字未提，那是因为我感觉在西方我们对此说了很多蠢话，尤其存在着一大批我称之为"差异文学"的学说，它们要向我们解释，你们跟我们完全不一样，比如说，你们不是柏拉图主义者；然后同一批人又告诉我们，《易经》是很德勒兹式的；或者他们至少会用德勒兹的表达方式、"内在性平面（plan d'immanence）"的表达方式去谈论《易经》。所有这些在我看来都是胡闹。

你们不是柏拉图主义者，这是很可能的：不同的历史导致当下的生活方式也不同。但同时，我也并不认为我们有那么不同，而且我认为将我们自己的相异性幻想（它始终是我们的）投射到你们的身上肯定不是思考我们之间差异的最佳方式。事实上真正的差异（它们是很细微的），只有在我们不再相信绝对差异之神话的时候才可能被看见。那个神话也只不过是西方"普世论"（它其实是单义主义，因此是建立在对自身差异的无知和掩埋之上）的硬币的反面。如果你们不完全像我们一样，那么根据那个只认一个万能地址的单义主义，你们就应该是绝对不同的（亦即在"普世性"之外）。您说得对，与其将你们视为不同，我觉得对我们更紧迫的事情不如说是将我们自己视为不同——与你们，也和很多其他的文化不同（而不是使我们自己的差异变得不可见），并因此终于开始向我们自己提出我们究竟是哪个"我们"的问题。在这个层面上，民族学和不同传统文化所带来的冲击当然能告诉我们很多。

然而，为了要了解中国传统，首先要学汉语……是的，我们没那么不同，但毕竟，为了能从细节上谈论那些小差异，语言对我们而言是非常重要的，它构成了文化的真正精髓，我们必须要为此作出一番努力。从这一点来说，我们的关系并不对称，你们较之我们是大大超前的。

"普世性"是复数的，无人能垄断，不同文明具有建立不同"普世性"的能力

文汇：中国很多知识分子今天面临着一种两难：要么强调中国哲学的中国化、中国社会学的本土化等等——也即突出文化之间的不可通约性，要么仍然相信"普世"主义所强调的进步与理性的主张。您很中肯地否定了这两种立场。

那么您对这些中国学者会说什么呢？更普遍地说，要区分对于特殊性的主张和对于不可通约性的主张不是一件很容易的事，例如，两者都能被用来理解今天非常流行的"地域化（provincialization）"概念。您能否进一步解释一下对这个问题的看法？

伯努瓦：您说的两难，我觉得我很理解，但我没什么建议可以给予，因为我身在其外。我唯一可以说的是，我相信我们当然不能脱离来自不同背景的不同传统去理解非西方的现代性[①]（它是我所谓复数世界的条件，而复数世界是唯一可能的世界），并且未来是不可能建立在对传统的单纯否认之上的；但另一方面，执守于某个传统显然也不会带来有现实意义的集体认同形式，亦即应对一个不能被还原为其自身的世界的能力。

我今天所相信的是复数形式的"普世性"。不同的文明各自具有将它们的问题"普世化"并建立世界观的能力，但它们并不完全以相同的方式来建构它。"普世性"不是单样性——西方招摇撞骗地让大家相信这种单样性，与此同时它也把自己给说服了。但是事实上，没有人能垄断"普世性"。

文 / 谢晶（文汇—复旦—华东师大联合采访组）

---

① 原文为复数形式。——译者注

彼得·辛格
Peter Albert David Singer

为动物权益推翻"人是神圣的"命题

——访谈现代效用主义代表人物、伦理学家、墨尔本大学和普林斯顿大学教授 P. 辛格

被访谈人： 彼得·辛格(Peter Albert David Singer)，普林斯顿大学教授、墨尔本大学荣誉教授，以下简称"辛格"

访 谈 人： 华东师范大学哲学系副教授张容南，以下简称"文汇"

访谈时间： 2018 年 4 月—5 月多次邮件采访

　　1946年，彼得·辛格出生在澳大利亚。从记事起，一份记忆就在他脑中盘亘不去：生活在奥地利的祖辈因为是犹太人而被纳粹杀害，幸好他的父母及时逃往澳大利亚而存活下来。渴望种族平等、法治、民主政府的种子让他在墨尔本大学完成了哲学的本科和研究生学习。在大学里，他迷恋于20世纪的欧洲历史，试图了解法西斯主义崛起的原因。60年代末，他踏入当时世界哲学中心的牛津大学攻读哲学博士，在那里，他将家族经历与学术兴趣相结合，寻找理论研究与实践关切的平衡。他不仅师承当代西方重要的元伦理学家、效用主义者黑尔（R.M.Hare）教授，而且也积极参与到激进哲学的运动中，包括反对越战的学生运动和改良社会的理性主义运动。这些经历让他意识到一种可行的做哲学的方式是在理论的兴趣与现实的关注之间寻找结合点。

　　1971年获得博士学位后，他回到澳大利亚莫纳什大学执教。1975年，彼得·辛格因其《动物解放》一书而享誉世界。这本书被誉为"动物解放运动的圣经"，标志着动物解放运动的开端。激进的立场让这位著名的伦理学家、现代效用主义的代表人物充满争议。近年来，辛格积极投身于一系列的社会权利运动，帮助女性、动物等争取权益，致力于推行他所说的"有效的利他主义"（Effective Altruism），并积极地为弱势群体的利益奔走。从实践中，他坚信哲学是可以为改变世界作出贡献的。在邮件采访中，我感受到他这种强烈的信念。72岁的他，几年前也将学术重心放在墨尔本大学和普林斯顿大学双校之间。面对和中国听众的交流，辛格分外热情。

哲学之缘与轨迹

文汇：亲爱的辛格教授，感谢您接受我的采访。作为第 24 届世界哲学大会的配套活动之一，我们将向中国读者介绍世界上有影响力的 24 位哲学家。相信对您的采访将帮助我们更好地了解您的哲学洞见以及您对于这个时代的反思。

核心关注是伦理学，也写过马克思和黑格尔的著作

文汇：1975 年，您出版了《动物解放》（*Animal Liberation*）一书，这本书让您为许多中国读者所熟知。您给我们带来了一种全新的看待动物的视角，即不是将动物看作工具或人类的食材，而是将其看作能够感知痛苦与快乐的生物。您后来还出版了许多著作，除了关注我们如何生活，还包括对马克思和黑格尔的理论研究。您能告诉我们您的哲学兴趣主要在哪些方面吗？

辛格：我最核心的哲学关注是伦理学，因为这是哲学可以让世界变得更加美好的一种方式。我知道有很多有趣的哲学问题，但是当我们选择如何度过时间时，我相信我们应该把它花在对世界产生积极影响的事务上。伦理学就是如此，因为它试图回答人的基本问题——我应该如何生活。

的确，我写过一些关于马克思和黑格尔的理论著作：《马克思》（*Marx*）写于 1980 年，《黑格尔》（*Hegel*）写于 1983 年（《黑格尔》中文版 2015 年在译林出版社出版，《马克思》中文版第二版即将在译林出版社出版）。我最近刚刚修改了关于马克思的著作，它在纪念马克思诞辰 200 周年之时推出新版本。我还写过一本关于伦理学理论的大部头著作《从宇宙的视角米思考》（*The Point of View of the Universe*, 2014），以及简短介绍效用主义的著作《效用主义》（*Utilitarianism: A Very Short Introduction*, 2017）。后两本书是与 Katarzna de Lazari-Radek 合写的。有时候，更深入地探讨道德和政治哲学的基础是很愉快也很有必要的。我喜欢这

一点，但我总是试图将这些更多的理论贡献与更具实际意义的问题联系起来。

当年参与反越战游行，意识到哲学应对现实作贡献

文汇： 在一次访谈中，您曾谈到，在学生时代您参与过抗议越战的学生运动。这些经历是否促成您后来专注于伦理学的研究？

辛格： 在我参与抗议越南战争的学生运动之前，我已经对哲学感兴趣，但是这一运动的确让我意识到哲学或更具体的道德讨论可能会对当今的现实问题作出贡献。那时，至少在英语哲学界，几乎没有哲学家讨论现实问题。他们中的大多数人都在分析语词的含义——这是一个被"语言哲学"占据主导地位的时期。后来，我写了一篇题为《道德专家》的短文。在这篇文章中，我反驳了像艾耶尔（A.J.Ayer）这样的哲学家的观点。我认为哲学家确实可以在我们现在称为实践伦理学或应用伦理学的领域拥有一种专业知识。

如今在普林斯顿大学和墨尔本大学任教，希望再做几年

文汇： 您曾在澳大利亚莫纳什大学任教。之后您去了普林斯顿大学人类价值研究中心。为什么会选择普林斯顿大学？在普林斯顿大学的研究工作与此前的工作有什么不同吗？

辛格： 我去了普林斯顿，因为我被邀请去那里申请一个空缺的生命伦理学的教席，对于我和我妻子来说，这是去另一个国家生活的好时机。孩子们长大了，离开了家，所以我们搬起家来更容易。此外，普林斯顿与纽约隔得不远，这让我们有可能住在纽约。1973—1974 年，我曾在纽约大学做过客座助理教授，在那里待过一年，我们非常喜欢那里的生活，所以我的妻子愿意搬到那里。我们现在每年在普林斯顿大学待半年，在墨尔本大学待半年，这样我们可以与孩子和孙子亲近。我在墨尔本大学的教学任务减少了，所以有更多的时间进行研究和写作。我希望能再做几年，但我不确定会有多久。

文汇： 能介绍一下，您平日里参加得最多的哲学学术活动是什么类

型吗?

辛格: 我参与教学,包括教授本科生和研究生。我给本科生开了一门名为"实践伦理学"的大型课程,因为我知道对于一些学生来说,这可能是会改变他们生活的课程,所以我觉得这非常重要。当然,我也从事研究和写作,不仅写作学术书籍和学术论文,也面向普通大众写文章(例如,我在 www.projectsyndicate.org 开设了一个专栏)。

哲学特色与贡献

文汇: 作为一名伦理学家,您不光是一名理论家还是一个行动派。您对很多有争议的问题发表了自己鲜明的观点,并且致力于推行这些观点。现在让我们来谈一谈您的哲学思想与哲学活动。

改变人的道德信念在于说服人,而非强迫人

文汇: 道德判断告诉我们什么样的行为是正确的,什么样的行为是错误的。但今天很多人往往认为不同的选择不过是其自主性的体现。所以只有选择的不同而无对错。这是一种道德相对主义吗? 例如,您认为不去食用动物是正确的,您会去劝说其他人不要食用动物,但如果一个人告诉您,您可以坚持您的观点,而他有自己的生活方式,您会对他说什么呢?

辛格: 认为自主性意味着任何人的意见与其他人一样好,或自主性暗示着接受道德相对主义,这是错误的。我们的自主性意味着我们可以自由地接受或拒绝任何信仰或道德观点。但自由选择是一回事,为之辩护又是另外一回事。如果有人认为纳粹没有使用毒气室杀死犹太人,那么这个人就有错误的信念,但这并不意味着我们应该用强制手段来改变他的信念。事实上,强迫可能会让他改口他所说的话,但很可能不会真正改变他的信念,向他提供毒气室存在的证据才有可能导致他自主改变他的信念。

道德信念正是如此(我们应该拿出证据去说服人),除非我们没法

拿出不可否认的能证明特定观点、真相的证据。尽管如此，有不同意见存在不等于有理由接受相对主义。

这是哲学的教训：认为只有人才具有理性

文汇：与许多强调人类独特性的哲学家不同的是，您更愿意强调人类与动物的相似性。据我所知，在西方哲学传统尤其是启蒙传统的影响下，人的理性能力被视作是人类尊严的来源。但今天，随着人工智能技术的进步，人类开始怀疑自身的这种优越地位。您如何看待现代科技对人类造成的影响？

辛格：我认为，哲学必须吸取一些教训，即我们长期以来引以为傲的一些事情可以通过一台机器更好更快地完成。但无论如何，正如您所指出的那样，我认为把我们的理性能力视为给予我们与其他动物不同的道德地位的依据是错误的。正如杰里米·边沁（Jeremy Bentham）很早以前谈到动物时所说的那样，问题不在于它们是否能够推论，也不在于它们能否说话，而在于它们能否感受到痛苦。显然它们可以。

文化传统并非神圣不可改变，比如斗牛

文汇：一个相关的问题与文化多元主义有关。比如在现今的生态状况下，我们都知道应该节省淡水资源。但在泰国，泼水节是一个重大的节日。在中国，除夕夜晚家家户户都以放鞭炮来庆祝。但放鞭炮会对空气质量带来严重的影响。再举一个更极端的、与道德直接相关的例子，在西班牙，斗牛是一项历史悠久的活动。这项活动让很多牛痛苦地死去，也让不少斗牛士为之丧命。为什么我们不干脆废除斗牛？您如何看待这些文化实践活动？

辛格：我认为要区别对待不同的传统，尤其是那些在道德上有害的传统，我们不应该保留。我们应该废除斗牛，就像我们废除了奴隶制一样，在中国，您们已经废除了针对女性的缠足。在上海，也开始对除夕放鞭炮有限制。文化传统不是天然神圣的，有些显然是不好的，没有理由保留它们。

平等地对待动物，并不是说人和动物的利益总是相似的

文汇：您不接受"人是神圣的"这一宗教命题。在您看来，动物有与人类相似的感知痛苦的能力，所以我们应该道德地对待动物。您能具体解释一下它的意思吗？这是否意味着我们应该平等地对待动物，因为它们与人类享有同等的道德地位？还只是意味着我们应该道德地对待动物，但不必与对待人类相同？

辛格：在《动物解放》一书中，我论证说，物种成员资格不应是忽视甚至损害有感知能力的生物的利益的原因。在其中我捍卫至今的原则是——对类似利益给予同等的考虑。这条原则并不是说人类与非人动物的利益总是相似的。但这要求当我们可以合理地认为利益大致相似时，我们不应该对动物的利益给予较小的重视，仅仅因为它不是我们物种的成员。

在这种道德立场的基础上，我重点关注动物解放以及随后的政治活动，尤其是在动物遭受人类严重伤害的地区，特别是工厂化养殖和利用动物做研究。我没有把注意力集中在什么时候杀死动物是合理的问题上，因为这是一个比平等地考虑痛苦更困难的问题。可以说，能够规划未来并形成对它的偏好的生物比没有这种能力的生物有更大的兴趣继续活下去。但是，即便如此，这也不会将所有人类与所有动物区分开，因为并非所有人类都具备这种能力——我们中没有一个人与生俱来具有这种能力——而有些动物可能比一些人类更具备这样的能力。

挽救陌生人的生命优先于给家人提供较少的服务

文汇：很多人（包括不少哲学家）相信，我们之所以应该区别地对待动物和人类，是因为人类具备一些独特的特征。假设在一个家庭中，一个孩子和一条狗都患有心脏病。我们愿意拿出更多钱来救这个孩子，因为可以预料这个孩子的未来比这条狗的未来更加精彩。想象另一种情况，我的父亲和我的狗都患有严重的糖尿病。且治愈我的狗的可能性大过治愈我父亲的可能性。然而，由于我的经济条件有限，我给予救助我的父

亲以优先性。根据效用主义的原则，这么做是否不理性呢？您是如何看待我们对亲密之人的道德义务呢？

辛格：关于您的问题，可以理解为我应该为我的父母或我的孩子做些什么。当然，我可能与亲密的家庭成员有亲密的关系，这将让我更愿意去拯救他们，而不是一个陌生人，或者我的狗。我们拥有这些关系是一件好事，因为在一个亲密的家庭中长大后，孩子更有可能健康地成长。然而，从效用的角度来看，如果我必须在挽救一个陌生人的生命和为一个亲密的家庭成员提供较少的服务之间进行选择，那么正确的选择是拯救陌生人的生命。但这并不意味着我们应该责怪那些选择为家庭成员提供较少服务的人。我们可以很容易地理解这种行为，因为我们希望鼓励充满爱的家庭，所以我们不应该责怪别人受到这种爱的激励而行动。这是哲学家德里克·帕菲特（Derek Parfit）所说的"无可指摘的错误行为"的一个例子。

有效的利他主义：众筹通常不如慈善机构更有效

文汇：在您 2009 年的著作《您可以挽救的生命》（*The Life You Can Save*）中，您给出了一个思想实验。假想一个孩子在您面前落水，您认为我们任何人都会上前提供帮助，即便我们穿着非常昂贵的鞋子。您认为，西方发达国家的公民相比发展中国家的公民生活在更好的环境中，因此他们应该放弃购买奢侈品来帮助那些最需要帮助的人。围绕这一中心思想，过去几年您大力推动一种新的运动，您称其为有效的利他主义，旨在利用现有的最佳证据来帮助大多数人并利用我们现有的有限资源作出最好的表现。

在中国，有一种流行的为他人捐款的方式叫作"轻松筹"。那些有需要的人会通过微信发布信息——通常是为重病而没钱治疗的家人和朋友发布求助信息。以这种方式筹款，虽然每个人捐款的数额一般不太多，但基于强大的关系网，最终筹得的数额也不少。在中国这是一种很典型的帮助他人的方式，我们用有限的能力去帮助那些我们所知道的人。在您看来，这种方式有效吗？

辛格：不幸的是，您所说的"轻松筹"以及我们所说的"众筹"通常不如运作得当的慈善机构那样能最有效地使用您的资金。毕竟，有效的利他主义运动依赖像 GiveWell（注：一个专业的慈善评估网站，它不仅仅评估慈善机构是否经营良好，还筛选出了数百个慈善团体，给出它们的排名，从而可以帮助我们决定资助何种项目）、Impact Matters 和 The Life You Save 等组织来进行研究，或者将其他人所做的研究结合起来，这些研究将帮助它们了解如何有效地使用资金，据此它们成为最有效的慈善机构。这是一项严谨的独立研究，旨在了解如何为捐款获得最佳价值。对每个在线寻求财务帮助的人进行研究是不可能的。当极度贫困的人由于缺乏简单和廉价的治疗或预防形式而死亡时，人们通常会寻求获得成功机会不大却相当昂贵的医学治疗的资金。

实现自己目标和帮助他人间的平衡是因人而异的

文汇：如何去过一种好的生活？我们真正的幸福来自哪儿？在您的演讲中，您谈到幸福源于给予而非占有。为什么给予会让我们更加幸福呢？如果我的钱有限，我如何在实现自己的目标与帮助他人之间获得一种合理的平衡呢？

辛格：没有哪个哲学家可以对这个问题给出简单的回答，这也是心理学研究的问题。个体可能存在差异，所以我们能做的就是谈论让大多数人快乐的原因。但是在此限定之下，仍有充分的研究表明，慷慨和给予他人的人比不给予的人更快乐，更能让自己的生活感到满意。也有实验研究表明这里存在一种因果关系，而不仅仅是一种相关性。鼓励人们多多给予会给他们带来快乐。

当然，这并不能回答您的问题——如何在帮助别人和为自己保留资源之间找到合理平衡以实现与帮助他人分开的个人目标。这一定会因人而异。对于一个理性而富裕的人来说，将一个人的收入的百分之十提供给有效的慈善机构可能是一个合理的平衡。另一种方法是先从适量开始，然后一旦对此感到满意，就增加捐款的数额，并总是试图做得比以前更好。第三种方法是记下您在奢侈品——那些您真的不需要的东西——

上花费了多少钱，然后通过捐赠出您花费在奢侈品上的钱来为"奢侈品征税"。

我看中国哲学和世界哲学大会

不用太担心智人人种，多操心让世界变得更好

文汇：第 24 届世界哲学大会的主题是"学以成人"，这个说法来自中国的儒家传统。根据儒家的看法，"学以成人"是通过学习让自己成为天地之间的一个沟通者和能动者，他的责任是去帮助天地万物实现自身的目的。在此，自我实现与尽可能多地占有资源无关，而是要去成为一个有德之人，这个有德之人能与其他人，与自然、天地以及自身保持一种和谐的关系。不幸的是，这种思想在现代社会逐渐衰落，物质主义的生活观在年轻人中十分流行。所以我的问题是：据您的理解或根据您的思想传统，"学以成人"意味着什么呢？

辛格：正如我回答您前面问题时所说，我并不赋予作为智人物种成员的人类以特别的重要性。如果在遥远的星球上有着和我们一样能感受痛苦、感知情绪的外星人，我们正和他们讨论我们现在所讨论的这些问题，诸如我们应该如何生活这样的问题，那么他们是不是人又有什么要紧的呢？所以让我们别去担忧如何做人的事儿，让我们来操心如何让这个世界变得更好，以及我们能最大限度地为它做些什么。

中国哲学里的墨子看起来是个早期的效用主义者

文汇：您对中国哲学有所了解吗？或对中国文明有所期待吗？

辛格：我对中国哲学所知不多，但我知道这是一个广阔的领域，我没有时间深入了解它。如果儒家传统像您说的那样关注的是如何去过一种伦理的生活，那么我对此表示赞成。但我也喜欢墨子。墨子批评了他那个时代（即战国时代）的儒家传统，认为儒家太过于强调传统，强调优先照顾与我们有亲密关系的人，而不是让陌生人受惠，即便有时帮助陌生

人比照顾与我们亲近的人会带来更多的好处。在这些问题上我赞同墨子。他看起来像是一个早期的效用主义者。据我所知,他可能是第一个明确阐释效用主义伦理思想的人,并用它来批评一种更传统的道德。

我参加过 2003 年伊斯坦布尔世界哲学大会

文汇:您对起源于 1900 年的世界哲学大会有何印象?

辛格:关于世界哲学大会我说不出太多,因为我只在 2003 年在伊斯坦布尔参加过一次。我很喜欢它,但是现在世界各地都有很多会议,我已经变得非常有选择性了。

文汇:在您看来,哲学与现实世界有何关系?

辛格:如前面我所分析,哲学的功用在于帮助我们弄清如何去生活,如何让这个世界变得更加美好。

我比苏格拉底要幸运,不会被迫喝毒酒

文汇:对于像您这样积极参与到社会活动和社会辩论中的哲学家,您周围的人会如何看待您?尤其是那些没有哲学背景的人,他们对您更多是欣赏、崇拜,还是不理解甚至批评?我想到了苏格拉底,他是一位在日常对话中试图改变人们想法的哲学家,虽然他有很多的拥护者,但他也遭到了质疑甚至仇视。

辛格:确实有很多人钦佩我,请求我为他们签名,或与他们一起拍照。有人告诉我,阅读完我的一本书后,他们开始接受素食,或开始捐款以帮助极度贫困的人。当然,也有不少人误解或批评我。这太令人遗憾了,我尽力写清楚我的观点,避免被人误解。但是,如果在仔细研究我的观点后提出公正的批评,我是欢迎的。哲学家只有能够接受批评,才能改进他们的思想。

和苏格拉底相比,我的处境好多了,至少没人强迫我喝毒酒。我认为自己非常幸运。我生活的社会中,无论人们是否同意我所表达的观点,他们都尊重我说话的权利。

赠言年轻人：关注现实世界中的问题

文汇：如果一个年轻人想要研习哲学，您对他／她有什么建议吗？是去读更多的经典著作还是思考一些现实问题？或者二者都不可或缺？对您而言，哲学不仅赋予您以智慧，也给予您勇气去改变这个世界。我们希望您的经历能够激励更多的年轻人。

辛格：当然，熟悉过去最伟大的哲学著作是一件好事，但如果目的仅仅是对经典作品提出最佳诠释，那么这种纯粹的学术研究可能会导致您忽视哲学还有改变人的生活的属性。所以我的建议是将您的注意力集中在 21 世纪您和其他人面对的实际问题上。有了这个焦点，有时候可以借鉴过去的伟大著作找到解决这些问题的最佳方法，但在其他场合，您将不得不为自己思考应该如何回答这些现实问题。如果您可以阅读我的短篇论文集《真实世界中的伦理学》（*Ethics in the Real World*，2016），您就会明白我的意思是哲学可以为实际问题作出贡献。请记住，这些只是简短的受欢迎的论文。它们提出问题，但并没有为这些问题提供一劳永逸的答案。我希望它们能激发您自己的想法，并引导您更加努力地思考如何提供更好的答案。

文汇：感谢您的回答。

辛格：谢谢！我十分珍惜这个与中国读者交流的机会。

文／张容南（文汇—复旦—华东师大联合采访组）

陈 来
Lai Chen

跨文化对话、人伦日用中，儒学"又新"

——访谈儒家"仁本体"论域创建者、中国哲学史专家、清华大学国学院教授陈来

被访谈人：陈来，清华大学国学院院长、中央文史馆馆员、中国哲学史学会会长、复旦大学上海儒学院院长

访 谈 人：复旦大学中文系研究生丁怡，以下简称"文汇"

访谈时间：2018 年 7 月邮件采访

与陈来打过交道的人，总觉得他身上带着一种中正平和之气。已过耳顺之年，身负着清华国学研究院院长、复旦上海儒学院院长等重职的他却时常想起五年级时，学校里老先生们会每天在黑板上写一句论语，第一天写的便是：己所不欲，勿施于人。

十几年后，当陈来考取北大哲学系研究生时，身边的"老先生"变成了张岱年与冯友兰。听导师张先生的课，陈来感觉自己一下子被带到了20世纪三四十年代的学术传统。他避开当时浮躁的风气，一头扎进图书馆，包括《朱子文集》等书都被他翻烂了。1985年，陈来完成博论《朱熹哲学研究》，把对理气先后论的研究扩大到整个朱子哲学。然而，这个新中国的首位哲学博士并不满足于"照着讲"式的哲学史研究，而是努力践行着冯先生提出的"接着讲"。

20世纪90年代初期，陈来将精力转向对儒家思想根源的全面探索。季羡林曾由此感叹："陈来先生正是一位博通今古、融汇古今东西的学者。"2014年，陈来笔耕多年的《仁学本体论》出版，成为当代儒家哲学的综合创新之作。虽是土生土长的中国儒家学者，陈来一直注重以西方哲学作为参照的背景。1986年、1996年、2006年，他曾三度赴哈佛游学，前后加起来共四年。正是这一时期，大陆新儒家后来居上，接过港台及海外的儒学复兴的大纛。

2013年，第23届世界哲学大会在雅典举行，陈来做全体大会发言。报告中，61岁的陈来将古希腊哲学中的概念运用到对中国儒学的分析。当时，杜维明先生坚持鼓励他使用中文陈述报告，这也是该会举办以来首次出现的"中国声音"。三十年前的夏天，陈来曾向老师冯友兰求命一个"字"。先生引《周易》《大学》，作"又新"："既日新矣，则必新新不已。"三十年中,陈来与中国儒学,从北大、清华,迈向远方,新而又新,永无止境。

哲学之缘与轨迹

文汇:您是新中国第一位哲学博士。在 2013 年您的学术自述中,曾这样介绍自己:"我的专业是中国哲学史,到目前为止,学术工作可以分为古代、近代、现代几个方面,具体来说是宋元明清理学与近代思想史研究、古代(春秋以前)宗教与思想史研究、现代中国哲学研究与 20 世纪的传统与现代的文化论争研究。"这让我们想起伯林的"狐狸型"(广度)和"刺猬型"(深度)学者的分类,您兼具广博和深专。是怎样的动力让您如此耕耘?几个领域同时展开的优点和挑战是什么?

早年师从张岱年先生,指导我将方向从魏晋调整到宋明

陈来:1969 年,我 17 岁,开始对哲学问题有兴趣。虽然后来在中南矿冶学院(现名中南大学)读地质专业,但是我捧读哲学书比看地质书更有兴趣和毅力,当时,我看了不少马列经典原著。1978 年国家恢复研究生招生后,我考取了北京大学哲学系中国哲学史专业,才真正开始了学术研究的历程。就读期间,我有幸受学于当时在世的一大批老先生,并得到了他们的全力栽培。这些老先生治学谨严,其言传身教和高深的学问给了我很大的影响。对我学术影响最大的有两位先生,一位是张先生(张岱年),另一位是冯先生(冯友兰)。

我第一次见张先生是在 1978 年 6 月,但在入学前已和张先生有过几次通信。第一年里,先生对我循循善诱,非常平和亲切。他在讲写论文和做学问的方法时,告诉我们"戒穿凿,也要戒肤浅",要"好学深思,心知其意"。待到第二年,在选择方向时,我报了魏晋,张先生建议我调整方向,最终确定为宋明,由邓艾民先生指导我的论文。张先生的调整指点,对我后来的学术发展起了决定性的作用。我的硕士论文是《论朱熹理气观的形成和演变》,这个题目以前没人做过研究。我接受了张先生对中国哲学史范畴问题的分析方法，保证哲学分析的妥当性，同时为了给论文的叙述分析打下坚实的文献考证的基础，我在论文撰写之前先做了朱子书信的编年考证。

硕士毕业留校后我攻读博士，张先生又指导我把博士论文扩大到整个朱子哲学的研究，之后出书为《朱熹哲学研究》，2000 年华东师范大学出版社的增订本更名为《朱子哲学研究》。

做冯友兰《中国哲学史新编》助手，研究方向拓宽至古代、现代

陈来：取得博士学位后，教研室安排我给正在写《中国哲学史新编》的冯友兰先生做助手，参与他晚年对《中国哲学史新编》的修订和编写。此后几年里，我交付出版社几本宋明理学的著作《朱熹哲学研究》《朱子书信编年考证》《有无之境——王阳明哲学的精神》《宋明理学》。

1991 年，我把主要精力转向古代思想研究和现代哲学研究，先后出版了《古代宗教与伦理》《古代思想文化的世界》两部著作。此外，自 80 年代后期至今，我一直积极参加有关传统与现代化的文化论争。作为反对激进的反传统思潮的代表之一，我在致力于学术研究的同时，始终关注并努力回应思想文化界的反传统声浪，也写了不少文章和评论投身对思想文化问题的讨论。

多领域研究能突破单一眼界，反之不能适应中国百年来的文化挑战

陈来：几项工作同时或有交叉研究时，我的体会是能够突破单一的狭窄的眼界，真正形成人文学的广阔视野。单一的纯粹哲学的看问题方式，不能适应中国百年来遇到的文化挑战，也不能满足现代中国人文学重建的综合需要，不能处理一个具有几千年连续发展的文明在当代复兴过程遇到的问题。

最享受和学生讲最新研究，最高兴有充分
时间做自己要做的研究

文汇：我们注意到，您对演讲有特别的态度。在书作成稿但未出版前，您最有兴趣，而对于重复已出版的书上的内容"照本宣科"，就乏味了。您能否举个例子，在这个过程中的讨论是否对出书有建设性作用？

陈来：这是我对教学的理解，我喜欢讲课讲最新的研究，而同学没有任何参考的讲义，这种教学场景是我最享受的。

文汇：您在 2012 年后成为中央文史馆馆员，也曾去中南海给政治局讲课。2018 年 1 月，又被评为清华首批资深学者（类似文科院士）。作为学者，您如何理解这些非学术范围内的工作？

陈来：中央文史馆馆员是一种国家级的荣誉。中南海讲课是完成教育部的任务，算是分内之事。资深教授是学校对文科现无院士的一种补充安排。当然这些也可以看作是个人的学术工作得到的一种肯定。但对我来说，最高兴的莫过于有充分的时间做自己要做的研究。

文汇：感谢您分享张岱年先生"好学深思，心知其意"的治学方法，给后学留下了宝贵的治学财富。

哲学特色与贡献

文汇：著作的深度并不在成书的早晚，《朱熹哲学研究》是您在中国哲学史研究的代表作品之一，三十多年过去了，依然是这个领域学子的必读书。回过头去看，当年您的研究方法对今天治学有哪些借鉴？

《朱熹哲学研究》的研究方法突出"心知其意"，
数千书信的考证是基本功

陈来：朱熹的哲学体系非常复杂，他在广泛吸取了包括北宋五子在内的整个古典文化的基础上，以"理一分殊"的宝塔式结构，建立起了一座宏伟的哲学大厦，表现了当时民族哲学思维的最高水平。在这个哲学

体系之中，基本的对峙是理性本体和物质材料、道德理性和感性情欲、理性方法和内向直观等。找到这四大对峙是理解朱熹哲学体系的关键。

这本书的研究方法，在今天看来依旧有价值的特点在于：第一，哲学史研究方法的基本原则应当是力求历史地、如实地阐明古代哲学的思想、命题和范畴。张岱年先生特别强调的"好学深思，心知其意"的指导原则对我有较大影响。第二，该书是以问题为主的专题研究，我以为哲学问题是把握理论思维的基本途径，因而本书不孤立地讨论范畴，对朱熹哲学基本范畴的理解已充分体现在对问题的讨论之中，事实上，离开哲学问题去讨论范畴是不可能的。第三，该书对朱熹的研究除注重"辨名析理"的理论分析外，尤注重对朱熹思想历史演变的考察。作为该书写作的资料基础，我对朱熹的思想材料，特别对《文集》数千封书信做了全面考证，这些成果就是我的第二本朱子研究著作《朱子书信编年考证》。

断代或跨越断代的哲学发展研究，
必须注重历史和逻辑的时空结合

文汇：数千封书信的全面考证，是"童子功"，也是学人的必修课。您是特别强调历史地、如实地阐明古代哲学思想的演化包括考察朱熹思想的历史演变？

陈来：是的。比如朱熹理气观的问题上，呈现出复杂现象。为了反映朱熹思想的全貌，我们必须依据其历史演变过程。第一，朱熹19岁中进士，71岁死去，他的思想，包括理气先后的思想经历了一个复杂的发展和演变过程。第二，朱熹对理气关系的讨论常常是从不同问题、不同角度出发的。就是说，朱熹关于理气先后的思想不是静态的，而是动态的；不是单一的，而是复合的。朱熹学说的这种客观情况，要求我们在研究上必须相应地采取时（历史演变）、空（层次角度）的方法加以考察。这应当不仅是研究朱熹理气先后说也是研究他的其他思想的基本方法。注重把历史和逻辑结合起来的方法不仅对于研究一个断代或跨越若干断代的哲学发展是必要的，对于研究那些活动时期较长的大思想家同样是必要的。

朱熹的理性主义，体现在加强内部修养的同时，
还注重外部考察、知识扩展

文汇：您在书中多次提及朱子的理性主义特征，这在中国哲学史上有怎样的意义？

陈来：朱子是由李侗引入了道学系统，但朱子在道学系统内的发展方向却与李侗不同。李侗注重内向体验，而朱子倾向理性主义，并定向于程颐的理性主义路线。朱子的出现，一改道南学派主静、内向和体验的色彩，使得道学在南宋发生了理性主义的转向，从此程颐和朱子的影响在道学内上升为主导。朱子理性主义哲学的庞大体系和影响，不仅改变了道学发展的方向，而且对此后的中国文化发展产生了不可估量的影响。

朱子强调格物致知，强调格物对象的广泛性并且肯定穷理途径的多样性。格物穷理既是明善的根本途径，又同时是求知的基本方法，朱子哲学中真善一致，不应否定其中任何一面。格物的方法是由积累到贯通再到推类。在朱子的格物论里，由积累到贯通是个别上升到一般，从贯通到推类是由一般到个别的推演，朱子关于格物穷理的思想，不但容纳了认识过程的辩证内容，也鲜明体现出理性主义的精神。

在中国近古哲学的基本背景和具体条件下考察，朱子的格致学说在重视人的道德修养的同时，强调外部事物的考察和知识的学习扩展，对于抵制宗教神秘主义和反理性主义倾向有不容忽视的重要意义。但是，朱子强烈的理性主义使得他对精神生活的其他向度与境界有所忽略，这也是明代心学运动对他不满的基本原因之一。

格物论是儒家学习的哲学论证和展开，
可指导今人的"终身学习"

文汇：这次世界哲学大会的主题是"学以成人"，而朱子秉承儒家精神，对于"学"的阐发颇多精义。请问这能给当代人怎样的启发？

陈来：这可以从两方面看，一是学习精神，二是教育理念。

从学习精神的方面看，我们知道，学习是孔子强调的人生基本态度，也是孔子强调的修身方法。它应当贯穿于人生的始终，树立这种人生态度加以实践，就会获得快乐和满足。朱子的思想很重视《中庸》所说的"尊德性而道问学"，但朱子格物穷理的重点在强调"道问学"。因此，就哲学的精神来看，朱子学可以说是孔子思想的最大继承、发展、推动者。朱子学的格物论可以说是对儒家自古以来的"学习"思想的一种哲学的论证和展开。

朱子学的对象主要是"士人"。今天的现代社会在教育程度上已与古代不同，以古代朱子学的标准来看，现代人的受教育程度都属于"大学"，所以朱子学适用于今天现代社会所有人。现代人的学习已经是"终身学习"与"终身教育"。在这方面，朱子学的"学习精神"应当说给我们提供了最好的指导。

朱子对经典的学习，乃"德性"与"问学"相统一，与通识教育相符

从教育理念的方面看，朱子哲学之中，读书是格物的最主要的功夫。朱子的思想为近古士人提供了一套学为圣人的目标和方法。现代人教育水平普遍提高，朱子思想应较适宜于现代教育中学习者的需要。

朱子对经典学习非常重视，朱子所推动的读书也主要是读圣贤之书。但是他特别重视读书人的经典学习，多数经典解释著作都着眼于学生的经典学习，以帮助一般读书人学习儒家经典著作为其著述目的之一。这使得朱子著作在今天通识教育的经典学习中仍有参考的意义。

最后，朱子对经典学习，是持"德性"与"问学"相统一的立场。一方面，朱子既以道问学的态度，主张人的为学向一切人文知识开放，注重精神发展的丰富性；但朱子并不是引导人走入专门性知识，而是朝向超越专门知识，追求达到一种对全体世界的理解。另一方面，朱子也以尊德性的要求，要求读书者把经典书中的道理与个人的涵养结合在一起，注重道德意识和价值情感的培养，这也是与通识教育的宗旨相符合的。

"仁本体"并不拒绝形而上学,而是将其和人的价值、
实践结合起来

文汇: 您的中国哲学史研究堂庑极广:从宋明理学发其端绪,上穷上古,下至现当代,横摄东亚,纵贯现实。2014 年,《仁学本体论》出版,您的哲学家面向备受学界关注。2015 年,此书获第三届"思勉原创奖"。《仁学本体论》一书的宗旨是将儒家的仁论演为一仁学的本体论,或仁学的宇宙论。但我们知道,近代以来自然科学的革命性发现颠覆了人们以往对宇宙的认知,伴随而生的是崭新的宇宙观。近代西方哲学便是在这种土壤上形成发展的。可以说,拒斥形而上学似已成为近代以来哲学的主流。由此不免有一个疑问:仁学本体论如何可能? 仁学本体论又会引出什么样的价值?

陈来: 拒斥形而上学似乎成了近代以来哲学的主流,这个说法值得商榷。的确,维特根斯坦反对传统哲学追求基础性实体的努力,维也纳学派主要根据可证实性原则提出了他们的"拒斥形而上学"的口号。但对世界整体的把握,或对世界作整体的把握,即是所谓形而上学思考的需要;当代中国哲学越来越重视价值问题研究,而价值观的确立也需要形而上学的基础。所以,重要的不是抽象地反形而上学,而是把形而上学与人的价值、人的实践、具体生活世界联系起来对其存在和意义作整体上的说明。

儒家仁体思想与马丁·布伯的学说有接近之处,
仁为己也为他

传统宇宙论总是要以各种方式追求一个存在物作为最高本原和基础,由此化生万物,而仁学本体论不把仁体和万物看成母子关系,因此不是本体去生成,而是本体显现大用。仁体是实体论的,同时亦是作为一切可能性的条件、根据和基础,这是中国哲学的传统。中国哲学本来没有西方式的神学思维,强调的是天人合一,人与世界的统一。从仁的伦理本质来说,仁代表指向他人的爱。这种爱是个人对于他人的爱,而不

是指向自己的爱。因此，就道德修养而言，可以说仁的实践是属于为己之学，但就伦理关系而言，仁代表指向他人的伦理、他者的伦理。因此，仁正如其字形"从人从二"一样，其本身就预设了人与他人的关系，并以此为前提。所以一切伦理都是面对他人世界，是对人与人关系的原则，而仁是儒家哲学中最重要的他人伦理和关系伦理。

从仁的立场来看，在本体论、宇宙论上必须建立事物的相互关联，必须建构一个与他者关联的共同体，建构一个关联世界，而不能如近代哲学只强调个体的主体性，忽视社会的主体性。那种把他人看作自己的地狱的看法，完全不能建立人与人、群体与群体、民族与民族、文化与文化之间沟通基础。

萨特思想开启了后现代分散化、离散化个体主义的思维，在这种思维中，世界存在只是一个个孤立的个体，每个个体都无法和其他的个体或群体沟通。当然，如列维纳斯所说，黑格尔哲学中没有自我也没有他者，而只有总体，这也是不行的。但是列维纳斯虽然强调了他者的存在，人与神圣他者是一种特殊的关系，而忽略了世界中人与人的关系，不能在哲学上建立"他人"的重要性，不能建立起关系本体。马丁·布伯提出"相遇"，主张面对他者打开封闭的自我，布伯还提出"本体乃关系"，以关系先于实体，实体由关系出，其本体论可称是关系本体论。从认识论回到生活世界，从关系理解生活世界，这才是本源性世界。儒家仁体思想与马丁·布伯的学说有接近之处，仁不是自我中心的，并不单纯强调个人修身。仁学不仅是克己，更是爱人；不仅是为己，也是为他。

仁本体是什么、不是什么：与熊十力、
李泽厚、海德格尔的区别

文汇：您说"仁体论不把仁体和万物看成母子关系，因此不是本体去生成，而是本体显现大用"，我理解的是实体和大用是一体的，这让我想到熊十力晚年《体用论》中提出的"体用不二"与"即体即用"。您推崇熊十力的体用论，称赞其后期本体论简易直截、体大思精，堪为典范。那您所说的仁体与熊十力的实体有何不同？

陈来：我所论的仁体与熊十力的实体论的最根本区别在于：熊十力前期的新唯识论主张唯心论，新唯识论的宗旨是把心说为本体。而我不主张唯心论，仁学本体论的本体非心非物，不是心也不是物，这是哲学根本的不同。不过，熊十力 20 世纪 50 年代的体用论，改变了三四十年代新唯识论的说法，不再以心为本体，认为实体非心非物，这就在哲学思维上与仁学本体论接近了。在这个意义上，我以为，其实熊十力哲学的真正有意义的遗产可能并不在以心为本体，以心为本体是宋明心学的传统，而在其哲学宇宙论的"即体即用"的结构。他用此结构处理本体和现象，以新的哲学结构诠解了古典的体用不二，这一结构可谓颠扑不破，有功于儒学。

李泽厚说现象既是现象也是本体，至少在形式上熊十力已经精密地阐述过此观点了。不过，熊十力晚年虽然宣称心与物皆非本体，而是势用，但他晚年不会把实体说为仁体。熊十力又总是在炤明、升进的意义上讲心，但这样的心只是精神，还不能确定伦理方向，只有仁心才能确定伦理的方向。但是仁心并不是本体，只是本体在人心的发用。

在仁体论看来，西方哲学的毛病亦然，海德格尔的烦心必须以仁心来替代才有意义，哈贝马斯的沟通理性也必须以仁心为基础才有伦理的意义。而在仁体论的立场，仁体不即是本心，仁体可发显为仁心、本心。

仁与世界的关系：仁体生生，天道生生，这是人生之"乐"

文汇：在《仁学本体论》一书中，您似乎特别注重仁体论与生活世界的联系，能跟我们稍微讲一讲吗？

陈来：首先仁体论对生活世界的理解是我们生活的世界在本质上是一个活生生的世界，一个包含无数关联、变化的世界，一个内在地含有价值的世界。生活的意义、世界的意义，可称为本体。仁体生生，天道生生，人生亦乾乾不已。仁学把人的存在看成与这一生生大流融合的一体，是不断生生向生的。把人生看成与万物一体，人在与万物共生中获得伦理意义，也在生命的继承和延续之中获得生命的意义，这种生生之仁指向的是人生之"乐"。

仁统四德：自由是仁之活动无碍，平等是一视同仁，
公正是正义安排

仁体虽然宏大，却又是亲切表现于人伦日用，事事物物上皆可见到仁体。儒家的主要关注始终在道德伦理的领域，借用这一仁体论，贞定价值理性，确立道德方向，这是有必要的。在最后一章《仁统四德》中，我提到儒家"新四德"。在现代社会，四德论应有所发展，已有的仁义礼智四德，仍有其价值和意义，但儒家仁学必然以仁为基础，来对现代社会的普世价值原则加以贯通。

在这个意义上，我们提出以仁爱、自由、平等、公正为内容的"新四德"，而以和谐社会为目标。新四德的关系完全可以用固有的传统四德的关系来理解，即仁统四德。借用传统宇宙论的语言或方式来说，仁体的大用是生气流行，通贯周流于四者之中。仁爱是仁之本体的本然流行，其他三者是仁的流行的不同表现。自由是仁之活动无碍，平等是仁之一视同仁，公正是仁之正义安排，和谐则是仁体流行的整体要求。仁统四德，其主要着力所在仍是仁。但儒家期待社会结构能使其他以自由、平等、公正为核心关注的思想体系与儒学一起，共同构成多元互动的文化结构，以满足中国社会文化的发展需要。

在中国，儒学的发展与复兴基本上与全球资本主义话语无关

文汇：除了在国内，中国的儒学复兴同样是国际学术界关注的一个热门问题。美国著名汉学家阿里夫·德里克在其著作《后革命时代的中国》中便将 20 世纪 80 年代以来的这场复兴视为全球后殖民话语在东亚的一种表现形式，认为基于现代化的儒学重述（在这一意义上来说，即资本主义现代化）是新的儒学的话语特征，并认为它将可能在全球资本主义时代再次成为赢家。您作为土生土长的国内学者，如何看待西方学者的这种评价？中国儒学的当代复兴是否真的如德里克而言是一种对全球资本主义的适应？

陈来：这种观点本质上还是不折不扣的西方中心主义。就儒学而言，

中国只是证伪现代化理论对非西方国家现代化道路的错误指引,从来也没有让自己成为具有霸权地位的可仿效的模型。

我现在回头看自己在 20 世纪八九十年代的一些讨论儒家与中国现代化的文章(详见陈来《人文主义的视界》),就会发现在中国发展的各个时期,我们对儒家的讨论更关注儒学作为价值理性在现代社会的意义、对现代化的纠正、对工具理性的平衡,是从终极关怀、价值理想、人生意义、社会交往的方面积极肯定儒家文化价值体系的承继与转化。甚至如果追溯更早时期,20 世纪以来的儒学已经作了重构,如所谓新儒家熊十力、梁漱溟、冯友兰等,乃至唐君毅和牟宗三,但他们没有一个是根据东亚资本主义的需求来重构的。这些都反映了当代中国社会的具体状况和具体需要,与全球资本主义并没有关系。同时,强调所谓儒家伦理对东亚现代性的促进,并不是儒家伦理的核心,这才是中国的逻辑。

当代儒学复兴拥有自我的内在理由,
中国现象无法随意与他国比附

文汇:当代中国的儒学复兴发生在全球现代化的背景之下,您刚才提到新儒学的关注焦点事实上与资本主义并无关联,那么二者在整个时代各种因素的簇拥下,是否会产生一些化学作用?或者说,儒家伦理话语是否会越来越多地被挪用来为非儒学问题服务?

陈来:新儒家更多关注的是对东亚现代化成功的解释,而不是挑战资本主义本身,从而他们当然就不会涉及挑战资本主义,像马克思那样。儒学话语作为中国知识分子的身份的表达,本来是独立于全球资本主义并先于全球资本主义讨论的。对于当代中国来说,传统的复兴,除了得益于经济起飞对人民在文化自信上的支持外,在政治层面上的理由是基于政治路线的改变、政治合法性的重构、意识形态的转型、民族精神的塑造、伦埋道德的重建、中华民族复兴的需要;在社会层面是源于人民大众对心理、精神、信仰、文化的需要。中国的儒学复兴,政治和社会层面的理由远远大于、强于所谓企业管理的理由。中国的现象不能随意与世界其他国家比附,这无法真正说明中国。

我看世界哲学大会与中国哲学

文汇：请问您是如何理解哲学与当代世界的关系的？

哲学是共相，儒学提供全球化发展下的
引导人的一般的精神方向

陈来：我首先想澄清一下我所理解的"哲学"。我认为应当把哲学看成文化。换言之，"哲学"是共相，是一个"家族相似"的概念，是世界各民族对宇宙人生之理论思考的总名。在此意义上，西方哲学只是哲学的一个殊相、一个例子，而不是哲学的标准。因此，"哲学"一名不应当是西方传统的特殊意义上的东西，而应当是世界多元文化的一个富于包容性的普遍概念。价值也具有多元普遍性，我提出"价值的多元普遍性"这个概念，是强调西方价值和东方价值都具有普遍性。在价值的多元普遍性的基础上，跨文化的哲学对话才能得到真正地促进，进而发展当代世界的人类哲学智慧。

哲学智慧不应只是哲学家头脑中的逻辑思辨，哲学应该从书斋中走向人的生活世界。就儒学而言，在发展作为形而上的建构的儒学时，我们更应该强调作为生活伦理的儒学。儒学的任务或功能并不是直接推动当代世界的发展，而是在当代世界全球化和现代化等种种趋势之下提供与其相补充的一种人文主义精神，来引导人的一般精神方向。

中国哲学与世界哲学会相互理解和吸纳，
让哲学适应当代多元文化世界

文汇：随着国际学术交流的频繁展开和中国在世界上地位的提升，您如何看待中国哲学的前景？

陈来：中国哲学会更多地吸收世界哲学的养分，世界哲学也将更多地理解中国哲学，形成对于哲学的新的理解，彻底摆脱几百年来欧

美哲学主宰世界哲学的局面,使哲学能够真正适应多元文化的当代世界。

文 / 丁怡 (文汇—复旦—华东师大联合采访组)

西奥菲勒斯·奥克雷
Theophilus Okere

让聚焦身份认同的非洲哲学说出"自我"

——访谈非洲诠释学之父、尼日利亚韦兰研究院主席 T. 奥克雷神父

被访谈人：西奥菲勒斯·奥克雷 (Theophilus Okere)，非洲诠释学之父，尼日利亚韦兰研究院主席，以下简称"奥克雷"

访 谈 人：浙江工商大学哲学系副教授卢盈华，以下简称"文汇"

访谈时间：2018 年 5 月—6 月多次邮件采访

1962 年,27 岁的尼日利亚留学生奥克雷走在爱尔兰都柏林大学校园里,他刚完成了自己的第一个心愿——在国内神学院求学 7 年后当上了天主教神父。从白人师生看他的好奇和惊讶里,他不难读出黑格尔的眼光:非洲黑人"既不能进步,也不能教育"。许多年过去了,其《历史哲学》留下的思维依旧。但奥克雷并没有太多时间表达愤怒,他以优异的成绩作为回应。4 年后,他赴比利时鲁汶天主教大学攻读哲学,遇到了优秀的现象学大家、康德专家、亚里士多德专家。保罗·利科 (Paul Ricoeur) 担任了他的博士答辩老师。1971 年,奥克雷的博士论文借助诠释学的视角讨论非洲哲学的可能性,那年,他 36 岁。留学归国后,奥克雷任教于比加德纪念神学院,并尝试进行哲学教学改革。他"非洲诠释学之父"的美名也就此留下。

与 83 岁的奥克雷神父联系上略费周折,《文汇报》驻坦桑尼亚记者赵子顺直接用电话沟通了采访事宜,告知我们这是当地极具声望的神父,尼日利亚的东部遍布着他的学生。当开始邮件访谈后,我们也被这位神学家的哲学素养和现实关切所感染:种族主义、殖民主义、贫困化、国际霸凌、不同文化的冲突与融合等问题都为他所忧虑,但做剖析时他有着异常的冷静,这或许得益于早年留学所受到的哲学方法论训练。1999 年,从本国和美国的神学院教席上退休后,他担任了位于伊莫州奥韦里的研究宗教、文化与社会的韦兰研究院的主席,每年举办一次会议并编辑出版会议论文,至今已出版 13 卷。如何建立起非洲自己的哲学和非洲的文化诠释学是他的关注重点。

首次造访中国也让奥克雷颇为兴奋——他想探究中国从草根到繁荣的奥秘。相隔半个世纪,从西方来到东方,期盼他会给出一份诠释学答案。

哲学之缘与轨迹

都柏林留学后去了鲁汶读博，论文提出可否有"非洲哲学"

文汇：您能否谈谈为何会去西方学习哲学？ 在什么样的契机下，您远赴都柏林和鲁汶接受教育？ 能谈谈您的哲学旅途吗？

奥克雷：作为一名学生，为准备获得天主教牧职，我在文科结业时，已经学习了 7 年的经院哲学和神学。在神职授任之后，我出国去了爱尔兰都柏林，修读英语语言和文学的学位，准备成为爱尔兰当地宗教杂志的编辑。然后，我在鲁汶天主教大学继续攻读哲学博士，打算毕业后在家乡的大学教哲学。我选择鲁汶，乃是因为它成立于 1425 年，是世界上最古老的天主教大学，拥有世界知名的哲学教授，同时是新士林哲学和现象学运动（该校保存有埃德蒙德·胡塞尔档案馆）的中心。在鲁汶我有幸得到了伟大学者与哲学家的指导，如专长胡塞尔与海德格尔思想的阿方斯·德·威尔汉斯（Alphonse de Waelhens）、专长亚里士多德研究的苏珊·曼 （Susanne Mansion）、专长康德研究的乔治·冯·里特（George Van Riet）。有伟大的法哲学家与神学家保罗·利科（Paul Ricoeur）、博学的科学哲学家让·拉特里尔（Jean Ladriere）、专长文化人类学的欧根·罗森斯（Eugen Roosens），这三位审阅了我的博士论文《可以有一个非洲哲学吗？——对其可能性条件的诠释学研究》（*Can there be an African Philosophy? A hermeneutical inquiry into the condition of its possibility*）。

此论文通过对许多代表人物的细致研究——多数是西方的哲学家，清楚地发现每一种哲学本质上都反映了或相互关联于哲学家的文化背景。诠释学法则使得这样的背景决定和影响了这样一种哲学。

西方留学的种族反差激发我考虑能否为
非洲文化的诠释做些什么

文汇：哲学家的哲学思考与其文化之间确实存在非常重要的关联。

您经历了不同的文化，我也曾在西方接受哲学教育，生活和学习上都经历了陌生文化所带来的差异。当您在西方生活时，有没有经历一些文化冲击？这些冲击是否启发您哲学地思考一些基本的文化问题？

奥克雷：我是否经历了文化冲击呢？是也不是。说是，是因为我突然看到在街道、学校、教堂、公交车、市场上，每个人都是白人。所有的食品都是他们的食品。那里有种族主义，黑人被看作是奇怪的、不常见的，黑人会从传教士和殖民官员那里了解到白人在每一个方面都优越于其他肤色人种，尤其是黑人。然而，在学校里你的同学却会为你能够比他们做得更好而感到惊讶。

不过，我在家乡便有与白人传教士打交道的经历，早前也熟悉殖民语言和白人处事方式，这些缓解了我在欧洲感到的文化冲击。但我还是真切地感受到了我的本土文化与欧洲文化的区别：哲学上所有的谈论都来自于他们的经验，而不是我的。这使我认识到我所接受的知识整体，人文、文学或哲学本质上都是对他们自己文化的表达和清楚述说。但这并没有打击到我，反而启发我去思考："我能为自己的文化做点什么？"所有的哲学都是历史的，因而是对自身文化的个人解释。如果欧洲哲学是如此，那么当非洲哲学被阐述时，它也必须是如此。于是我很早便决定将我的注意力集中在哲学活动的方法论上，而不是这些哲学家思想内容的真实与准确性上。

六种著作表达了我试图开拓诠释学在非洲文化上的应用

文汇：您的哪些作品可以反映您原初性的重要思考？能否谈谈您著作中的主要观点？

奥克雷：下列作品能够反映我的相关思考：《非洲哲学——一项对其可能性之条件的历史诠释学研究》（*African Philosophy: A historico-Hermeneutical Inquiry into the conditions of its possibility*, 1983）、《文化与宗教》（*Culture and Religion*, 1984）、《同一性与变化》（*Identity and Change*, 1993）、《上帝是生命，伊博人中的上帝崇拜》（*Chibundu, Ofufe Chuukwu n'etiti Ndigbo, God is Life, the worship of God among the*

Igbo），1997 年欧登内博演讲（Odenigbo Lecture）；《伊博文化中的交流》（*Communication in Igbo Culture*），2007 年阿希久库演讲（Ahiajoku Lecture）；最后是《奥克雷自己的文字》（*Okere in his own words*，2015)。

我试图开拓、探索并将诠释学原理应用于我的文化元素。在其活动与知识方面，人是为历史性所限制的。文化不是静态的而是动态的。宗教、语言和法则是文化与哲学的关键要素。此外，我还研究了权力的使用与滥用问题。

哲学特色与贡献

非洲哲学现状：大多致力于融合与调和非洲非书写传统和西方哲学

文汇：我们知道概括简化是危险的。不过，对那些喜爱哲学（尤其是跨文化哲学）却又不是专家的人，在进入细致的论证之前，使他们大致了解一些有意义的洞见，是有些帮助的。您能不能总结下非洲哲学的独特性格？我们知道传统的非洲哲学多是通过口头语言而非书写语言来传达的，这一特征怎样影响了非洲哲学？

奥克雷：目前，相较于欧洲和亚洲的书写传统，书写哲学意义上的非洲哲学仍处于初创期。黑非洲尤其长期隔绝于书写文明，在首次引入拉丁字母的殖民和传教的时代以前，没有文字的档案。不过，作为书写传统的替代，多数非洲人致力于记下巨大体量的智者言说，如谚语、习语、名称，这些多数关联于行为与实践生活。

当今的非洲哲学通过进一步的发问与反思，将自身建立在这一传统上，并且逐步突破该传统所体现出的伦理导向。许多哲学作品聚焦于融合与调和此一传统与西方的哲学活动类型，多数当今非洲哲学家接受了这两方面的培养。

当代哲学包括智者哲学和诠释学流派等，
聚焦于文化因素和身份危机

近来肯尼亚哲学家 鲁卡（Henry Odera Oruka）试图将当代非洲哲学分为不同的流派，其中有智者哲学，搜集和注解古代的言说和谚语；也有诠释学流派，当代学者们将我列为其创始人，并列出其他跟随我的哲学家，如森赛伊·赛尔奎贝恩（Tsenay Serequerbeharn）、米索洛（Misolo）、科洛（Chukwudum Barnabas Okolo）。因此目前的非洲哲学聚焦于文化因素与身份危机，由西方带来并保持的压力将非洲社会置于崩溃的边缘。这些压力包括 400 年的奴隶贸易、100 年的殖民地化以及当前的新殖民主义，包括白人和阿拉伯人的、基督教和伊斯兰教的种族主义，包括虚假和腐败的民主，以及他们强加的剥削性贸易条款，这些使得非洲永久地不发达和贫困。通过侮辱非洲人，他们虚构了非洲——他们的非洲。他们成功地使非洲人成为地球上悲惨的人，使非洲成为受害之洲。这就是非洲目前的境况，就像古代柏拉图的时代对他的影响那样，今天的政治危机和非洲在世界上的孤儿位置启发了当今的非洲哲学活动。

非洲哲学前景：从谚语、格言中加以诠释，
而非注解现成文本，必出成果

文汇：可以看到，在您对非洲哲学特质和主题的概括中，关注了政治维度，也充满了现实忧虑。您又是如何看待非洲哲学未来的发展呢？

奥克雷：非洲哲学目前是年轻的，正在成长。非洲哲学不是一个特定的类型，无论在题材上还是方法上。如果哲学取决于文化，那么文化多元的非洲将拥有对应的多样化的哲学。作为在非洲实践的非洲哲学以及作为书写哲学的非洲哲学，在埃塞俄比亚已经有 400 年的历史为人所知。不过，多数黑非洲国家和文明没有发展出书写文化。今天盛行的形式是由在西方大学受到训练的非洲人采纳西方哲学的模式来开展的，这些西方大学里自从中世纪以来哲学长期是大学设置的课程。这些受训练者接触哲学乃是通过阅读亚里士多德、康德或休谟，他们中的多数通过

相反的旅程返回了故乡。归功于向本土非洲哲学的诠释学转向,他们从文化的原始素材中进行创造,而不是对现成文本进行注释。出现了关于谚语、言说、格言、选集的书写文集,其中一些是哲学的智者言说。许多言说对明智的生活作出建议。还有一些以文学、诗歌的形式出现。哲学地深入思考非哲学的文化,看起来将是非洲哲学富有成果的未来所在。

在本土化和全球化之外的第三条道路:
以个人哲学活动与文化的结合表达普遍化陈述

文汇:您以前来过中国吗?欢迎您参加今年在中国举行的世界哲学大会!这里我想谈一谈关于中国哲学的研究方法。由于中国的观念较少像西方哲学那样具有系统性,在对中国哲学的研究上,就出现了两种对立的研究方法。第一种坚持中国思想的本土性。研究者倾向于不注意西方哲学,不与西方哲学相比较,而是致力于思想史、历史考证、文字注释、训诂学、语义学方面。另一种则借鉴西方哲学,研究者相信这有助于澄清传统中国文本的意义。前者批评后者歪曲了文本中的文字在其自身历史中原初、客观的意义,而后者批评前者没有以问题为导向,没有更深更广的哲学与思考背景,不能真正地澄清这些文字的意义,因为人们的理解力影响了对特定语句的诠释和判断。此外,也有一些学者声称没有中国哲学。我们可以在非洲哲学的辩论中看到类似的情况,如有没有非洲哲学?非洲哲学应当如何呈现?对待本土哲学与比较哲学的态度实际上相关于如何理解哲学与西方哲学。您能不能谈谈您的诠释学进路?

奥克雷:我没有去过中国,这将会是我的第一次访问。你描述了中国哲学两种研究进路之间的张力:一种是本土化,集中于其自己的力量,遵守自身的传统;另一种是全球化,清楚地了解西方和其他哲学。非洲哲学也存在相似的张力。两个极端可以被辨识出来。一个极端是原地不动地背诵非洲神话、谚语,乃至通过分析非洲语言以建立哲学,或者假定一些部族组织中隐含着一些固有的哲学。这种做哲学的方式经常被称为部族哲学,已经被看作是错误的路径而受到摒弃。另一个极端是去排斥任何这样的努力,即从事一个不同于标准的欧洲和古典哲学之哲学的努力，将其看作徒劳无功的。通过一个更深的诠释学理解，我们发现了两者之间的中道。简单地说，这条中间道路可以被表述如下。所有真实的哲学都是两种元素的结合：个体的哲学家所处的文化以及现实的哲学家的个人哲学活动；哲学活动意味着一步一步地发问，对其所展望的文化进行更深入和更广阔的追问。历史上和世界上哲学的普遍性努力便是发问与惊异，深入地挖掘出隐藏在外表背后的真理。

哲学活动可以只表示向人们的文化问最深入的生命问题，借助适用于那个文化的工具。所有的普遍性陈述，即那些声称发现了适用于所有时代、所有地方的所有人的绝对真理的陈述，必须首先在它们产生的语境中被理解，并且它们的普遍有效性应当伴随着这样的告诫和限制条款："一切都是平等的。"

欧洲文化元素和部分非洲文化存在主要的一致，但前者也常妖魔化后者

文汇：作为一位神学家，您认为在基督教与传统的非洲文化与宗教之间是否存在张力？如果是，您如何解决这种张力？例如，能不能调和基督教的上帝与伊博人信仰的作为 Chi 的神？

奥克雷：我认为张力确实存在于基督教，特别是其欧洲文化元素，与部分非洲文化与宗教之间。两者存在着主要的一致，如对于一神的信仰，对上帝眷顾的信仰，对生命之无价的意识，对父母、长辈以及最终对我们共享的人性的尊敬。在德性与价值方面也存在一致，这具体化为十诫、枢德、黄金法则。然而也有冲突出现，这并不必然是介于基督教与非洲宗教之间，而是产生于外来文化元素的强加，主要是欧洲文化通过宗教对非洲文化宗教的强加，并且，存在着对非洲文化元素持续的妖魔化。这些非洲文化是可以被接受的，如果对基督福音的良知没有偏见的话。

此外，基督教在非洲仅有一百多年历史，对它的接受是比较浅的。它快速地破坏了老的宗教，却没有能够培育任何有效的有说服力的替代者。冲突的地方包括管理的强迫，譬如来自罗马统治权威和地方主教的

任意强加。他们实质上是作为地方独裁者和君王来统治，而地方传统上只知道无首领的民主统治。

在非洲的欧洲传统冲击了其他价值，要给其他宗教以机会

教会被看作紧密而偏执地坚持其传统，而这传统主要只是欧洲传统。令人担心的是，这会直接地根除非洲文化自身。像强制神职人员独身这一类的规则，在部分欧洲首创，后来在 12 世纪成为教会普遍的规则。现在它们被强加给世界上的所有文化。这种规则曾经遇到了严肃却无声的反对和抵制，不是因为非欧洲人更不能进行性约束，而是因为它冲击了其他价值，比如更重要的价值如生命，以及生育的权利与义务。对许多文化来说，生育是对上帝的义务，对后代和人性的义务。

几乎完全不信任和贬低本土文化实践的这一做法，在某种方式上使人想起历史上对中国缅怀祖先之礼仪的拒斥。非洲人的祖先的地位从来没有被严肃地对待过，基督教神学很少对之反思。"旅馆里没有他们的房间。"恰如种族主义折磨和惩罚了世间的黑人，它也一并排除了在天堂中考虑他们的祖先。

如果此种情况继续下去，欧洲基督教传统仍然是独巨石，不接受来自今天已经是世界上基督教的多数信徒的新文化的损益与修改；如果罗马或者其他宗教权力的席位坚持继续行使不民主的、不受控制的权力统治基督教世界，如同中世纪那样，一方面继续宣称着自己千年帝国的地位，另一方面却不承认自己利用宗教的外衣，进行实质的殖民掠夺，进而在文化和世俗事务上束缚忠信者的良心，如此情境下，我无法预见到冲突会终结，宗教面前会有和平。

是的，去调和基督教的上帝与伊博的上帝 Chi-Chiukwu 是可能的。伊博基督徒已经接受了二者的调和，将其视为同一。哲学家和神学家可能不认可普通的、文盲信仰者的上帝观念是忠实的，但是他们却是在真正地信仰着上帝，信仰他们的上帝。伴随着时间，张力大概会降低。不过考虑到今天我们生活在新时代——文化多元主义的时代，教会首先需要减少其对权力的嗜好，开始学会将权力看作服务。其次，教会要克服

对过去的迷恋。然后它将需要清除自己旧时丑陋的种族主义和家长主义的痕迹。此外，欧洲也需要尝试给他人一个机会，让后者在某些宗教上发挥作用，这些宗教虽然不发源自欧洲，但是今天在欧洲以外拥有更多的信奉者。

传统伊博 / 非洲宗教重视公共良心和集体内疚，
但整体上被视为"迷信"

文汇：如您所言，非洲本土宗教与基督教具有重要的一致性。当然，二者也有不同的特征。在您的文章《基督教个人主义道德的贫困与非洲的替代》中，您指出传统的基督教个人主义在影响公共生活方面是无力的，并主张它需要从非洲传统宗教（伊博）中获取智慧，如集体内疚和公共良心这样的洞见。这是一个发展宗教理论和实践的出色尝试。在您看来，哲学与宗教应该不仅仅是一个学术讨论的话题。今天的情况是怎样的？在理论和当今实践上，非洲传统宗教和基督教有没有丰富彼此？

奥克雷：是的，哲学和神学都必须相关于实践生活。记得卡尔·马克思正当地批判了哲学，说它仅仅讨论这个世界，而不是去改变它。神学更加有义务去关联现实生活。道德是一个实践的事情，对人类社会很关键。人既是道德动物，也是社会存在，因而从本质上说，道德具有社会的维度。因此将道德与宗教限制在孤立的个体之中，只关心个人的神圣性，却忽视社会的正义，并不能很好地契合当今社会与全球维度。道德的社会维度恰恰是传统伊博 / 非洲的宗教所关注的重点，通过诉诸公共良心（而非那些所谓的"非道德的公共"的观点）以及集体内疚的观念，伊博 / 非洲宗教展现出了不同于基督教和西方个人主义的面相。

若彼此对话没有建立在相互尊重的基础之上，非洲宗教和基督教便不能丰富彼此。基督教至今仍单方面地行动，否认非洲宗教的正当性，不将其看作够格的对话伙伴。即便梵蒂冈第二次公教会议看起来开放了对话的道路，即便福音传道也完全成为了本土的统治集团和神职人员的责任，但今天在整个伊博地区，在整体的谴责本土方式的政策方面，并没有显著的变化,这些本土的方式有被看作具有"迷信"的嫌疑。

名字富有哲学含义,传达了对生命、死亡的态度, 有权力有魔力有精神

文汇:您写到了名字在非洲文化中发挥的重大作用。名字传达了诸多含义,如美丽、家庭延续以及人们对待生命、死亡和上帝的态度。可以说,名字是理解非洲文化的钥匙。您认为这些名字和其背后的观念是非洲的"同一性"还是处在变化中?在今天新的态度下,人们继续保持这些名字还是创造新的名字?

奥克雷:莎士比亚笔下的朱丽叶如是问道:名字中包含了什么?许多伊博人也如此说。不像其他的文化将名字仅仅视为标签,伊博的名字里透露出了许多的意义。名字有时是哲学层次的表述,不过它可以具有多样的用途。一些传达了神学的信仰,一些是祷告,其他一些是战胜敌人和死亡的凯歌。在名字中,有权力、有魔力、有精神。提及和称呼名字常常是精神和宗教的行为,是一个有力的召唤,这时神被唤起;当人们的名字卷入,灾难或吉祥将来临。可以说,名字成为了命运。当名字发挥了这样的作用,并紧密地联系于甚至等同于某人时,它成为对自我的表述。不过对将名字概括为非洲同一性的做法,我会比较犹豫。今天基督徒的洗礼常常带着欧洲的名字。不过,伊博的儿童通常拥有传统的名字,在洗礼之前的命名仪式上被授予。在独立以前的爱国主义和民族主义的年代,人们自豪地推广这种做法。今天,这种做法更加兴盛流行。

我看中国哲学和世界哲学大会

哲学应多关注多元文化结构下的相似性,学会对话,欣赏他人

文汇:名字的新形式代表了文化间的融合。当今世界,在宗教、政治、经济、技术、军事等领域,既有不同文化的合作,也有对抗。紧张、斗争、冲突和仇恨威胁世界和平的目标。您认为,通过什么途径人类可以在自

己文化和陌生文化之间实现彼此理解和尊重？换句话说，您如何看待哲学与当今世界的关系？

奥克雷：面对许多文化间的紧张，为了和平相处，我们需要意识到现代社会的文化多元结构，进而学会尊重有多样文化的人民。认可了人民之间存在的不同，我们还必须注意他们之间的相似性，注意到这样的核心事实：我们都是人，拥有相同的内在愿望，向往幸福、自由，渴求拥有平等的机会去发展我们的潜能。如果在个人层面霸凌是错误的，那么国家间的霸凌就更加是错误和危险的。力量不应该等同于正确。

总之，我们都应该抛弃这样的说法：如果想要和平，那么要准备战争；而应该说：如果想要和平，那么要为正义而劳作、学会对话、欣赏他人、尊重每个人、唾弃种族主义和极端的部族优越情结。为历史的弊病去给人民支付补偿。让所有的国家彻底地裁军，废除联合国安理会这一永久机构，它毫无根据地给予了 5 个核武器国家一边倒的权力垄断。所有的国家必须平等，也就是说拥有平等的武装。让任何国家的人民人口成为它的额外力量。国家应该依据人口或人民数量来分层级。要考虑到让开展了奴隶贸易、殖民和新殖民的国家为过去进行赔偿，为过去的军事入侵赔偿。补偿和制裁任何的武器制作商和贸易商，反对任何占领军队，反对所有的军事联盟，反对所有曾经并打算使用武力对待其他人民的人，因为战争是反人道的。

学以成人：让哲学帮助我们，使人性得以人道化，

将智慧用于人类事务

文汇：第 24 届世界哲学大会的主题是"学以成人"，请问您对此主题是怎样理解的？

奥克雷：我对此次会议主题的理解是，它表达了这样的愿望，让哲学帮助我们，使人性得以人道化。人类社会曾经经历了去人性化的过程。战争、暴力、不公、罪恶以及人的不人道长期主宰着人类社会，给其面孔留下疮痕。这部分源于哲学声音的缺失，也就是说，当人类人口剧烈地

增长、不可避免的冲突的增加，以及原始的军事立场的优势地位胜过外交协商时，人类话语中缺乏了理性的声音。哲学——作为对智慧的爱——必须起来维护其地位、履行其义务，劝导人们将智慧应用于人类事务，通过放弃残忍的武力（将武力留给野兽吧）以彰显人的理性与动物兽性的区别，进而更好地解决冲突，来再次学习成为人。

参加"自我"专场大会发言，希望哲学声音高扬在思想剧场

文汇：人道的实现有赖于我们推动哲学、运用理性。这次世界哲学大会也致力于哲学的发展和推广，使哲学发挥更大的影响。我们的访谈也希望点燃公众对哲学的热爱。您将要进行大会主题发言，能否告知一些您的发言内容？您参与过别的世界哲学大会吗？

奥克雷：在此之前，我只参加过 1998 年在美国波士顿举行的世界哲学大会。这次我参加五个全体大会中的"自我"专场的主题发言。我希望，我从非洲视角来谈论"自我"的发言，或许能在这个多元文化的环境下，让世界清楚地听到非洲哲学的声音，并使人开始严肃地思考它。军事和政治大腕们的嘈杂喧闹长期统治了世界的思想剧场，现在是时候让哲学的声音不再淹没于其中了。

首次来华，期待了解中国，学到中国从草根到繁荣的奥秘

文汇：此次来中国，您对中国文化与哲学有怎样的期待？

奥克雷：这是我第一次来中国，我很兴奋，期待着能去经历东方中心的一些魅力、美丽和神秘。中国提升了十几亿人民的生活水平，这是一项无与伦比的成就。我希望了解中国——这个来自第三世界的国家——如何从草根步入繁荣，窥探中国发展奇迹的奥秘。至于中国哲学，我希望我的访问能激发我更多的学习热情，帮助我更深入地去探究其所蕴含的古代宝藏与现代的视野。

深深为自己的职业而幸福，对世界变得糟糕而遗憾

文汇：代表年轻一代，我想要请教您最后一个问题。回顾您的人生，

对于年轻时立下的最初目标，您对自己满意吗？您是否对一些事情感到遗憾？

奥克雷：我对自己满意吗？是否实现了年轻时设立的最初目标？是的。我记得在 6 岁左右的时候，我向父母说我想要成为一名天主教神父。现在已经获得牧职 56 年。我为实现了自己的目标而感到幸福，我一直是一位幸福的、满足的神父，为自己尽力去侍奉上帝与人而感到满足。实话说我对自己的人生选择没有遗憾，不过我对自己来到的这个世界却有些失望，它没有越来越好，反而变得更糟糕。随着年龄的增长，我经常想知道是否是我错过了一些努力实现更美好世界的事情，还是说一个更好、更公正、更和平的世界仍然是未来的挑战。

文汇：谢谢您接受访谈，分享您的见解。

奥克雷：很高兴接受采访。

文 / 卢盈华（文汇—复旦—华东师大联合采访组）

李 文 潮
Wenchao Li

莱布尼茨的启发：如何带着理性宽容彼此交流

——访谈莱布尼茨研究专家、柏林—勃兰登堡科学院波茨坦
《莱布尼茨全集》编辑部主任、柏林自由大学教授李文潮

被访谈人： 李义潮（Wenchao Li），德国柏林—勃兰登堡科学院波茨坦《莱布尼茨全集》编辑部主任、柏林自由大学哲学教授、世界莱布尼茨学会副主席兼学术委员会主任

访 谈 人： 《文汇报》记者李念，以下简称"文汇"

访谈时间： 2018 年 6 月—7 月多次邮件采访

学术和人生的轨迹一样，有时充满着拐弯的偶然性。刚过耳顺年，回想 1990 年在柏林自由大学留学时对托马斯·曼的文学魔力的迷恋，如今成为国际莱布尼茨研究领域权威学者的李文潮，还有些许遗憾。因为契机，他进入了 17 世纪和 18 世纪中西文化交流史研究，锁定了研究莱布尼茨这位 300 年前的天才和通才。

经历了三年自然灾害，在陕西大荔县农村成长的他，儿时总在母亲怜爱的目光里：这么孱弱的身体，只要有力气能拿起书读下去就好。好在上天给予了他语言的天赋：中、英、德、法，直至拉丁文，似乎是为了让他更好读懂莱布尼茨这样的跨国跨学科大家而做准备。

浸润长久，研究者往往与研究对象风格相染。在李文潮看来，莱布尼茨是不可多得的天才，但更是勤奋，一生仅书信就写了 8000 封，有的就是 30 多页的论文。李文潮亦是分外的勤奋且有成就：他 2007 年起担任柏林—勃兰登堡科学院波茨坦《莱布尼茨全集》编辑部主任，是第一个主持该岗位的外国学者；而受益于莱布尼茨提出的"理性的宽容"文化交流原则，李文潮在开拓系列国际交流中更具前瞻性和亲和力。

1997 年，李文潮曾翻译德国哲学家魏施德（Wilhelm Weischedel）的哲学入门书《通向哲学的后楼梯》，作者意在从生平习性中引介哲学家观点。沿此思路，如果把钻研中国哲学比作前楼梯，那么从比较视野理解中国哲学或许是"后楼梯"，由此，不妨借用叶秀山先生为该书所做的序：李文潮以莱布尼茨研究和中西交流来促进中国哲学的发展，就是"后楼梯没有装饰，更能直接把我们带到哲学家那里"。

哲学之缘与轨迹

文汇: 感谢您百忙中接受采访, 此前, 我们对在美国求学并执教的中国哲学专家知晓和报道得比较多, 这次能采访在德国的国际莱布尼茨学会前任秘书长 (我知道您是 2017 年底才卸任的), 心里充满期待和兴奋, 我想我的心情也是很多读者的心情。

研究哲学并非必然, 同时掌握英、德、法、拉丁文是优势

文汇: 我们知道您是 1990 年在柏林自由大学攻读博士后时才转到该校哲学系的, 那年您 33 岁, 风华正茂。此前, 作为恢复高考后 77 级大学生, 您从西安外国语学院毕业后, 经短暂培训, 1982 年秋去了海德堡大学攻读日耳曼文学、哲学、语言学, 在文学领域奋战了整整 8 年, 也留下了《托马斯·曼》《通向哲学的后楼梯》等优秀的德语翻译作品。如果不是博士答辩时遇到比格曼 (Wilhelm Schmidt-Biggemann) 这位天主教的哲学史专家, 您会选择什么作为学术志业? 文学还是哲学? 文学转到哲学有否优势? 还是您个人的语言天赋增加了砝码?

李文潮: 如果没有家庭的支持, 没有后来的一些机遇, 我人生和学术道路也许会是完全不同的景象。假如没有认识比格曼先生, 没有生活困难的话, 我想我会继续从事文学研究, 但会偏重那些以哲理见长而不是情节取胜的作品。大体而言总会是文史哲不分。我个人对语言感兴趣, 三十多年间, 除德语、英语之外, 还逐步地掌握了拉丁语、法语, 基本上是依靠大量阅读加深理解。我也做一点翻译, 知道其中的甘苦, 因此对翻译作品常有放不下心的感觉。遇到看不懂的地方, 还是习惯找来原文核对一下。既然在外面安身立命, 语言便是一个非常重要的工具。我觉得这是我的一个强项, 否则也不敢衔命主持一个对拉丁文、法语、德语均有极高要求的学术机构。就中国传统文化以及佛教而言, 我不是科班出身, 但我能够把自己思考的和别人研究的成果用德语说出来、讲明白。

《17 世纪基督教的中国传教史》被誉为十年一遇的创新著作，原因是提供了传教史之外的视角

文汇：语言天赋，让人钦慕，高度整合和表达能力也令人向往。您 2000 年出版的《17 世纪基督教的中国传教史》一书，被德国学术界誉为"十年才能一遇"的创新著作，您详尽描述了基督教在中国传教失败的原因。您觉得这本著作被肯定是因为什么？从 17 世纪时徐光启和利玛窦在上海这个城市的合作来看，徐光启受利玛窦引导进入西学，并成为天主教徒，是否算一个反例？

李文潮：徐光启、李之藻等不是反例，是个案。对于这个课题，需要作出多层次的区别。西学不等于基督教，接受西学不等于接受基督信仰，接受西学同时成为教徒也不矛盾。基督教中又有必要区分神学思想与个人所求。这本书从开题到出版花费了至少十年光阴。看到"十年一遇"的书评，确实联想到了贾岛的《侠客》。二十多年前年轻气盛，现在不会这么想的。那个时候国内对该课题研究不多，国外的研究者绝大部分或多或少是天主教信徒（现在大体上还是如此）。我想受到关注的一个主要原因是提供了一个传教史之上的视角，利用中西资料从政治、历史、哲学、文化、宗教、习俗等方面探讨了西方基督教文化遇到中国社会时的复杂性、多面性、几大教义之间的不通融性以及在整合时所需要的长期性。

文汇：通过您的解释，我可否理解，此前类似的西方研究是局限于"以我为主的传教史"角度，而您提供了更立体的视角，让西方研究者眼前一亮，由衷地给予了"十年一遇"的肯定。

李文潮：此书虽然名叫"传教史"，其实副标题才是关键，大概意思是——理解、不理解、误解：基督教、佛教、儒家精神史研究。

《莱布尼茨全集》编辑历战乱未断共 150 余年；连续负责第四、第五系列需毅力与牺牲

文汇：您从 1996 年进入柏林理工大学"中国科技史和科技哲学研究中心"，并担任当时德国哲学学会主席汉斯·波赛尔的助手，他同时是国

际莱布尼茨学会的副主席。从那时至今,您就一直在莱布尼茨研究的漫长道路上,而且频频取得成效。您直接从法文手稿编辑了莱布尼茨的《中国自然神学论》,因此自 2007 年起担任了柏林—勃兰登堡科学院波茨坦《莱布尼茨全集》的编辑部主任,2010 年又兼任汉诺威大学莱布尼茨研究中心的首任主任。在波茨坦,您负责出版了《莱布尼茨全集》第四系列政治类第 6—9 卷;今年,德国科学院联盟又受命您启动第五系列(语言与历史文集)。据悉,编撰《莱布尼茨全集》的提案是在 1901 年国际科学院联席会议上提出的。1907 年委托德法三家科学院正式编辑《莱布尼茨全集》,从 10 万张手稿中整理出的内容分 8 大系列,预计 2055 年完成,共计 120 册,目前已经出版了 60 册。您是这个世纪编撰工作中重要的一个环节,对这项历时 150 年的计划有何感受? 德国或者说西方对保存经典的态度对东方国家有何启示?

李文潮:一个研究项目一百多年还没有完成是个不正常的现象。项目再大,应该力争在最多 50 年,即在一个人的学术生命期内结束。因此《莱布尼茨全集》的特别之处并不是她的长度,而是经过 20 世纪的两次战乱以及随后的德国分裂,这个项目竟然一直没有中断,而是奇迹般地一代一代延续下来。这个事实说明了莱布尼茨的重要性,也体现了德国研究传统中对经典、文本、资料的重视。这是奠基工作也是为后人修栈道,研究者定一字之正误,求一名之原始,需要一定的毅力与自我牺牲,政策规划者需要长远的眼光与战略思考。

能够衔命启动尚未开始的第五系列(语言与历史文集)确实是个很大的荣誉也是极大的信任。我能做的,只是初步的准备工作,譬如编目、人员遴选、技术选择(电子化发展给传统的文本编辑提出了很大的挑战)等等。由于是一个新的系列,所以期望值很高。我想我会不负众望的。

学术管理有益研究:有幸提供专业鉴定,
促成莱氏信件成为世界文化遗产名录

文汇:您如今不仅是国际莱布尼茨研究的领军人物,也是一位多面手学者。您在 2007 年曾让莱布尼茨部分信件列入联合国教科文组织的

世界文化遗产名录。1997年，您协助组织了"纪念莱布尼茨《中国近事》发表300周年国际研讨会"；2014年，组织了《单子论》发表300周年国际会议；尤其是您在2016年暑假在汉诺威举办了第十届国际莱布尼茨大会。您也接受了上百次的媒体采访。复旦大学哲学学院的洪堡学者邓安庆教授这样描述："我们亲耳聆听州长对这位来自中国的德国教授的高度赞美，亲耳听到李文潮教授在各种场合充满激情和幽默、专业和得体的发言。在这个素来以哲学傲视世界的德国哲学界，能有这样一位来自中国的领导者，我们确实感到由衷的感佩。"我想请教，中国学者对于学术管理和协作多持谨慎的态度，担忧会影响自己的学术研究。您是如何看待的？并如何做到兼顾皆优？

李文潮：邓老师过奖了。2007年联合国教科文组织在讨论莱布尼茨信件是否能够被列入世界文化遗产名录时，出现了争议。在这种情况下，有人建议再次请专家外审，我受推荐有幸提供了一份鉴定，可以说在关键时刻起到了一锤定音的作用。在没有非学术因素干扰，不需要做和学术研究无关的"杂事"的情况下，学术管理并不复杂，而是一个推动研究深入的机会，当然得有一点组织才能。作为莱布尼茨研究者，我深知自己能涵盖的只是很小的一部分，但也知道还有哪些问题有待研究。这种意义上的学术管理与自己的研究并不矛盾。相反，我觉得组织一个学术活动，组织者自己学到的东西最多，如同开一堂课老师收获最大一样。譬如一个学术会议，准备时间至少需要一年，领头者需要阅读尽量多的有关研究成果（包括几世纪之前的），了解每个与会者的研究情况，主持有关讨论，事后审核校订会议文献。经过这一过程，能学到不少东西，进而对自己的研究不无裨益。

文汇：作为国际莱布尼茨学会副主席、学术委员会主席、《莱布尼茨研究》主编，莱布尼茨研究未来将走向一种怎样的前景？对当代的学术是一种怎样的意义？您的学术生涯会伴随终生吗？

李文潮：莱布尼茨研究是一个超越了国界、政治分歧、宗教信仰的大家庭。2016年第十届国际莱布尼茨大会的与会者来自五大洲三十多个国家。《莱布尼茨研究》是世界上唯一一个同时刊登德语、英语

或者法语论文的学术期刊。国际化是这一研究的亮点与趋向。随着
《莱布尼茨全集》的陆续出版，会有更多的研究资料问世，因此总有新
的课题出现。莱布尼茨和牛顿独立而在不同时发明了微积分，就是从
前几年出版的书信文集中提供的资料才得到证实的。近几年受到研
究界关注的政治哲学、自然科学、宗教哲学、文化交流等，则是第四系
列中编辑出版的文献中的主题，而这些题目都与当代社会与学术紧密
相关。

第二个问题不好回答。人生难免无奈，终生是多长，就是一个无法
预测的事情。孩提时代，我身体屡弱（实际上是营养不良）。邻居发愁这
个孩子以后怎么干农活，母亲总是疼爱地说：只要有拿起书本的劲就够
了。知儿者莫如母吧，现在只会看书，其他本领都退化了。

国内的莱氏研究：步子可更快一点，水准可更高一点，年轻人可更多一点

文汇：知儿莫如母，知母亦莫如儿。您除了促进国际莱布尼茨的研
究，也促动了中国的莱布尼茨研究。您除接受了很多学人进行国际交
流外，在制度合作上也屡有建树：在您的推动下，武汉大学和北京师范
大学的莱布尼茨研究中心都有声有色；2017 年，您还帮助山东大学和
山东师范大学成立"国际莱布尼茨研究中心"，山东省试图让儒学大省
和莱布尼茨所在的下萨克森州有更多的合作。您如何评价此类合作的
前景？

李文潮：三十多年坐镇柏林，我有幸结识全国各地不同领域的同事
朋友，学术上的合作是从朋友角度开始的。制度化是水到渠成的事情，
也是中国国内的一个特色。前景总是看好吧。有时候也只能只管耕耘不
管收获，明其道不计其功。这样说，是觉得进展还是可以更快一点，水准
更高更专业化一点，特别希望能够留住更多的年轻人专门或者至少重点
从事莱布尼茨研究。原因是多方面的，但也不能因此而不为之，不能因
为干旱就不下种。

哲学特色与贡献

文汇：因为采访，我对莱布尼茨这位 17 世纪的百科全书式天才有了更多的了解。其主要贡献在数学和哲学上。他和牛顿共同促进了微积分的发展，发明了二进制；在哲学上，他是 17 世纪和笛卡尔、斯宾诺莎齐名的理性主义哲学家，并提出了"单子论"学说。

极具天分的莱氏处在数学家辈出的转向近代的中世纪，数学传递的是理性精神

您曾对他那个时代人的生活和处事做过专题研究，您是否觉得莱布尼茨这样的天份是独一无二的？是什么造就了他的博学？据说他去巴黎完成政治游说前，数学只是一般，后来在巴黎拜惠更斯为师后，就有了从几何学上发展微积分的成就？

李文潮：莱布尼茨应该说是极具天分，但也非常勤奋，是特别注重讨论交流的一个人。50 年间写了 8000 多封信，其中相当一部分长达 30 多页，实际上就是论文了。他曾说一早醒来，躺在床上就有那么多的想法，担心用一天的时间也不能完全记录下来。相比之下，我们也有想法，但往往懒得笔录下来做进一步的思考。我们也读书，但往往懒得做摘录。莱布尼茨愿意借来一份瑞典使团访问俄罗斯的笔记把俄国的物产和价格记录下来，而我们只关心自己研究范围内的东西。欧洲的 17 世纪是数学的世纪，是数学家辈出的时代。其中的一个原因是，在中世纪和近现代的转型时代，人们认识到了只有数学能够提供可靠的知识。我自己对数学没有多少研究，因此在莱布尼茨身上看到的更多的是数学精神。作为纯粹的精神学科，数学传授给我们的并不仅仅是计算和求证，而是以理性的方式解决冲突，从明确的定义出发按照严格的推演方法分析与解决问题。莱布尼茨提出的"通用字符"夺今日人文精神学科数字化的先声，其基础还是数学，企图把思维数学化，进而可以演算。他发明的"二进制"之所以能够成为计算机的基础也是同样的道理。

"单子论"是天才之作，对当代的全息论、自组织论、潜意识论都有极大启发

文汇：您如何评价"单子论"的意义？莱布尼茨继承了亚里士多德的实体观，认为人的心灵是一特殊大单子，有记忆、过去、未来，在《牛津大学西方哲学史》第三册里，莱布尼茨被放在"身体与心灵"一节里，这一节讲述了他与同时代斯宾诺莎的不同以及在亚里士多德和康德之间所扮演的承上启下作用。从哲学史的角度如何来看莱布尼茨对当代哲学的贡献？

李文潮："单子论"听起来有点玄，要吃透它确实也需要数学、生物学、神学特别是哲学史方面的功力。但其基本思想还是比较容易理解的。"单子论"不是真理，只是一个比较圆满的解释宇宙人生现实未来的理论。机械的因果律可以帮助我们观察世界，指导我们的日常活动，但单纯用它解释世界与人生至少是不全面的，因为在现象界背后还有一个精神的力的世界。构成这个世界的基本点是"单子"。这是一个精神实体，无生无灭，每个"单子"独一无二，不受其他"单子"影响，以折射的方式感知其他"单子"即宇宙。"单子"与"单子"之间构成等级或者说秩序，秩序即美，即和谐。每个"单子"皆追求自我实现，从而构成了整个宇宙的活力。

"单子论"确实是一篇天才之作。这是普鲁士皇帝弗德烈二世（1712—1786）说的，黑格尔却不无讽刺地说"这是一本小说"，不过确实也很有诗意。为了说明自己的观点，莱布尼茨使用了很多比喻：世间没有两片完全相同的树叶；"单子"没有窗户；宇宙之中充满生命没有荒芜；一水映大千，一镜射宇宙；此刻是前刻的延续同时孕育着未来，等等。这么一篇短文（90 节，大约 40 页）对后来的哲学发展起到了很大的推动作用。在 19 世纪末 20 世纪初，法国、英国和德国就先后出现了各种形式的"新单子论"，都是立足于莱布尼茨的母本。值得一提的是，"单子论"还对哲学之外的学科理论产生了影响，譬如全息论、自组织论、（弗洛伊德的）潜意识心理学、社会学、艺术与诗歌理论，等等。

17 世纪欧洲发现诸多"非欧"文化，
莱氏提出跨文化诠释：理性上的宽容

文汇：刚才提到，您编辑了莱布尼茨的手稿《中国自然神学论》，这部作品是在他去世前的 1716 年撰写的。1688—1689 年，他在罗马结识了意大利传教士闵明我，以后又认识了白晋，白晋向他介绍了《周易》等中国文化，他也就此对中国抱有好感。您能否介绍一下，在莱布尼茨眼里，他是怎样肯定中国、和法国启蒙学派的伏尔泰等人是否有不同？不少研究表明，17—18 世纪，中国曾在西欧掀起"中国风"，除了器物如扇子、瓷器、布匹风靡上流社会，中国的儒家思想在当时也颇受欢迎。您从莱布尼茨的研究中，是否也得出了同样的结论？当时对中国的了解是否因为有带着"他者"欣赏眼光的主观性而有所美化？

李文潮：在莱布尼茨生活的 17—18 世纪，欧洲发现了包括中国在内的诸多"非欧"文化与社会形态，由此引发了不少"文化"冲突，著名的"礼仪之争"便是比较明显的一个例子。莱布尼茨关注这些发现以及由此导致的争论，并且提出了自己的跨文化诠释构想：建立在理性之上的宽容。人是会思考的动物，理性的一个重要内涵则是思维是按照一定的思维规律进行的精神活动，这是保证人与人、文化与文化之间能够沟通对话的先决条件，同时预设了每个文化中皆有合乎理性的思想；以此为基础而提出的宽容不仅是对"他者"的尊重，而更是对自己的观点以及自身文化的怀疑。他所说的"自然神学"就是哲学中的形而上学。因此，莱布尼茨在这方面的贡献，并不仅仅是为自己和后人收集了一些珍贵的资料。

与所有的对中国"感兴趣"的欧洲思想家相比，他的兴趣最广泛，亦更深入。不少人看到的往往只是一个问题、一个方面，只有莱布尼茨一人试图全面了解这个古老的国度与文化，同时又力争将了解到的信息作为背景与欧洲进行比较，进而从概念上把二者融会贯通。在这一过程中，莱布尼茨试图坚持以下原则：友善、普遍、求同求通求一、多样性、交流与相对。莱布尼茨生活在三百多年前的欧洲，但其在政治、哲学、法律、逻辑、语言学等领域内提出的观点、思路与设想却显示了惊人的现实性甚至说超前性。这应该说是近年来在世界范围内莱布尼茨研究能够持续展开、引发各国学者兴趣、受到学界及政界普遍重视的一个重要原因。《中国自然神学论》已经有中文、德文、法文、葡文、西班牙文、日文、荷兰文译本，意大利文本即将出版。

你提及美化的地方确实也有，原因是信息不足或者不实。莱布尼茨使用的是有限的翻译，同时希望把所有的中文书籍翻译为欧洲语言。批评的地方几乎没有，原因是他有一个处世原则：宁可错误地表扬"他者"，也不错误地批评对方。善意忠恕，我个人认为莱布尼茨给我们提出了一个有待完成的任务——如何在更高的层次上进行文化之间的互解，进而贯通。

"正义"对后世启发：属于永恒真理，
而律条是人为的，严格区分正义和权力

文汇：莱布尼茨在 17 世纪末提出的"正义论"与当今非常走红的政治哲学中的正义论有何不同和关联？

李文潮：莱布尼茨是法学博士，后来一直担任政治顾问一类的职务。其"正义论"的特色在于严格区分正义与权力，正义与法规或者律条，二者属于不同的范畴。他认为正义属于永恒或者客观真理。如同三角形内角之和为 180 度一样，既不是上帝的恩赐，也不是权力决定的，也不是民主投票得出的结果。权力可以帮助正义得以实现，但正义本身不是权力意志的体现。法无不义，但法规律条却是人为的，难免有错甚至与正义背道而驰。"恶法非法"就是这个意思。很显然，莱布尼茨的这一思想摆脱了欧洲中世纪把正义看作是上帝意志的观点，既区别于譬如霍布斯的权力论，也与契约法不同。20 世纪以来，由于受到实证主义的影响，法与律之间的张力消失了。律被奉为圣典，背律即是犯法。与此同时，对不义的反抗权相对减弱。我想这也是莱布尼茨正义论能够引起关注的一个重要原因。

面对当代科技活动及其潜在性问题，哲学提供的
概念工具和分析方法面临困境

文汇： 您也从事科技伦理和科技哲学研究，是否受到研究者莱布尼茨的影响？

李文潮： 不全是。起初我把科技伦理和科技哲学看作是利用哲学上的范畴与方法，研究传统上不受哲学重视的科学特别是技术活动，所以比较注重一些基本问题，譬如亚里士多德哲学中理论与实践的范畴区分。后来我觉得科学技术的发展早已不是昔日的工匠劳作，发明也不是像牛顿那样等苹果掉到地上。借用传统哲学提供的概念工具与分析方法无法把握现代化的科学技术活动，才进而思考这类活动的特点以及哲学手段的尴尬之处。这样视野就豁亮一些了。科学研究的自由性问题、现代技术活动的特点、技术后果的潜在性问题、责任性问题就出现了。不过我最终看到的还是面对新的问题时哲学理论所面临的困境。谢谢您提出这个问题，这几年来已经没精力思考这类问题了。

2018 年陆续理完 17—18 世纪欧洲期刊 61 年间
对中国评论的一手资料 600 余份

文汇： 在《莱布尼茨全集》的整理中，是否也有与时俱进的其他手稿整理新创？能否介绍一下？

李文潮： 2003 年，我在一个很有名但比较偏僻的图书馆住了半年时间，从早到晚阅读 1665—1726 年欧洲主要学术期刊中对中国的报道与书评。这个项目断断续续做了 18 年了，收集到 600 多份一手资料。如果不出意外，有望 2019 年出版。这一项目同时说明了，我的研究实际上在向治史的方向走。除了机遇之外，可能也是由于困惑。"知识增时转益疑"。所知的范围越大，圆周越大，圆周之外无知的领域随着增长。写了不少书，倒觉得不敢轻易下笔了。譬如我对比较哲学之类的题目就有点胆怯，要比较就首先得划界，那些界外的东西怎么办？说这是某个文化的特殊之处，则必须事先把另一个文化彻底吃透，这不是轻易能做到

的,担心坠入独断之学。

给后学建议:成熟的常人要有哲学反思性, 把哲学专业当作学问,而非智慧

文汇:如果一个后学(西方或东方)要在今天从事哲学研究,您会给他什么谏言?

李文潮:对于短期进修的学生,我不要求他(她)们怎么读书,希望他们多交流,多到外面看看。关起门来书斋都是一样的。对于要完成博士学业的学生,则要求他们扎实一点。对于德国的学生,我则是提醒他们这是一门以后很难就业的学问,最好同时选择一个至少能够维持生计的专业,因为社会(至少在德国社会)对哲学研究者的需求量并不大。

无论是对社会国家还是针对个人的人生而言,需要的是哲学性的思维或者反思,而不是对哲学的研究。成熟的人多是有点哲学头脑的人。人生中会有精神与心灵困惑,至少生老病死是无法避免的,也是需要面对的。康德提出的三大疑难(上帝是否存在?灵魂是否不死?意志是否自由?)是每个人一生中或多或少会问到自己的。哲学原本是一种很基础、很平常,在基本解决了温饱之难之后产生的精神活动。即便在大学兴起后,哲学在最初也只是一门公共课,其目的并不是培养哲学研究者,更不是培养哲学家;而是要求从事专业学习的人,具有一定的包括逻辑和伦理在内的哲学修养。随着哲学的专业化、学院化、教授化,哲学才变成了一个有待研究的专业,哲学研究成了一个学术性的事业,渐渐远离社会与人生。简言之,从事哲学研究不等于就是哲学家。在这个意义上,我对学生的建议大约是:不要期望得到智慧,把哲学当学问做。

我看中国哲学和世界哲学大会

文汇:作为德国古典哲学的研究者,您如何看待哲学与世界的关系?

随着学科细化，德国古典哲学的高峰影响不再，
而哲学跨学科交流可促进精神活动

李文潮：德国古典哲学无疑是哲学的一个特殊高峰期。为后来的发展提供了丰富的理论构建，对社会发展与变化起到了不可低估的影响，同时又是那个时代的结晶。到了今天，哲学家们，至少研究哲学的人，已经意识到了无法（或者说自认没有能力）构建庞大的哲学体系，因而转向了对具体问题的讨论。哲学活动的方式不仅仅体现在个人的苦思冥想，也体现于对话，既有同行之间的磋商，更有与其他学科和文化的交流。

当今社会，学科分类已经很小很细了。哲学还是一个相对而言比较开放、没有具体对象规定的学科，能够涵盖其他学科未能覆盖的范围。对具体问题的探讨能够起到一定的现实作用。对人类精神活动以及社会活动中的基本概念的分析有一定的批判性，有益促进社会群体以及文化之间的对话与理解。比如：问我现在几点了，看一下手表或者手机就行了。问我"时间"是什么，就不那么容易回答了。诸如此类的有待分析批判的基本概念甚多。

学以成人：人类存在追问永新，"改天换地"之后
明天将是怎样的可能？

文汇：这次在北京举办的世界哲学大会，主题是"学以成人"，您如何解读？

李文潮：讨论和确定这个主题时，我的第一感觉是有点悲哀。人类历史少说也有几千年了，自己到了花甲岁月，竟然还没有成人？世界上还有那么多的人没有机会学习，他们也没有成人？因而有点疑惑。但斟酌一番之后觉得这个主题还蛮有意思的。哲学中的问题都是些古老的问题，不是答案，因此哲学史便是哲学思维与研究中不可或缺的一个重要组成部分。什么是进步？什么是幸福？人生的意义是什么？这些问题只要人类存在就不会过时。

但从大的框架看，学或思则是一个重要途径：人类社会到了今天，人

与自然的关系已经倒置,借用科技的力量,人类从靠天吃饭发展到了改天换地。这个担子不轻,挑得起吗? 面临新的问题,需要对人生特别是人类的历史地位作出新的反思。这些也许是哲人忧天,但也确实是一些哲学问题,即可能性问题。星起云落,时光总在流逝,不管愿意不愿意,未来都以明天的方式变为现实。长远来看是什么样的现实就不那么容易把握了。

中国哲学目前还是用西方的网在中国知识海洋里捞出来的鱼,与西方哲学的真正碰撞还待努力

文汇: 作为研究西方哲学的华裔学者,您如何看待中国哲学的现状和未来?

李文潮: 汉语中哲学这个词是黄遵宪 1877 年从日本引进的。日语中哲学一词是 1874 年才有的。最早把孔子称为哲学家的是早期的耶稣会传教士,而且是在把儒家学说介绍给欧洲时所说的。在他们的汉语著作中,找不到这个说法,因为汉语中没有这个词。我们今天所说的传统中国哲学,是按照西方的学科分类方法或者知识范畴构建发明出来的,是打碎经史子集之后拼凑出来的,形象一点说,是用西方的网在中国知识海洋中打捞出来的鱼。最初进行这一构建工作的大体上是两类人: 一是带着西学背景的传教士,二是受过西方哲学训练的中国学者。

打鱼这个比喻出自科学哲学。把它用到这里,主要是想说明学科分类有一定的任意性,如同网眼的大小是人为的一样,而任意性成立之后便有一定的强制规范性,用直径为 5 厘米的网眼打捞上来的鱼均大于 5 厘米,所有小于 5 厘米的鱼都会落网。说中国没有哲学是渔网的问题,而国学一词的提出,其中的一个原因则是意识到了这个分类法无法全面覆盖传统文化,或多或少有点"以西方之眼光看待中国之问题"。

基于以上背景构建出来的中国哲学范围就很博大精深了。应该包括古典的诸子百家中的哲学思想,汉代以来对佛教吸收以及与此紧密相关的宋明理学,当然甚至更主要的是近现代以来对西方哲学的研究及其他山之石的功能。从这个视角看,中国哲学理应包括西方哲学。

面临的一个关键问题是怎么形成国际对话与交流。和我们接轨的基本上是国外大学的东亚系或者中文系，而不是研究意义上的哲学系，因而也未能形成直接的碰撞。其最终目的并不是分文野、争高下，而是把在不同文化不同语言中形成的哲学思想看作是不同视角下对同一的思考与表达。众含一，一摄众。达到这一步，尚任重道远矣！

文／李念（文汇—复旦—华东师大联合采访组）

瓦切斯拉夫·谢苗诺维奇·
斯乔平
Vyacheslav S. Stepin

科学哲学如何塑造更好的"后人类"社会

——访谈科学哲学家、俄罗斯科学院院士、国际哲学院院士、
俄科学院哲学所教授 V.S. 斯乔平

被访谈人： 瓦切斯拉夫·谢苗诺维奇·斯乔平
(Vyacheslav S.Stepin)，俄罗斯科学院院士、国
际哲学学院 (IIP) 院士、俄罗斯科学院社会学
部哲学研究所教授，以下简称"斯乔平"

访谈人： 华东师范大学—迈阿密大学联合培养博士研
究生章含舟，武汉大学—迈阿密大学联合培养
博士研究生陈欢，以下简称"文汇"

访谈时间： 2018 年 5 月—7 月多次邮件采访

　　"无人文与社会科学控制的'后人类'使人类社会的毁灭变得不可避免……"长达一个月的邮件采访互动，俄语翻成中文两万字有余，84岁的俄罗斯科学院教授斯乔平分享着六十余年的学术思考，每个话题均直面着当下人类社会的危机——科学知识是如何构成、基因技术与传统社会所折射出的两类文明发展模式是否可以兼容、哲学如何在文化的世界观共相中引领未来、人文思考怎样联手会聚技术将"后人类"危机降到最低……缜密且严谨的理论推理，博大而深刻的人类关切，将这些问题由点到面串联起来。这位坐镇俄罗斯的科学哲学家的洞见让人惊喜，治学态度让人动容。

　　斯乔平出生在俄罗斯西部边境的布良斯克州，该地南接乌克兰，西邻白俄罗斯，是连接东西方的兵家必争之地。与其故乡一样，他也历经了从苏联到俄罗斯联邦的变迁沧桑。早年求学时曾面临教条主义，工作后被官方哲学家们扣上"实证哲学的软弱性"的帽子，很长一段时间，他被禁止出国学术交流。尽管如此，斯乔平不改哲人应有的自由思考，其30部著作涉及科学方法论、科学理性、文化共相以及技术文明等论域，且极具原创性。

　　乌云总会被太阳赶走。当俄罗斯走出停滞时期之后，斯乔平一跃成为俄罗斯知识界的领袖人物。2004年，他获得了俄罗斯联邦科技领域的国家奖，同时，国际哲学学院（巴黎）、国际可持续发展和技术学院（德国）、国际科学哲学院（布鲁塞尔）、白俄罗斯和乌克兰国家科学院均授予了他院士或外国院士的称号，其著作也被翻成多国语言。

　　"请不要让灵魂懒惰……灵魂应该劳作。日日夜夜，日日夜夜。"当哲学成为生活方式后，勤思而富于创新的斯乔平本身就是自己的杰出作品了。

哲学之缘与轨迹

文汇：尊敬的斯乔平教授，感谢您接受我们的采访！您是一位视野开阔的哲学家，从早年的科学基础、科学知识的结构和机制、科学理性的类型、理论与经验的相互作用，到当前的科学与文化的关系、文化共相（cultural universals）以及技术文明论等诸多话题，您都有着独到的见解和卓越的建树。我们非常感激您给我们带来了如此丰富的理论财富！

在当代哲学家中，您的视野和深度是不多见的。我们不禁对您的哲学探索之路充满好奇，您可否向我们介绍下您的治学经历？

大二选定实证论为专业，辅修物理，本科论文事关量子力学的哲学讨论

斯乔平：1934 年 8 月，我出生在俄罗斯布良斯克州的一个教师家庭。第二次世界大战后，父亲退伍并前往白俄罗斯工作。1951 年我 17 岁，以优异的成绩考入白俄罗斯国立大学历史系的哲学专业。中学时代，我既喜欢数学和自然科学，同时也对历史和文学感兴趣。但哲学的发展史，我则知之甚少。也许是出于"希望更多地了解哲学"这个动机，我在大学时代选择了就读哲学专业。

大一时，我为自己制订了一项任务——学习和了解伟大哲学家们的主要著作。不久我才明白，这项任务已经超出了必修课的范畴，甚至涉及了西方古典哲学史。但在第五个学年之前，我完成了这项任务。

大二时，我选择自然科学的哲学问题作为我的专业。当时"科学哲学"这一术语尚未被采纳，而是被划分为实证论的范畴。那时，物理学是自然科学无可争议的龙头老大。我起初采用物理系教材自修，后获准在物理系听讲。同修两门专业，学习负担相当重。但我当时精力充沛，还是学校篮球联队和白俄罗斯大学联队的主力队员。我所有科目均为 5 分（5 分制），只有一门课得了 4 分。我的毕业论文是关于量子力学的哲学

问题。

实践中悟出科学认识的方法论，工作后补答辩硕士论文

1956年大学毕业后，我考入哲学教研室的研究生。当时研究生培养的主要目标是储备高等学校的教员，必修科目比当今俄罗斯大学要多一倍。我的论文题目是《维也纳学派新实证主义方法论的批判性分析》。我研究了石里克（Moritz Schlick）、卡尔纳普（Rudolf Carnap）、弗兰克（Philipp Frank）、米塞斯（Richard von Mises）等人的著作。我也啃了弗兰克的大部头著作《因果律及其边界》（*Das Kausalgesetz und seine Grenzen*）的俄文版。我越深入研究这些资料，疑问就越多。20世纪新实证主义流派创立的科学方法论作为严格的科学是没有异议的，但是它在当时的苏联官方文献中则被批判为违背科学认知的客观性。

那时，我没能发现新实证主义方法背后的基本假设。我写了论文的第一稿，虽然自己对此并不满意，但获得了教研室普遍的认可。但是我没有对文稿进行答辩与加工。

研究生毕业后，我到白俄罗斯理工学院哲学系当老师。我研究了艺术发展史的主要阶段，由此，我发现了科学和艺术之间的独特内在联系以及文化的系统完整性。科学发展的所有特点和自治性都无法脱离科学所处的、广泛的社会文化环境。它使我意识到实证主义那些最隐秘的假定是什么。在写作论文第一稿时，我没能清晰地把握住科学的绝对自治的假定。我将科学视为超越科学的历史与实践发展的。基于这一立场，我重新修改，写出了题为《科学认知的一般方法论问题与现代实证主义》的新论文，并成功地通过了论文答辩。我已经看到，在历史变化过程中，知识不仅仅是作为科学活动的产品，而且是手段和方法；分析科学知识的结构及其发展规律，业已成为全球科学哲学的主要命题。

博士论文之后诠释哲学在科学发展中的功能，引起广泛关注

大约在20世纪60年代中期的7年时间内，我成功地研究了科学知识的结构和成因等新概念，并发现了前人尚未论述过的理论建构。进行

论证与分析需要对一系列经典物理学和非经典（量子相对论）物理学阶段进行历史重构，此处有两个论题发挥了至关重要的作用：电磁场理论形成的重构与量子电动力学形成的重构。我的博士论文《物理理论的结构和成因问题》实际上就是我 7 年工作的总结。当时我的文章和书籍已经在哲学界非常著名，我的论文发表在苏联核心物理杂志上，以及苏联科学院哲学所、苏联科学院自然科技史所的集体专著中。此外，我还受邀在有一定知名度的研讨会上作报告。

我的博士论文答辩是在白俄罗斯国立大学通过的，并获邀在该校历史系哲学部任教长达 12 年。这 12 年，我获得了许多新的成果。我提出了科学基础结构概念，提出了科学世界图景、研究的理想和规范、科学的哲学基础等研究论题。这些新结论更为深入地诠释了哲学在科学知识发展中的功能，全面地分析了哲学作为本体论化的条件在勾勒世界科学蓝图中的作用以及论证科学合理性在从经典哲学走向非经典哲学变化过程中的科学理想和规范。

研究科学的社会决定论，当选俄科学院院士和哲学所所长

上述分析着重强调了哲学的预测功能需要新的文化认知。我建议将文化视为复杂的人类生命活动（人们的行为与社交）和超越生物进化的历史发展系统。

如此宽泛的科学哲学任务是哲学发展逻辑的必然结果。科学的社会决定论预设了在文明与文化不断变迁的语境下，科学知识是处于不断发展之中的。这个问题成为我新一轮研究领域的主要内容，1987 年我当选为苏联科学院通讯院士，出任苏联科学院自然科技史研究所所长。一年后，出任苏联科学院（从 1992 年起改为俄罗斯科学院）哲学所所长，此任共 18 年。1994 年，我当选俄罗斯科学院院士。从 2006 年起至今我一直在俄罗斯科学院社会科学部工作，负责协调哲学、社会学、心理学、政治学和法学 6 个科学院研究所的研究工作。

总结一下我如何走上哲学之路：我想不是偶然的。哲学研究在许多方面决定了我的人生，甚至逐渐地变成我的生活方式。我得到的一些新

结论通常无须长久思索就会出现，甚至有些是需要花费许多时间进行论证的推理假设。也许，这就是某种创造力吧。20世纪一位俄罗斯著名诗人扎博洛茨基在自己创作的一首诗中写道："请不要让灵魂懒惰……灵魂应该劳作。日日夜夜，日日夜夜。"

我们这代人的优点：科学与人文知识平衡，推理判断能力强

文汇：您的经验可以复制给当今的俄罗斯年轻人吗？

斯乔平：我想每代人都有着属于自己的经验和问题。今天考入大学的年轻人将生活和工作到本世纪中叶，如果考虑到今天社会的迅速变化，很难预测他们将面临的具体生存问题。但是可以肯定的是，社会的深刻变化将不可避免地使人们关注人类生命活动的基本含义和价值取向。这一问题已是哲学分析的对象，需要进行系统的思维推演。这种思维本身不会自己出现在日常的意识中，它是在学习过程中形成的，其中包括建立在科学研究基础上的、有组织的特殊学习过程。

我这代人能够看到自然科学知识和人文知识之间富有成效的平衡，数学和自然科学的大量学时培养了学生论证和推理判断的能力。

会聚技术（纳米、生物、信息、认知）
改善生命质量，也危及生态

在担任俄罗斯科学院哲学所所长期间，我根据罗蒙诺索夫莫斯科国立大学哲学系教务处的建议，开设了"社会文化语境中的人类认知"这门专修课。通过观察，我发现具有系统思维能力的年轻人真的变少了。

许多大学新生热衷于辩论，自由地表达自己的观点，但是他们的论证能力极差。对此，我不得不多次提出哲学需要区分意见和知识——古希腊思想家早就教导我们，"我对这一问题有自己的意见"之类的言论是远远不够的。

还有一个观察是：在考入哲学系的新生代年轻人中，掌握足够数学和自然科学知识，并且有志于专攻自然科学哲学的学生人数急速下降。毫不奇怪的是，最近20年，哲学知识领域的答辩论文数量减少很多，这

同样是被不成功的教育改革打压时代下的结果。

人类对会聚技术（编辑注：指当前迅速发展的纳米科学与技术、生物技术、信息技术与认知科学这四大科技领域的协同与融合，四大领域的英文首字母缩写为NBIC）的掌握正在改善人类生命的质量。但是与此同时，该技术会产生危及生态与人类的新地带，因而有思想、有责任的人物的诞生就显得尤为重要。

"消费时代"形成"短期意识"，要警惕一代人的"缺乏思考"

英国学者曾指出：在现代西方社会，理性思维及其表现模式正逐渐被压缩，绝大多数居民热衷于简单知识、娱乐和个人休闲。

消费社会的生活方式形成于人们的"短期意识"中。人们带着这一意识轻松地从一种思想跳跃到另一种思想，不经过任何推理，经常不会发现自己语句中的逻辑矛盾。现代信息工具广泛采用的电脑、网络、手机、互联网与"短期意识"完全和睦共处。持这种意识的人善于幻想，但不愿意思考。用一位著名的俄罗斯教育家乌申斯基的话来说："幻想容易，思考难。"

在面对日益增长的破坏文明生活根基甚至于人类自我毁灭威胁的今天，探索新的、有希望的教育途径将成为保护和发展人类文明和文化的一个因素。

哲学特色与贡献

文汇：不少中国学者是通过《理论知识》（*Theoretical Knowledge*）这本英文译作了解您的思想的。请您介绍一下您的这部代表作和相关研究成果。

2000 年出版第 11 本著作《理论知识》，
哲学界与科学界组织圆桌讨论

斯乔平：2000 年由莫斯科出版社出版的《理论知识》是我第 11 本哲学论著，之后被翻译成了西班牙语和英语。它是我二十多年的研究总结，除了科学认知结构和历史进程等论题之外，还增加了新的观点。

两本著名的俄罗斯杂志《哲学问题》和《科学》联合举办了有关这本书的圆桌讨论会，许多著名的哲学家、数学家和自然科学家都参加了此次圆桌会议。相关的讨论结果发表在《哲学问题》杂志 2004 年第 1 期和《科学》杂志 2003 年第 3 期。

评论者认为，《理论知识》一书的作者制定出了一个很有前景的研究方法。该方法将三个原则结合在一起：(1) 认知的活动环境原则；(2) 认知的社会文化确定原则；(3) 作为复杂等级系统的科学知识研究原则。这些原则具体地体现于分析科学知识的结构和动态的新方法之中。在传统的科学方法论里面，理论与经验是相分离的。然而我的立场是将科学学科 (包括与之相关的经验主义知识) 的整个理论知识系统视为一个基础单位。不仅在某一特定学科内部，而且在跨学科的互动中，该方法均可促进新的科学理论分析。

补库恩之缺：理论通过遗传建构的方法而实现，此即假设的建构论证

评论家意识到，我提出了一个分析科学理论形成过程的新进路，即理论形成的过程是通过遗传建构的方法来实现的，该方法建立于思想实验与理论建构相结合的基础之上。从这个视角出发，就必须考虑提出假设以及随之而来的经验主义论证过程。分析过程显示出了一个重要的操作流程，该流程保证了作为未来理论核心的假设模型 (通过有相关领域的真实实验做支撑) 与诠释该理论所需的测量方法之间的相互关系。我将该套操作称之为假设的建构论证。它在此前的科学哲学文献中尚未被描述过。

建构的基因方法论不仅澄清了理论的建构过程，其后续运用将进一步解释和预测新的事实。这些解释和预测并非理论的演绎，而是基于提出和解决理论问题而得到的。这一点在托马斯·库恩 (Thomas Kuhn) 关于理论研究的范式作用中已有定论。库恩指出：在解决理论任务时，研究者依赖于解决问题时所采用的典范样例，并且这些样例内在于理论之中。

但范例是如何产生又是如何包含在理论组成部分之中的呢？这

个问题在西方科学哲学中没有得到解决。如果我们考虑"假设的构建论证"——由于构建一个发展理论的过程本身就蕴含着解决问题的范例——那么问题就迎刃而解了。这一过程在我重建麦克斯韦电动力学构造史时曾演示过。

虽然在《理论知识》上系统陈述了，但在 20 世纪 60 年代末和 70 年代初的时候，我就已经得出上述结论。在注意到库恩科学革命研究中的积极方面后，我提出了新的研究进路：范式转换应该借助发现的逻辑来加以描述，而非依托心理学。此外，不同于库恩的解释，我认为科学范式的历史类型之间的接替关联是能够被严密地观察到的。

评论家们强调，该方法导致了两个新的方法论结果：其一，在论及不同科学领域成就之间的范式转型时，分析了库恩"没有异常的科学革命"和"科学学科中的危机"这两个理论中未能覆盖到的学理。

指出了全局革命的特点是几种科学理性之间的更替

其二，区分局部科学革命（只是修改了科学基础的特定部分）和全局科学革命（彻底地重组了科学基础的所有基本组成部分，包括世界的科学图景，研究的观念、规范及其哲学基础）。全局革命的特点是几种科学理性之间的更替。在我看来，科学理性的类型可以区分为经典理性、非经典理性与后非经典理性。

在界定各自研究对象的系统组织的本性时，不同类型的科学理性亦存在着差异——经典理性中简单的机械系统、非经典理性中的复杂自我调节系统以及后非经典理性中的复杂自我发展系统。相应地，当我们从事解释活动的时候，每个研究的观念、规范及其背后的哲学基础所反映出的理性类型差异，都可以被我们追踪到。

2018 年新著《人类、活动、文化》：总结人类学和
文化哲学的研究成果

文汇：可否谈谈您的其他作品？

斯乔平：我共发表了约 800 份学术作品，其中有 30 本书（24 本专论，

6 本教科书)。这些作品中，有些书籍和文章以英语、法语、德语和西班牙语的形式，在美国、德国、法国、西班牙和丹麦等国发表。

我的大部分作品都是关于科学哲学问题的。《理论知识》出版后，我的研究重点放在哲学人类学和文化哲学问题上。2018 年年初，圣彼得堡出版社出版了我最近写成的一本大部头专著《人类、活动、文化》，共计 800 余页。这部专著总结了我在上述哲学知识领域里的研究成果。

在该书开篇，我首先将"社会现实的现代图景"解释为"世界的科学图景的一个不可分割的部分"。其中，"自然发展"的观念与"社会结构及其历史演化"的观念被整合在了一起。社会是一个复杂的系统，该系统通过经济、社会关系和文化这三个主要的子系统的互动而在历史发展中形成。此外，本书还讨论了文化在人类生活实践中所扮演的角色、文化在社会生产与发展中起到的作用，并探索了它们的内在逻辑。

该书特别强调了文化遗传密码的问题，明确了不同形式文明的特点，探讨了不同文明发展之间的融合。三十多年来，我一直在研究"文明发展形式"的概念。在 1992 年由莫斯科出版社出版的《哲学人类学和科学哲学》一书中，我系统地阐述了这一概念。《理论知识》里亦有一小段相关的提炼。在《人类、活动、文化》中，我对该概念做了新的补充。

两种文明的发展类型：传统形式和技术形式，
对待科学与自然态度迥异

文明发展的不同类型预设了文化认同以及文明类型之中某些不变的、核心的基因代码。它们可以确认一系列基本的世界观意义和每个文明发展形式的价值观。

社会历史可以分为两种形式，第一种是传统形式，产生于从氏族社会向第一次古代文明过渡的时期，持续了几千年的历史。第二种文明发展形式很晚才形成，以历史学的标准来看，该文明产生于几百年之前。西方总是根据产生的地区提及这一文明，但是现在该文明已经遍布全球。我将其称之为发展的技术基因类型，因为技术和后来的科学技术进程在该文明的发展中发挥了决定性的作用，改变了经济结构、社会关系和社交系统。

技术基因发展形式的基本价值观形成于欧洲的文艺复兴和宗教改革时期。这些价值观包括：(1) 将人视为积极改造其周遭环境的行动主体，把实践看作一种创造性活动——创造人类消费所必需的新对象、新状态和新进程，技术基因社会的文化明确了创新之于传统的优先性；(2) 人与自然的关系呈现出一种将自然视为一块可以无限耕种的自留地，里面的资源好似取之不尽、用之不竭的；(3) 理性价值观被科学理性所统摄；(4) 形成了主权自治的个人思想；(5) 人类对客体（人类自身、自然和社会）的权力控制思想。

所有传统文化都无法接受这些重要的思想和价值观体系。在他们的文化中，占据主导地位的理解方式是把世界视为一个生机勃勃的有机体，人类是有机体当中的一个部分，其任务是努力与世界和平相处，而非沦为自身权力的附庸。居于首位的不再是创造性的工作，而是可再生的活动。传统在创新面前具有不可争议的优势，科学理性不再主导所有类型的理性。在此，科学没有建立起自己的世界图景，而是将自身的知识与当时盛行的宇宙宗教神话以及哲学图景协调在一起。个人的身份通过所属的种姓、氏族或财产来确立。权力被诠释为一种个体依附性的状态（例如，家族首领的家庭成员，或是君主国家的臣民）。

传统社会受技术基因社会施压而赶超升级，出现日本之路、中国之路

技术基因社会与传统社会共存了很长时间。但是随后，技术基因社会在发展中超越了传统社会，并开始对后者施加越来越大的压力。结果，许多传统社会采取了一系列赶超升级的措施，将自身引向技术基因发展道路。于是出现了俄罗斯之路、日本之路、中国之路和拉丁美洲国家的发展道路。

现代化没有消灭这些社会历史中形成的传统价值观，但是它的现代化发展道路是在技术基因文化的价值观影响下进行的。因此，传统价值观也就失去了原来的主导意义。

文明发展的技术基因类型给人类带来了许多成就，但是与此同时，它也在生态和人类学层面引发了全球性的危机。这些危机的激化可能会导致文明生活基础的破坏，甚至毁灭整个人类。由此可以得出结论，必须对发展战略进行彻底改变，也就是说要寻找新的价值观。本书从常识、艺术、科学、哲学、法律意识和宗教的各个侧面分析了技术基因文化的现代转型，并论证了那些在现代化过程中保存了某些传统价值观的社会将发挥极大的作用。本书也重点分析了俄罗斯文化的当下发展趋势。《文明变革时代和俄罗斯文化传统》这一章节便论及了该问题。

我认为，在《人类、活动、文化》一书中，我对于社会发展的相位变化（phase transitions）的新解释也是值得注意的。这种转变通常用现象性的、整体性的方式加以描绘，犹如从动态混乱中突现的秩序。这本书尝试在自我发展系统中对此类转变进行描述，我区分了相位变化的三个连续阶段，并确定了它们的显著特征。

20 世纪 50 年代后，苏联科学哲学与世界同步研究后实证主义，但方法不同

文汇：在您从事的具体研究中，谁的理论和观点对您的思想产生了积极作用？

斯乔平：如果是指俄罗斯哲学研究领域，那么我可以说，首先是"行动进路的发展理论"（格里高利·谢德洛维茨基和埃里克·尤金）。从 20 世纪后半期开始，苏联科学哲学领域的研究逐渐融入世界哲学研究中。后实证主义出现后，我们和西方开始共同研究这个问题。但是研究和解决问题的方法只有一部分是相似的。我非常了解六七十年代后实证主义文献，尽管这些文本在形成问题方面对我有些影响，但是很难说其中的某一个概念左右了我的研究。

明斯克方法论学派：研究认识活动在社会文化决定论上的特点

文汇：您是明斯克方法论学派的代表人物，请问您可否结合亲身经

历，谈谈您对学术共同体的看法？

斯乔平：20世纪60—80年代，苏联哲学界出现了一些合作紧密的研究院校，它们位于莫斯科、圣彼得堡、新西伯利亚、罗斯托夫、基辅、第比利斯、埃里温、阿拉木图和明斯克。

明斯克方法论学派形成于70年代末和80年代初，它的核心主题是研究认知活动在社会文化决定论方面的特点，重点是分析科学知识的结构和基因组。参与研究工作的不仅仅是来自明斯克的学者，苏联许多城市的学者亦有加入。这些研究成果基本发表在哲学核心期刊和白俄罗斯大学出版的"文化体系中的哲学与科学"系列丛书上。该系列丛书是名副其实的，刊载过许多苏联著名哲学家、数学家和科学家的文章。从事逻辑学、方法论和科学哲学领域的学者们所展开的交流水准非常高，各个学派之间合作紧密，促进了高凝聚力学术共同体的形成。

很遗憾，苏联解体后，学者之间的联系减少了。90年代，我们与欧美国家同行的私人交往要多于独立的加盟共和国的哲学家们之间的联系。90年代中期以后，尽管这些联系开始增加，但是过去那种凝聚力很强的学术共同体已经不复存在了。

俄哲学现状：拥有保持科学合理性传统的近后现代、批判后现代和反后现代特征

文汇：有关"俄罗斯哲学是西方哲学还是东方哲学"、"俄罗斯哲学是现代化还是后现代化哲学"的争论总是出现。可否结合俄罗斯哲学的当前现状，谈谈您对俄罗斯哲学未来的看法？

斯乔平：现代俄罗斯哲学已纳入世界哲学的发展之中。俄罗斯哲学有许多流派和种类。我认为，之所以提出"俄罗斯哲学是西方哲学还是东方哲学"、"是现代化还是后现代化哲学"这些问题，其本身是对我们时代的俄罗斯哲学研究没有足够的认识。在我们时代的俄罗斯哲学研究中，可以找到保持科学合理性传统的近似后现代化、批判后现代化和反后现代化的研究内容。

俄罗斯科学院哲学所完成的系列丛书之中就体现了这些内容，这套

系列丛书的标题是《二十世纪后半期的俄罗斯哲学》，共达 20 卷。第一部由莫斯科出版社 2010 年出版，书名为《俄罗斯哲学的继续：从二十世纪到二十一世纪》；第二部由莫斯科出版社 2014 年出版，书名为《二十世纪后半期俄罗斯哲学问题和讨论：现代观点》。2018 年，该系列书最后一册的英文版已由美国的布卢姆斯伯里出版社出版。

俄罗斯哲学的未来取决于它能否思考现代文明的挑战、形成防止生态和人类学危机进一步恶化的策略，以及构建文明的可持续发展转型之基础的新型价值观。今天，俄罗斯哲学在哲学研究的所有主要领域，都成功地取得了发展。

最后，应该明白的是：制定新世界观的核心任务是庞大和艰难的，没有人可以独立完成。它需要东西方国家的哲学家们（包括俄罗斯哲学家）一起通过共同合作来实现。

我看世界哲学大会与中国哲学

文汇：本次世界哲学大会的主题是"学以成人"（Learning to be human），您对这一主题有何看法？

学以成人：是对现阶段文明发展遭遇的危机和不确定的现实呼应

斯乔平：如果我们思考现阶段文明发展遭遇的危机和不确定性以及今天人类面临的危险境遇，那么本届哲学大会的主题便是极其现实的。从 1988 年至今，我参加了所有的世界哲学大会。2018 年，我收到了来自第 24 届世界哲学大会"科学、技术与环境"（Science, Technology, and the Environment）圆桌讨论会的邀请，将以受邀报告者的身份作报告。届时，俄罗斯学者们将组织一个大型代表团，参加第 24 届世界哲学大会。

在中国，本是矛盾的创新和可持续发展之间有了有效融合

文汇：您在已发表的文献中多次提及了中国思想，尤其是"道"

(Tao)、"无为"（Wu Wei）和"阴阳"（Yin and Yang）这几个概念。对于中国哲学或中国文明，您的看法是什么？您对于中国哲学或文明有什么期待吗？

斯乔平：我多次去中国，在北京和上海的会议上作报告。分析中华文明的特点应考虑其发展的两个阶段，一是传统文明的发展阶段，二是技术基因文明的发展阶段。20世纪后半期的现代化过程中，中国向技术基因文明的发展阶段过渡，采纳了一系列能够保证该发展进程的有价值的理论，这些理论体现在马克思主义的思想之中。我不止一次地在自己的文章中强调，马克思主义学说拥有自己独特的、带有文明发展技术基因的独特价值。

原则上，技术基因文化的主要价值与传统的基本价值观念并不相容。但是，我们却在现代中国发现了相容的方法，即马克思主义意识形态得到了儒家思想的补充。在解决技术基因发展的危机中，可以从探索新价值的角度看到马克思主义和儒家的结合。在今天，追求急速创新改革进程的理念被可持续的理念所取代，但是那些创新方案并没有破坏传统，而是有选择性地、逐渐地改变传统。

新现象即传统思想与科技前沿产生共鸣，
"道"等概念做到积极作用

还有一个观察是：许多过去推翻技术基因文化的传统思想，例如与科学相悖的谬误，突然开始与科学前沿新思想产生了共鸣。

我通常会分解为三个方面：其一，东方文化（与大多数传统文化类似）总是从人类生活的自然世界角度出发——人类的栖息之所是一个活生生的有机体，而非一块能够被反复耕种与翻新的客观无机之境。关于全球生态系统的现代观念得到发展后，揭示了我们所处的环境是一个完整的、包括人类在内的生物有机体。

其二，符合人类发展系统的客体，要求特殊的活动战略。这些系统具有协同特征，在这些特征中非强迫性互动与协作效果起到了决定性的作用。微小的影响都有可能彻底改变系统的现状，产生新的可能发展轨迹。

在这种系统发生作用的情况下，用人为外力去改变客体的行动并不会总是有效。在单纯扩大外部压力的情况下，系统可能会复制一套相同的结构，而不是产生新的组织结构和水平。但是，在非稳定状态中，对称点中经常会有微小的影响，犹如刺在一定的空间时间位点上，通过合力能够形成新的结构和组织层级。这种影响方式让人想起"无为"原则，该理论认为，任何微小影响的产生，都与世界节奏的感知相一致。

其三，在复杂的、符合人类标准的系统活动策略中，出现了一种新的真理与道德的整合形式。在西方文化传统中，合理理由是道德基础。当人们问苏格拉底如何过上有美德的生活时，他回答说：首先我们应该明白什么是美德。换句话说，关于美德的真知为道德行为提供了标准。

中国的文化传统则完全是另一种方式。此处，真理没有脱离道德，理解真理的条件和理由完善了道德。同样，中国古代文化中"道"的意思就是法则、真理、道德和精神生活方式。

在技术基因文化中，人类活动主要是从外部改变世界。在中国传统文化中占主导地位的则是另一种人类活动方式，它是克制和自我教育，它们符合保持人类与世界之间的传统和和谐思想。

我认为，现在探索新的发展战略和新价值，应该是将人类活动的这两个方向协调融合起来。哲学中体现的中华文明和文化能对这一进程作出积极的、可贵的页献。

"文化的世界观共相（范畴）"：
是社会生活的基因组，贯穿所有文化

文汇：您曾指出"哲学是对文化的世界观共相的反思"。关于这一点，您可否多谈一些？此外，您如何看待哲学和当代世界的关系？

斯乔平："文化的世界观共相"是一个包罗万象的主题。

人类活动会受到两类程序的调节：第一种是作为先前生物进化后果而产生的遗传程序；第二种是在社会进化中形成的调节人类活动、行为和交流的超越个体生物层面的文化程序。

文化调节积极地反向作用于生物程序。现在的问题是：究竟是什么保证了文化的系统整体性？质言之，构成其系统性的基础又是什么？

在我看来，答案是文化的世界观共相（在不少场合，它们也被称之为"概念"或"文化范畴"）。具体而言，是"人"、"活动"、"自然"、"个性"、"合理性"、"权利"、"传统与创新"、"善与恶"、"自由"、"公正"、"希望"和"爱"等等。

世界观共相不局限于某一特定文化领域。它们贯穿于所有文化，出现在文化的各个方面，它们当中的每一位成员都会直接或间接地成为对方的前提，进而编织成一个整体的网络系统。该系统既展现了在相应历史时代中人类的生活图景，同时还定义了当下人类日常意识的范畴结构。

世界观共相在社会生活中充当的职能，类似于生物有机体之中的基因，共相之间联结在一起，形成一类社会生活的基因组。正如新的生物物种的出现离不开基因组的变更，社会有机体的彻底变革无法与那些表征着世界的基本价值观以及意义的文化基因代码相分离。

新的价值观成为群众意识的组成部分之前，
精神革命总是先发生

马克思主义社会原理里，经济被认为是社会变革的发动机，生产力的发展是技术革新的结果。在这一过程中，新的生产力水平和过去旧有生产关系之间的矛盾导致了两者的更迭、促成旧有的宏观社会结构的转型以及代表了特殊社会组织类型的新型社会与经济构造的出现。

在这一社会变革的图景之中，许多社会进化的现实特征展现了出来。先前处于主流的价值观会发生改变，进而生成新的价值导向和世界观共相的新意义。在上述变革结果转换为群众意识的一个组成部分，并成为生活世界新图景的基础之前，不稳定的局面、矛盾状态以及诸多社会力量的角逐将会长期持续。相对于改变社会的宏观结构以及社会制度的政治革命，精神革命总会先发生。

在社会的发展中，总会出现一些时期——先前建立的、用以表达普遍的文化共相系统的意识形态不再能够保证社会必要活动的再生产与融

合——届时，我们就必须打破传统，在新的世界观意义之中寻求出路。

哲学的社会使命是分析时代自身的文化共相，
构建范畴意义的理论

哲学的社会使命在于解决上述问题。哲学借助理性地理解文化共相、批判性的分析方法以及在这条路径上构造新的世界观观念，来探寻新的世界观指向。在这个过程中，文化共相被转换成了哲学范畴。

哲学知识会导致新的意识形态观念形成，进而促成文化的突变，为社会生活的重要变革作准备。为了形成新世界观的理论核心，哲学就要引进一些更能够服务人类的、描述生活方式的新观念。当我们将概念表征视为价值观，并为之作出论证时，这些概念便像意识形态一般起作用了。当转折时期出现的时候，这些观念便获得了实践意义。于是，它们成为了政治评论、艺术批评、文学作品、新型宗教以及将道德、政治和司法观念引入社会实践的动力和催化剂。所以，从哲学抽象的高度出发，新的范畴意义渗透至文化基础之中。哲学观念与情感内容共生，并且相融于文化的世界观共相。

美国宪法的创设者们对洛克思想的运用就是一个很好的例子。洛克的诸多想法（人权、权力分立等）在美国宪法创设之前就已经形成。

现代社会变迁中，哲学须找到新价值增长点
并使之成为未来社会基础

哲学是一种特殊的文化自觉意识，它积极地影响着自身的发展，也推动着新的社会生活方式的形成。如果使用现代意义上的类比法，那么哲学可以被表征为一项基因工程——创造社会生活之未来状态的可能性基因。

哲学的结构预测功能清楚地体现于社会发展的根本变革时期和新型文明发展的形成时期。近三十年来我在自己的著述中已经证明：人类已经进入了一个新的彻底变革的时期，将会出现一个调节人类生活实践的新型价值系统（精神性模型）。就彻底转型的程度而言，该时代可以与"传

统类型的发展向技术类型的发展的转变"相比较。但是,如果第一阶段的转型持续了一个世纪,那么在当前的条件下,转型将会加速进行。

在现代文化的变迁之中,哲学必须找到新价值的增长点,并使这些新价值能够成为未来文明的可持续发展的基础。此时,主要的目标出现了——一个对现代哲学,甚至不仅仅是哲学,而是对整个人文社会科学系统而言都异常重要的任务。

"生物—控制论转换"会促成人体电子化、基因改造的"后人类"诞生

文汇:您在分析生物技术与人类文化时,曾谈及"后人类"(post-human)这一概念,请问您可否就此概念以及人类的未来谈谈自己的看法?

斯乔平:今天在谈及包括现代生物技术在内的"会聚技术"的发展前景时,我们往往会将其与实际应用的取向相关联。比如治愈那些早先让医生束手无策的遗传疾病,再比如培养各种不会被免疫系统所排斥、能够代替受损器官并进行移植的干细胞。医学领域正运用现代技术,展开了延长人类寿命的现实前景。

但是当前的技术发展并未对风险形成足够的重视,其中最为危险的,莫过于对人类进行极端的生物—控制论转换。所谓的超人主义(trans-humanism)便应运而生,该立场基于信息和生物基因技术的发展,仅仅将人类视为追求更高思维进化阶段的中介。接着,这条进路开展出了新的向度,即"后人类进化"(post-human evolutionary)的线索。

超人主义者对于人类未来的预测,存在着人类自我毁灭的倾向。遗憾的是,此类可能性是无法被排除的。

人类的生物基因发生变化,文化秩序亦会改变,平等等价值将遭破坏

运用基因技术,设计多样化和专业化的生物个体,用以执行那些既严苛又精细的任务的研究趋势,将会彻底地改变公共生活的结构。也许

存在这样一种可能性，人类社会转变成类似于蚂蚁窝这样的昆虫族群。处于其中的每一个个体，均由基因程序控制着，就像兵蚁、工蚁和蚁后，等等。

人是生物社会性动物，其生活行为被两类相互关联的程序所规定——生物基因程序和文化程序。如果人类生命活动的生物基因组成部分发生了变化，就将不可避免地导致文化的变更。人类在成千上万年间的社会演化过程中所创造的价值，也将遭到破坏。

美国著名政治学家弗朗西斯·福山在其著作《我们的后人类未来》中指出：如果生物转换彻底地创造出一类不同于任何"后人类"的"准一种族"，那么法权平等与人权的价值就失去了意义。

仅仅把人类理解成市场关系的对象和手段，无异于替最危险的"生物—控制论的现代化"技术开辟了道路。现代市场原则上已经准备接受这种人类的"生物—控制论式的完善"技术。该技术既能收获巨大利益，又可以在工程、新材料制造和计算机研发等领域里带来技术创新。

人类熟练掌握会聚技术后，亟需风险评估，
人文社科成果不可或缺

在此情形下，分析风险与评估意义的重要性便急剧增大。在探索和掌控那些以人类自身为研究对象的复杂发展系统时，专门的审查就成为了研究与技术活动的必要组成部分。

人文与社会专业知识的有效性，在很大程度上取决于此类知识中是否应用了人文与社会科学的现实成果，由此形成了以解决具体研究和实际问题为导向的跨学科知识综合体。

在不久的将来，当人类熟练地掌握了会聚技术之后，仍然需要用社会与人文科学研究的新成果来解决人类在那时候将面临的新问题，而问题本身应该由所有的人类生活实践领域来共同定义。

由是观之，我们有必要回顾一下著名民俗学家和文化学家克劳德·列维–施特劳斯的断言："21 世纪将会是人文与社会科学的世纪，或者它将根本不存在。"

文汇：非常荣幸聆听您的见解，期待您在世界哲学大会的"科学、技术与环境哲学"专题会上作主持和报告。我们北京见。

文 / 章含舟；综合核校：章含舟、陈欢（文汇—复旦—
华东师大联合采访组）；俄文翻译：钱宗旗（上海
国际问题研究院）、王时玉（华东师范大学）

居纳尔·希尔贝克
Gunnar Skirbekk

在交往实践中避免"半现代态度"和"论辩恐惧"

——访谈"多元现代性"倡导者、挪威卑尔根大学科学论中心荣休教授 G. 希尔贝克

被访谈人： 居纳尔·希尔贝克（Gunnar Skirbekk），挪威卑尔根大学哲学系暨科学论中心荣休教授，挪威科学艺术学院、挪威皇家科学与文学协会成员，华东师范大学客座教授，以下简称"希尔贝克"

访 谈 人： 上海师范大学博士后研究员、挪威卑尔根大学哲学系暨挪威科学论中心访问学者贺敏年，华东师大哲学系硕士研究生金雯珧，指导老师：华东师大哲学系郁振华教授，以下简称"文汇"

访谈时间： 2018 年 2 月挪威科学论中心面访，4 月—6 月多次邮件采访

水不在深，有龙则灵。国不在大，有人则名。很多中国人因为易卜生而知道挪威。然挪威不仅有伟大的戏剧家，还有著名的哲学家，卑尔根大学荣休教授希尔贝克便是其中的代表人物之一。

不少中国同仁亲切地称他"老希"。早在 20 世纪 90 年代起老希就在"马可·波罗"框架下与中国学术界展开了广泛的交流合作，建立了深厚的学术情谊。81 岁的老希如今栖身于北欧卑城弗罗伊山腰一座古朴雅致的白色庭院。这位哲人在 21 岁就以著作《虚无主义?》名动北欧，他主张哲学作为交往实践，除了读书、写作、述说、聆听，还要添上以哲学家身份旅行一事。他的《西方哲学史》自 1970 年出版以来，也相继以德、俄、英、乌兹别克、土耳其、阿拉伯等近 20 种外语版本"旅行"，2004 年面世的中译本至今已出三版。

希尔贝克长期致力于对"分析—大陆"两大哲学传统的对话与互融，既深入吸收了以马尔库塞、阿佩尔、哈贝马斯等人为代表的两代法兰克福学人的工作，也批判性地考察了海德格尔哲学，同时熟谙后期维特根斯坦哲学视域下的分析—语言哲学传统。融通各家后，他与卑尔根大学哲学系的同事发展出了一种以实例导向、分析内在于行动的前提条件的独特理论——"先验实践学"。在此基础上，他用自己独特的"合理性"概念理解现代性的"一"与"多"，并进一步将此框架应用于以挪威为代表的现代性实践的深度剖析。

如果说挪威哲学是在对不同智识范型的响应中逐渐确立了"小国"自身独特的面貌与风格，那么中国哲学界在对斯堪的纳维亚故事的不断询唤中寻求更有效、更优质的表达和理解，此乃"大国"实践的应有之义。询唤与响应，是作为交往实践的哲学的要义，是基于合理性的现代性的要义,也是做中国哲学、创造中国的现代性需要学习的东西。

哲 学 轨 迹

文汇:在您的《多元现代性》(最初以英文发表,随后被翻译为挪威语和中文,2017 年出版了俄文版)中译本书末,专为中国读者撰写了思想自述。您在青年时代完成弃医从哲的重大转变之后,您的哲学之路是否也有一个转向,从对人类行动提供一般性解释的信念转向一种关乎我们生活的更为多元、更富弹性的态度?

第二次世界大战后,挪威"实践学"试图
调和分析哲学和欧陆传统

希尔贝克:这要回首 60 年前,1958 年我写了第一本书《虚无主义?》,它是关于存在主义的。那时,第二次世界大战刚结束不久,挪威在地缘文化和政治上都处于欧洲大陆和英语(盎格鲁撒克逊)世界之间,在文化和哲学上我们都需要调和这种由战争引起的紧张状态。

在哲学上,如何将分析哲学的优点和欧陆哲学的洞见相结合就是一个问题,这正是卑尔根大学的哲学系主要致力的方向,也是我试图做的哲学。事实上,我们一方面从后期维特根斯坦(Ludwig Wittgenstein,1889—1951)的《哲学研究》入手,另一方面也聚焦海德格尔(Martin Heidegger,1889—1976)的《存在与时间》。我们所致力的是对行动先决条件的分析,即所谓的"实践学",旨在考察是否有诸如"默会知识"(tacit knowing)和一些作为行动构成要素的能力(一种特殊的行动)。因此,(某种程度上)正是实践学把分析哲学和欧陆传统凝聚到了一起。这条进路的发展不仅针对行动,也关注言语行为。我们受到了分析哲学以及当时欧陆学派的阿佩尔(Karl-Otto Apel,1922—2017)和哈贝马斯(Jürgen Habermas,1929—)的启发,尤其受惠于他们对于言语行为内在有效性主张的普遍先决条件的研究。

我们借以吉尔伯特·赖尔(Gilbert Ryle,1900—1976)所谓的"非形

式的归谬论证"或"归谬法"来寻求这些条件。如我说过的，最后我们的进路是试图融汇分析哲学的优点与欧陆哲学的思考方式。但是相较于惯常理解之中的欧陆传统，我们的方法则更循序渐进：我们拒斥截然的两分，而是以逐级的方式考察概念和论证，像你所说的，这是采纳一种更多元化的视角。

一般而言，这是我做哲学的方式，也是许多挪威哲学家在第二次世界大战后的早些年做哲学的态度。随后，其他的话题接踵而至，如现代性与现代化理论、科学和人文的理论等。然而，上述展现的正是我思想逐渐转变的历程。

立足独特的合理性观念理解现代性的"一"与"多"

文汇：您追问，什么是现代？如何评价现代？现代化过程是一种抑或多种？您认为，可以通过合理性（rationality）的各种形式理解现代性（modernity），而合理性不仅仅是逻辑的、语言的，而是基于行动的，处在历史行动者与制度之中的合理性。您的"多元现代性"主张，一方面是指现代化进程（包括西方内部的现代化进程）是多元的；另一方面强调，无论是"西方的"还是"非西方的"现代性，都要求在一种开放且自我批评的论辩的基础上，兼容并蓄地囊括理性和合理性的各种形式，就此而言，便唯有一种现代性。

现代性问题无疑是当下非常重要的理论与实践课题。您正在撰写的著作是否仍在关注该话题？

希尔贝克：的确，从第二次世界大战后的情况来说，多元现代性是一个值得深思的问题，不仅是调和分析与欧陆哲学的尝试，而且与现代社会的多元性问题有关。例如，对于在斯堪的纳维亚小国的我们来说，我们不得不与所有人打交道，用所有这些语言——德语、英语和法语。在学校里，除了我们自己的母语，我们用所有这些语言说话和写作。另外，许多我提到的人至今都是用德语写作，当论及现代化问题时，我们的传统是来自马克斯·韦伯（Max Weber，1864—1920）和哈贝马斯，他们关注诸多种类的建制，并将它们联系到合理性的多种形式。

进而我们还有法兰克福学派的早期传统。顺带一提的是，在越南战争期间我在加利福尼亚大学圣地亚哥分校担任赫伯特·马尔库塞（Herbert Marcuse, 1898—1979）的研究助理，他属于法兰克福学派的第一代成员。在此，一方面我们基本上通过工具理性来界定合理性，另一方面我们以美学理念和艺术作为解放的力量。

随后是法兰克福学派第二代的哈贝马斯等人，他们关注社会科学，以及合理性的解释和论辩形式，故而对诸多科学和人文科学作出了一种更为多元化的理论阐述。因此，我们需要用德语中的"Wissenschaften"（或是斯堪的纳维亚语中的"vitskap"/"vitenskap"），而不是英语中的"science"，来描绘这幅图景。立足"Wissenschaften"，这幅图景的范围不仅包括自然科学，还包括社会科学、人文科学、神学、法学以及在一所综合性大学里的所有学科。所以，根据第二代法兰克福学派，现代性的概念包括各种学科（Wissenschaften）的发展及其与各种建制的关系，并且强调不同建制与诸形式的合理性之间的关系。

所以针对你的问题，我的答案是肯定的。我将继续从多元性和普遍性两个角度，推进合理性和现代性这两个论题的探讨，并关注来自现代世界的诸多挑战。

哲学特色与贡献

文汇：挪威卑尔根大学科学论中心刚刚搬了新家，一幢非常古朴雅致的庭院。您能否简要地对"vitenskapsteori"这一挪威语概念作一解释？它在何种意义上与实践学的基本原则相连？

"vitenskapsteori"，挪威特有术语，意指沟通科学与人文

希尔贝克：是的，这是挪威语中特有的术语。它于 1975 年由挪威研究委员会首次提出，在德文中可叫做"Wissenschaftstheorie"，它没有直接对应的英文。如我前面提到的"Wissenschaften"包括社会科学、人文科学、神学以及在一所综合性大学的所有其他学科，所以在大学，尤其在现代社会，自然科学和人文科学确实在专业知识和其他种类的活动中起着重要作用。因此，认清它们的角色以及它们的优点和不足颇为重要。

在现代社会中，我们有诸多不同的学科，而有两件事是学生应该学习的：其一，学习一门学科或模型；其二，学会认清该学科或模式不是实在。例如，对于同一个主题，经济学给了我们一种视角，而社会人类学则提供了另一种。因此，这种多元的视角是现代社会催生合理性的一种方式。研究委员会看到了这点，也就是我们需对自然科学和人文科学给予通盘的考察。

具备科学与人文理论的学者需意识到行动的先决条件和界限

因此，在 vitskapsteori 框架下做研究的学者需具备两项素质，"vitskapsteori"在英文中可以表达为"theory of sciences and humanities"（自然科学与人文科学的理论）——"theory"（理论）一词并不贴切，"study or research"（研究）更好——也就是说，这需要一种双重能力。比如，如果你研究物理学，你就应足够了解物理学以便能够与该领域的人交谈，所以它不仅是一种从外部考察的社会学或历史研究（这也是需要的），而且如果你进入这个领域，你也应该从内部理解这个领域，无论是从哲学、历史还是社会科学的角度来看。

你不仅需要具备相关领域的知识，同时也需要对自己的研究领域和当下所涉及领域的先决条件具有反思性的洞察。这里要再一次强调实践学，即对（行动）先决条件和构成性前提的意识，比如那些业已使用的概念以及那些原本应该用但并未使用的概念。因此，我们需意识到（行动的）先决条件和界限。

某种程度上，这一系列思想的灵感可以追溯到阿恩·内斯（Arne Næss，1912—2009）以及第二次世界大战后大学的全面拓展。内斯对于同事们在其他领域所做的工作深感好奇，并表现出非常积极的态度，但与此同时他又极具批判性。好奇和批判的眼光——这就与"成人"有关，尤其在学术氛围中：在大学里，我们应该重视其他人，对他们所说怀有兴趣，试图了解他们正在做的，同时也要乐于接受严肃的批评并作出自我批评。

坚持可错性和多元性，避免"半现代态度"

这种批评和自我批评与可错性和多元性息息相关，它们是现代合理性的非常重要的方面。于是，有两件事情我们应该尽量避免。其一，只坚持一种理性、一种科学，比如自然科学，从而忽视了解释的和论辩的科学。这是一种"半现代"的态度。看看周围，你会发现人们在有些地方相当"半现代"，他们固执于自然科学和技术，忽视了解释的和论辩的科学。

相反，为了应对现代世界的复杂性，我们需要考虑各个学科的整体谱系，意识到这些学科的认知多元性和局限性。在大学里，这意味着学术人员应意识到这些局限性，不仅在他们的研究中，同时也在对学生的教学中，同样也体现于作为政府顾问或参与公共领域事务时。在整个社会中，学术建制内的成员，包括所有在这些建制内受教育的人以及各种专家和专业人员，都需要那种自我反省。

进而这一点又与对"假新闻"和"后真相"的讨论以及对于是否相信科学的争论直接相关，因为这意味着，如今我们为了信任科学，不得不把各种科学的界限、不确定性和视角面相都考虑在内。但与此同时，我们也应该接受逐级的改进，并寻求更好的论证。这里再次提到了"更好的论证"，即寻求更好的论证，摒弃欠佳的论证。诚如我们所知，这一概念在先验语用学和第二代法兰克福学派那里极为重要。

开放地面对反面论证，避免"论辩恐惧"

这是一种注重启蒙观念的方式：讨论并开放地面对反面论证。具有提醒作用的是，看看大学里的人们都在做什么。他们做着非常不同的事情，有些人在实验室，有些人在图书馆和档案馆，有些人做着田野调查，有些人外出在海上进行渔业研究等。但最终，在所有学科中，我们都有争论。我们讨论，试图找到好的论证以取代不那么好的论证。因此，接纳反面论证的开放心态是启蒙事业的一部分。我认为，这对于各种现代性及其建制（包括大学在内）都是共通的。

因此，第二件要避免的事情是，任何武断地忽视理性开放的讨论以及任何对反面论证的顾忌。简言之，我们应避免产生"论辩恐惧"。在此，我赞同第二代法兰克福学派和其他一些哲学家，当然，也包括卡尔·波普尔（Karl Popper, 1902—1994）和诸多分析哲学家。这对我来说非常重要，这也是"vitskapsteori"有发言权的地方。

但接下来，自然地，对于建制和学习过程如何形成和拓展，世界各地区之间存在很大差异。也正因如此，不但有许多中国的好朋友和同事很重要，更一般地说，学着去了解具有不同历史背景和不同学习过程的人也同样重要。同时，也有很多东西对于现代性而言很普遍，对我们所有人来说也是普遍的。比方说，对我们所有人而言，技术、生态学以及科学，它们构成的外部挑战都需要被纳入考虑。

是的，确实有很多差异，不同的学习过程和建制发展，这是现代性的另一维度，可以用"多元现代性"这一与我的书同名的概念加以刻画，其灵感也是来自和中国的朋友、同事们的讨论。

我看世界哲学大会和中国哲学

文汇：当我们聚焦于哲学时，我们如何从"哲学与其时代的关系"这一老话题中发展出新的内容？也就是如何理解哲学与世界的关系？

哲学关乎对自己观点进行论证

希尔贝克：宽泛地说，一切世界观都可视为哲学；狭义而论，哲学关乎对自己观点进行论证——不仅持有一种世界观，而且为这种世界观提供论证。从狭义定义看，首先，哲学家们应该与同一学派或同一传统下的同道展开讨论，例如儒家、法家以及早期希腊哲学家等就是如此，他们常常和自己人展开讨论。随后，为了解自己的学说较之其他学派和传统的优势，在某些阶段就需要知己知彼。因此，讨论的范围同样涵盖其他领域或学派。

我们在哲学史上可以看到这种倾向——思想大有分歧的哲学家相

互间进行对话,同时一些非哲学工作者如科学家也提出相关的有效主张来参与讨论,比如那些实验的、数理形式化的自然科学的拥护者。哲学各个学派间的讨论能够激起哲学回应,正如在经验主义和理性主义中那样,后来康德出现了,他试图作出某种调和,于是我们就有了持续不断的讨论。

所以,我们有哲学学派内部的讨论、哲学学派之间的讨论以及与现代社会中其他建制的支持者进行的讨论,比如自然科学和人类学,也包括表达真值主张的意识形态和宗教。哲学家作为专业人员自然会对诸多的有效性主张予以考察(不见得始终是所有的主张,但时而是一些主张)。

柏拉图和孔子作出榜样,为社会危机寻找方案

回到你的问题,有意思的是,孔子和柏拉图,差不多生活在同时代,公元前 500 年,他们都看到了当时社会的危机,也近乎以同样的方式作出回应:社会出现危机——我们需要教育,使人们成为有德性的人!他们都以教育作出回应,需要深入教育,从乐到礼,去学习如何"成人"!简言之,他们不仅仅是被同行们所提出的论证和立场所触动,他们也被所处时代社会中发生的事所触动。

今天正在发生的是什么?例如,新的科技和生物学。从这种新的境况出发来看康德的第四个问题:人是什么?的确,我们今天对生物学知之甚多,因而我们不得不对人与动物之间的关系进行考察,而伦理逐级主义的问题也随之产生。此外,我们拥有新的科技,也拥有所谓的超人类的科技,还有生物科技。所以,我们应当对这些情况有所思虑,它们不仅仅是理论立场,也是世界中的现实。

学以成人:提示了哲学包括读书、写作、聆听、述说,更要在旅行中探讨

文汇:第 24 届世界哲学大会的主题是"学以成人",我们该怎样以挪威哲学的视角来理解它呢?

希尔贝克：如果有什么是挪威哲学所特有的，我并不确定。我们有一些传统和建制，对此我们应严格评估，也应在需要的时候支持它们。所以，让我用另一种方式来理解你的问题。

首先，我认为重要的是，哲学不仅"藏于书架"，我的意思是，哲学其实包含了多种活动——读书、写作、聆听、述说。另外，旅行也是需要提及的，要四处走走，因为我们应该结识做不同事情的人，他们做的可能也是我们自己感兴趣的问题。

要理解哲学观点，意味着不仅是一种信息的交换，更是一种生成性的活动、一种社会化的过程、一种角色承担。我们学着了解他人是如何看待问题，这是一种实践，哲学也是一种实践。这里再次谈到了教育，如孔子和柏拉图所言，他们说得很有道理！

我们可以独自做很多事情。但是，向他人学习也很重要：从外部反观自我，伴随着社会化而成长，并从中习得某种自我反思意识。同时，我们应该虚怀若谷。我想，这种教育是哲学精神的一部分，它和人类社会许多其他重要的方面，从基础教育和家庭生活等都紧密相关。

因此，我认为即将在北京举行的第 24 届世界哲学大会选择"学以成人"这个主题是非常有意义的。这是人们深切关注的问题，是一个与我们作为哲学家所做的事情密切相关的问题，有时候，我们至少应该这样做。

自我体验：多国生活交流中感受差异的世界有同样的危机

我想补充的是，在我们这个时代，面对这些紧张局势（几乎在所有地方都能看到），以及我们所有不同的背景，尤其作为哲学家，我们在此相会是非常重要的。当然，其他人也应该聚在一起，彼此尊重、相互倾听，试图理解各方深刻的差异，如在体制发展、学习过程、战争和危机的经历、阶级结构和文化差异等。所有这些因素可能都迥然相异。但今天，无论你来自哪里，我们都面临一些同样的危机和问题，拥有一些同样的能力，同时我们又是不同的。

首先，对我来说，我去了法国、德国、美国，我跨越边界、转换语言、在其他国家生活,这本身就是一个有用的学习过程。但对我影响更大的是,30 年前我结交了非常要好的中国朋友,我开始学习中国哲学并逐渐理解中国的历史。30 年过去了,很遗憾,我仍不会汉语(如果我年轻些,我一定会学会),但和中国友人的接触使我慢慢对中国文化、汉语产生了"具身反应"(这种身体上的快速感应力)。我的意思是,对于危机的感觉要有切身经历才能理解。这与我在德国、法国感受的革命与战争的经历类似。要理解这些东西,你不只是去参加一些会议、说说英语、读些书,然后就回来。你一定要跟人打交道并跟他们做朋友。你们不得不探讨大问题,但也要讨论小问题。

在这点上,我们彼此相会,交融与共。事实上,我很高兴能以这样的方式感受到最美好的情谊,并非刻意为之,而是水到渠成。因此,我认为这是一个很重要的主题,尤其是在我们这个时代。我很高兴"学以成人"被选作此次世界哲学大会的主题,相信它将会很成功。

后真相时代面对"超人",生物学的人无法绕过人的尊严

文汇:如您所知,在刚刚过去的圣诞前夕,SVT 为庆祝您的八十寿辰举办了以"后真相(post-truth)"为主题的纪念会。倘若我们果真正在步入一个多元的"后真相"时代,那么我们在何种意义上能以哲学的方式重构"人"这一概念,并获得某种恰当的理解?

希尔贝克:这里面存在着许多问题。首先,"什么是典范意义上的人"?对此,我们会说:典范意义上的人是成年的,或多或少拥有着说话和行动的能力,他们能为自己的行为负责等。这是一个深刻而又重要的论题。然后,还存在着更多实践层面的争议,比如"我们如何通过担当角色以及社会化,来学习成为人"等。此外,还有不少触及边界的难题,试想在医疗伦理领域中那些所谓的"疑难案例":并非所有的人类种族,都过着典范意义上的"人类生活"——有些人永远无法成熟,有些人则在生命最终阶段,失去了自己的部分能力等。总之,许多人虽然归属于人这个物种,但并非是"严格意义上的人类"所指称的对象。我们现在面临着问题的一个方面,即生物学的面向。比如,就生物学以及人类发展的

知识而言，我们远比康德要知道得多。可见，在我们目前所处的时代，"相对于非人，成为一个人究竟意味着什么"是一个复杂的难题。

另一方面，则关涉到人与技术：什么事情是人能做，而机器人却做不了的？对此，我将会再一次回答——经由生物—身体的社会化（socialization due to a bio-body），也即一个人的出生、成为孩童、学习语言、学习实践技能、步入青年、结婚生子、生病与死亡。如果除去了生物—身体，那么人就只剩下技术的身体。相应地，这个人就不会出生，不会拥有童年、步入青年、结婚生子，也不会生病、受伤或死亡。如果我们以某种方式，抽离所有与生物—身体绑定在一起的观念和学习过程，那么我认为我们最终会成为另一种不同的存在物。

所以，我认为我们能够令人信服地论证一个关于人类尊严的实在概念。这正是我在不久前的一篇文章里所做的工作，它收录在我2017年在德国出版的书中。简而言之，虽然我在生物学方面，亦即就人作为动物而言，是一个逐级主义者，但是在人与技术的方面，我却不是一个逐级主义者。我想，拥有生物—身体以及随之而来的所有社会化过程，这对于人的尊严而言有其特殊之处。

接下来还有与"超人类主义"相关的挑战，像是雷·库兹韦尔（Ray Kurzweil, 1948— ）等人在硅谷讨论的"奇点"以及我们人类怎么会变得越来越像完美机器人的问题。首先，在我看来，他们缺乏一种必需的政治和社会观念。我的意思是，在"完美"的人和其他人之间谁该留在地球和谁会离开地球（去外星球），诸如此类，都可能出现紧张关系。不仅如此，还可能出现掌握强大技术的坏人，这些情形怎样才能得到控制？技术本身并不能控制这些利益冲突，亦无法管控某些个体的卑劣行为。因此，我们所需的远比技术要多。技术可以解决很多问题，但是技术也会带来问题，而技术不能解决的问题同样存在。换句话说，人和人类社会不能够仅仅从技术的角度构想。

再接下来可以考虑一个积极的问题：我们应当把什么看作理想的人，看作对人而言是最好的？这个问题很重要。但是同样，对于"人"这个概念本身而言，一些限定性因素总是存在。

与中国合作彼此借鉴：从另一角度
审视挪威和现代意味着什么

文汇：基于您与中国学术界紧密合作的经验，您能否谈谈，当我们面对这项共同的智性事业（intellectual project）时，我们能从彼此身上借鉴到什么？

希尔贝克：好的，有三个要点，当然它们与我之前说的有关联。第一点是作为人，作为哲学家，与同道（无论他是否来自中国）交流总是有价值的。我们不仅仅是中国人或者挪威人，我们还是同道中人。在我最好的朋友之中，有不少都来自中国（顺便说一下，我曾在《多元现代性》中译本的附录中提到过一些经历）。这是第一点。

我认识到的第二点是（正如我之前所说的）：我学到了许多中国的历史与哲学。在现代世界，学习他人所行所思、探索其同异，是一位专业哲学工作者的必修课。

我想着重强调的第三点是：与他人交往的过程，使我们学会了以一种新的方式来审视自身。事实上，正如《多元现代性》中所说的，这一项目的所有灵感，都来自于我与同道们关于"中国与现代意味着什么"的讨论。我们不断地相互讨论，也收获良多。

接着，摆在我面前的问题是"挪威和现代意味着什么"，于是，"西方"的概念浮现了。何谓"西方"，是指"美国或者欧洲"吗？我想，西方与欧洲在制度、学习过程、国家是什么、国家官员、市场、文化、高贵与否的观念等问题上存在着巨大差异。再看欧洲（现在所有人都知道，或许之前不是很明朗，但是今天每个人都能看清），我们有北欧和南欧、东欧和西欧。再接着，是斯堪的纳维亚半岛，此前我从未用以这样的方式来思考它。就我个人而言，或许有过一些粗浅的思考，但是我真的没有认真思索过诸如"有着高度信赖体系的北欧福利国家，其特点究竟是什么"等问题。

这个问题意识是怎么来的呢？是中国同道们给我带来了启发。于是，我开始在上海进行系列讲座，并最终形成了一本论述多元现代性的著作。所以，在与中国朋友的对话之中，我学到了很多。同时，受到了他们的鼓舞，我开始琢磨相关的问题。

这便是哲学的学习方式。我的意思是，通过这个例子，可以展示出我们如何开启对一些事物的思考。或许，我们已经某种程度上了解过此类知识，但是并没有与他人一起认真地研究过。所以，我想说的就是这三点：与同道共事、向他人学习，以及学会更好地审视自身。总之，为了领会与认可他人，并意识到我们立场背后的特殊背景，我们必须要成为"人"。

在北京相会全球哲学家，不能拯救世界但可做贡献

文汇：您对中国哲学的未来，以及第 24 届世界哲学大会，有怎样的期待呢？

希尔贝克：中国是一个伟大的国家，一个大国，如今在诸多领域都取得了辉煌的成就，对未来我们拭目以待。常常会有这样一些令我担忧的事：有些人热切地向他人学习甚至迷失自我，另一些人则固守自己的传统不向他人学习。但使我感触颇深的是，确实，这不是奉承的话，30 年前我的中国朋友们来到挪威，他们对传统和现代有很好的结合：一方面，他们为自己是中国人而自豪，他们一定会回到自己的国家，作出最大的贡献；另一方面，他们非常乐于学习。我认为这种结合是非常可贵的，也应当被重视。

而谈到哲学，在中国，哲学各个领域都有学者。事实上，我们看到，如今在所有的国家、所有的领域都已经专业化了。我希望我们能在许多领域里进行合作，如科学理论和现代化、多元的和非多元的现代性、与实践学相关的启蒙观念、行动的先决条件、默会知识、言语行为、更好论证和注重有效性主张的内在要求等。我确信也希望这些哲学论题会被重视，我亦对此充满期待。

我想这次会议在中国北京召开确实非常好，我们需要一种全球范围内的相会，思考、讨论基本的问题，并且学着相互了解。哲学只是诸多其他活动中的一项，我们无法拯救世界，但我们同样可以为世界作出贡献，并且我们也应当作出贡献。我想这是一个很好的机会，我们应该坚持这

些活动，作为哲学家和作为人类，与他人相会。我非常期待并坚信这次
会议一定会非常成功。

文 / 金雯珷，贺敏年、黄远帆参与翻译、校对

（文汇—复旦—华东师大联合采访组）

伊万多·阿伽西
Evandro Agazzi

在科技对世界的重塑中证明人的存在

——访谈科学哲学家、国际哲学团体联合会荣誉主席、意大利热那亚大学教授 E. 阿伽西

被访谈人： 伊万多·阿伽西（Evandro Agazzi），科学哲学家、国际哲学团体联合会（FISP）荣誉主席、意大利热那亚大学哲学教授，以下简称"阿伽西"

访 谈 人： 华东师范大学哲学系副教授徐竹，以下简称"文汇"

访谈时间： 2018 年 4—5 月多次邮件采访，一次 Skype 视频通话

84 岁的阿伽西教授是意大利科学技术哲学的领军人物，而我对他更多的感性认识是在接受来自文汇采访任务以后的邮件联系。阿伽西教授非常及时并详尽地回复了我的采访请求。在这个过程中，我时常感慨于他宽广的学术视野：从科学哲学、科技伦理学到逻辑与形而上学，乃至哲学人类学等领域，阿伽西都曾做过重要的研究工作。

为了更详细地了解他的思想，2018 年 5 月中旬，我们约定 Skype 视频连线采访。屏幕上出现的是他和蔼可亲的笑容，只要一聊起哲学，阿伽西便操着意大利口音的英语滔滔不绝：谈到计划中的著作《不可见物的知识》，他神采奕奕，丝毫不见耄耋之状；而回忆起在苏联解体之际最终成功筹办莫斯科世界哲学大会（WCP）的往事，言语之间，阿伽西叙述中的关键词无声地诉说着哲学跨越意识形态藩篱的神圣性。

作为执教半个世纪有余的职业哲学家，阿伽西是 20 世纪下半叶当代西方哲学发展的历史见证者。而他自己，更是经历了从哲学到自然科学，再回归科学哲学的独特学术历程。随着人工智能等科学技术日新月异的突破和进展，他的科技伦理追问也在永无止境地延续和提升。这或许也例证了哲学家何以拥有长于一般人的职业生涯：只要大脑还在思考问题，工作就始终没有停歇。

采访中，阿伽西强调，科学技术本身就具有伦理内涵，它必须为人服务。而"人之为人"，具有不可还原的本质特征，这些特征值得善加珍惜、呵护、培育。对于科学，与哲学合作才能共同呈现出人文主义前景。着笔至此，想到老人隔着屏幕从容诉说的自己年轻时的梦："我希望为生活与社会的意义问题寻找一种批判性的评价。"

结缘世界哲学大会的哲学轨迹

文汇: 亲爱的阿伽西教授, 感谢您接受我的采访。据我所知, 您不仅在科学技术哲学、科技伦理学方面作出了卓越的研究, 而且您的学术生涯与世界哲学大会本身就结下了不解之缘。

首先想聊一聊您在哲学方面的研究兴趣。如您所知, 包括哲学在内的人文学科在今天面临着严重的危机。例如, 对人文学科发展的经费支持在很多国家都被缩减, 越来越少的学生愿意选择人文学科作为他们的主要专业。在这种情况下, 从事哲学研究的学者似乎面对着一个共同的问题: 哲学是否以及如何能重新赢获对世界的影响力。在您选择自己的研究方向时, 是否也有过类似的考虑?

科技进步并未给人类带来幸福时, 哲学就要运思

阿伽西: 如果我们立足于整个哲学史来考察这个问题, 那么就会看到, 在经历了几个明显萧条停滞的时期之后, 社会的文化危机将会产生出新的生机与繁荣。在我从事哲学研究之初, 我也相信当下的世界的确处于类似的危机之中。我深有体会的是, 当前我们所说的发达社会的模式, 都是技术得到了前所未有的进步, 人类生活条件受此深刻影响。

但遗憾的是, 这并未给人类带来幸福与安全, 所以就激发了这样一种批判性反思: 哲学应当重新解释人和人的生活, 特别是要寻求那些能够使个体与社会的存在有意义的价值。科技 (technoscience) 的发展并不能回答这样的问题, 而必须要靠重新输入哲学 (philosophizing) 的努力。

学完哲学再学数学和物理, 始终关注"做科学"

文汇: 的确, 在这样一种对科学技术的发展作批判性反思的氛围中, 转向科学技术哲学的研究就非常顺理成章了。您曾在牛津大学、马尔堡大学、柏林大学等做访学和教学, 那么您在意大利求学时是如何走上研究科学技术哲学的学术道路? 从您作为一个专业哲学家的成长轨迹

来说,您最想和希望成为未来哲学家的中国青年学生分享哪些感悟与体会?

阿伽西:我在大学学习期间,科学和哲学的成绩都很好。之所以最后决定选择研究哲学,是因为我希望为生活与社会的意义问题寻找一种批判性的评价。而我也知道,既然今天的人类生活已经被科学与技术深刻地重塑了,那么为了要找寻生活意义问题的答案,哲学也必须深入地了解那些构成生活条件的科学与技术。所以,在米兰天主教大学获得哲学博士学位后,我又像普通学习科学的学生一样去研究物理与数学。以这样一种方式,我最后就成为了一个专业的科学哲学家。

我最主要的研究兴趣还是在科技的伦理维度方面,我曾写过一系列这个主题的著作,例如以西班牙文出版的《论科学与价值》和以意大利文出版的《科学与对错》等。

在那个时期,我在世界哲学大会上作了一次主题报告,但马上受到了另一位科学哲学家的批评,说我不应该混淆伦理学与科学哲学的边界。但在我看来,如果我们所关心的不只是科学如何思考,还关心如何实际地"做科学"(doing science)的活动,那么科学哲学就不应该仅限于逻辑和方法论,还需要有伦理学、形而上学以及社会哲学的视角。这也就是要用一种更具体的眼光透视做科学的行动,审视其中追求的价值目标。

筹办了 1993 年莫斯科 WCP,邀请戈尔巴乔夫参会

文汇:很高兴您提到了与世界哲学大会的渊源。在年轻学者的成长过程中,有像世界哲学大会这样的平台,能够报告自己的研究成果,回应别人的批评,将会是一个非常难得的砥砺自身学养的机会。可否谈一谈世界哲学大会对您的影响?

阿伽西:是的,世界哲学大会对我个人的学术发展影响甚大。我记得自己第一次有机会在世界哲学大会上作报告,还是在 1958 年的威尼斯。那时我还很年轻,是一个正在做学位论文的博士生。后来在 1973 年的世界哲学大会上,我被增选为国际哲学团体联合会(FISP)的执委会委员,从那以后参加了所有历届大会。非常值得一提的是,世界哲学

大会也给了我一段非常难忘的人生经历。在 1988 年的会议上，我当选了 FISP 的主席，负责筹备下一届大会。1990 年，当时的苏联总统戈尔巴乔夫同意下一届的世界哲学大会在莫斯科举行。但接下来发生的事情出乎所有人的意料：戈尔巴乔夫失去了权力，后来苏联也解体了。所以世界哲学大会的筹备也就面临很大的变数。我当时就积极联系我们俄罗斯的同事，通过他们的不懈努力，终于确保了 1993 年的世界哲学大会在莫斯科顺利举办。在大会开幕的时候，我们还邀请了戈尔巴乔夫一起来参加，并进行了非常愉快的讨论与交流。这真是一段难忘的经历。

我在那次大会上也卸任了主席一职，从之后一届的 1998 年波士顿大会至今，我一直担任 FISP 的荣誉主席。所以我个人的学术生涯，基本上也贯穿了世界哲学大会在这几十年来的发展和演变。

哲学特色与贡献

文汇：您是来自意大利的哲学家，您能向中国的读者介绍一下意大利哲学研究的现状吗？对中国人民来说，意大利是一个非常熟悉的国家，但在谈论哲学成果的时候却似乎很少提到它。较之于意大利的哲学，中国的学者与学生似乎更熟悉来自英国、法国和德国的哲学文本。

哲学研究与欧美同步，但意大利语限制了其世界影响力

阿伽西：意大利的哲学发展是相当好的。在意大利，各主要的大学都会有哲学系，还有很多全国性或地域性的哲学学会、期刊。哲学的各个问题、领域以及哲学史是我们研究的重点。当代哲学的各个思潮在意大利都有体现，譬如存在主义、现象学、解释学、马克思主义、古典形而上学以及分析哲学等。客观一点说，意大利的哲学发展水平并不亚于任何哲学上发达的国家，其不利因素主要是它的研究成果以意大利语为载体，这限制了它的世界影响力。

葛兰西领衔马克思研究，第二次世界大战后突出其人本主义维度

文汇：科学技术哲学在中国有一个马克思主义的"自然辩证法"传统，甚至这也曾经就是该学科的名称。时至今日，马克思主义仍然是技术哲学的重要思想资源。

阿伽西：马克思主义哲学的研究在意大利也有着非常悠久的历史。意大利最著名的马克思主义哲学家是安东尼奥·葛兰西（Antonio Gramsci），他的马克思主义哲学深受德国观念论的影响。这当然是可以理解的，因为马克思本人也曾经是黑格尔哲学的追随者。第二次世界大战结束以后，意大利的马克思主义研究与其他西方马克思主义的研究类似，都是更加强调青年马克思思想的价值，突出马克思思想的人本主义维度。

我自己的研究较少涉足马克思主义或技术哲学。在我早期的学术生涯里，我集中关注数理逻辑和数学基础的问题。那时我主要想做的是批评数学哲学中的形式主义观点。后来我就转向对经验科学基础问题的讨论，特别是科学理论的"客观性"问题。

支持实在论的科学观，可证明"科学真理"的客观性

文汇：是的，在托马斯·库恩（Thomas Samuel Kuhn）提出科学革命的范式理论之后，如何论证科学理论的客观性，就成为历史主义科学哲学的核心问题。因为科学范式之间是"不可通约"的，不存在可以比较孰优孰劣的共同基础。所以很多科学哲学家批评说，库恩打开了"潘多拉的盒子"，把科学哲学带向了相对主义的方向。

阿伽西：在我看来，这是因为人们对科学客观性的理解存在很多含糊不清的地方。首先需要厘清的问题是，究竟是针对什么来讲客观性？我认为这里有两个维度：一是常识"事物"意义上的客观性，二是科学"对象"的客观性。科学的对象不同于常识事物，它是由某些被选中的属性组成的有结构的集合。那些被选中的属性也不是任意设定的，而是体

现了这门科学考察实在的特殊视角。

文汇：这正是通常所说的科学实在论与反实在论的争论焦点。您似乎是在论证一种实在论观点，而反实在论者或许会否认对象的客观性，而主张对象也是由观念建构的。

阿伽西：是的。我可以进一步回应反实在论的指责。因为这里所讲的属性通过理论的"谓词"来表达，而任何一门科学的基本谓词都有与之相配合的"操作性的指称标准"，用以从经验上检验理论陈述。

这样一来，科学的客观性就有两层含义：在弱的意义上，科学是客观的，意味着专家可以使用操作性的指称标准，达成主体间的一致与共识；在强的意义上，使用相同的操作性标准，精确地确认具体指称对象，这一事实就是科学的客观性。我所讲的这个科学客观性概念可以有很多很好的推论，它可以证明"科学真理"的正当性。真正的真理乃是相对于科学理论的实际指称对象而为真。也正是由于这一点，它也会支持实在论的科学观，这就是说要承认理论的、不可观察的实体存在。

科学技术在未进入应用层面时，已经存在伦理的"对和错"

文汇：这的确是一种对科学实在论观点的重要辩护。您前面也谈到了，另外一个研究兴趣是在科学技术的伦理维度方面。那么，您的科技伦理学贡献如何能与科学实在论的立场系统性地联系起来？

阿伽西：我想我所坚持的实在论观点还有一个重要的推论，就是它支持一种"类比的"科学观，而反对任何试图把科学性归诸某一单个模型的还原论观点。

意识到任何一门科学理论视角的局限性，这非常重要，因为它实际上开启了考察实在的更宽广的视域，这同时也是理解科学的宽广视域。即我们不仅应该正当地谈论形而上学的合理性，特别是讨论科学的形而上学，而且还应该讨论伦理的、社会的、政治的话题，因为这些话题并非外在于科学，而是内嵌于科技发展的社会历史情境之中。

文汇：您提到的这个观点实际上已经触及了科技伦理学的核心争论。我们常说"科学技术是一把双刃剑"，但如果我们就把科学技术理解为像剑、刀这样的器物，那么它本身是没有伦理含义的。就像说菜刀既可以切菜又可以杀人，它本身是无所谓善恶的，道德意义只在于拿刀切菜还是杀人的人。科学技术也是一样，有的哲学家认为科技本身并无道德对错，有伦理意义的只是对科学技术的应用。但也有的哲学家主张科学技术本身就已经有道德含义了。您怎么看这个争论？

阿伽西：关于这个问题，我有一本专著，就是用意大利文出版的《科学与对错》。我主张科学技术本身就有伦理道德含义，并不仅限于其应用的层面。科学与技术的联系在今天日益紧密，发展一项技术常常有必要依赖理论科学上的突破，而科学理论的进展又往往有赖于某些大科学装置或观测技术的进步。所以任何抽象的理论思考都不能不落实到"做科学"的实际活动。还是我前面提到的，一旦我们关注"做科学"的实际活动，那么我们就不难发现，其中存在着诸多道德上可疑（morally questionable）的行动，而这完全还没有进入应用科学技术的层面。

譬如，"做科学"总是要先来决定研究经费的投入，到底支持哪个方向上的研究，而淡化哪些方向的研究？这其实就是个伦理问题。当代生命伦理学就是在这个意义上实质地影响着技术推进的方向。应不应该支持人类胚胎干细胞的实验研究？如果支持此类研究的话，应该让胚胎在第几周停止发育才不会带来伦理上的质疑？这些问题都是还没有进入应用的层次之前就已经存在，本质上是技术的发展是否服务于人类自身目的的问题，必须依赖科学、技术与人文学科专家的共同努力才可能获得合理的解答。

未来更合理的科学哲学必然同时考察认知和实践双维度

文汇：这实际上已经不仅是当下我们所面对的问题，而且也包括对未来我们可能面对的问题的预见。因为我自己也从事科学哲学方面的研究，您是国际科学哲学界的前辈，希望听听您对当代科学哲学的评价，譬如您认为在今天哪些是科学哲学最重要的研究方向及其代表？

阿伽西：我认为今天似乎已经无法说谁是最重要的科学哲学家或者学派，因为现在既有一般科学哲学的严肃研究，也有对具体分支科学哲学的深入探索,科学哲学内部的学科分化也非常细致,这是我们这个时代的特点。传统科学哲学在相当长的时间内都被还原为科学认识论,把科学仅仅看成知识的体系。然而,最近几十年来,情况发生了改变,人们越来越关注作为人类活动的科学,并且在这个意义上,科学与技术就有着难解难分的关联。

所以我相信,在未来,更为合理的科学哲学一定是要同时考察科学的这两个维度,即认知与实践的维度。

计划写专著《不可见物的知识》:引入不可见的理论实体

文汇:关注科学实践(scientific practice)的确已经成为当代科学哲学的一个鲜明趋势。阿伽西教授,我们谈了您以往的学术成就,也聊了您对科学技术哲学这门学科未来的期许。那么回到您个人的学术工作上,未来您还想做哪些事情?有什么工作计划吗?

阿伽西:我自己想做的事情还有很多。但你知道,岁月不饶人,我现在常有精力不济之感。目前有两个计划:一个是我希望将自己的英文文章结集出版,其中主要是我在科学哲学之外的其他哲学工作成果;另一个是,如果时间允许的话,我还想写一本全新的专著,题目就叫作《不可见物的知识》。

文汇:您说的"不可见之物"具体是指什么?

阿伽西:我想论证的是,实存不等于可见,说两者等同的观点那实在是太狭隘了。为了解释某一类现象,科学家就需要引入不可见的理论实体,它们虽然处于感觉经验的范围之外,但只要它们所提供的解释是成功的、有效的,那么就说明这些不可见之物同样是真实存在的。这就需要强调科学也有着至关重要的形而上学意义。这也是对科学实在论立场的捍卫与辩护。

我看中国哲学与"学以成人"

文汇:如您所知,第24届世界哲学大会今年8月在北京召开。您以前来过中国吗？

曾访问过中国，发过两篇中国人文主义与西方科学的论文

阿伽西：是的，我大概在二十多年前就造访过中国，记得当时访问了中国社会科学院，以及北京、上海等城市。

文汇：您能概括地谈一谈对中国哲学与中国文化的理解吗？世界哲学大会在北京举行，也是一个推动中国哲学与西方哲学交流互动的良机。您对中国哲学的未来发展有何期许与预见？

阿伽西：我过去的确对中国传统哲学有过一些研究，发表过两篇文章：一篇是关于中国人文主义对西方科学理性的可能贡献，发表于《中国哲学学会通讯》（*Bulletin of the Chinese Philosophical Association*）；另一篇则是关于西方科学与中国的人文主义，发表于《欧洲与亚洲：为了未来的科学与技术》杂志。在我看来，中国哲学在整个世界哲学的发展中作出了非常重要的贡献，特别是它坚守了对智慧（wisdom）的追求。与此相比，西方哲学过度地纠缠于细致琐碎的认识论主题，却丧失了对智慧的关注。今年8月的这次盛会虽然不是我第一次到中国，但我也的确期待着能够借此机会深化对中国哲学的认知与理解。

"学以成人"：体现了人区别于非人的意向性本质

文汇：智慧与知识的区别与联系，可以说是东西方哲学的共同话题。特别是近现代的著名中国哲学家冯契先生，就系统地提出了以"智慧说"为核心的哲学理论。那么您从科学哲学的观点上，又是如何看待这个问题的呢？

阿伽西：我认为，智慧不同于科学知识。科学关心事实如何，但智慧不能只关心事实，还要更关心如何给生活以价值和意义，这就是一个道德实践的维度。当然，智慧与知识的区分（distinction）并不意味着彼此的分离（separation）。譬如，亚里士多德在论述科学知识方面是公认的大师，特别是在逻辑学方面作出了突出的贡献，但他同样也强调实践智慧的重要价值，是把知识与智慧联系起来的典范和榜样。

文汇：亚里士多德有一句名言：“求知是所有人的本性。”这就与我们这次世界哲学大会的主题——“学以成人”联系了起来。您怎样看待这个主题对当代哲学的意义？特别是对普通社会大众来说，“学以成人”意味着什么？

阿伽西：在我看来，“学以成人”意味着获得一种有关人类存在及其本质的视角。从这一视角出发，人的存在能够区别于非人的存在，譬如机器、计算机或者是一般的动物。当然，人与非人也部分地具有某些共性。但重要的是，我们必须能把人“作为一个整体”来思考，特别是要抓住那些“人之为人”的不可还原的特征。

每一个人都必须善加珍惜、呵护、培育这些特征，才能确保自己朝向更完满和幸福的方向发展。这是哲学的重大使命与挑战，我称之为——“证明人的存在”。这是哲学必须与科学合作才能共同呈现的人文主义前景。

即便强人工智能，也无法替代
“有知识还有智慧”的人的存在

文汇：您刚刚提到的人与非人的区别，非常有现实意义。譬如我们看到，最近几年来人工智能的发展非常迅猛，展现了未来人类生活的诸多可能性。但即便是实现了人工智能的计算机，是否也仍然是您所说的“非人”？我们是否还要面向即将来临的人工智能时代去“证明人的存在”？

阿伽西：在我早年出版的著作《论科学与价值》中，就讨论了即将到来的机器人时代会给人类带来的危险。当时的人们就非常热衷于构想计算机普遍应用后的美好前景，似乎一切人类社会的问题都可以留给计算机的未来发展解决。但归根到底，计算机所能做的只是计算而已，而在计算与有意义的人类生活之间，仍然有着根本的区别。

计算的确可以让机器承担很多操作性的任务，但执行操作并不等同于替代执行操作的自然实体（natural entity）。人作为这种自然实体所进行的操作，与机器通过计算而实现的操作相比，有一个至关重要的区别，

那就是约翰·塞尔（John Searle）所强调的"意向性"维度。机器的操作不是意向性的活动，因为它不能解释自己的操作；而人的行动则是意向性的，是人所具备的概念能力的体现，在操作的同时也在进行着自我解释的活动。

文汇：塞尔用"中文屋论证"来拒斥强人工智能的理想。按照他的说法，即便计算机能够合理地回答中文的问题，也并不意味着计算机"理解"了中文。因为机器只不过是按照句法规则给出答案，而并没有把握其中的语义联系。

阿伽西：是的，我相信在这个问题上，塞尔是对的。实际上我在自己的著作中也用了一个类似的例子。我当时举的不是中文，而是伊特鲁尼亚语（Etruscan）。这是一种古代意大利的死文字，至今我们仍不能完全破译。我们假设人工智能的机器从现存的伊特鲁尼亚语文本中总结出某种规律，甚至可以看似有意义地回答伊特鲁尼亚语的问题，但我们仍不能说它理解了这种语言，因为我们并不知道古代伊特鲁尼亚人是怎样使用这门语言来生活和交流的。所以，这完全可以类比"中文屋论证"的内涵。

文汇：我们是不是可以这样来总结：在科技发达的时代证明人的存在——"学以成人"，这是哲学的当代使命。而正是使人区别于非人的意向性本质，决定了人的存在不仅需要知识，更要追求超越于知识的智慧？

阿伽西：可以这么说，智慧总是关联到决定人们如何理解事实的那些价值目标上。不论是做科学还是普通人的日常生活，都有一个反思内在价值追求的向度，这只能由人的意向性自我解释来实现，而不可能由非人来实现。所以，"学以成人"应当是当代哲学非常迫切的任务。在这个意义上，中国哲学与东方价值大有可为。

文汇：非常荣幸聆听您的见解，期待您在8月的世界哲学大会的发言和报告。我们北京见。

文 / 徐竹（文汇—复旦—华东师大联合采访组）

克里斯多夫·皮考克
Christopher Peacocke

从牛津出发，半个多世纪追求最严格的分析哲学 *

——访谈分析哲学家、美国哥伦比亚大学教授 C. 皮考克

■ **被访谈人：** 克里斯多夫·皮考克（Christopher Peacocke），
美国哥伦比亚大学哲学系约翰逊尼教授，以下
简称"皮考克"

访 谈 人： 华东师范大学哲学系讲师郁锋，以下简称"文汇"

■ **访谈时间：** 2018 年 5 月—6 月多次邮件采访

---

* 感谢中国人民大学哲学院姚新中教授在访谈前期的沟通协助。

　　"我是一个牛津的孩子。"这是克里斯多夫·皮考克在接受我们访谈时给自己贴上的唯一标签。的确，作为当今英美分析哲学界赫赫有名的学者、美国哥伦比亚大学约翰逊尼哲学教授，67 岁的皮考克的前半生几乎都徜徉在书香满城的牛津。其父是牛津著名的神学家、生物化学家阿瑟·皮考克。从中学时代一直到 2000 年远赴美国之前，皮考克求学、工作、生活的轨迹遍及牛津的莫德林学院、艾克赛特学院、默顿学院、万灵学院、新学院等一座座熠熠生辉的学术殿堂。

　　"严格"是皮考克在回顾自己的学术经历中使用最多的词。1968—1971 年，他是牛津大学哲学—政治学—经济学本科项目的优等生，在攻读牛津哲学硕士、博士以及日后晋升讲师、教授期间，他与达米特、麦克道威尔、斯特劳森、埃文斯、赖特、法因等当代分析哲学谱系中的重要人物相遇相知、亦师亦友。20 世纪 70—90 年代，他们密集的哲学讨论和激烈的智识交锋成就了 20 世纪后半叶牛津哲学最盎然和鼎盛的黄金时期。无论身处英伦还是如今教学科研重心转向美国，皮考克始终心系且传承着注重分析与论证的牛津传统，追求用最严格的哲学回馈这个时代。

　　"语言—心智—行动"是 20 世纪以来的分析哲学在不同时期涌现出的主题转向。皮考克的学术轨迹不仅在横向拓展上体现着这样的趋势，而且在纵向延伸上又都能融通于他一以贯之的理性主义（反休谟主义）的大框架之中。半个多世纪以来，他对概念、自我、感知、意义、理解等问题独到而精准的研究奠定了他在心智哲学、心理学哲学、知识论、形而上学领域的斐然地位。即便与他同时代的学者未必都赞同他的观点，但毫无疑问，皮考克始终站在当代分析哲学许多重要争锋的最前沿。

哲学之缘与轨迹:牛津岁月

文汇:您是如何对哲学产生兴趣的?

高中对政治有浓厚兴趣,入牛津后醉心于逻辑和哲学

皮考克:像许多青少年一样,我经常和朋友们讨论自由意志和科学解释的问题。我们也通过涉猎法国文学接触到存在主义。在莫德林学院高中 (Magdalen College School) 的最后两年里,我们阅读了萨特的小说《恶心》和戏剧《禁闭》。在青少年时代,我对历史和政治也有着浓厚兴趣。我之所以申请牛津大学艾克赛特学院 (Exeter College) 的本科生,也是因为正值 1968 骚乱之年①,那里的一位政治学教师——诺尔曼·克劳瑟·亨特 (Norman Crowther Hunt) 在公众生活中有着显著影响。但是当我到了牛津之后,我却完全醉心于逻辑和哲学,同时也被经济学所吸引。

法因:教我高等逻辑学,一生挚友和哲学对话者

文汇:我们了解到您出生在一个牛津的学者家庭。在前往美国工作之前,您在牛津度过了大部分学习、生活和工作的时光。能漫谈一下和一些牛津哲学家的交往吗?比如达米特、斯特劳森和麦克道威尔等。

皮考克:的确,无论在家庭出身还是精神气质上,我都是一个牛津的孩子。我相信这一点仍然体现在我身上的许多方面。能够成长在牛津哲学发展最生机勃勃的时期,对我来说是极其幸运的。在本科二年级的时候,我认识了吉特·法因 (Kit Fine),之后他成为我一生的挚友和哲学对话者。

在赛克斯特学院,我曾问我的导师是否可以在期末考试中写一篇逻辑学论文。他们发现当时找一位资深的教师来指导我的论义有些困

① 1968 年,在法国、英国以及其他欧美国家的学生、知识分子中间爆发的大规模反对资本主义和西式民主的社会运动浪潮。——访谈人注

难——我相信迈克尔·达米特（Michael Dummett）和罗宾·甘迪（Robin Gandy）那时正好都不在牛津。于是他们找到了当时在圣约翰学院（St. John's College）工作的青年研究员吉特·法因，让他来教我高等逻辑学。法因不惜花费宝贵时间和我一起讨论形而上学和逻辑学。他还教会我一些无法在休恩菲尔德（Shoenfield）的《数理逻辑》教材中解决的问题。

埃文斯：鼓励我参加牛津哲学最中心的所有讨论小组

1971 年本科毕业后，我获得肯尼迪奖学金前往哈佛大学学习，在那里我收获了一年别样的人生体验。当我被录取为牛津哲学硕士（B.Phil）并获得默顿学院（Merton College）的高级奖学金重返牛津的时候，我发现在我的信箱里留着一张便条，上面写着"请拨打学校分机号 208，找埃文斯先生"。于是，我如约与加雷斯·埃文斯（Gareth Evans）通了电话，自此我们开始畅谈哲学。

他非常笃定我参与了当时牛津哲学最中心的所有讨论小组。在牛津除了所有正式的教育模式外，参与讨论小组也成为我所接受到的严格的哲学教育的重要部分。加雷斯希望我能在当时最前沿的哲学问题上作出一些贡献。对我来说，这既令人振奋，也是极高的要求。当我尝试着提出一些他赞赏的新想法时，他总是极尽鼓励和支持。他对那些想法激动万分，这也使得原本与他私人的哲学讨论变成一段异常珍贵的经历。

我与他的交往片段展现出他复杂个性的某一侧面，这些在日后对他的非常有限的记忆里都没有被记录下来。每当我陷入思索时，我会想"对此加雷斯会说些什么呢"？

达米特：我听他的数学哲学课，成为 21 年的牛津同事

我第一次与迈克尔·达米特的交流对话发生在我从哈佛回来的那一年。那时，迈克尔总是一大清早在数学研究所的一间狭小逼仄并且没有窗户的教室里讲授数学哲学。这些讲座既包含了大量迈克尔自己的思想，也有其他的内容。其间充满着迈克尔原创性的哲学想法和他对同时代其他哲学家的评论。加雷斯也出席了这些讲座。迈克尔有时会问听众一些

问题来引发讨论。(尽管一旦发起讨论,总是很难回到既定的议程。)有一次,在听众长时间的沉默后,我鼓起勇气向迈克尔提出了一个问题,即:为什么弗雷格公理的某种特定的修改是无效的?迈克尔回答说:修改了公理,你就无法证明自然数序列的无穷大。讲座中的讨论也将我引入了迈克尔的学术轨迹。

之后,迈克尔和我成了很多年的同事:第一次是我在万灵学院(All Souls College)工作的时期(1975—1979);接着是我就任新学院(New College)威克姆逻辑学教授(Wykeham Professor of Logic)和导师研究员的那段时间(1979—1985);最后是我担任韦恩弗利特教授(Waynflete Professor)的时期(1989—2000),那时我和迈克尔还作为首席教授(statutory professors)共同管理牛津的研究生项目,迈克尔同时担任威克姆讲席教授。

在指导我的博士论文期间,达米特要求我每周提交一篇 40 页的论文

在我攻读博士(D.Phil)期间,迈克尔教我弗雷格,后来他成为我博士论文的导师。当我们开始每周一次的博士论文指导会面时,他最开始的意见着实吓了我一跳。他希望我每周都递交一篇新的论文给他。他说:"我了解有关弗雷格的二手文献,我假定你也是了解的。所以不用在论文中讨论那些,只需要给我写一些新东西。而且我认为你也不必写的太多——每周写完单倍行距 40 页的内容已经足够了。"我确信自己从来也没能够写到单倍行距 40 页左右。除了迈克尔,几乎没有其他人能做到。

然而,在一对一的讨论中,迈克尔总是尽职尽责、诲人不倦:他在阐述一些深刻的问题时,乐意同情且细致地去考虑与其完全相左的观点,有时还会提出一些新的问题。当然,尽管我从来没有认同他的反实在论,但是迈克尔提出的关于理解的本质,以及它如何能辩护实在论的问题,始终伴随着我成年后的整个哲学生活。

麦克道威尔：共组辉煌的四人讨论小组，
日后的很多思想萌芽于此

我是通过加雷斯·埃文斯才与约翰·麦克道威尔 (John McDowell) 相识的。事实上，约翰是我本科结业考试的考官之一。我至今留有印象，他时而在教室里来回踱步地监考，时而站在我身后注视着我的肩膀暗自偷笑。如果我的记忆正确的话，后来他告诉我，他对我会来参加"经济管理"这门考试感到有些好笑。

约翰在牛津的大多数时候，通常都是和加雷斯共同组织研讨班。但是我对他的观点最深入的了解，却是通过我与他、加雷斯、克里斯平·赖特 (Crispin Wright) 四人在 1977—1979 年期间组织的讨论小组。后来我们还邀请迈克尔·达米特加入我们的四人组。这可能是我作为成员参与过的最好的讨论小组。第一次讨论会后，我们轮流主持，尽管那时我还在参与别的小组。我们一起探究意义和理解理论、实在论、真理论、遵守规则问题以及概念作用的问题。我后来在论著中发表的许多观点，其种子最初都萌发于那个小组的讨论会。我们四个参与者截然不同的个性，也在讨论会上表现得淋漓尽致。

随着加雷斯不幸英年早逝，克里斯平调去圣安德鲁斯大学，我和迈克尔在新学院也肩负起越来越繁重的教学任务（在不同的层次上），那个小组再也无法召集起来了。然而，那个小组的讨论给我树立了标准，教会了我在展开一个正面的新观点时需要深思熟虑，这些经验给予我一种令人敬畏的哲学训练。

斯特劳森：讨论会上起质疑，对新康德主义持不同见解

皮特·斯特劳森 (Peter Strawson) 并非我严格意义上的老师或导师。我与他的哲学交往发端于一个周二下午的讨论小组，那个小组是艾耶尔 (Freddie Ayer) 重回牛津后建立的，并且直至他去世后的十多年里一直在持续着。我依然记得，在 1977 年的某次小组讨论上皮特宣读了一篇论文，我在回应他的论文时对第一人称的本质产生了一些最初的想法。我在讨

论会上质疑了皮特的观点。数日之后，我收到一封他关于这些问题的手写长信。皮特会用最克制和最英氏的方法来表示鼓励学生。如果他认为你宣读的论文相当好，在报告的最后，他最外露的表示就是一个简单的点头。

皮特的著作《个体》(*Individuals*) 曾经是，现在也是一部充满灵感的作品。我也非常崇拜他在《感觉的界限》(*The Bounds of Sense*) 中展现出的雄心和意图。我认为后一本书的论证对于证实主义承诺得太多，并且没有充分注意到一个经验的自我归属 (self-ascription) 和一个经验的自我拥有 (ownership) 之间的区别。我为之充满希望的新康德主义计划与皮特的稍有不同。这种不同的新康德主义计划并不是证实主义的，它注重自我归属和自我拥有之间的区分；也比《感觉的界限》中的论证更能和心理学的构成性限制融合起来；当然它不会涉及先验的观念论。可以把我自己的部分工作理解为对这种新康德主义计划的一种贡献。

哲学特色与贡献

文汇：许多中国的分析哲学研究者都很感兴趣您与约翰·麦克道威尔关于知觉经验概念论/非概念论的争论。目前您还坚持自己的观点吗？请从您的角度概说一下这场争论以及相关论题的后续发展。

与麦克道威尔的知觉经验概念论之争延续至今，
我仍然坚持五点主张

皮考克：是的，关于知觉内容，我仍坚持如下主张：

（1）在某些情况中知觉内容完全是非概念的，也有一些知觉经验既具有概念内容，也具有非概念内容；

（2）两种内容都具有正确性条件；

（3）一些概念是由其与非概念内容之间的关系来个体化的，观察概念就是如此；

（4）一个经验的非概念内容能给予感知主体特定的理由，使主体能将概念内容适用于某个特定的感知对象；

（5）无论是有意识的经验，还是由那些仅仅具有原始的背侧感觉通道的动物产生的无意识的表征状态，它们都可能具有非概念的内容。

我的主张：对概念内容作判断关乎主体性，而非心理规律

我认为，对概念的和非概念的两类内容的哲学阐释仍然还有大量的工作需要去做。概念的意向内容是一类在判断和理性心理行动层面的特殊内容。这一事实给概念的个体化作出了有意思的限制，包括那些刻画知觉经验内容的概念。

我赞同宽泛意义上的弗雷格论题，即任何内容由其指称的基本满足条件或基本指称规则来实现个体化的。我也被概念内容的观点所吸引：掌握一个概念包括掌握其基本指称规则的默会知识。但是这种默会知识不应被认为暗示了如下主张，即如果某个主体拥有一个特定概念，那么在特定境况下这个思考的主体必定会使用这个概念。正如康德所正确坚持的，概念内容是在自由之域中起作用的。掌握一个概念意味着，在使用这个概念时知道世界如何与之相关联的某类知识。

然而，对于一个思考者而言，想知道某个概念在特定的境况下是正确还是错误地被使用，这始终是一个开放的问题，即使在基本逻辑规则和逻辑概念的例子中亦是如此。对一个概念内容作出判断是运用自由的理性主体性的重要情形。概念内容的个体化能够解释为什么特定的事物能成为作出判断的理由；但是一个思考者在特定境况下必须用概念作出判断，这并不是任何心理规律的作用。

关于更为特殊的空间和时间尺度的非概念内容，我在 2019 年即将出版的新著《形而上学的首要性》（*The Primacy of Mataphysics*，牛津大学出版社）第二章中会提出一些新的解释策略。

我看世界哲学大会与自我问题

文汇：笼统地说，在某种意义上哲学总是与世界密不可分的；哲学家

用一种独特的方式回应人与世界的关系。然而,我相信不同时代、不同个性的哲学家都会有其他的方式来感知和改造世界。您能谈谈自己哲学以外的生活吗?我们知道您是资深的音乐爱好者。您认为音乐也会影响着您的哲学工作吗?

从音乐的隐喻之听中再思表征与计算

皮考克:我在进入大学前很久,就对音乐痴迷(事实上当我申请牛津的本科生时,唯一拿到 A 的科目就是音乐)。当我开始对知觉的哲学和计算问题发生兴趣的时候,我的音乐和哲学的兴趣才在音乐感知的领域里真正联系起来。目前,我仍然在这一领域中研究和写作。在过去的十年里,我发表的一些著作都在倡导下述观念:将音乐的某些特征隐喻地听成别的东西,比如有些至关重要的东西,它们用于解释我们如何在音乐中听出情绪,甚至某些非心理的事态。

在过去的十年里,我描述了大量能在音乐中听到的属性,以及隐喻地听与音乐批评和音乐史的关联。在过去的半年里,我的写作涉及的主题包含较长的音乐中延展的情绪内容、从音乐中学习一种新情绪的可能性,以及音乐和非音乐的领域之间是否存在亚人(subpersonal)层面和真正心理层面的计算同构等问题。上述一些问题显然是与隐喻地将某物听成别的东西内在相关。在展开最后一点时,思考的某些问题还会涉及我在《形而上学的首要性》中谈到的模拟表征和模拟计算。

理解自我,区分其在形而上学和意向内容理论中的不同任务

文汇:第 24 届世界哲学家大会将在今年 8 月 13 日于北京召开。这次会议的主题是"学以成人"。这句话不仅深刻反映了中国传统哲学所追求的人格理想,也与西方哲学语境中的自我问题有着高度的相关性。作为一位著名的分析哲学家,您也关注自我的问题。我们注意到您在四年前有一本关于自我问题的专著出版。您能为中国的读者朋友们介绍一下这个问题吗,尤其是这一问题在分析哲学中的研究现状,它的过去和未来?

皮考克：这是一个非常庞大的问题，自我是哲学史上著名的困难问题，所以在这次访谈中我不得不极其简略地来说。当我们讨论自我的时候，一个必要的准备工作就是区分：任务 (a) 刻画具有心理状态和事件的主体的本质——形而上学中的任务；和任务 (b) 刻画思考或表征那个主体所使用的第一人称方式的本质——意向内容理论中的任务。即使你可能认为在其他或更深的意义上，上述两种内容是相互关联的，也很有必要区分它们。

关于主体的本质，即形而上学的问题，我将继续坚持一种反还原的、反休谟主义的观点。我将强化在过去的作品中已经提出的论证。在《形而上学的首要性》中，我论证了具有意向内容的心理事件的本质，即使是无意识的心理事件都会涉及它们的主体。这是因为主体获得内容对于主体的后续行动具有重要意义。在解释主体具有特定意向内容意味着什么时，你必须要提到主体。这是一种反休谟主义的论证，它的范围超出了有意识的状态和事件。

第一人称研究的思考：有别于新黑格尔主义的无优先性

关于第一人称本质的问题，我将从《形而上学的首要性》中的一项区分出发。对于任何实体领域、概念集合或思考这些实体的方式而言，我们都可以问下面的问题：这些实体的形而上学是否在逻辑次序上先于某种哲学说明，后者解释了描述那些实体所使用的概念的本质？或者概念的本质是优先的吗？亦或某种无优先性的解释是正确的？

我认为，拥有心理状态的主体的本质在逻辑次序上先于某种哲学说明，后者解释了描述那个主体的第一人称的概念或观念的本质。事实上，我在《世界之镜：主体、意识和自我意识》一书中已经论证了这一点。但是，当我在写那本书的时候，对于形而上学和内容理论的普遍问题，我并没有像现在这样作出相对更完整的澄清。如果主体和第一人称的形而上学首要性观点是正确的话，我们就能试图通过指称层面的主体的属性来解释第一人称的各种特征。例如，我将用这种思路来处理主体所涉及的相关空间属性的归属问题，并且这些主体是用第一人称的方式给定的。

针对你提出的第一人称问题的研究现状，我需要强调三点，而且这些应该被纳入进一步的研究计划中。

第一，我认为在解释心理行动时，我们需要对第一人称以及主体的作用有着更好的理解。依我之见，心理行动的话题在过去的 15 年里方兴未艾，相关讨论和问题也取得了长足进步。在《形而上学的首要性》中，我阐述了相比过去的方案，在解释第一人称时应更广泛地考虑主体性。我认为仅仅通过提及主体性，我们就能恰当地把真正的第一人称与关于身体甚至某个方位的思考方式区别开。但是一旦我们能成功阐明心理主体性的概念，心理主体性的情形就会变得特别重要，因为它是自由的主要方面。

第二，我们需要对第一人称的思想与表征和社会关系之间的联系提出更详尽的解释。一些思想家，尤其是坚守黑格尔传统的那些人，会认为如果不把第一人称和第二人称看作是关联项，从而没有认识到第一人称本质上是社会的，那么就无法解释第一人称。这当然不是我的观点。这种新黑格尔主义的观点是无优先性的观点，显然它也是值得深思的。然而，即使新黑格尔主义的观点不正确——它在形而上学层面处理主体的本质问题时面临挑战——也无法否认在真实的心理生活、自我观念、价值观和情绪中，我们的第一人称思想和人际关系之间存在着交互作用，同时我们期待对这种交互能有一种哲学和心理学上更深入的理解。

最后，我想强调一下有关第一人称和主体的理论对于美学的重要意义。在对小说、诗歌、戏剧和音乐里的情境作出哲学理解，甚至在恰当刻画审美体验的时候，我们需要在关键之处用到第一人称以及关于它的理论。这一点也适用于"绝对的"音乐，其中没有文本、没有标题，也没有其他语词的内容描述。几乎所有的审美经验都涉及在思想或想象中使用一种视角——一个主体的某种视角。

我相信对审美主体和第一人称作用的恰当分析不仅对哲学，而且也会对实质性的文学和音乐批评贡献良多。就这种分析对于跨学科思考的

在这里，中国哲学与世界相遇

贡献而言，有关审美的哲学思考例示了展现哲学重要意义的普遍模式。这种意义既是哲学内在的，也是跨学科层面的。

文／郁锋（文汇—复旦—华东师大联合采访组）

福尔克·格哈特
Volker Gerhardt

其实，尼采和康德非常接近

——访谈康德和尼采研究专家、柏林洪堡大学荣休教授 V. 格哈特

被访谈人： 福尔克·格哈特（Volker Gerhardt），德国柏林
洪堡大学荣休教授，以下简称"格哈特"

访 谈 人： 复旦大学哲学学院副教授罗亚玲，以下简称
"文汇"

访谈时间： 2018 年 5 月—6 月多次邮件采访

最早听闻格哈特教授是在 2002 年。我在柏林自由大学留学，新结识的几位台湾学友中便有其弟子，每每谈及导师，敬意溢于言表。这位 1944 年出生的教授，在两德统一后不久的 1992 年来到洪堡大学，担任哲学所所长，为该所后期发展立下了汗马功劳。他同时还是柏林—勃兰登堡科学院尼采和康德委员会主任、科学院版康德著作集编辑工作的主要负责人，对尼采和康德都有深入的研究。我曾经听过他讲康德道德哲学的课，剖析康德绝对命令第二公式中"人格中的人性"概念，非常深入独到，让人印象深刻。

我与格哈特教授真正的交往则在回复旦大学任教之后。2009 年 9 月，格哈特教授以德国八大科学院轮值主席 (2002—2012) 的身份，带队先后访问了北大、武大、中大、浙大和复旦，我参与了复旦的接待工作。闲余，我们从中国印象聊到德国哲学大咖的逸闻趣事，他无所不谈，特别放松，完全颠覆了我心中高高在上的形象。在参观上海博物馆之后，格哈特教授感叹，中国古代的青铜器都是礼器和生活用品，几乎没有一件兵器，这与欧洲很不一样，"中国是一个爱好和平的民族"。归途中他还喃喃自语沉思良久。临别前，他赠我一本刊有他访谈录的《哲学动态》，相约柏林再见。后我再去柏林，听闻他已经退休并定居在汉堡便未去打搅。

此次因采访再次翻开十年前的记忆。他欣然接受采访，每次邮件晚回还会解释原委。交谈中，得知他近年连着推出了几本康德研究著作，眼下正收尾的新书，主题就是基于康德"人格中的人性"概念而对人道观念所做的阐发。当年蹭课场景再现，心中不由喜悦和期盼——更多的人将可以分享格哈特教授多年研究结晶和深邃解析了！

哲学之缘与轨迹

文汇: 格哈特教授, 很高兴您在这次北京世界哲学大会召开前夕接受我们的采访。您 1992 年获得了柏林洪堡大学的教席, 此后您曾在较长时间内担任洪堡大学哲学研究所所长, 为该研究所的重建做了很多工作。当时是一个怎样的处境? 您为哲学所的重建做了哪些工作? 您如何评价那些工作?

洪堡大学哲学所所长的贡献: 重建制度, 重提马克思精神

格哈特: 您肯定知道, 我从 1967 年以来一直关注大学政治问题。从学生代表到助教, 最终到大学老师, 从明斯特到科隆、哈勒, 始终如此。这为我后来在洪堡大学的重建工作打下了基础, 重建工作面临非常迫切的制度建设要求。

制度性重建的工作之所以必要, 是因为它必须应对较大的挑战——解决人事问题、建立大家相互之间的信任。首先, 要和民主德国的学者在专业上进行沟通, 确立共同的规划。很遗憾这些只有少数几个成功的例子, 年轻的同事尤其难以适应科学体系的改变。有些同事能够继续他们的研究方向, 比如逻辑学和哲学史的研究, 并且能够与国际性的研究接轨, 这是比较成功的。

通过这种方式, 我们才得以在洪堡大学引入研究 20 世纪哲学的新学科点, 也才能把恩斯特·卡西尔遗著的出版工作带到柏林。对我来说有意义的是, 我们当时还做了一些避免马克思在柏林被遗忘的工作。这些工作体现于 1996 年和 2001 年的两个跨学科的系列讲座中, 我后来结集出版了这两个系列讲座的论文集, 分别题为《柏林精神》和《一个摇摆不定的论题》, 由德古意特出版社出版。在 1933 年和 1945 年两次的历史性中断之后, 重新激起人们对洪堡大学哲学传统的记忆, 这种哲学传统在我看来已经变得非常重要。

对我个人而言, 最为重要的是, 在这些任务不轻的研究所工作之中,

我没有因为大学和科学政治而偏离哲学。因此，我继续发表我的康德和尼采研究成果，我于 1999 年和 2000 年在两本专著中，将不同的论题分别与个体性理论做了关联，这些工作具有一定的原创性。

柏林—勃兰登堡科学院：
编撰尼采和康德著作，做项目规划

文汇：除了在洪堡大学的工作，您 1998 年后就是柏林－勃兰登堡科学院的成员，还担任过科学院的主席。柏林—勃兰登堡科学院是一个怎样的机构？其与大学的区别何在？

格哈特：科学院可以说是雅典柏拉图学院的重要后继机构，前者于 15 世纪中叶被逐出雅典，不得已迁至佛罗伦萨。16—17 世纪的时候，欧洲很多首都城市都建立了科学院，柏林在 1700 年也建立了科学院，当时叫普鲁士科学院，就是今天的柏林—勃兰登堡科学院。科学院不但旨在开展国内前沿科学家之间自由的跨学科交流，还追踪一些研究项目。1998 年，当我到柏林的科学院任职时，我已经清楚地认识到，科学院的研究是对大学研究的一个重要补充。科学院更多主持一些长时间的出版工作，大学则往往没有足够的金钱和时间去做这些工作。

我在完成我自己的康德著作时也想做一个科学院的规划项目，因此我很关心这一所谓的"长久规划"。后来我成了柏林科学院委员会主席，主管 30 个规划项目。2002 年，我被所有 8 个德国科学院委员会选为主席，这一职位涉及总共 160 个规划项目。这一职责我一直履行到 2012 年。在这十年中，国家预算从 3000 万欧元增长到 6000 万欧元。康德著作的出版工作计划于 2024 年康德 300 周年诞辰时完成。

哲学特色与贡献

文汇：您在学术管理领域的作为泽被了诸多德国学术人。我们回到您的学术研究，您多年来一直致力于尼采和康德思想的专门研究，您如何理解这两位气质迥异的哲学家的思想及其现实意义？具体来说，您对康德和尼采哲学中的哪些问题最感兴趣?

尼采和康德都是当代世界的批判者

格哈特:康德和尼采都很引人注目,他们也都是现代世界的批判者。尽管尼采自认为是康德的反对者,但他其实比他自己所意愿的形象更接近康德。因此,值得将他们两人关联起来进行阐释。通过比较可以发现,康德也能够被称为"生命哲学家",因为他发展了一种生命理论和一种文化理论。而尼采与康德的关联之处在于,他是一个"批判的"思想家,他尽管不遗余力地批判知识和真理,但最终坚持认知和逻辑的检验,他的身体哲学始终认定感官和理智的生发性功能。

尼采使哲学不依赖于科学而重新获得声望

尼采的特殊贡献在于,他使哲学不依赖于科学而重新获得了声望。尼采摧毁了日益狭隘的学院哲学的边界,并把哲学和艺术结合起来。因此,直到今天,他还不断地吸引年轻人以及有教养的艺术家和作家来学习哲学。

事实上,正是尼采思想中的前后不一为后人留下了丰富的阐释空间。他批判真理,但在其真理批判中还是包含了真理性的有效性要求。尼采宣称,那个在康德那里被证明是不可证明的上帝死了。正如他在上帝的死亡宣告书中所说,关于这个上帝,我们无法再如此言说。尼采把意识仅仅视作肉体的傀儡,但又在其《重估一切价值》中将之奉为"未来哲学"的主要介质。尼采认为"人道"是"胡扯",并在其所有的伟大愿景中押注于人的未来。尽管如此,其挑衅性的思想中包含了哲学需要去面对的一个巨大挑战。

康德消解了唯物主义与唯心主义的对立

康德早在尼采之前一百多年就以一种清醒的方式表达了尼采的洞见,并且致力于寻找各种与科学和道德并行不悖的解决方案。康德的重大贡献在于,他对自然作了历史性的解释,将自然(即使是质料性地理解的自然) 视作生命和精神的起源，以此消解了唯物主义与唯心主义的形而上学对立。康德对"经验实在论"和"先验观念论"或"自然王国"和"理性王国"的区分就涉及人的"立场"，这些区分从认知和行动中的问题出发，试图基于一定的"视角"去解决这些问题，但并不因此主张某种普遍的二元论。在康德这里，尤其是在其生命理论和文化理论中，二元论已经得到了克服。因此，当康德把艺术视为文化的引领者、将艺术视为科学的方向标时，这对人的此在而言意味着什么就已经很清楚了。这同样也表明了康德和尼采有多接近。

全球康德研究各有长短，系统性思想依然有待发掘

文汇：康德哲学眼下依然是全世界哲学研究的热门主题之一。您如何评价今天的康德研究，尤其是英美的康德研究？

格哈特：在德国、瑞士和奥地利，以人物为主题的康德研究最多也就走到历史性和批判性研究的地步。零星地也有对于自我意识问题、伦理学、政治学和法权理论的论证问题的系统性研究。康德重要的美学思想也引起了重视。最近终于有一部研究康德宗教哲学的巨著要完成了。虽然这些研究成果颇丰，但康德政治理论、生命理论和文化理论的系统性思想还没有得到很好的发掘。

在英国和美国，尽管以人物为主题的康德研究比较强些，但在我看来，早期那些在系统性问题上的创见则被丢失了。

我看中国哲学和世界哲学大会

文汇：您如何理解当今世界？在您看来当今世界的主要特征何在？

当代世界：技术造就了交往型和技术密集型的文明，
但潜伏着核武器威胁

格哈特：当今世界的新颖之处在于技术造就的统一性。古代就有将人类视为一个整体的学说——把所有人统一于一个国家之下的理念。中

世纪的时候,在亚洲、非洲和欧洲,人们信仰犹太教、基督教和伊斯兰教,这些宗教也都有这样的观念,即人类统一于一个唯一的宗教之下。近代以来,地球逐渐成了一个发现、认知和体验的空间,欧洲人更是把地球当作服务于其各种目的的行动空间加以利用。因此殖民主义愈演愈烈,直到各地此起彼伏地爆发战争才慢慢偃旗息鼓。这些战争一直延续到第二次世界大战,使得整个世界元气大伤。

联合国正是在这种条件下建立起来的,它为建立全球性的权利与和平秩序的理念提供了制度性保障。但迄今为止,联合国还不足以实现真正的国际和平。我们还要持续建设国际法,期待在可预见的未来建立更为可靠的和平保障。

但当今世界的问题在于,有些国家,或出于经济的原因、或出于宗教的原因、或纯粹出于维护区域性权力的算计,尚未真正坚持和平的理念。消除环境危机、克服贫困以及实现宗教宽容政治的各种努力也存在同样的瓶颈。因此,我们面临着战争——甚至是核战争——的威胁,而核武器的使用足以摧毁今天的交往型和技术密集型的世界文明。

哲学的使命:既是批判的,也将多样性视为更高的善加以敬重

文汇:那您认为哲学能为当今世界做点什么?

格哈特:哲学能够为和平、为人权以及为法律保障的维护提供论证,为此哲学应该是可以公开地讨论的。哲学首先可以澄清什么是人道、人道与自然和文化的内在联系,以及人的相关责任。此外,哲学应当树立沟通专业内部矛盾的典范。哲学是批判的,同时,哲学也应该把哲学观点和学派的多样性视为更高的善加以敬重。哲学不仅需要很多学派,也需要各种各样的哲学家。

哲学的特殊任务在于,把各种哲思传统开放性地置于不同的文化之中,发掘其真知灼见,发挥其当代意义。哲学也应当尊重认知兴趣及其方法的多样性。2500 年前的哲学正是在多种观点的碰撞中产生,这种碰撞贯穿了整个哲学史,造就了哲学的创造性。哲学若采取单一的方法,

它必将成为单一的文化，并在其中慢慢枯萎。

当代德国哲学：语言分析哲学与历史研究之间存在不平衡

文汇：今天的德国哲学家们如何应对当今世界的新形势？当代德国哲学是否有一些共同的趋势？

格哈特：不存在一个在某种谋划或计划之下的共同趋向。但在德国，在盛行了几十年的语言分析哲学和日益被忽视的历史研究之间存在着不平衡。研究德国和欧洲哲学传统的哲学家可以说太少了，尽管还有一些来自其他国家的学生在做这些研究。欧洲人也忽略了波斯、印度、中国和日本的哲学传统。我是武汉大学的荣誉教授，也曾经在北京、上海、广州、长沙、杭州等地待过，我非常敬重中国的儒家传统。在公元前 500 年左右曾经有过一个"轴心时代"，那时的世界性或区域性的思想家如孔子、佛陀、查拉图斯特拉或苏格拉底都给人类带来了全新的哲学思想，我们所有人应该——至少当我们进行思考的时候——受他们引领。

学以成人：哲学在方法、理论和实践交往中树立了人道榜样，也是一种规范

文汇：这次世界哲学大会的主题是"学以成人"，这句话出自儒学的经典，大致表达对人道的强调。您如何理解和评论这一主题？

格哈特：这个主题很好，很有现实性！它表达了哲学自始以来的一个主要思想，强调了一再被人类遗忘的人的统一性。今天有必要重提这一点——这不仅仅是为了重新认识自然和文化的内在关联，也是为了重新认识思想、行动和感觉的内在联系以及动物和人的关联。我在 2019 年将出版一本新书《人道——每个人的人格中的人性》，我提这一茬，是为了说明这次北京世界哲学大会的主题给我带来了什么样的震撼。

对哲学而言，"成人"不仅仅是一个可以以分析方式处理的理论话题。哲学本身在其方法、理论和与世界的实践交往中树立了一个人道的榜样。孔子、苏格拉底和康德都不仅仅在追问"人是什么"，他们也都努

力通过自己的生活去展示做人意味着什么。哲学家作为男人或女人，都需要给出自我认知和世界认知的范例。他们必须能够表明，怎样才是尽最大可能过一种理性的生活（这也就意味着作为"同仁"，作为众人之中的一个人），其他人能够以他为榜样。人道因此不仅仅是一个哲学问题，它也必须被视为一个规范。

当然，我们也不能忘记，哲学也是一种科学，一种孕育了很多其他科学的科学。她必须与其他科学保持关联。为此，她必须与其他科学进行跨学科合作，以完善科学的范围。

中国哲学富有开放性，学者好学有天赋，望加强原创和传统优势

文汇：世界哲学大会首次在北京召开，整个中国学界都很兴奋和珍惜。您如何理解中国哲学或中国文化？您认为中国哲学能够为当今世界作出什么贡献？

格哈特：当代中国哲学就其开放性而言，是世界上其他哲学的榜样。年轻的中国哲学家们渴望学习和理解欧洲的、美国的、印度的或非洲的哲学。在我所涉猎的康德哲学和尼采哲学的历史研究领域，以及在宗教哲学的问题上，中国同行的透彻的理解力和极高的学识都给我留下了深刻的印象。

如果他们不仅能接受和批判性地检验其他思想家的立场，并且也能够进一步用自己的观点去补充和发展他们的思想，那将大有裨益。我从我的一个博士——他现在在中国已经是教授了——那里听说，来自中国的学人们不仅能够很精准地理解康德的一些棘手问题，而且还能批判性地推进这些问题的思考。我也在几次访问中国的经历中感受到，中国学人很有哲学天赋。

同时，中国学者不能忘记发扬自身哲学文化。我个人在接触儒家和道家思想时受益良多，我希望中国哲学家能够有意识地发扬和阐发这几千年的真知灼见。

寄语全球哲学后学："自己思考"+以激情掌握多元文化、学科

文汇：能否请您借此机会给年轻的研习哲学的学子提一些建议？我指的是全世界学哲学的年轻人，不仅是中国的。

格哈特：我很乐意！我主要谈五个自我理解：

第一，他们应该认识到哲学遗产的多样性，不能局限于自己的文化。

第二，他们应该至少熟悉哲学史上一个历史问题领域，至少熟悉其中一个系统性的问题领域。

第三，除了哲学，他们应该还至少学习一门其他学科。

第四，他们应当明确，在生存论的意义上他们对哪些哲学问题感兴趣。哲学从来不是一门纯粹的科学学科，如果要做得好，哲学必须同时是一种激情。

第五，哲学家们应该不仅能思考别人正在思考或已经思考过的东西，哲学家们首先要自己思考。"自己思考"正是康德对其学生的要求。

最后，鉴于中国和欧洲的历史关联（这在我看来很重要，尤其是我们刚刚庆祝了马克思的 200 周年诞辰），我还想提示一点：青年马克思在其流亡期间撰写的《巴黎手稿》之中表达了其哲学和政治的愿景，其中有个双重目标："人的自然化"和"人化的自然"。很多人认为这是一个不切实际的、"罗曼蒂克"的目标，但在如今人类面临由其自身所造成的生态危机，甚至连自我生存亦受到威胁的境况下，这具有非常重要的现实意义。马克思已经认识到，没有人权的保障，这一目标难以实现。我至今一直赞同这个观点。对于以"学以成人"为主题的北京世界哲学大会而言，马克思的这句话也可以作为其纲领。

文 / 罗亚玲（文汇—复旦—华东师大联合采访组）

杜 维 明
Weiming Tu

地方性知识的儒学如何具有全球意义

——访谈新儒家代表、"精神人文主义"论域提出者、北京大学人文讲席教授杜维明

被访谈人： 杜维明（Weiming Tu），北京大学人文讲席教授、美国人文与科学院院士、国际哲学学院（IIP）院士和副主席、第24届世界哲学大会中国组委会学术委员会主任

访 谈 人：《文汇报》记者李念，以下简称"文汇"

访谈时间： 2018年2月、5月，面访

2018 年 2 月，除夕的餐桌上，78 岁的思想家杜维明和 85 岁的台湾作家、《源氏物语》的翻译者林文月女士聊当年的中文系："台大中文系只有 7 个学生，其中 3 人是自愿学中文的。"杜维明接话，"东海大学的中文系也是只有 7 个学生，老师有十来个"。两位曾经的中文系学生相视一笑，仿佛又回到了"青葱岁月"。

20 世纪 50 年代的台湾，读中文被认为是浪费，进外语系是正道，因为外语系是通向现代化的有效途径。作家白先勇、陈若曦，评论家余光中、李欧梵皆出自台湾大学外语系。杜维明应父亲要求进了外语系，不久因为热爱儒学，转入中文系。

1980 年，杜维明从哈佛来到北京师范大学历史系讲学 8 个月，让知识界重新体认中国文化的价值，时人评价"对儒学第三期在大陆发展的起步作了不可替代的贡献"。1985 年，他在北京大学讲儒家哲学，这是继 1923 年梁漱溟之后第一次重启儒学的研究。此后，他回到香港告诉业师徐复观：大陆是需要儒学的，即便可能性被认为是微乎其微，但他还是愿意全力以赴。

而 2010 年的孔子诞辰日，担任 12 年哈佛燕京学社社长卸任后的杜维明，毅然回国，揭牌北京大学高等人文研究院，担任首任院长。那年，他刚入古稀，开始了艰难的学术创业。延续 20 世纪在哈佛发起的"文化中国"、"文明对话"、"启蒙反思"、"世界伦理"等论域，2013 年，他提出了"精神人文主义"；更为重要的一件大事是由他率队，成功申请第 24 届世界哲学大会落户北大，并提出"学以成人"的大会主题。

"世界哲学大会给儒学发展带来了机遇"，但他的心中还有一个宏愿——儒学能为世界哲学大会提供什么？这是他在全球对话交流中习儒一甲子后的回归初心：一个地方性的知识能否具有全球意义？

在 2018 年 2 月的加州伯克利山庄、在 5 月的嵩阳书院，记者循着这位"学和习"者的思路而去。

哲学之缘与轨迹

文汇：孔子曾以"吾十有五而志于学"来描述年少时已对礼感兴趣了。了解您的人都知道，您在台湾求学，也是十四五岁偶读《礼记·大学》，萌生了对儒家学说的浓厚兴趣，接着亲炙于牟宗三、徐复观、唐君毅等儒学大家。也因为这些大家，您弃台大，考入东海大学，又从主流的外语系转到了较为边缘的中文系。您多次说过，1962 年得到奖学金，从东海大学去哈佛读硕士和博士时，并没有抱定要去传播儒学之念，而是想去看看是否有比儒学更吸引您的学说。这种想法后来是否被验证了？

从台湾进入哈佛，我选择了双语思维扩展视域

杜维明：在东海读本科时，我和来自普林斯顿、耶鲁、奥柏林等高校的西方大学生精英已经有不少交流，我也有自己的想法，并非一无所有，可以说我们之间是一种分享。到了哈佛，遇到各种论域，对我很有启发。但我既不盲目接受，也不全盘排斥，而是有批评地接受。比如，我并不是全用中文写，或者全用英文写，而是用双语写，这样就培养了我的双语思维，在意识深层做了很多比较工作。因此，这些观点在我脑海里是和平共存而交融的。

在哈佛，我的视域不断得到扩展。首先，我接触了很多哲学系之外的学科。当时，哈佛哲学系在奎因（Willard Van Orman Quine）的主持下，变得非常职业化，只关注五大方向：逻辑学、认识论、心灵哲学、语言哲学、本体论。有些哲学家是必须、应该接触的，但和非哲学领域学者的接触激发了我的很多灵感。比如当时的社会学、宗教学、人类学，这些接触让我增加了现实感，更关注公共领域；更喜欢学科和学科之间的交流、交叉；同时，也会让关注问题的角度多元化。比如，马克斯·韦伯就是从经

济学进入社会学领域的。

其次，我是到了哈佛才对中国大陆有所了解和关注，渐渐地我的视野进一步扩大到东亚文明圈，并由此开始关注轴心文明，也越来越感到"文化中国"这样的论域比单纯的经济、政治更丰富、更复杂，但它必须要扎根在经济、政治中，并且要高于此。

在哈佛，我遇到不同的学术伙伴、论辩对手，感受到了不同的学养、更高的境界，在这样的层面上，我不断思考儒学应该如何向前走。

组建加州伯克利宗教系，持续和轴心文明展开对话

文汇：您刚才提到了轴心文明，这些在公元前5—8世纪同时形成的人类文明中心——希伯来文明、希腊文明、印度文明、中国文明，除中国外都形成了自己的宗教文明。您从哈佛获取博士学位后，去了精英云集的普林斯顿4年，随后在西部更为开放的加州伯克利（UCB）有十年教学与研究，这样的学术生涯给您留下了深刻的影响。尤其在UCB，您受命组建了宗教系，而1981年回到哈佛后，1983—1986年您担任哈佛宗教研究委员会主席，继续发挥了您在宗教领域的对话优势。可否和我们分享一下这段经历和感悟？

杜维明：确实，因为关注轴心文明，我接触了较多的神学家。那些神学家在基督教领域里都有很高造诣，思考的层面很深。因为组建宗教系，我知道在西方，宗教系比哲学系更受欢迎。回到哈佛后，1989—1990年我借调到夏威夷大学东西方中心担任文化与传播研究所所长。在这14个月中，我有更多机会接触宗教学领域的大家。1992年后，哈佛的亨廷顿（Samuel Huntington）教授提出"文明冲突论"，此说不久盛行全球。

亨廷顿是位政治学家，他对文明问题可能比政治、经济更为敏感。其实在此前，宗教之间的对话就已经开始。我清楚地记得，1993年我与纳瑟尔教授（Seyyed Hossein Nasr）举办了一场伊斯兰教与儒家的对话。1995年，又应邀去印度讲学。不同宗教之间的对话，的确是我一直有兴趣并关注的一个论域。2009年来到北大后，我也将这种不同文明之间的对话延续了下去。很多体现在嵩山论坛上，也体现在请不同的宗教大家

来北大讲课,比如伊朗的伊斯兰教专家阿瓦尼 (Gholamreza Aavani)、俄罗斯的东正教专家赫鲁济 (Sergey Khoruzhy)、美国的基督教专家斯维德勒 (Leonard Swidler) 等。

21 世纪后,我也参加了教皇召集的宗教对话。这样的交流,对我们理解轴心文明诞生出的宗教有很大帮助,这些古老的宗教也在不断地发展,这样能为儒学发展找到一个参照系。

48 岁因儒学传播入选美国人文与科学院院士

文汇:您在 1988 年入选了美国人文与科学院 (AAAS) 院士,我查了一下资料,该院 1780 年成立,至今共有 1 万人入选,囊括各界杰出人物。当前每年保持 4000 位人数,600 名是外籍院士,这个学院拥有崇高的学术地位,其中有五个学部:数理科学部、生命科学部、社会科学部、艺术与人文科学部、公共事务和商业与行政管理学部。社会学的谢宇、生物学的钱煦在 21 世纪入选,血液科专家陈竺 2016 年也入选。AAAS 是怎样评述您入选的理由的?

杜维明:美国人文与科学院,也叫艺术科学院 (American Academy of Arts and Sciences)。在美国,Art 就是包含了实验科学和艺术科学,而 Science 则有工匠的含义。我的当选是因为在哲学和神学领域的教学和著述。2005 年 AAAS 的机关报《代达罗斯 (Daedalus)》创刊 50 周年时,选了 13 篇杰出论文,我的《文化中国:从边缘到中心》被选入。同期入选的都是各个领域最有影响力的文章。

12 年哈佛燕京学社社长,面试 500 多位学人

文汇:这和您在哈佛对儒学的传播分不开,当年您开设的公开课"儒家文化"在哈佛一座难求。桑德尔在华东师大交流时曾提起此事,说几百人的教室常常爆满。1996—2008 年,您担任哈佛燕京学社社长,很多大陆学者因此到了哈佛访学,您对自己任内怎样评价?

杜维明:哈佛燕京学社成立于 1928 年,它的使命是致力于亚洲地区的高等教育和以文化为主的人文学和社会科学的发展。在我任上时,有

过一个激烈的争论，哈佛燕京是否要继续支持研究中国学的学者。当时有主张认为要支持在美国研究人类学的学者，但我坚持要支持中国文学、哲学、社会学的研究。我认为，在中国的未来，一定是研究中国历史、中国文学的中青年学者能起到领导学术的作用。所以，我在任上创造条件，为东亚和中国的人文学者以及比较关注社会科学的文化学者提供研究环境和经费。我每年参加燕京访问学人的面试，每年从 80—90 人中选取8—9 人；我们还和 13—18 个精英大学有合作，从中入选 5—6 个学者，我一般都参与半小时的面谈；另外，每年有 17—18 人，帮助他们在美国国内高校找到其他资金资助，完成访学计划。因此，在任上，我大概面谈过 500—600 人。

在哈佛燕京有个官邸叫燕京 HOUSE，供访学的学者聚会交流。大家享受着宽松的管理办法，国内来的学者都有着高度的自觉。陈来就来过三次，77 级、78 级大学生中的精英大都来过。燕京学社的经费是通过哈佛协助理财，我上任时，给了总资金 1.05 亿中的 4%，董事会要求用完。因此，我们支持了很多刊物，如《中国哲学史研究》《燕京学报》，台湾的《当代》，刘东的《中国学术》等。还有庞朴的"简帛研究"网站，本来挂靠在国际儒联下，资金来源并不稳定，我们给予资金加以壮大。同时，21世纪后，我们还和三联书店合作出版"三联哈佛燕京丛书"，每年出版 8本中青年学者专著，一开始就成了很重要的品牌，陈来、杨国荣都在其中。此外，哈佛燕京校友会每年都在苏州召开。

我也非常希望中国有这样的机构，支持全球研究中国的学者。这也是中国文化走出去的机遇，有了这样的国际视野，就会朝深度发展。

20 年努力，让世界哲学大会落户北京

文汇：受北大两任校长邀请，您 2010 年回北大坐镇高等人文研究院后，做了很多中外对话的工作，在国内学人看来，最大的贡献就是马上在8 月召开的世界哲学大会。这是 1900 年开始举办的哲学界学术大会首次落户中国。但在哈佛燕京社长任上，您已经做了很多预热。

杜维明：你曾写过这个报道，细节也是很清楚的。早在 1998 年，世

界哲学大会在波士顿召开，我应邀在大会用英文作了"儒家核心价值"的主题演讲。2007 年，我就邀请世界哲学大会的主办单位国际哲学团体联合会（FISP）董事局和韩国哲学大会地方委员会成员（2008 年世界哲学大会在首尔举办）到哈佛燕京召开研讨会，研讨主题是"21 世纪哲学的再思考"，我提出了在中国召开世界哲学大会的动议。2008 年首尔大会时，我被选为 FISP 国际指导委员会委员，我申请将中文定为官方语言，被批准了。

文汇：从 1998 年到 2008，再到 2018 年，每走一步就是十年的努力啊！FISP 作为 1945 年成立的国际最有影响力的哲学学术团体，有严格的流程和限制，能申办非常不容易。我们在 2012 年请您做客文汇讲堂时演讲的题目就是"仁的反思：面向 2018 年的儒家哲学"，其实那时，您已经明白，在中国举办世界哲学大会并无悬念。但是 2013 年 8 月 8 日雅典申办的过程中，却经历了惊险一幕。

杜维明：此前 FISP 一直说，没有国家和我们竞争申办 2018 年世界哲学大会。在 8 月 8 日这天，我们发现巴西要申办，并且动用了全国资源，旅游团举着标幅做着承诺游说。是否能拿下这场竞争，就看第二天的 15 分钟主题陈述。在王博、刘哲和我的学生组成的团队忙着准备材料时，我冷静地思考陈述内容。

第二天，我陈述了三点：第一，中国需要哲学。中国从 1840 年开始，民族精英都在做救亡图存的爱国大业，但改革开放四十年来，社会又回到了经济、政治、社会、文化和生态五位一体的人的全面发展问题上来，这必然会重新追问人生价值、世界观认同。第二，西方哲学需要走出象牙塔。近年来，比起政治学、社会学、经济学和自然科学上的人才辈出，哲学必须走出象牙塔以展示更大的影响力和公共性，而中国能提供丰富的资源。第三，哲学本身必须全球化。哲学的太阳从希腊升起，要落到多个文明大国，包括中国、印度和非洲、拉美。虽然全场掌声热烈，但论辩阶段依然遇到了很尖锐的提问，包括"能否保证不出现雾霾"、"能否保持学术的独立性"，等等。

FISP、IIP 的职务，是话语权提升更是责任

文汇：最后中国以 56∶20，稳获了世界哲学大会举办权。您也在随后的指导委员会换届选举中获得 65 票高票（共有 100 余人投票）。秘书长卢卡最高票 79 票，第三位是 40 票。谢谢您的分享！我们通常对奥运会、世博会的申办经历知晓得比较清晰，但学术上同样竞争激烈。这和个人的学术素养、国际威望有关，也和国家强大不无关系。FISP，常被誉为国际哲学界的众议院，与之对应的是成立于 1937 年的国际哲学学院（IIP），因为学术权威被誉为参议院。2015 年 9 月，为了配合世界哲学大会在北京召开，IIP 的年会首次在北京召开，主题是"人的维度"，30 余位 IIP 院士展开了三天的讨论。您也被选为两位副主席之一。由此，我理解为通过您的努力、您的表率，中国哲学的国际话语权正在提升，与世界对话的空间越来越大。

杜维明：不完全。这只是提供了一种可能。一个经历了屈辱的民族，要走怎样的一条路，这需要从事学术研究者共同努力。学术发展一定是个共业，要形成论域，就需要各种不同的机缘。50 年前，我想要做的事是传播中国儒家文化，也是中国现在想要做的。我出生在昆明，在中国台湾长大，20 世纪 60 年代初在美国学习时，就有强烈要了解中国大陆的愿望。但直到 20 世纪 80 年代，才和大陆有互动，当时的愿望并没有现在这样全面、深刻和热情。那时，是有相当程度的冒险的。古稀之年，我回到了大陆，所做的工作和当年立志时一样，是以儒学到全世界去交流和对话，以期发掘它的普遍价值。学术话语权在三五年前就已经展现在中国哲学人面前，关键看能作出有多少含金量的发言。一个论域，要让人有兴趣，就要有说服力，这是扎根在历史根源上的，要和正在发挥作用的思潮有互动。以儒学为例，既非常有地方性，又是向多种文明开放的。就个人而言，我把在 FISP、IIP 的被肯定，看作荣誉，更是责任。

思想的深度广度与国际影响力

文汇：谢谢！我们大致回顾了您的学术轨迹。不算邮件和电话联系，

从 2010 年世博会前夕第一次拜会您至今也有近 8 年，我正式采访过您至少三次。我一直听到一种对您的建议，但始终没机会听到您的直接回应。中国学人普遍更看重著书立说，所谓三不朽的立德、立功、立言，所以，一种声音说，杜先生忙于学术活动，何不静心著书，流传后人呢？您怎么看？

杜维明：笔耕凝道重要还是争取话语权重要？我的选择是非常主动的。我不认为学术事业只有笔耕凝道一种方式，它是长期和艰巨的，发挥的作用也是多种多样的。但是，一种思想只有具有广度和深度才会具有达到前瞻性和突破性的可能，才能通过论域来浸润到意义世界里来。

在哲学思想上，是突破还是整合，你达到怎样的高度，就可能发挥怎样特别的作用。而这种思想上的穿透力，是无人可以帮助你的。思想上也是有竞争的，就像围棋中，九段就比八段看得更远。高段位的思想既能有其独特性，还能涵盖其他思想的价值。比尔·盖茨，世界首富，捐赠额高达 400 亿美元，世纪之交写了一本著作《21 世纪的道路》，因为思想性不够，并没有流传。

而这种思想的深度和广度，和参加高端的学术活动是密切相关的。当然，有时分配时间上不那么容易。有些会议，如果我不参加，就没有华裔或者亚裔，就不能形成主流话语权。

哲学特色与贡献

文汇：我在 2016 年 3 月采访您时，您曾说"精神人文主义"并不是提出的一个概念，而是想形成一个论域，是否能形成还要看实际情况，但至少是目前的一个奋斗目标。对此，您也没有任何预期，觉得应该做，就去做了。请问，您是何时萌生这个话域的？

人类现实困境萌生了超越世俗的精神人文主义

杜维明：在 20 世纪 70 年代，我在美国学习和工作后，与轴心文明时期的宗教不断对话、与不同的学科论辩时，我就一直在想儒家精神人文主义的内涵和对其他文明的解释力。我渐渐悟到，它不同于西方的凡俗的人文主义。尤其是 21 世纪后，整个人类社会出现了前所未有的困境，作为智人的人类应该朝哪个方向而去，包括仁爱的文明能否延续、发展，这应该是人类自救的前提。我的这种忧虑并非杞人忧天，在和世界各类思想家的交流中，我都得到了强烈的呼应。比如，在 2015 年，联合国制订了"2030 年联合国可持续发展目标"，同年 7 月，我和世界上四十多位思想界代表一同受时任法国总统奥朗德之邀参加了巴黎"气候良知峰会"，讨论"我们为什么要关心这颗星球"，一同为人类处境出谋划策。会上，我做了发言。这个会为 11 月《巴黎协定》的顺利通过营造了良好的气氛。所以，现在如果用"天生人成"的观念来看，人就应该思考如何与地球相辅相成地存在。

文汇：所以是否可以这样认为，西方的启蒙运动生成的现代化成果，在应对目前困境时有其局限性，因此，您由孟子的心性之学发展出精神人文主义，以此来破解当下的伦理困境。这是您对人类思想的贡献。

"精神人文主义"大概在 2014 年开始正式出现在您的各类演讲中。这些和人们熟知的 20 世纪 90 年代起您倡导的"文化中国"、"文明对话"、"启蒙反思"、"世界伦理"、"印度启示"有什么关联？

杜维明：我在提倡这些论域时，都是带着儒家核心思想的"仁"，带着一种对话之心去学习、倾听、辨别的，发现其中有不少"重叠共识"。"仁"是指人的主体性，类似康德的"自由意志"，是使人之所以成为 个道德人的核心。而"仁"里包含的情，使得这个主体性与所有其他人都可以对话，如一些儒家的重要学者所说：仁爱不仅是爱人，还使人爱己和自爱，同时与万物一体。如何达到与天地万物一体的精神世界呢？首先，仁是人在成长中的丰富。"几希"是一种觉悟，认识到人和禽兽的细微差别而人之所以为人之处，将人之所以为人的恻隐之心扩充出去便是爱己。其次，仁者爱人。个体恻隐之心的扩充，必然由爱己达于爱亲人、爱邻人、爱朋友、爱一切人，一个人的力量与所有人都能够成为一体。因此，仁有共性。再次，仁能往外通。与天打通，因为"天命之谓性"，所以心灵从天而来。孟子曰："尽其心者，知其性也。知其性，则知天矣。"因此，你可以说，此前的论域都是为精神人文主义做铺垫的。

心学为何有可能成为全球意义的地方知识

文汇：您提出精神人文主义需要把握四种关系，即自我、社群、自然与天道。在 2017 年 8 月的世界哲学大会启动仪式上，您认为这个话域的提出，是在西方人反思启蒙心态，德性伦理、角色伦理、责任伦理、社群伦理在哲学界大行其道之时，肯定"身体"的价值，尊重"地方知识"和关爱地球已经成为先进知识人的共识。这四种关系其实就是您所说的"先进知识人的共识"，可否略加具体的阐释？

杜维明：可以从四个侧面加以理解。第一是关联自我，这是主体性问题。个人的身体、心智、灵觉如何融会贯通。这也关乎独立人格、尊严。现在儒学界有一种想法，想把人的主体性消解，成为关系网络和角色，认为是社会、文化、政治塑造了人，可以把身体和心灵分裂。我不同意。第二是主体间性。也就是人和人的关系问题。这主要是从《大学》里发展出来的"修齐治平"关系，如何通过家庭、社会、国家和世界形成健康的互动。第三是自然。从 2013 年开始，中国思想界越来越重视自然。自然是他者，表面上看起来是普通常识，很容易理解。实际这是儒家传统特色，自然本身就有内在价值，对人来讲，它不仅是物，是外在于人的客体，更是具有生命价值的。第四是天道。人心与天道如何形成健康的互动。我很希望这次大会能为宗教探讨提供更广阔的天地。以后，从事哲学的学者就不会再说——我不研究宗教。

文汇：对于儒家的研究，李泽厚先生曾提出要从研究董仲舒、朱熹开始，但您认为孟子与阳明的心学同样重要。而且这次王阳明哲学的捐赠讲座中，您就要做主讲。这两者是什么关系？

杜维明：确实。我是在这样一个维度里来考虑心学的：一个有局限性的地方性知识是否可以具有全球意义。儒家内部的心学，从孟子、阳明到刘宗周的传统，现在通过努力存在着这种可能性。这不是从谱系上来讲，而是因为它正是从中华文明的非常特殊的思考方式甚至习俗文化中发展出来。

我的信心来自三点：第一，心学是入世的。儒家是把人伦日用作为哲学反思的起点的。儒学从孔子开始讨论的问题就与轴心时代其他文明有所不同，其他文明都强调外在超越是真正价值之源，但儒家是淡化精神性的，不过它并没有放弃对根源性问题的追问，而是从更高层面，在人伦日常生活中可以体现、必须体现并一直体现着。这种内在超越如何可能呢？这建立在个体的人格、尊严上。你看"匹夫不可夺志也"，就与孔子创造的如何做人、学习做人的全面发展密切有关。有人说，儒家强调关系，主体性就消解了，这些见解都是不对的。儒家入世，但在转化中体现为神圣性。因此，他的超越向度和心性之学有内在关系。

第二，充分肯定以人为本。无论他是伊斯兰教徒还是基督徒，或是佛教徒，儒家都可以和他展开对话，我们不太可能听到有基督教式的伊斯兰教徒，但是儒家式的佛教徒、基督教徒却是存在的。

第三，尽管如此，这些转化还是需要大家的努力。现在我们看到了很明显的方向性的机遇，这不是一个人的事业，也不是一小批人能完成的，而是所有对儒学有真切了解的人必须努力的。

文汇：非常感谢您耐心而详尽地阐释了精神人文主义的内涵。

我看世界哲学大会和中国哲学

文汇：这次世界哲学大会是第三次进入亚洲，听说，在 2018 年 5 月底，已经有 6500 人注册，是上一届雅典大会的一倍多，您如何看待这种踊跃？这也回到我们的哲学问题，如何看待哲学与世界的关系？

学术的哲学也不应该远离社会关怀

杜维明：从绝对数量来说，的确很广泛，但从相对数量来说，也是非常正常的。这应该是一种积极的信号，更多的人在关注哲学，或者说他们期待世界哲学家们阐释中国话题。回到您的哲学提问，从广义来讲，哲学是一门人对自我了解的学问，它涉及对人，对社会理想、存活环境如暴力、贫富不均等，对人的自我认同，对人生意义的追问等问题。几乎每个有反思能力的人都会触及，不仅仅是部分知识精英的特权，是一般人也要涉及的。尤其当下，世界范围内的温饱问题大都解决，更多的人有足够的时间去考虑这些意义，反思的年龄也逐渐下降。比如最近佛罗里达州发生了枪击案，是否该废除持枪法的电视辩论中，高中生的质疑就极具哲学性。现在甚至在中学、小学里都教哲学，不仅出现了儿童哲学，而且儿童的思考也具备哲学性。因此，凡是有反思能力的人都会有哲学问题，并非只是为了追求真理，要过美好生活也需要有哲学反思。

从狭义来讲，就如同人文、社会科学、自然科学中的某一领域，哲学具有专业学科的专业性，它是哲学系、哲学院里的研究，有逻辑学、认识论、形而上学、语言学、心灵哲学等。同时，哲学也已经跨学科地存在，没有一个学科能排除自身学科的哲学问题，这些都值得哲学家反思。因此，一方面，哲学研究会变得越来越细致；另一方面，作为思考的方式和能力，哲学的追问永无止境，也是无穷无尽的。

你的问题可能是指向哲学的公共性。我记得请时任世界哲学大会主席麦克布莱德（McBride）来北京讲座的题目就是"哲学的公共性"。从这一点而言，作为学术的哲学，正在自我边缘化，一方面，选哲学的学生越来越少了；另一方面，哲学的专业话题离社会关怀越来越远了。相反，社会学、文化学、宗教学领域，对社会的影响力在扩大。因此，在人类社会经历大变化的同时，学术人理应有更多的关怀，但现状恰恰不是这样，当前学界需要思考如何缩小这个差距。

"学以成人"可以成为跨文化、跨宗教的对话

文汇：是您在2013年的FISP执委会上提出本次世界哲学大会的主题"学以成人"，您如何理解它？

杜维明：既然哲学探讨的是人的问题，而人是一个活生生的具体的现实存在，他不是一个静态物，也不仅仅是一个概念，而是一个活动中的存在，因此，如何做人和何为人是不可分开的。首先，"学做人"就是一个知行合一的问题，去了解和实践密不可分。所以，"学以成人"具有普遍性，是任何族群都会接触到的。第二，从具体人开始做起，就意味着方法

是多元的，这样就把哲学的普遍性扩大了，它显示着包容性，任何文明都可以有智慧贡献。每种特殊性构成了多样性，彼此间可以相互承认、学习、尊重、多元。"学以成人"这个主题可以成为跨文化、跨宗教的对话。而21世纪本身就是对话的文明。也就是通过文明的对话来发展对话的文明，只有这样才能消弭竞争、对抗的文明，因此，文明的特性之一就是对话。

现在就是一个多元的文化，多元必然意味着会有分歧，这里面就存在着张力，不得不靠对话来化解。

我们尊重自己的文明，从中找到自我认同，找到发展的渠道，我必然有自己的特殊性，我的特殊性中必然有着普遍性，有普遍性就可以分享给其他文明和民族。同理，对其他文明也要能认同他们的优越性，和人分享就是要承认他人的特殊性和普遍性，这里就点出了学习的自觉性。所以，儒家提倡"为己之学"，就是要开拓自我性和主体性。这种主体性不仅仅是主观性，还是一种 personal learning。

"enabling-constraint"（成就个人的限制）就是特殊性的普遍性

文汇：那特殊性是如何体现普遍性的呢？

杜维明：这需要一种自觉。既然是特殊性，就会是具体的，比如我是一个教授中国哲学的教授，它构成了具体的我，这个必然是有限制性的。但是我们的人格发展是为了什么？不就是打破某种限制，成全发展自我，达到"成己成人"吗？这种突破在西方有一个词叫"enabling-constraint"，翻成中文是"成就个人的限制"。黑格尔哲学中就提到每个人都可以达到道成肉身，耶稣所体现的价值就是这种具体的普遍。在中国哲学里，孟子提到仁义礼智就在人之"四端"。所以，一个人既是有主体性的，但他又是网络的中心点，因此主体性和主体间性就无法分开。人即便有不同角色，必然是有不可消解的内在核心。同时，还存在一个广义的他者，天地在其中。孟子说："万物皆备于我矣。"程颢也说："仁者浑然与物同体。"这些都体现了人作为本体的特色。

所以，对我是当时条件下最好的，在他者环境中未必是最好的，我们

要依据儒家的恕道 ——"己所不欲，勿施于人"——以此来理解他者和自己的限制。有些价值是可以分享的，对于差别，我们不认为是威胁，而是"庆幸"有不同的道路参照，互利共赢。

目前，举国上下提倡文化自信，这是好事。其实就是在建立我们的认同和我们的方向。如果这个未来的方向对我们有利，是否就一定是对非洲有利的呢？拿"一带一路"建设而言，我们强调的是中国和非洲的双赢，这种双赢要注意不是我主观认为的双赢，而是要对方认可的双赢，这是一个基础，因此，合作一方从一开始就要参与。目前很多方案都有很好的预期，关键在于如何实践，需要有民间的介入。

回到对"学以成人"这个主题的理解，这是一个任何文化或文明中都会遇到的普遍问题，同时，如果它能成为 21 世纪各种文明对话的前提，就会调动每个人的自觉性去主动学习他者。

在"一带一路"、人类命运共同体的实践中
展现中华文明的说服力

文汇：20 世纪 80 年代，您在哈佛时曾通过访学两次在大陆讲学，和国内老中青三代学者有深入的交流。而 2009 年坐镇北大高研院后，对国内了解更深入了，您对中华文明有何期许？

杜维明：中国近代遭受了一百多年的屈辱，现在正处在复兴的起步阶段。我们的心态和基本的大原则应该是与天地万物为一体，这也是中华文明的特色。如何建立主体性和特殊性或者优越性，要具体到每个个人、家庭、社区、国家，甚至宇宙。从个人中心逐步往外扩散的时候，每个步骤都是既受到限制，又充满着张力的。具体讲，每个人的主体性必然会和主体间性、和他者发生关联，逐步把恕道上升为仁道。换句话说，中国文化是多元的，但也有核心价值，我们如何将核心价值交融到多元价值中？以公和私的这对范畴而言，个人利益对于家庭利益而言就是私；家庭利益对于个人利益就是公。所以，个人利益就要服从于家庭的公，同理，家庭的私就要服从于社区的公，社区的私就要服从于国家的公。中国文明中还一直有宇宙天地的维度，所以，国家利益的发展对于地球

宇宙而言，就是一种私。比如，有关气候协议的《巴黎协定》，美国人就不愿意拿"美国第一"的私来服从于爱护地球的公，那这是否是一条通向人类文明的道路呢？应该不是。

在全球范围，中国提出了人类命运共同体，提出了"一带一路"建设，都是符合人类文明发展的好倡议，关键是如何实践。在国际上，要让其他国家相信中国特色的社会主义道路是对他国没有害处，要展示这个说服力；在国内，政治领导力量要在各个领域宣示出公信度，使内部有充分的反馈系统，并有足够的气派将之变成制度，真正实践为人民的"初心"，从而避免中华民族在国际影响力上存在某些缺陷。这些，就是我对中华文明的期许。

文汇：谢谢您的见解。我记得两年前，您把自己全部的私人中英文藏书、部分海外字画 1.5 万册捐赠给了北大图书馆。当时，您说，儒学藏书需要在与读者的交流中成长。我想，更多的人会理解您的精神人文主义，理解您为儒学寻求现代转化作出的表率，相信，这次世界哲学大会就是证明和新起点。

文 / 李念（文汇—复旦—华东师大联合采访组）

特里·平卡德
Terry Pinkard

站在黑格尔的大伞下理解现代世界 *

—— 访谈德国古典哲学研究专家、美国乔治城大学
教授 T. 平卡德

被访谈人： 特里·平卡德 (Terry Pinkard)，美国乔治城大
学哲学系教授，以下简称 "平卡德"

访 谈 人： 北京大学哲学系博士研究生、图宾根大学哲学
系巴登—符腾堡基金会访问生倪逸偲

访谈时间： 2018 年 4 月 13 日面访，6 月 3 日邮件采访

* 感谢美国霍普金斯大学高等国际研究院周若威女士对此文的
贡献。

1838 年，柏林的大学生马克思因劳累过度患神经衰弱而不得不接受疗养，他本想拿起黑格尔的《法哲学原理》催眠自己，但反而兴奋地翻读了一夜；1968 年，正在奥斯汀大学就读的大学生平卡德，本欲彻底批判黑格尔，不料却被黑格尔的体系彻底震撼。此后，平卡德的求学之路从奥斯汀大学、纽约大学延伸到图宾根大学，他神交于从康德、费希特、谢林、黑格尔到马克思的辉煌哲学传统，如同穿上了黑格尔"绝对精神"的红舞鞋一般出入思想、社会与历史的无边渊数。

他从德国古典哲学延伸到当代，跨越大西洋两岸，从英美分析传统和欧陆传统中辨析出黑格尔的巨大背影。他坚持认为，康德建立了体系，而黑格尔天才般地完善了体系，并回应了前者提出的人根本的深层问题。

这位最终留在乔治城大学执教的德国古典哲学研究专家，平时并不常教授黑格尔的课程，但始终把工作的重心放在了黑格尔哲学上。在众多黑格尔研究的著作中，他最钟爱的是自己写就的黑格尔传记，这让他沉浸与体悟黑格尔的生存年代，从而理解思辨概念的社会历史意蕴。平卡德发现，将自我意识引入现代哲学的黑格尔，其洞见仍然给当代人留下了诸多空间，当代的问题从来没有超过黑格尔的追问范畴。

2018 年 4 月，华盛顿仍然春寒料峭，樱花却抢满了枝头。年过古稀的平卡德和我漫步在乔治城小镇的街头，分享他年轻时的疑问——实现了基本人性规划的历史意味着什么？如此这般的历史又如何被融入非哲学的现代历史研究？瞬间，我仿佛看到平卡德又站在了黑格尔的大伞下："历史如何一如既往地磨平了人类世界的人事。"黑格尔并没给答案，平卡德用终身在寻找。

哲 学 之 缘

文汇：感谢您接受采访。您以研究黑格尔以及德国古典哲学而著名，今年剑桥大学出版社还出版了您的黑格尔《精神现象学》的英译本，能和我们分享一下您如何踏上哲学道路并与黑格尔研究结缘的吗？

因为本科遇到好老师，从读萨特到爱上康德和马克思

平卡德：就像很多同学都会经历的那样，我选择哲学是因为碰巧遇到了给我以启迪的教授们。我读本科是从 1965—1969 年，求学时代正处于 20 世纪 60 年代美国社会的巨变当中。那时一切似乎都被质疑，而在所有的那些政治骚动中，我和同龄人一起阅读了许多萨特和其他存在主义者的书籍，还有一系列马克思、列宁、毛泽东的书，我那时也对语言学很感兴趣。但真正把我带进哲学的是一门导论性的哲学课程，讲课的老师玛乔丽·格蕾娜（Marjorie Grene）给了我很大的影响，她是海德格尔与梅洛 - 庞蒂的研究专家（虽然曾师从海德格尔，但并不喜欢他，而很喜欢梅洛 - 庞蒂），也是生物哲学的创始人之一。她把我带进了现象学。同时，出于一些原因，在我的本科母校德州大学奥斯汀分校，弥漫着浓厚的康德兴趣，所以我也很早就被带进了康德哲学，跟着格蕾娜教授修读了康德《纯粹理性批判》的读书班。在语言学之外，我还对文化史很感兴趣。所以我的这些兴趣从彼此完全不同的方向牵扯着我。最后，在我本科时代的结尾，出于对康德和马克思兴趣的持续增长，我选择回到了德国古典哲学。

我也曾受益于其他教授的课程，如：O.K. 鲍斯玛（O.K.Bouwsma），一个硬核的维特根斯坦主义者，也是我所接触过的最友善、最善于倾听的教授之一，他也开设克尔凯郭尔的课程，而这正合我那时热衷于存在主义的胃口（存在主义过去是也会一直是本科生们的"猫薄荷"，但你最后还是要长大告别它）。

从批判黑格尔到被其震撼，到图宾根研修
德国古典和现代哲学

最后，由着对康德的强烈兴趣和对马克思主义及存在主义的大杂烩式的热情，我转向了黑格尔。我是在读了马克思和基尔凯郭尔对黑格尔的批判之后才开始接触黑格尔思想的，所以我本来准备好彻底地驳斥黑格尔，但我几乎立刻就被黑格尔所震撼，因为黑格尔继承的是康德的事业，他绝不是我原先所理解的那个过度膨胀的形而上学家。但我并不能说，那时的我真的已经理解了黑格尔。

本科毕业后，我工作了几年，同时继续零零散散地在奥斯汀大学修读哲学和中国研究的课程。但我最终决定要试试自己究竟能否在哲学里走下去。所以，在修读完了德州大学硕士同等学力课程之后，我前往石溪大学研究生院读博，因为那时候（也只有那时候）石溪恰好有一个着重于当代欧陆哲学特别是法国思想的博士项目。在石溪，我很幸运地得到了德国学术交流中心（DAAD）奖学金的资助前往德国图宾根大学去学习德国古典哲学和现代德国哲学。在图宾根，我跟着克劳斯·黑尔德（Klaus Held）修读了很多课程，听过恩斯特·布洛赫（Ernst Bloch）讲授黑格尔，参加其他德国教授的讲座。更加幸运的是，在那以后我得到了一个教授哲学的终身教职。

哲学始终让我着迷的地方在于，它是我们能够提出的最难、最深的问题。根据这些问题和它们被提问的方式，哲学发展出了一种相对严格的思维方式，并且尝试着用同样的方式回答这些问题。哲学与其他科学、历史和文学截然不同却又紧密相连。特别是，随着现代大学学科日益分化，许多成了彼此少有接触的学科，而哲学则始终是那个能把所有学科凝聚为一体的学科。康德的哲学三问——我能知道什么？我该做什么？我该理性地期望什么？——一直是最基本也是最值得深究的问题。

哲学贡献和特色

文汇: 您是当今最著名的德国古典哲学研究专家之一。在现代世界

研究德国古典哲学的意义何在？对于当今的人们来说，那些生活在两百年前的思想家们的思想又有何意义呢？

作为思想革命的德国古典哲学：自我意识与现代性的诞生

平卡德：德国古典哲学，也就是康德、费希特、谢林和黑格尔，还有其他一些不那么有名的哲学家（比如莱茵霍尔德、迈蒙、雅各比）加上那些浪漫主义者（比如施莱格尔、诺瓦利斯、施莱尔马赫）所身处的是，在西方意义上唯一一场可以比肩从苏格拉底到柏拉图再到亚里士多德的古希腊哲学发展史的思想运动。历史学家埃里克·霍布斯鲍姆（Eric Hobsbawm）有一个很有名的论述，他认为这段时期包含着双重革命：首先是法国的政治革命、美国独立战争所引发的巨变以及由此而在北美大陆建立起的伟大的立宪共和政体和西属殖民美洲的革命运动；其次是从英国开始而很快席卷并改变了全世界的社会与政治结构的工业革命。这也是欧洲帝国主义萌发的时代，德国哲学就是针对这场运动萌发的自我意识。它试着理解这个革命中的世界，首先是法国人，然后是德国人，再然后是整个世界活了过来。如果说康德首先承认了自我意识将会成为现代哲学的关键概念，那么黑格尔才是把自我意识的现代性的概念带入哲学领域的第一人。

德国古典哲学遇到的基本问题至今仍然是我们的问题

当然，科学革命已经预示了政治与工业上的革命，而德国古典哲学家们把这三场革命整合进了他们自己的体系里。当代德国哲学家迪特·亨利希把德国观念论运动的快速发展比作一场超新星爆发，是恒星爆发时致盲的亮光的喷发。我们所有人仍然生活在这场爆发的余烬里。德国古典哲学发展史的另一个更为现实的层面落在了那个时代的年轻人身上：那个时代的年轻人被时代召唤着去引领从未被人预见到的生活，他们的父辈和祖辈的生活经验已经不再能规训年轻一代的未来。年轻一代必须要从旧的传统中去构建新的生活。显然对于全世界而言，这都是一个艰难但又必须经历的过程。自我意识、自欺还有现代生活的其他所有大问题，比如新的科学对我们旧有的宗教观念意味着什么？现代世界中还有艺术的一席之地吗？如果有，艺术又扮演着什么角色呢？等等。这些问题都出现在了德国古典哲学的视野里。

自我意识的概念在这里扮演着一个尤为重要的角色。德国古典哲学的一个关键洞见就在于人类意识本身的根本分裂。我们既与自身一致又与自身冲突。这一点在知识论中尤为明显：我们将知觉与"作为"知觉的知觉相区分，从而导致了实在论与观念论之间的持续纠葛。或者在实践哲学中，我们有行动的理性，我们又有"作为"理性的理性。我们沉浸在日常生活中，但我们从未能真正地完全活在日常。

总的来说，我们在德国古典哲学中遇到的全部问题至今仍然是我们的问题，而那些哲学家们为我们在这个破碎的、迷失的世界里找到自己的方向提供了几乎取之不竭的资源。他们值得被研究，因为他们为后来者（从马克思到萨特）奠定了如此的基础，因为他们仍然有如此多的洞见。

战后德国古典哲学研究的尴尬处境：分析与欧陆截然对立

文汇：如今在西方世界有很多种研究德国古典哲学的进路，比如通过法兰克福学派、海德堡学派、匹兹堡—莱比锡学派，或者通过一些美国哲学家比如您或者罗伯特·皮平（Robert B.Pippin）。您是如何看待这些不同的进路以及德国古典哲学研究现状的？

平卡德：在我的印象里，美国从 20 世纪 60 年代（我开始学习哲学时）才开始有对德国哲学的热烈讨论。那时一些很有名的分析哲学家会认为只有疯子才会对德国哲学感兴趣，因为那听上去就好像你试着要从柯南·道尔那里搞出形而上学一样。在德国本土，研究德国古典哲学也是一件令人头疼的事情，因为纳粹时期德国的道德与政治已经彻底崩溃了。很多德国人既不清楚哪些传统是值得保留的，也不清楚过去的德国思想中的哪些导致了德国的灾难而哪些则与之无关。在德国也有之前提到的分析哲学与欧陆哲学之间的截然区分，尽管如今这种区分方式显得越来越蠢——但在那时，两派的支持者们是非常认真地对待这种区分的。

这种截然区分在康德哲学那里体现得尤为明显。欧陆哲学与英美哲学在康德这里分道扬镳并从此老死不相往来。这是西方思想史上的一个很有意思的现象，也是一段才刚刚开始被书写的历史（而且还远没有结束）。如今德国哲学的研究方式混合了不同的传统，也很难说它们会各自导向何方。

芝加哥—匹兹堡—莱比锡学派：分析哲学与观念论的交融

你提到了匹兹堡—莱比锡学派，但实际上应该是芝加哥—匹兹堡—莱比锡学派，他们是从英美分析哲学起步然后再从德国的视角展开的。他们关注的点在于如何能够以一种几乎可以确定是英美分析哲学的话语去解读费希特和黑格尔（尤其是黑格尔）的作品。与之相对，一些人比如芝加哥的皮平则是从一种更受传统海德堡学派启发的视角（同时掺杂了大量马尔库塞的思想）去研究黑格尔的，从而导向了对立的观点。

皮平并不在意一种以罗素或维特根斯坦甚至再往后到奎因和普特南为基准点的话语能否解读黑格尔的问题，而是关注现代哲学能否连上从德国古典思想开始直到尼采和海德格尔的传统。莱比锡—芝加哥学派因而就其本质而言更加"分析"，而皮平和很多受他影响的人则保持了更多的"欧陆"传统，但事实上这两派人之间有很多的交汇。两派都非常"问题"导向，这本身就是20世纪分析哲学的一个特征了（麦金泰尔很早就说过，哲学讨论的基本单元是"问题"，而哲学研究的基本单元是"期刊论文"）。

黑格尔如一把大伞，把不同的思想线索拢在一起

因此如果我们更仔细地审视这些，那么就不能说有什么连接着芝加哥、匹兹堡和莱比锡的"学派"，或者说每个地方都有一小撮人彼此联系，而康德和黑格尔就是联系他们的纽带。

在这个意义上说，即使是这个所谓的芝加哥—匹兹堡—莱比锡学派中还有两个"学派"：罗伯特·布兰顿（Robert Brandom）为了发展自己

的塞拉斯—罗蒂实用主义语义学而将黑格尔也拉进了他的研究领域；莱
比锡的皮尔闵·施特克勒（Pirmin Stekeler-Weithofer）则以完全独立的方
式在做类似的事情。

约翰·麦克道威尔（John McDowell）的维特根斯坦研究则更接近鲍
斯玛（Oets Kolk Bouwsma）的更老版本的维特根斯坦治疗方法理论（在
我看来），因而与布兰顿的方案大不相同。麦克道威尔虽然也研究黑格尔，
但却是出于不同的目的；在莱比锡和麦克道威尔相对应的是塞巴斯蒂
安·勒德尔（Sebastian Rödl），而后者则发展出了自己的独立解读方案。
我提到的这些人都很重视彼此的研究，但无论如何他们是分属两个"学
派"的。这些学派就其自身而言实际上是美国分析实用主义与维特根斯
坦的交汇点。就目前来看，黑格尔就像一把大伞，把所有这些非常不同
的思想线索拢在了一起。

海德堡学派：重视并试图重构观念论经典文本，但影响或日渐式微

相似地，海德堡学派对文本的关注，与其中个别的作者组织他们自
己的文本的方式也是两回事。迪特·亨利希（Dieter Henrich）特别专注
于这两个问题：观念论传统是如何如此快速发展的？为什么观念论是以
如此这般的形式示人的？他的研究方式是——重构德国古典哲学发展中
的诸多对话，以及那些在德国古典哲学发展中一定存在的、被广泛认同
但又不总是被明确表达出来的观点。在这个过程中，亨利希重新发现了
一些被遗忘的角色，比如迪兹（C.I.Diez），亨利希认为迪兹是康德和谢林
以及黑格尔之间的真正的"缺失的纽带"）。这种研究方式并不以个别的
"问题"为导向，而是在于尝试重构这种思想体系的内在发展线索以及这
种发展的内在逻辑。

亨利希的学生，罗尔夫－彼得·霍斯特曼（Rolf-Peter Horstmann）在
这条脉络之下作出了极其重要的奠基性工作。霍斯特曼对黑格尔耶拿时
期诸多手稿的细心与认真的编辑工作简直可以说是英雄般的伟业。那些
受海德堡学派影响的学者总体来说对莱比锡与芝加哥学派的研究方式是

持怀疑态度的。他们认为莱比锡与芝加哥学派已经把观念论的发展推到了完全陌生的领域,尽管这种扩展可能是很有意思的。但无论如何,在英语世界"问题导向"的研究方式已成大局的今天,海德堡学派这种仔细对待并重构文本的方式恐怕只会逐渐消弭。

法兰克福学派:沿着黑格尔和马克思的路径,融合经验的社会理论与哲学思辨

法兰克福学派的研究方式则完全是另一件事了。和芝加哥—匹兹堡—莱比锡学派类似,法兰克福学派对德国古典哲学的兴趣某种程度上来说也是问题导向的。但他们的"问题"更加体系化,如同法兰克福学派的学者莱纳·佛斯特(Rainer Forst,法兰克福大学政治学研究所教授)指出的那样,这个问题是"经由解放(emancipation)的旨趣,勾连哲学反思与社会科学反思"。他们发自内心地认同黑格尔的格言"哲学是被把握在思想中的它的时代",他们一直并还在寻找一种融合经验的社会理论与哲学思辨的方式。这种想法最先明显成型于黑格尔和马克思,但他们的想法需要在 20 世纪的历史转折的背景下接受彻底地更新甚至是完全地重组。阿多诺、哈贝马斯、霍耐特的著作造成了深远的哲学与社会的影响,而最新的"法兰克福学派"的理论家们仍然在积极且富有创造性地推进这些工作。比如,一位法兰克福出身如今在柏林工作的学者拉尔·雅吉(Rahel Jaggi,柏林自由大学哲学系讲席教授)就重新研究了异化(alienation)的概念并将其带入了当代的讨论中。她对资本主义的批判结合了维特根斯坦的生活形式的概念、黑格尔哲学、美国实用主义和当代女性主义(她的观点还有待于进一步的作品进展)。在法兰克福学派开创的概念语境下工作的学者们在美国和其他国家都也有一定的影响。在英美世界当然还有很多关于黑格尔的著作,它们对黑格尔的研究方式更受到海德格尔或者是德里达的影响,因而并不属于上面提到的任何一类,以及英美世界之外也有很多对黑格尔的独特的研究方式,那些也不属于上面的讨论。

中国是德国哲学研究的特别案例，大范围创造性 再生恐怕会在中国发生

文汇：您的分析非常细致和精准，这次采访的二十多位哲学家中就有匹茨堡学派的布兰顿教授，他介绍自己有关黑格尔的著作倾注了30年心血，2019年有望出版。而他和同事麦克道威尔的进路的确不同。您的分析让我们对黑格尔的影响力更具象化了。您如何看待中国的黑格尔研究？

平卡德：中国则为德国哲学的研究提供了一个特别有意思的案例。

首先，现代中国的官方意识形态是基于德国哲学的一个主要人物——马克思的，因而德国哲学在中国有着在包括德国在内的别的地方所不可比拟的影响。

其次，中国正处在一场全面现代化的进程之中，因此，德国古典哲学所提出的许多问题，尤其是——如何理解现代世界的科学、政治与经济革命——在中国是"真实"和有效的，并且是能触及普通人的日常生活的。而推崇马克思的思想则必然也要接受黑格尔、谢林、费希特和康德的思想。

最后，中国的情况非常特殊。中国学生学习德国古典哲学还出于一种深厚且丰富的中国哲学传统，与德国古典哲学所出的西方传统有很多相似但又有很多不同。如同康德和黑格尔从西方哲学思想中各种对立的传统与他们自己的现代性经验中综合出了他们自己的观点那样，中国学生也必须要把他们从德国古典哲学中学到的东西和他们自己的（相似的或者不同的）现代性经验综合起来。中国学生有一个优势，他们学习欧洲语言的速度远快于西方学生学习中文的速度。中国的哲学系在教学中兼顾西方与中国传统的做法也与大多西方哲学系对非西方哲学几乎无视的态度形成了鲜明对比。

毫无疑问，西方传统仍然有生命力，但如今德国古典哲学的大范围的创造性再生恐怕会更可能在中国而非西方发生。我们也许正身处一个伟大的哲学传统彼此融合的时代。

《黑格尔传记》：体现了我同时把握其思想的
历史性和社会性的努力

文汇：您已经出版了多部关于黑格尔和德国哲学的专著。您自己最喜欢哪一本书？能否请您介绍一下最近的研究计划？

平卡德：我最喜欢的书？所有书中并没有我最喜欢的那一本。或者也许应该说我最喜欢的书总是我正在写的或者刚写完的那本。如果一定要我只从写过的书中选出最喜欢的（我仍然会抗议）一本，那么我会说是《黑格尔传记》（*Hegel: A Biography*）。沉浸在黑格尔的传记中，我得以更深入地了解黑格尔的生活和那个时代的细节，也得以把握他的思想。撇开其他不说，我必须要把握思想的历史性和社会性，在《黑格尔的现象学：理性的社会性》（*Hegel's Phenomenology: The Sociality of Reason*）中，我结合黑格尔自己的生活和时代论证了这一点。我必须从黑格尔自己的历史性和社会性看待其人，同时并不将黑格尔哲学降级为那个历史时代或他个性的表达。因此，我必须考虑如何同时保有哲学方法和历史方法，不轻视其中任何一者。

在后来的《德国哲学 1760—1860：观念论的遗产》（*German Philosophy 1760—1860: The Legacy of Idealism*）一书中，我也沿用了同样的研究方法。

我始终认为黑格尔是超人地将康德开创的体系
严谨连接并回应其深层次问题的人

尽管（奇怪的是）我教授的课程中没有涉及很多黑格尔，但很明显，黑格尔一直是我写作的重点。自从我第一次阅读黑格尔以来，对我来说，他已经从康德的体系（尤其是从康德第一批判中"范畴的先验演绎"中关于自我意识的中心地位的观点）中得出了结论。究其一生，康德已经构建了极其惊人的体系，包括三大批判和各种其他书籍和论文，但人们还不清楚它们是如何实际勾连在一起的。黑格尔接手了这个哲学规划，并大量将其与亚里士多德主义结合，而这在康德看来与他自己的方法正好相反。我知道这种解读黑格尔的方式会冒犯如今某些"硬核"黑格尔主义者，因为他们认为这低估了黑格尔的原创性。但从某种意义上说，确实是如此。我的解读方式把康德视作伟大的开创者，黑格尔则超人地想出一种将各个部分联系在一起的方式，这种方式系统严谨并且对康德提出的更深层次的问题作出了回应。我认为没有人比黑格尔做得更好，每次重读他的作品时我总能获得新的收获。

黑格尔关于自我知识、自我欺骗（个人和集体）、自我意识的社会性、理性本身以及历史性的反思，关于历史虽然充斥着大量偶然性仍然可以被可理解的观点——这些想法，以及黑格尔关于现代艺术的可能性的思考是所有哲学中最出色的，为我们在自己身处的时代思考这些问题提供了极为重要的平台。

至于我自己的研究，我从来没有真正有过"研究项目"。相反，我一直致力于解决我感兴趣的问题，是这种兴趣在最初把我领进了德国古典哲学。我将继续关注哲学理论和经验历史研究之间的关系。就像汉娜·阿伦特的作品以及让—保罗·萨特晚期的作品中呈现的那样，我现在正试图通过其他尝试来思考：言说一种实现了基本人性规划的历史意味着什么？（比如黑格尔认为历史会实现自由与平等）如此这般的历史又如何融入非哲学的现代历史研究？

我看中国哲学和世界哲学大会

文汇：您如何理解哲学与现代世界的关系？

黑格尔主义者认为哲学就是对有自我意识的生活的持续反思

平卡德：不同哲学对于现代世界的意义是不同的。对于黑格尔主义者而言，哲学就是对有自我意识的生活（黑格尔称之为"Geist/精神"）进行持续反思。黑格尔主义并不排斥别的反思形式，但它有着自己独到的看待问题的方式。

黑格尔自己划分各种哲学领域的方式对我们是很有教益的。他的百科全书体系对哲学的划分与 20—21 世纪英美哲学的发展路径十分契合。逻辑学和形而上学——或更泛泛地说,人类思想能够真实到什么程度?如此这般的思想的界限又何在? ——仍是哲学的根基,尽管它们有时看来有点过于晦涩抽象。

自然哲学,或者用更当代的术语说,伴随着科学而生的科学哲学,甚至还有行动哲学与心灵哲学 (分别对应着黑格尔体系中的自然哲学与主观精神哲学) 也都是现代哲学的关键要素。毋需多言,实践哲学——伦理、道德和政治——艺术哲学、宗教哲学都是现代哲学的中心。当然还有哲学本身的哲学和历史 (黑格尔的 "客观精神" 和 "绝对精神")。

学以成人:这是德国古典思想的核心,要在两个层面思考成为 "人"

文汇:这次世界哲学大会的主题是 "学以成人",您怎么理解这句话?

平卡德:会议主题 "学以成人" 打动了我,因为这正是德国古典思想的核心。生物与其他自然物的区别在于它们为了成为它们所是的生命而必须进行各种活动,当它们停止进行这些活动之时,它们就不再存在。具有自我意识的生命体通过反思社会中的其他人来获得自身的形态,而这些形态只有在人类共同持续进行构成这些形态的活动时才得以存在。这种集体生活的形式有可能会分崩离析。例如,罗马式的生活崩溃了——黑格尔认为这是由于其内部的矛盾性,当然这是一个有争议的问题——此后没有人可以再回到罗马人的生活,即使他们的后代 ("欧洲人") (与 "罗马人" 的外部的相似性) 足够明显。我们生而为人,具有人的能力和偏好,但我们总是在特定社会情境下才可以成为人。

黑格尔的一部分遗产 (毫无疑问也是马克思从他那学到的) 就是必须同时从两个层面思考 "人",从最一般的层面 (比如逻辑学和形而上学中的能动者) 到最个人的层面 (比如当今中国人在上海要成功意味着什么)。我们要学会同时成就这两个层面。即便是我们自己的能动性的一般形式也是社会性的,而我们也只能在所处的社会背景下假设这样的形式。

正如我在《黑格尔的自然主义》(*Hegel's Naturalism: Mind, Nature, and the Final Ends of Life*) 中谈过的，黑格尔对我们现代境况的隐喻是，我们已成为两栖动物。历史迫使我们活在不止一个世界中，所以我们现在生活在两个世界中：一个呼唤着抽象的、创新的、理论的世界；另一个要求着日常生活的、传统的、实践的世界。黑格尔对历史的理解的核心在于，我们常将崩溃后出现的新情况视为一种进步，还不可避免地感到正在失去非常有价值和意义深远的东西。我们可以遗憾于宋朝的艺术繁盛已成过往，但我们无法再造那样的艺术或是回归那种生活方式。我们不得不与"失去感"共同生活，因为过去的生活方式的本质就是失去，它们终会在自身的重压下崩溃。

当代中国正处于自我革新中，人们需要成为黑格尔意义上的"两栖动物"

回到康德与黑格尔的关系。人们可以从康德那里发现一种属于 18 世纪的欧洲的乐观主义，认为理性能够而且将会拯救世界；黑格尔则怀有一种谨慎的担忧：虽然诉诸理性是我们唯一的可行选择，但事情却可能会向另一个非常糟糕的方向发展——实际上，他们的确走了另一条道路。康德和黑格尔之后，欧洲变得富有，也变得充斥着种族主义、帝国主义和战争，欧洲各国陷入了一场史无前例的非理性杀戮狂潮 (尽管同一时间在亚洲因战争或迫害而造成的死亡人数并不逊于欧洲)。

康德和黑格尔的一个共同点是，他们都认为，那些近代哲学家们认为可以单凭理性而完成的事实际上十分有限。1831 年黑格尔在历史哲学讲座结束之时 (也是他去世前)，谈到了历史如何一如既往地磨平了人类世界中的人事。黑格尔正确地看到，这个新的现代世界唯一真正可以接受的等级形式必须基于理性本身，而不是基于自然，也不仅仅基于传统，这样人们才能够基于理性地洞察建立统治机构的合理性。人们不能简单地抛弃传统，因此不得不成为"两栖动物"。黑格尔也正确地看到，这是一项说起来容易做起来难的事，现代世界的经验似乎昭示了这种条件下的统治是不可能的。黑格尔在 1831 年说道,这是一个历史尚未解开的结。这是黑格尔说过的最令人费解的话。

文汇: 您曾经多次到访中国,对于中国哲学以及中国哲学界的现状和未来,您有怎样的看法?

平卡德: 对于中国的现状,我很难给出任何简短的答案,因为任何简短的答案都无法对中国当代生活的复杂性作出公正的判断。但可以说,如今在中国,人们需要成为黑格尔意义上的"两栖动物"。现在既是中国历史上令人兴奋的时代,也是令人担忧的时代。中国正在进行的自我革新激动人心,但另一方面,生活形式的任何重大变化都令人担忧。在很多方面,当代中国的生活方式已经被抛进了一个黑格尔式的处境。

文 / 倪逸偲 (文汇—复旦—华东师大联合采访组)

德莫特·莫兰
Dermot Moran

让世界现象学"共同哲思"

——访谈现象学家、第 24 届世界哲学大会主席、爱尔兰
都柏林大学杰出教授 D. 莫兰

被访谈人： 德莫特·莫兰（Dermot Moran），著名现象学家，
爱尔兰都柏林大学哲学杰出教授，美国波士顿
学院特聘教授、哲学系系主任，爱尔兰皇家科学
院院士，国际哲学团体联合会（FISP）主席，第
24 届世界哲学大会主席，以下简称"莫兰"

访 谈 人： 2017 年爱尔兰都柏林大学访问学者、南开大学
哲学院副教授郑辟瑞；爱尔兰都柏林大学哲学
系博士研究生张俊国；《文汇报》记者李念，以
下简称"文汇"

访谈时间： 2017 年 6 月、2018 年 5 月、2018 年 8 月 15 日
面访

因为对海德格尔的深度研究，将学术源头上溯到中世纪宗教下承到现象学的胡塞尔；因为追求对现象学的完整理解，不仅提出并践行"世界现象学"的理念，而且尽其所能搭建欧陆哲学和英美分析哲学的对话。作为国际哲学联合团体（FISP）主席（2013—2018），2017 年 8 月 13 日，在第 24 届世界哲学大会在北京召开倒计时一年之际，德莫特·莫兰在致辞中热情地邀请全球哲学人来到北大这个曾经的皇家园林漫步、交谈和彼此倾听，共同奏响哲学的交响乐。

在世界哲学大会召开前的三个月，在爱尔兰都柏林大学，65 岁的莫兰几乎处于"飞人"的节奏，而这几乎就是他近五年的常态。2017 年，他有多于 24 次的国际飞行，有时一天跨越几次时区，即便如此，莫兰教授依然神采奕奕而不耽误任何科研和教学。他的高超的协调能力常常体现在能尽快地回复上百封邮件，同时安排好 FISP、英国康德协会、爱尔兰心灵哲学学会和现象学领域的繁忙事务的沟通协调，对手头 7 位来自各国的博士和博士后一一辅导，并且坚持给本科生上课；而所有和他交谈的师生、学者，都会惊讶于莫兰的博学和扎实功底，从中世纪哲学到海德格尔、现象学和分析哲学，他都娓娓道来，让人感叹莫兰难道是在耶鲁待了 20 年而不是 12 年吗？不仅如此，莫兰的细心体贴也让人惊讶，一位印度学者求索莫兰 20 年前所刊文章，莫兰能告诉学生发来的电子版少了 2 页；而到访中国，莫兰不仅邀请司机同桌，还会让弟子把笑话翻译给他听。

2017 年圣诞节，莫兰前往海泳似乎道出了高强度"中国节奏"的秘诀。2018 年 8 月 15 日上午，记者在世界哲学大会现场补充专访了这位多面向的现象学家，从都柏林到北京，立体的莫兰展现在面前。

欢迎加入世界哲学大会北京哲学交响乐

文汇:作为 2018 年 8 月北京第 24 届世界哲学大会主席,在大会临近之际,在校园里很少看到您的身影了。您从 2013 年雅典大会上被选举为国际哲学团体联合会 (FISP) 主席、北京世哲会的主席,可否分享一下,北京世界哲学大会除了在人数、场次这些有形处取得空前突破外,从无形处有何新特点?

在人数、场次、类型,尤其多样化上,均取得重大突破

莫兰:确实,有形的突破很震撼。第一,7000 人参会,北京大会的人数是"空前的",我想也应该是"绝后"的。具体细节此前新闻中都已报道过:大会共设 5 场全体大会报告、10 场专题会议报告、7 场捐赠讲座、99 个分组会议,以及其他 116 场特邀会议、156 场圆桌会议、98 场协会会议、160 场学生会议,来自全球 121 个国家和地区的哲学家代表及哲学爱好者前来参加大会,大会共收到论文 5000 多篇。第二,最大的挑战在于,在举办前两个多月,中国组委会决定改变会议地址——从北京大学迁至国家会议中心,此事完成的高效令人叹为观止,我想,只有在中国才能做到。第三,你也看到了世哲会是开放的,它鼓励全球不同年龄、不同职业的人广泛参与,这在提问中可以看出。第四,8 月 16 日是学生专场,其热烈程度已经可以预见。因此,人数、规模、广泛度、活跃度,都已经生动地展现在我们面前了。

从无形处而言,我们一直在尝试推进哲学的多样化,虽然这很难。以中国为例,按历史年代,它有先秦哲学、汉代到清代哲学,还有现代中国哲学以及当代中国哲学。从类别而言,它有儒学,也有道教和佛教,这些都是必须包括的传统部分,这些传统不仅在中国,在日本和韩国也有很大的影响。我们也意识到,还有其他大陆的哲学,除了每次的非洲哲学场外,还有南美洲和澳洲。甚至还有哲学的口头传统,这意味着也包括了尚无文字的人们,他们也有自己的智慧传统。刚才 9 点钟,我去听

了全体大会"社区"场，第一个发言的是美国的安乐哲，第二个就是尼日利亚哲学家，体现了哲学的多样性。

最早受数学家的启发，他们开会讨论新世纪要解决哪些问题

文汇：通过 2017 年启动大会的传播，和目前官网及北京组委会公众微信的不断更新，我们大体了解了这场起源于 1900 年的大会的历史，按时间算来，应该是 26 届现在却是 24 届，您能分享长达 118 年历史中的特别故事吗？

莫兰：第一次会议是于 1900 年在巴黎召开，它的灵感来源于几周前在同城召开的国际数学协会会议，说效仿也可以。这次数学会议很有名，一位非常重要的数学家希尔伯特（David Hilbert）作了一个报告，谈到迈入 20 世纪之际，数学中还有什么问题有待解决。他是胡塞尔的同事，这激发了哲学家们在世纪之初去做类似的事情。因此，首届世界哲学大会的主题就是，哲学中还有什么问题仍然有待讨论。

当时所有重要的人物都参加了巴黎会议，包括柏格森，还有其他哲学家，比如保罗·纳托普（Paul Natorp）、亨利·彭加勒（Henri Poincaré）、格奥尔格·齐美尔（Georg Simmel）、汉斯·费英格（Hans Vaihinger）等。伯特兰·罗素说那次大会改变了他的一生，因为他遇见了意大利逻辑学家朱塞佩·皮亚诺（Giuseppe Peano）。

参加者大多数是欧洲哲学家，后来是当时所有世界哲学家的最重要的会议——美国人于 20 世纪 30 年代开始参与进来。1934 年，纳粹政府在德国上台，他们禁止胡塞尔——他是犹太人——参加当年的布拉格大会。胡塞尔写了一篇文章寄到布拉格，由他的学生帕托契卡（Jan Patočka）宣读，帕托契卡后来成为捷克非常重要的哲学家。1937 年在巴黎举行，本来海德格尔要去，但是在德国代表团内部有争执，所以派了一个纳粹代表，美国人就站出来抗议。恰逢战争，暂停了世界大会。战后决定恢复大会，联合国教科文组织支持大会作为一种维护世界和平的方式。保罗·利科（Paul Ricœur）和其他人也都参与其中。这就是为什么我们现在是第 24 届——理论上我们本应该是第 26 届。

东西方对话路长且阻，需要语言、概念工具、
偏见、媒体公正的突破

文汇：东西方哲学的对话，北京世哲会是一个很好的开端，您曾做了很多现象学和分析哲学的沟通，作为一个现象学家和 FISP 主席，您觉得这种对话和沟通要达到较健康的境界，还有多长的路？

莫兰：东西方哲学的沟通和对话的确是个复杂和艰难的事业。在我看来，我们至少需要四个阶段的突破。

第一个阶段是语言的突破。英语目前是世界通用语言，也是普遍的学术语言。但是，中国和印度拥有世界上最多的人口，中文就是使用量最大的语言，在印度，知识精英们使用英语，但民众用印度语。如果要进行跨文化教育或者交流，我们必须引入更多的通用语言。

第二个阶段是概念工具的突破。传统的哲学术语都是从希腊传承而来，也变成了当今西方哲学的传统，比如，形上学、认识论、逻辑学、伦理学等。但是在这次北京的哲学大会上，我们谈到了中国传统的"仁"，非洲的"uhbantu"，佛教的"心"，还有"love"，如果依然用西方的概念去解释，就又进入了形上学等框架，那么他们的原创性内涵就会被消解，因此，我们就需要新的概念工具。当然，也并非所有传统都具备产生"概念工具"的能力。

第三阶段是对多元传统的尊重。从诠释学角度而言，正如我在开幕式的致辞中所言，我们不能预设对方没有相同的理性，比如，曾有一种观点认为中国丰富的思想文化中没有西方意义上的"哲学"，这样就无法运用多元传统中的资源去丰富和解释哲学。

第四阶段是大众媒体的片面性的突破。当下大众媒体会因为传播上的强势影响去灌输一些观念，如果这种灌输是"one-side"的，有些被遗忘的声音就不再被公众听到。

当然，时间有限，我无法一一陈述需要突破的障碍。总之，这是一条艰难的道路，因此，更值得我们去努力。

后人类过于科幻，"人无异于动物"过于还原，"学以成人"值得讨论

文汇：的确，这条路需要全球学人共同努力。这次大会的主题"学以成人"是怎样确定的，您如何理解？

莫兰：世界大会的论题，总是尝试强调我们人类应面对全球问题。而许多全球问题，没有一种文化能够单独解决，这就需要各种文化交往，全球交往。这正是世界大会和 FISP 的工作。

"学以成人"这个主题来源于杜维明教授，他原来在哈佛大学，2009年回到中国的北京大学，他被选为 FISP 指导委员会的成员。2013 年我们在雅典确定北京的大会主题，会上收到大概 16 个不同的提议，比如形而上学、存在、非存在、居间哲学，但是杜维明作为儒家想到了"学以成人"，意思是我们如何成为完整的人。

在西方，最早的很长一段时间里都存在着一个假定，我们知道人是什么；在启蒙时代，在康德或者亚里士多德那里，人是理性的动物。但是，现在我们通过技术有了超人类 (trans-humanism)，不仅是从男人变成女人，而且人类在技术方面有优化的可能性，这样就存在着新文化类型、后人类的可能性。关于这方面的伦理学是个大问题。

所谓超人类主义者或者后人类主义者，他们想要推进这一转变，这是关于人的科幻观点；另一种运动说称人类没有什么特殊之处。我把它视为令人担忧的还原主义，这也意味着，"人是什么"的问题还没有决断。

任何关于人的讨论都可放在自我、社群、自然、精神、传统五个维度中

文汇：因此，"学以成人"可以充分沟通东西方哲学。

莫兰：对，让我们来讨论这个问题，人是什么？这是哲学的一个核心问题。无论在孔子、亚里士多德还是在柏拉图那里，什么是最好的生活方式？什么是人的典型特征？这些问题都被追问。因此，人的分布就有这样五个方面：自我、社群、自然、精神以及传统。如果你说人并不是一

个固定的观念,人是历史的产物,人类是历史的产物,我们就可以在与传统的关系中来讨论;如果你说人只是像自然一样,是在自然之中的动物,那就是自然部分要讨论的。社群问题也是如此——我们应当生活在何种社会之中? 比如,儒家尤其强调家庭关系;而柏拉图主义,至少《理想国》里的柏拉图想要废除这些家庭的束缚,因为他认为它们太局限了,这就是为什么他想要孩子们从父母那里离开,受到公共教育,以便每一个人都会为国家而工作,会爱彼此。

我近年来知晓了中国哲学的丰富性和研究人员的年轻化

文汇:这些年,您每年至少要来中国两次以上,与中国的同行有着持续的交流,您如何看待中国的哲学和哲学家?

莫兰:首先,之前我从来都不知道,中国哲学是如此的多样。中国的大学有马克思主义哲学、中国哲学、外国哲学的学科研究,也有道德哲学、美学和逻辑学这些领域的专门研究,中国还有物理学哲学、精神分析哲学和其他一些领域,比如教育哲学、儿童教育哲学。2018 年大会里就有儿童哲学的话题,他们是教孩子哲学的哲学社团,有特别的教材。真正让我感到惊异的是,在中国现在每一个研究领域都有,大部分研究者都很年轻,各种哲学兴趣也有了巨大的增长。不过这种多样性的研究者,通常只关系到少数几所大学。

文汇:西方是否也多样化,存在根源于少数高校的现象吗?

莫兰:情况也是这样。比如,在某种意义上,在巴黎大家都经过了索邦——不过利科没有;英国从事哲学的每一个人起初都来自牛津和剑桥,不过现在他们可能来自爱丁堡或者伦敦,铺展得更宽了。像在都柏林,很多教授仍然是从牛津、剑桥、耶鲁、哈佛获得学位,去具有强大传统的地方是有优势的。

西方学者对中国研究的兴趣小或在于中国 哲学的输出速度慢于接受速度

文汇:中国哲学家对研究西方哲学很感兴趣,相比之下,西方哲学家对研究中国哲学的兴趣要少很多。您觉得这种状况以后会改变吗？

莫兰：是的。我不知道这种境况会不会改变。我想到当代分析的形而上学风格，中国人很擅长于此。问题是，如果你想要成为优秀的古典哲学家，为了研究柏拉图和亚里士多德，你要去希腊，要读希腊文，而评注又是德文的，所以你还要读德文，这是一项艰难的任务。我很肯定中国哲学的情况也是如此。美国由于语言优势和地理优势，很容易进入"单语主义"，但欧洲并不如此。美国确实需要走向多样化，但需要指出的是，美国需要了解中国哲学，但中国存在您所说的现状——学习西方的速度远远快于向西方输出优秀的中国哲学人才的速度。我想，现在应该到了打破这个不平衡的时机了。

哲学轨迹与贡献

文汇：感谢您带我们进行了世界哲学大会之旅。现在我们回到您的哲学生涯。您怎么会选择哲学的？

在都柏林大学学哲学是因为兴趣，可能无法找到工作

莫兰：我选哲学要感谢我的母亲的勇敢——当时学哲学可能找不到工作。我获得奖学金进入都柏林大学时，母亲认为我应当学习医学，而我想要学习英语、文学和数学。后来发现不可能拿到这个联合学位，我选了攻读英语和哲学的联合学士学位，尽管我非常擅长数学。毕业时我不知道要做什么。英语系办公室门外正好有一张耶鲁大学奖学金的海报，所以我就申请了，然后就得到了。这样，我去了耶鲁大学，他们问我想研究哲学还是物理学，因为我已经学过物理学，所以我说哲学。

我博士论文是研究海德格尔，由此涉及了中世纪哲学

文汇：1972—1978年，您在耶鲁大学进行硕士和博士研究生学习，在那里走上了现象学的研究吗？

莫兰：不完全是。我的导师哈里斯（Karsten Harries）是海德格尔专

24 位世界哲学家访谈录

243

家，他是参与海德格尔 70 寿诞纪念文集唯一的美国哲学家。我在耶鲁通过博士学位资格考试是 1976 年 5 月，在那个月海德格尔去世了。导师就说，别写海德格尔，他的著作太多，写博士论文会有困难。他建议我看看埃克哈特 (Meister Johannes Eckhar) 大师，因为海德格尔受到埃克哈特的影响。

当我回家过圣诞节时，在都柏林书店里，我发现了爱留根纳 (John Scottus Eriugena) 的著作，他是爱尔兰早期哲学家，但他对埃克哈特有重大影响。所以我就研究爱留根纳。海德格尔主张，存在问题在中世纪被遗忘了，但是爱留根纳关于存在与虚无有很长的讨论，所以我在论文中说，海德格尔对哲学史的这一解释是错误的。

当时，我参加了导师哈里斯关于海德格尔的所有课程。我认识很多海德格尔研究者，比如德国的珀格勒 (Otto Pöggeler)、慕尼黑的亨利希 (Dieter Henrich)。1989 年在获得博士学位之后，我依靠德国学术交流中心 (DAAD) 奖学金在慕尼黑跟随拜尔瓦尔特斯 (Werner Beierwaltes) 学习。在哈里斯 1976 年发表的一篇文章的注释中，他因为我给他做了功课而感谢我，是关于"大地"在海德格尔哲学中的意义。所以，准确地说，我的论文首先是想要致力于海德格尔研究，而不是中世纪哲学。

新世纪前后，为了研究海德格尔出版系列胡塞尔书稿

文汇：那您是怎么开始研究现象学的？

莫兰：首先在耶鲁大学，我修了所有的现象学课程。凯西教现象学，卡尔 (David Carr) 也是我的老师。实际上我也听了洛克莫尔 (Tom Rockmore) 关于黑格尔和马克思的课，他 2017 年 7 月在北京大学做访问教授。我一直读海德格尔，直到 20 世纪 90 年代早期我开始读胡塞尔，出版物都是从 1996 年或者 2000 年开始，比如，我的 2000 年出版的《现象学导论》，它已由李幼蒸译成中文，在中国人民大学出版社出版。

研究胡塞尔其实是为了更好地理解海德格尔。因为我对海德格尔将现象学解释为让事物显现自身很感兴趣，所以我想，他是从哪里得到这一观点的？海德格尔在《存在与时间》的开头部分有关于现象学的讨论，他感谢胡塞尔及其《逻辑研究》，尤其关系到"范畴直观"的概念时，这就是为什么我要回过头来研究胡塞尔的《逻辑研究》。这本书当时脱销了，所以我就跟劳特里奇出版社联系，他们说要做一个新版本。后来，我为胡塞尔《逻辑研究》新版写了导论，再后来，我为胡塞尔的《观念 I》的英译本写了导论，这样，我就以研究胡塞尔而为人所知了——特别是我在2005 年出版了《埃德蒙德·胡塞尔：现象学的奠基者》。

在现象学上，我处理四个主题：意向性、意识、具身性和交互主体性，这些是核心的现象学主题。20 世纪 90 年代我写了大量关于意向性的论文，也与分析的心灵哲学对话，其中一篇引用率最高也最有影响的文章《布伦塔诺的论点》（*Brentano's Thesis*）发表在分析哲学的杂志上。1996年我成为英国心灵联合会主席，这是世界上最古老的哲学协会之一，好像是创立于 1886 年。

常去英国各高校讲现象学，也邀请美国分析学家来英伦交流

文汇：所以，我们不应该简单地把您只看作现象学家，其实和心灵哲学、分析哲学沟通都很密切？

莫兰：我的一个目标就是促成大陆哲学与分析哲学的对话。1990 年我创立了《国际哲学研究杂志》（*International Journal of Philosophical Studies*）。你们可以读一读创刊号就明白了我所说的"意在分析哲学和大陆哲学的对话"。我的感觉是，对话应当围绕某些概念，尤其是心灵哲学，比如意向性——胡塞尔和海德格尔讨论意向性，而在另一边，丹尼特、塞尔、普特南，很多美国的分析哲学家也讨论它。

我总是捍卫现象学的思路，尤其是先验的思路，而分析的心灵哲学则大多是自然主义的。我写了一些文章，是关于胡塞尔对自然主义的批判，很多人都想"自然化"现象学。扎哈维（Dan Zahavi）和我都反对这一点。这些文章很有影响力。

20 世纪 80 年代很长一段时间，我定期参与英国现象学学会，1985年还在爱尔兰组织了一次对话会议。我经常受邀去英国的大学——牛津、剑桥、埃塞克斯、曼彻斯特、伦敦大学——解释现象学。因为他们是分析

哲学家,但是他们在处理相同的概念,比如意向性、意识和感知,他们总是问我,胡塞尔对此说了什么。这也是我为什么开始更多地研究胡塞尔,当然后来也研究海德格尔。作为爱尔兰皇家协会哲学委员会主席,我邀请德雷福斯来都柏林,也邀请了丹尼特、塞尔和普特南,并且建立对话。

分析哲学家要去读现象学的几个理由:两者有共同的根

文汇:所以您和分析哲学家有很多交往?

莫兰:是的,这就是为什么在 2008 年我编辑了大型的《20 世纪哲学劳特里奇指南》,我试图平衡分析哲学和大陆哲学。实际上我认为,如果你真的想做哲学,你就必须两方面都读。康德之后分裂为分析哲学和大陆哲学,但是它们在从笛卡尔到康德的近代欧洲哲学史中有着共同的根。只是分析哲学对科学、对科学的成就更敏感,他们更加意识到心理学、计算机的发展,意识到与科学的遭遇;而欧洲哲学传统则更加朝向文学、人文科学,梅洛-庞蒂就是一个很好的例子,他对艺术感兴趣。

文汇:您能否给我们几个理由,或者给分析哲学家几个理由去读胡塞尔呢?

莫兰:我认为,胡塞尔没有分离开意识的不同主题,而是将它们看作相互关联的,而直到近来哲学家们才意识到这一点。比如,分析哲学家花了大量时间研究感知,但是他们从未真正将它和想象、回忆联系起来。而胡塞尔思考和谈论感知时说,感知中包含了想象的因素,想象桌子的另一面看上去的样子,所以它们是相互关联的——这就是梅洛-庞蒂所谈论的交织。此外,我认为,现象学的要点是,你必须描述,必须在你试图解释之前描述经验,我认为这一点非常重要,因为否则你会陷入还原论的解释。分析哲学,尤其是近一百年来心理学的情况就是这样,因为行为主义的主导,他们不想谈论心灵。

文汇:我们可以说胡塞尔是两个传统的代表吗?

莫兰:他对两个传统都有巨大的影响,许多人愿意称他为首先是分析传统的哲学家,研究胡塞尔的哲学家认为,胡塞尔来自布伦塔诺,影响了塞尔、丹尼特和金在权(Kim)等分析哲学家。他们认为问题始于海德格尔。比如威廉姆森 (Tim Williamson) 就写了关于含糊性的东西。现在人们意识到，不管语言有多么精确，你都需要胡塞尔所谓视域的弹性、不确定性。尤其是在日常生活中，当你和他人交流时，存在着不确定性的视域来设定语境。

文汇：你无法获得精确的数据。

莫兰：是的，你无法具有他们认为以笛卡尔式的数学风格获得的精确性，这样，我们需要承认更加复杂的结构。我认为，这将有助于结合大陆哲学与分析哲学。

现象学过于注重文本分析，容易成为新的经院哲学

文汇：有些人批评说，现象学研究过于注重文本分析，逐渐丧失了它本来的意义和重要性，而成为某种新的经院哲学，您如何看待这些批评？

莫兰：我认为这种批评有一定道理。2017 年去世的我的朋友恩布里 (Lester Embree) 曾经批评胡塞尔学者，说他们不是在做现象学，而是在做语文学，没有说出任何新鲜的东西。这是真的。研究海德格尔的人往往最后会变得和海德格尔有一样的腔调，他们最后都谈论事件 (ereignis)、存在的意义、存在与存在者的差异，等等，这就变成了一种经院哲学。

我认为，真正的哲学家应该能够抛弃某个传统的技术语言，运用另一个传统的语言来言说：他们用这个概念表示什么，这是我们所意指的。或者说，他也能够以这种方式来思考和理解。而且我认为，最好的哲学家都能够这么做。如果你只是重复胡塞尔的文本，你就只会造成更大的迷惑。

文汇：这是真正的考验。如果你真的理解了，你就应该能够撇开技术性术语，作出更加清晰的解释。

莫兰：对的。比如胡塞尔的生活世界 (lebenswelt) 概念，有六七个，甚至更多不同的意义，所以这个词有一定的灵活性。所以我认为，你的确需要尝试尽可能多地读胡塞尔，但你也必须坐下来，试着剖析所有这些不同的含义。但海德格尔和伽达默尔以及其他人都从胡塞尔那里拿来

这个概念,但是他们以一种非常相对主义的方式,推进一步来说:有很多生活世界,它们是完全分离的。

现象学是共同的事业,如同科学家们一起处理同一个问题

文汇:作为现象学家,您做了很多工作来促进现象学的发展,比如,您一直在编辑"现象学指南"系列丛书,组织了许多大型会议,所有这些都是全球现象学家共同的工作。这是否可被理解为一种胡塞尔式的"工作哲学"实践?

莫兰:是的,完全正确。胡塞尔认为现象学是共同的事业,现象学要与其他人共同实践,在这种意义上,他更像是一起工作的科学家的典范。科学家们一起处理一个问题,即便他们在莫斯科、巴黎、伦敦、北京处理延期偿付。胡塞尔认为,我们应该以同样的方式来做现象学,他使用了希腊语词 symphilosophein,意思是一道哲学思考。

实际上你可以赞赏恩布里,他就持有这种观点。他发现,在许多不同国家和地区都有人做现象学,但彼此没有接触,而他们之间又有着各种关联。所以,他建立了一个现象学诸组织的组织(OPO)。我参加了在捷克布拉格的第二次会议,遇见刘国英、张灿辉、关子尹以及其他来自香港的哲学家。2006 年在香港举办了第三次 OPO 会议,我第一次遇见来自中国大陆的哲学家。靳希平于 2011 年在北京大学举办的关联会议。所以,这整体的理念就是要建立一种世界现象学。我认为这是一个伟大的观念。正如你们所知,我 2017 年 6 月组织的会议,聚集了一大批世界级的现象学家,让他们相互认识。这对于你们来说就更方便了,因为你们这一代,都在互联网上相互关联,你们应该有着更为全局的理解。

未来计划:将在波士顿学院继续现象学和
诠释学领域的跨文化研究

文汇:您是波士顿学院哲学系主任,这次世界哲学大会后,您有何打算?

莫兰:是的,今年夏天我会从都柏林大学退休,很快 FISP 会选出新

的主席。我这个年龄完全可以开始新的生活 (笑)。移师至波士顿学院后，我还会继续我的研究，在现象学和诠释学领域中，跨文化研究非常重要。

文 / 郑辟瑞、张俊国、李念 (文汇—复旦—华东师大联合采访组)

朱迪斯·巴特勒
Judith Butler

人们应当始终注意性别问题中的权力关系

——访谈性别理论学者、批判理论专家、加州大学伯克利分校教授 J. 巴特勒

被访谈人：朱迪斯·巴特勒（Judith Butler），在批判理论、女性主义、政治哲学与文学理论领域享有国际声誉，加州大学伯克利分校比较文学系教授，以下简称"巴特勒"

访 谈 人：复旦大学哲学学院讲师祁涛、张寅，以下简称"文汇"

访谈时间：2018年6月—7月多次邮件采访

　　朱迪斯·巴特勒的著作、言论和观点，在过去的二十年间为她赢得了大量的粉丝，也带来了颇多的争议，可谓是"誉满一身，谤满一身"。2017年她在巴西组织的学术会议遭到了当地极右翼分子的冲击，他们点燃了她的肖像，希望她的理论和影响也能被同时销毁。即使窗外抗议声激烈，巴特勒一如既往地冷静、勇敢地继续组织她的会议。从某种意义上说，巴特勒代表了一种21世纪知识分子的形象，明确自己学术研究与社会现实之间的关系，并且积极地站在两极之间，告诉世界当代知识分子的责任。

　　在学界的印象中，巴特勒的原创性理论具有极大的挑战性，这也意味着争议性。以1989年出版的《性别麻烦》（*Gender Trouble*）为代表，她颠覆了主体仿佛与生俱来地拥有"男"或"女"的观点，她请我们注意人类在后天持续性的"展演"中建构了性别的效果。巴特勒的理论惊世骇俗，学界敏锐地注意到她的理论一面衔接着欧陆哲学里的欲望理论，一面现实地面对着女性主义的运动。然而，另一部分读者坚信她的作品是毒草，不应存世。

　　巴特勒经常接受媒体采访，却很少与中国学者及中国媒体公开交流。谈到这次世界哲学大会，巴特勒坦言很高兴能在北京分享她的想法，也希望听到一些可以改变她已有认识的声音。在采访中，我们介绍了中国在大学建设、哲学教育和公共话题中的最新议题，她对这些议题的兴趣或许会是她下一部书中出现的主题。对62岁的巴特勒来说，这场邂逅也许来得恰逢其时。

哲学之缘与轨迹

文汇：我们知道您出生于犹太家庭，幼时接受了犹太教育。

在分析哲学是显学的 20 世纪 70 年代，求学于耶鲁大学，
对欧陆哲学兴趣十足

20 世纪 70 年代，分析哲学已经是美国哲学中的显学。当时，您求学于耶鲁大学却表现出对欧陆哲学的十足兴趣；之后也曾作为富布莱特学者前往德国海德堡大学。我们清晰地看到德国观念论、法兰克福学派的批判理论以及 20 世纪欧陆哲学的主要思潮影响了您的著作，您也用上述理论可能未曾涉及的议题回应了它们。

最近，我们注意到您更多转向了激进民主的议题。您在一个访谈中提到，您的任务是寻找一种激进民主的联盟，这种民主是广泛并不断扩展的。目前来看，我们似乎只在政治抵抗的意义上去理解这种联盟。政治抵抗也是您强调阶级观点之重要性的原因，但您是否考虑过不同阶级在经济结构中的不同地位？这意味着雇佣劳动问题始终处于阶级关系中的优先地位，我们想知道您的立场是否会转到反对新资本主义条件下的雇佣劳动关系？

近期聚焦激进民主中的抵抗形式研究，
资本主义的极端形式如何使社会失去了公正

巴特勒：你说的没错，我最近的确把工作的注意力集中在抵抗的形式上。特别是在以美国为代表的西方世界，存在着资本主义的极端形式——它威胁着生态环境，并在穷人与富人之间造成了极端不平等，我认为这种形式必须被打败。现在社会出现了人数持续增长的阶层，他们不同于失业或低报酬的那批人，却是生活极不稳定的一群人：他们没有正常的工作，没有退休金，没有医疗保险；他们必须接二连三地更换工作，往往会在一段无法忍受的漫长时间内没有任何资金来源。而这种不

稳定的生活状况可能与无产阶级的传统观念并不完全相同。

现在他们可能会或可能不会因他们所做的工作获得工资，但是越来越多的人没有签署劳动合同，也不属于某个工会，由此表现为一种极端的临时性生活状态。当然，我赞成充分就业和最低工资的举措，但这不同于财富再分配和医疗、住房保障，在我眼里，后面这些内容是一个公正社会很重要的部分。

哲学特色与贡献

文汇：不久前，中国的社交媒体就一段视频展开了热烈讨论。在视频中，一名中国导演在家庭聚会上要求一名在他的电影中担任主角的女演员为客人跳舞，尽管当时她并没有穿着适合跳舞的鞋。这名导演为这名演员提供了许多事业上的帮助，很可能与她关系良好。

女演员被要求跳舞："同意"往往面临着困难，
选择往往被"权力动态"所限制

在视频广泛传播后，公共舆论中一类观点认为，这名导演想要在私人住宅中向他的男性朋友展示自己支配这名女演员的权力，地点的选择透露了支配性的意图；另一类观点则认为，虽然这名女演员看似在权力的天平上处于弱势的一方，但他们两人实际处于同一种权力关系之中，只要女演员本人并不厌恶这一权力关系，我们就没有权利指责这名导演。你如何评价这两个观点和这个现象？

巴特勒：我并不完全了解事件的详情，所以很难下判断。但这名女演员倘若在未来的工作中依赖于这名导演，显然就不能相对自由地谢绝他的提议。

"同意（consent）"的处理是非常困难的：我们要看到，女性往往发现自己的选择范围是预先被一定局面下的权力动态（power dynamics）所限制的。虽然这位女演员和这名导演处于同一个领域，即电影生产，但这并不意味着他们在一切方面都是平等的。有些女性会选择跳舞，不论会带来多么地不舒适,甚至可能带来羞辱,她们都没有意识到自己有说不的力量和自由。要知道,舞蹈应当是自由的一种表达,除非是为公司跳舞并预先同意遵守脚本和规则。即便在那时,我们依然可以谈论对工作条款的"同意"。可是聚会并不是工作,即使在那里的所作所为可能会影响工作场所中发生的关系和趋势。

因此这里应当有更加严格地区分,以便让一名女性在想要说不的时候,不用担心这会影响她的工作。也许对这名女性来说,当时的局面并不令她舒服,但她并不觉得有什么错;或许她尚未意识到诸如此类的要求本身是错误的。

校园师生恋:抵制一切形式的性暴力;师生恋应撤除利益关系,浪漫友情却难以厘定

文汇:中国有几所大学最近将师生之间的校园恋爱列入师风师德的考察范围。中国的大学虽然不鼓励这类恋爱关系,但是并没有明确禁止师生之间的恋爱关系。鉴于您一直在谈论性别差异和性别歧视,您如何看待现代大学教育体系中的师生恋现象?

巴特勒:首先,我们得把师生之间的性暴力与性关系区别开来。这是两个不同的问题。性暴力总是错的,应当用法律和政治手段来抵制它。如今,教授与研究生之间的性关系在世界的一些地方被视为错误,在另一些地方则不然。不管怎样,研究生其实已经到了能够"同意"的年龄,而且我们看待这类事情的方式会随时代而有变化。但不论两个人是否把自己看作这段关系中的平等成员,这种关系中总是有权力倾向的动态变化。

我本人向来认为,与学生有性关系的男女教授应当完全退出这名学生的指导小组,不应当为他(她)写推荐信,也不应当在关系结束后进行学术上的报复,更不应当处于能够表示偏袒或进行报复的位置。但是现在许多人主张师生之间的任何性关系都是错的,都是有待处罚的,有些教授也因此丢掉了工作。也有人说,一旦与学生有了"浪漫友情"(romantic friendship)的迹象,教授就应当被辞退或去休假。我不确定谁

能就"什么是浪漫友情"这个问题作出裁断。我认为我们应当专注于对抗一切形式的性侵犯，这才是我们作为女性主义者和学者的全球责任。

第二种版本的"性自由"其实是毁灭，个人自由
只有在社会自由的前提下才有意义

文汇：我们注意到一种反对"Me Too"运动的声音，他们认为这场运动太过激进了——男性在追求女性过程中的"纠缠"是一种性自由（例如，在很多电影的桥段中，男主角一开始都没有受到女主角的青睐，但他们持续地接触女主角，直到打动对方为止），并且认为这场运动对男性有某种"政治迫害"的嫌疑，您如何看待这种观点？

巴特勒：我们必须区分至少两种版本的"性自由"。在我看来，性自由是追求一种不伤害到他人，也不会伤害到自己的性生活的权利。这个版本的"性自由"也是性取向自由的基础，因为性取向本身并不会伤害到任何人。它同样意味着，对于女性来说，在没有伤害他人或被伤害的情况下，是可以自由地追求性生活的；这也意味着，只有在她们明确同意（或足够清醒，能够表示同意并知情）的情况下，才能开展性行为。这一点同样适用于男性，并且无论在同性关系还是异性关系中都同等重要。

第二个版本的"性自由"是一种个人主义的看法，即一个人有权利用他（她）希望的任何方式追求自己的性欲望，而不管有没有对他人（社会）造成伤害，或者对自己造成伤害。这种自由实际上是一种毁灭性的形式。它根本不是真正的自由，因为个体的自由只有在社会自由的前提下才有意义。我们不应该因为表达了性自由，就抛弃对他人及其福祉的基本义务。如果我们这么做，我们就是把个人自由凌驾于这些福祉得以实现的社会条件之上，凌驾于确保每个人都能获得尊重的保障之上。这就是为什么我说第二个版本的性自由并不是自由，而是一种毁灭。

或许现在依然太轻易地称呼一些女性为"女巫"吧，这个词长久地隶属于"厌女症"（misogyny）的历史中，而现在被用来称呼那些确保女性获得免于性骚扰和性侵犯权利的那些女性。

"社会死亡"的比喻：那些仿佛不是完全活着的存在者，值得社会的重视

文汇：黑格尔式的死亡概念经常出现在您和其他一些哲学家的著作中。例如，当您在《诸欲望主体》（*Subjects of Desire*, 1987）中分析黑格尔《现象学》中的主体时，您写道：主体"并不是死去的存在者，而是成了死亡的能动性（agency）"。虽然这在哲学上非常有启发性和说服力，但是"死亡"一词来自普通语言，与"扬弃"、"展演性"（performativity）等相反，而在日常对话中以黑格尔的方式使用这个词似乎仍然非常困难，流行文化中似乎也很少有作品是这样呈现死亡的。

考虑到近几十年来我们对"性别"、"酷儿"等常用词的用法已经由于包括您在内的诸多批判者而发生了显著的变化，您是否认为黑格尔式的死亡概念也将要或应当有走进日常语言的一天，还是说由于对文化和道德的潜在冲击，它终将局限于学术界？

巴特勒：许多批判种族主义和奴隶制的作者都谈论过"社会死亡"（social death）的观念。我记得社会学家奥兰多·帕特森（Orlando Patterson, 1940— ）使用过这个术语。但在他之前，深受黑格尔影响的 W.E.B. 杜波依斯（W.E.B.DuBois, 1868—1963）已经发现，那些被剥夺了公民身份并被当作动产（或财产）的人也被当成了仿佛不是完全活着的存在者（not fully living beings）。

因此就黑格尔而言，我们可以看到有些人被当作仿佛死去的或应当死去的东西。这正是"社会死亡"的一个方面。这些人生活、呼吸，却没有被认作那种应当受到尊重和平等对待的活人。所以你可以说它是一个比喻，但这个比喻很重要。

法农（Frantz Fanon, 1925—1961）讲过，种族主义情境下的黑人"陷入了非存在者（non-being）的状况"。的确，他们依然生存着，承受着种族主义的苦难，却被广泛地视为并不是完全活着。在压迫的情境下，他们也没法觉得自己是完全活着的。我们必须找到一种办法来谈论社会经验和社会苦难的这个维度。

"内化压迫"的典型例子：美国农民经济受损
却依然赞同总统，是"对服从的依恋"

文汇：您在《权力的精神生活》（*The Psychic Life of Power*，中译本见江苏人民出版社 2008 年版）中宣称，"对服从的依恋（attachment）是通过权力的运作生产出来的，这种精神效果使权力运作的这个方面得到了清楚地呈现，而且是它的生产中最险恶的东西"（第 6 页，译文有改动）。就依恋的生产而言，这确实是成立的，但这类论述在已经被权力制造出来的产品，即"已经作为从属的东西被塑造"的主体面前似乎不太有效。这类主体中的一些人愿意选择从属地位，而这给进步的努力带来了一系列问题。我们想知道您是如何在自己的斗争中处理这个问题的？

巴特勒：许多社会心理学著作的作者都提到了"内化压迫"（internalized oppression）的现象。例如，你之前问过我，在那次聚会上同意穿着令她痛苦的鞋子跳舞的女演员是否把压迫内化了，我们不能进入她的头脑，所以不能确定。可是我看到，比如美国的许多农民即使将在特朗普的政权下蒙受经济损失，但仍旧选择支持这名总统。我们如何解释这一点，他们会不了解自己的利益吗？我的想法是，这些农民是仰慕特朗普运用权力的方式，仰慕他的横行霸道，仰慕他似乎讨厌纳税，甚至对国家表示蔑视。

他们虽然只会在特朗普的统治下受到更多的剥削，却在想象中抱有一种理想，即变得更加强大、更加自由。我们可以说他们"把压迫者内化了"，但他们也许很享受对这种形式的行政权力的服从。因为他们可以一边服从，一边感到自己更加强大、更加自由，却不用同时把握自己身处其中的这个矛盾。我们必须更加仔细地思考"认同"（identification）是如何在诸如此类的政治情境下运作的，以便制定有效地回应。我希望我们能做到这一点。

与阿甘本观点不同："安提戈涅"将亲属关系与
国家领域的区分"推向生产性的危机"

文汇：在 2000 年出版的《安提戈涅的主张》（*Antigone's Claim*）

一书中，您批评黑格尔、拉康和伊里加雷（LuceIrigaray, 1930—　）未能把安提戈涅阐释为"一个政治形象，即一个说出违抗的言论并造成政治后果的形象，而是认为她阐述了一种与政治对立的前政治（prepolitical），将亲属关系表象视为从未踏入政治却又为政治提供了可能性条件的领域"；然后，您描述了您对安提戈涅的解读：她试图把亲属关系与国家或社会领域的区分"推向生产性的危机"。这似乎与阿甘本（Giorgio Agamben, 1942—　）最近对内战（stasis/civil war）的探索有关，尤其是你们两人都对危机有所强调。您能否就他的相关论点做一些评论？

巴特勒：我的观点是，安提戈涅并不完全是一个政治模范，因为她的反抗形式导致了她本人的毁灭。她愿意承担被毁灭的风险，而非屈服于她的僭主叔叔的权势——这十分勇敢。但她做了更多的事情：她促使她的叔叔毁灭她，这让读者怀疑她在政治反抗的过程中是否践行了某种自我毁灭的目标。

作为一名女性，她被认为应该代表家庭（household）乃至家庭的神，而不应该参与政治。但她并不符合这个角色：她质疑国王的权威，并主张她的兄弟波吕涅克斯（Polyneices）应该拥有得体的、公开的葬礼。她希望亲人的死得到公开的承认。国王克瑞翁（Creon）则认为他的尸体应当喂鸟，而这激怒了她。但她是作为姐妹还是作为公民被激怒的？也许她拒绝区分亲属关系与国家领域，正是因为她主张国家不应当干涉她埋葬和哀悼自己兄弟的权利。

我并没有密切关注阿甘本的工作，但我觉得他关注的是对法律体制（regimes of law）提出质问，这些体制对生命实行了过度的管制和规训。他对法律的怀疑或许比我本人更加深刻。但在内战的情况下，当两种不同形式的权力争夺权威地位时，这的确开辟了以另一种权力形式的名义推翻一种法律体制的可能性。安提戈涅虽然死了，却也在不知情的情况下恰好通过肯定另一种政治权威的秩序打倒了克瑞翁的政权。

黑格尔意义上的相互承认：爱不是唯一的形式，
在平等的生命权之间便可能有承认

文汇：您在《不安稳的生活》（*Precarious Life*）一书中提出了一个独特版本的黑格尔：在这个黑格尔看来，承认并不意味着"承认一个人是他已经所是的样子"，而是意味着"索要一种生成、发起一种转变，请求一种总是与他人相联系的未来"。这种对"承认"的看法显然是对其他许多承认理论的批判，而且似乎是以爱的模式塑造的，因为爱也必然涉及生成。因此，我们对您如何看待承认与爱的关联非常感兴趣。

巴特勒：我确实把"承认"理解为黑格尔意义上的"相互承认"。我对你的承认有赖于你是一个同样有能力承认我的人。这意味着我们之间的一种结构性的平等。但是相互承认并不一定具有爱的形式。它可以存在于那些彼此漠不关心的人之间，乃至那些彼此敌视的人之间。人们不必详细了解他人，就能认识到自己与他人之间的结构性的平等。这种结构性的平等意味着每个人都拥有平等的生命权——这项权利要求人们拥有使生活成为可能和宜居的物资——也意味着没有谁比其他任何人更加优越。

我看世界哲学大会

文汇：我们想听听您对于中国的哲学与本次世界哲学大会的看法。

此次世界哲学大会无任何凌驾性观点，有思想的
全球交流形式或将替代暴力和无知

巴特勒：我很高兴可以来北京参加世界哲学大会。大会第一天晚上我在捐赠讲座——"波伏娃系列"上发表演讲，这是一个思考与肯定女性主义哲学的重要时刻。我注意到这次大会并没有任何一种观点凌驾于其他观点之上。这是件好事，因为我们有机会克服自己思考框架的限制，并通过听到别的声音来转变自己。致力于富有思想的全球交流形式有可能成为暴力和无知的替代品。由于所有这些原因，我很高兴参加这次

会议。

学者有义务告诉大众自己的想法：学术研究的议题也是公共舆论的主题

文汇：在当前的哲学研究中，学院化的研究与公共事务的讨论之间的距离似乎越来越大，学者越来越远离公共事务，而醉心于某一块主题非常狭小的学术研究之中。您是如何权衡作为哲学家的自己，以及作为一名公共事务参与者的自己？

巴特勒：在大学工作的学者必须注意自己工作场所的状况。在美国，大学的担负能力越来越低，而且进入大学深造的机会变得愈发困难，这意味着大学无法为全体民众服务。我们生活在一个气候变化到令人质疑未来想法的世界里，我们不能漠视这些对于生活环境的威胁。作为学者，我们可以严肃思考为什么大学很重要，我们应当如何思考权威和权力，性别和暴力这些问题。这些是学术研究的主题，同时也是公共舆论的主题。我们必须告诉大众关于这些议题的最好想法，让他们也能对此有所反思。

作为通识教育一部分的哲学：有助于形成审慎、公正的判断，或质疑未经反思的前提

文汇：今天一些中国大学正在大力发展通识教育，复旦大学也是一股重要的推进力量。对于哲学教育而言，这意味着两种重大转变：其一，哲学教育的目标不仅仅针对专业从事哲学研究的学生，也会面向所有学生开展通识性的讲授。其二，哲学教育的内容也不再局限于哲学知识或是批判性思维，而更多转向培育公民身份所必需的文明教养。根据您的教学与研究经验，您如何看待这种趋势，以及试着判断下未来哲学教育的发展趋势？

巴特勒：我赞同哲学作为通识教育的一部分。我们应该阅读 些文本，帮助我们质疑一些被认为是理所当然的前提。我们应该面对道德困境，思考道德义务。我们应该有机会去教授和学习关于正义、美、知识以及现实的本质。这些仍然是哲学和宗教的核心问题，有时也成为它们相

互融合的汇聚点。

"公民身份"是一个复杂的概念,它究竟意味着什么,仍取决于我们所学习的内容。如果我们学习哲学是为了成为更好的公民,那么我们可能学到的是一类提升国家顺从感的哲学。但我们也可能为了开展更审慎、更公正的判断,或是为了理解我们所肯定的那些价值观与那些需要提出质疑的价值观之间的差异而学习哲学。

首日将做"波伏娃系列"捐赠讲座,聚焦如何超越"性别"翻译的单语主义

文汇:我们都已经看到您将在 8 月 13 日大会首日晚上的第一场捐赠讲座西蒙娜·德·波伏娃讲座上作演讲,可以透露一下演讲的内容吗?

巴特勒:捐赠讲座是世界哲学大会的一个特别设置,是以已故著名哲学家的名字命名的,西蒙娜·德·波伏娃有句名言——女人不是天生的,而是被塑造成的。这个论断影响了一代代后人。以她名字命名的讲座是本届世哲会的新设置,所以,我也很荣幸成为第一个演讲者。

我演讲的主题是《翻译中的性别 / 超越单语主义》。性别 (gender) 这个词其实是一些科学家 / 医学家于 19 世纪时在处理双性儿童时才发明的。所以,我首先会梳理性别一词的来龙去脉,然后看看各国接受史,包括德里达等哲学家如何看待。如我一贯的性别理论研究观点,我想指出,首先,性在语言中被建构为一个事实。因而,性与性别并不能完全剥离。语言是不能脱离它的构建环境的。其次,由于"性别"一词的外来性,当它进入非英语语言中时,总面临着翻译问题。这就会牵涉出系列的政治、文化、心理、诠释学上的问题。总之,我想指出,如果我们能够抛弃单语主义的信念并正视跨语言中的不可翻译性,那么"我们应该努力实现这样一个世界,一个对现存的多种性别关系、多种关于性别的语言以及多种在性别化的现实中生活的方式都更加宜居的世界"。

文汇:非常感谢您接受我们的采访,期待世界哲学大会上聆听演讲。

文 / 祁涛 (文汇—复旦—华东师大联合采访组)

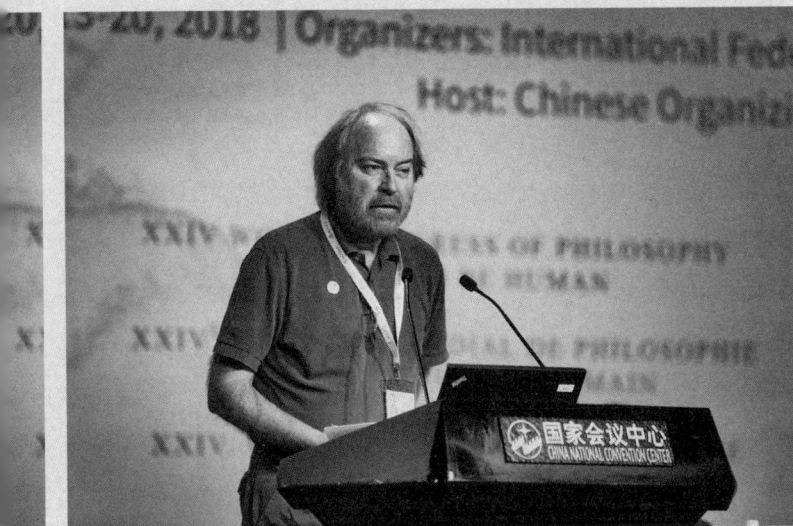

肖恩·加拉格尔
Shaun Gallagher

当具身认知在跨学科合作中得到耦合

—— 访谈认知科学专家、美国孟菲斯大学教授 S. 加拉格尔

被访谈人： 肖恩·加拉格尔（Shaun Gallagher），美国孟菲斯大学哲学系教授、澳大利业卧龙岗大学荣誉教授、挪威特罗姆瑟大学荣誉教授，以下简称"加拉格尔"

访 谈 人： 华东师范大学哲学系副教授何静，以下简称"文汇"

访谈时间： 2018 年 5 月—6 月多次邮件采访

年近古稀的加拉格尔教授很难看出年龄的痕迹，这位爱尔兰裔美国哲学家始终如此开朗和富有激情，一张照片上，他微笑着，背后天空的云朵都辉映着他笑容的灿烂光辉，仿佛也符合他的具身认知理论——通过主体间的交互提升自治性。

这份激情来自他对哲学的着迷，来自探索未知的永恒动力，在高中时对阿奎那，继而大学时对萨特、加缪直至读博时迷恋现象学，一如既往。20世纪80年代，他拿着现象学这个"武器"闯入认知科学，不久便在认知科学领域掀起了从第一代认知科学到第二代认知科学的范式转换——他对以"计算—表征"为核心的经典认知科学研究范式进行了不遗余力的批判，并直接提出了以"具身、嵌入、生成和延展"为核心的"具身认知"思想。这个思想中有很多学者的身影：现象学家梅洛－庞蒂，神经科学家瓦雷拉、生物学家吉布森等。

2006年，我在美国访学初识这位领军人物后，参加了他组织的每四年一次的"4E国际研讨会"并多次在其他国际会议中与他相遇。充沛的精力使他成果频出，继2017年推出《生成主义的方案：对心智的重新思考》后，他的十年之作《行动与交互》又将出版。而与同道的讨论、辨析是他学术推进的源头，每次在研讨会上，他会宽容又严谨地批驳反对者，和访问生也会平等交换意见。

十多年持续的邮件或见面交流后，加拉格尔私下里也会和我分享跨学科中的甘苦，对学科间"合作与互惠"并非人人认知到位，有些科学家对不懂科学的哲学家的加盟并不习惯，当出现叠加效应时，他们才会敞开心扉。而加拉格尔，有更强大的理念支撑着——要将哲学引入认知科学、心理学、人类学和神经科学领域，恢复哲学最初的跨学科本性。

哲学之缘与轨迹

文汇：亲爱的加拉格尔教授，感谢您接受采访。您以第二代认知科学研究范式的提出而闻名业界，但又是从存在主义、现象学一路走来而跨界耕耘，请问您最初是如何对哲学产生兴趣的呢？

来自非学术家庭，高中的兴趣延至读博 研究现象学、转入认知科学

加拉格尔：在我读高中的时候，我的拉丁语老师是一个不得志的哲学家。每一个学期，我们都会在一段我们称之为"哲学家的假期"中进行哲学讨论——当时我们主要讨论的是托马斯·阿奎那。我大学的专业是哲学，在那个时候，我接触到了存在主义——萨特和加缪，他们促使我阅读更多的哲学原著，特别是亚里士多德的作品，我深深地为哲学着迷并由此阅读更大量的哲学作品。而后，我决定继续攻读哲学博士学位并想要挖掘存在主义思想的源头。一追源头就把我引向了现象学，后期又转向认知科学。

我出生于一个非学术的工人家庭，我的父母是来自爱尔兰的移民，为了生活，他们需要很努力地工作。所以，我常常想我能够从事哲学研究是一件多么荣耀的事情。我觉得自己很幸运。

与神经科学家合作，观察精神疾病患者、 运动神经受损者和宇航员体验

文汇：不少人将哲学视为"扶手椅"上的事业，而您却一直致力于推进哲学和各界的对话。您怎么看待哲学、自然科学和世界之间的关系呢？

加拉格尔：我后期的工作就是要推进现象学、心智哲学和认知科学之间的互惠与合作。这意味着我常常需要密切关注经验科学的研究成果，不仅如此，我还常常与心理学家、人类学家和神经科学家进行合作研究。所以，我常常会离开我的"扶手椅"。

我与科学家们的合作范围不仅仅局限于合写论文，还包括我自己动手做科学实验或进行临床诊断。20世纪80年代，我在英国剑桥大学医学研究委员会的认知与脑科学研究中心访问的时候，有了与科学家们进行合作研究的首次尝试。在那里，我与安东尼·马歇尔（Anthony Marcel）合作，参与了部分对神经受损患者的治疗。在芝加哥大学的时候，我与大卫·麦克内尔（David McNeil）、约翰逊·科尔（Jonathan Cole）一起合作对IW患者（丧失了本体感受性以及脖子以下的知觉的人）的手势进行研究。我们发现，这种疾病尽管令他的机械性运动能力受损，但是他却仍然能够运用手势。这是一次令人兴奋的合作，英国电视台的科学栏目对我们的实验进行了报道。有意思的是，为了让实验顺利进行并同时保证一定电视播放效果，我们需要做大量的协调工作。这些事情都发生在我的"扶手椅"之外。

另外，不得不提的是，我与神经科学家弗朗西斯科·瓦雷拉（Francisco Varela）有过合作，他对我产生了很大的影响。在他去世以后，我试图在理论和实践上继续他关于神经现象学的设想。所以，几年前我参与了一项关于宇航员体验的特殊实验。这些体验不仅包括他们在心理上、美学上的体验，还包括他们的整体感受。

据我所知，我们所进行的研究是相关领域内的首次实验。我们邀请100多名被试者进入到虚拟的太空飞行场景中，运用瓦雷拉的神经现象学方法，将来自EEG、fNIR和心脏监护器的第三人称的数据、来自现象学访谈和问卷的第一人称数据结合起来。我认为，我们的研究得出了一些非常有意义的结果，我们将这些结果发表在2015年出版的专著《关于敬畏和奇迹的神经现象学》中。

哲学工作狂的一天日程：教学、研讨、编杂志、阅读文献……

文汇：您能为我们介绍一下，作为一名哲学家，您是如何安排日常生活和研究工作的吗？

加拉格尔：我是一个为哲学着迷的工作狂。只有我的妻子有办法让我暂时放下工作，因为她，我开始欣赏音乐。在孟菲斯的酒吧里，总是有很好的布鲁斯或爵士演奏。我们也很爱去餐厅吃饭。但是，我每天都会工作。我每天都尽量去回复我所收到的大量邮件。我会积极关注我所研究领域内的最新研究成果，包括阅读大量的科学论文。我是一个杂志的联合主编，这也占据了我一定的工作时间。

现在，我的教学工作量并不大，但我以前有比较繁重的教学和行政工作。我喜欢教学，也喜欢和我的研究生们或访问学者们进行互动。我常常需要为了参加会议和讲座而旅行。很多人问我，如何能够参加如此多的学术活动并保持精力充沛？其实我就是"顺其自然"，我很庆幸我能做到。

未来五年：《行动和交互》将完稿，自我模式的理论著作将激情展开

文汇：您能向我们简要介绍一下您未来五年或十年的研究计划吗？

加拉格尔：我需要完成《行动和交互》的书稿。在这本书中，我会对行动理论中的一些问题进行考察，如行动的本质、意图、行动者和联合行动。接着在第二部分中，我会进一步考察社会交互和集体意向性问题。在第三部分中，我对聚焦于识别的批判性社会理论的意义进行考察——如，霍耐特（Axel Honneth）的研究。该书目前处于外审阶段，我希望能够得到一些有建设性的同行评议然后进一步完善它。

另外，我正在着手写另一本关于自我模式理论的书，并试图将承载理论与病理疾病的应用结合起来。这是一项激动人心的工作，但是我不知道具体会在什么时候完成。我想这也是它之所以令人兴奋的原因之一吧。总体上说，我会更专注于书稿与论文的写作。我已经发表了太多的论文和章节，我觉得是时候把所有的成果放到一起，来看看我所讨论的论题之间是否具有一致性了。这就是我的计划。

哲学思想与哲学贡献

文汇：作为闻名业界的现象学家，您在具身认知、社会认知和哲学病理学等领域作出了重要的贡献。您自己如何评价自己对哲学的最重要贡献？

如参与一场运动：20 世纪 80 年代，将现象学
引入认知科学，提出了具身认知

加拉格尔： 谢谢你认可我的工作。我认为我的研究领域之间是高度相关的。当你思考具身认知的时候，你就会反思社会认知以及我们关于精神疾病的理解。我一直在努力以一种全新的方式将现象学引入认知科学。在这方面，在我之前的哲学家有如德雷福斯（Hubert Dreyfus）、瓦雷拉，以及前认知科学时代的梅洛－庞蒂（Maurice Merleau-Ponty）。所以，我所做的工作是建立在这些哲学家的工作之上的。当然，我也常常会意识不到这一点。我努力以我自己的方式将现象学（特别是梅洛－庞蒂的现象学）和认知科学联结起来，而不过多地去考虑德雷福斯或瓦雷拉的工作。在 20 世纪 80 年代的时候，我运用现象学提出了具身认知的观点。

在 1992 年，我受马歇尔的邀请在剑桥参加了为期一周的跨学科工作坊，在那里我遇到了马歇尔、安德鲁·梅尔佐夫（Andrew Meltzoff）、约翰逊·科尔等哲学家和科学家。那一次，我看到了现象学如何能够为认知科学作出贡献，我开始与科尔、马歇尔和梅尔佐夫一起工作，并开始阅读丹尼尔·丹尼特（Daniel Dennett）和德雷福斯等哲学家的作品。后来，我认识了瓦雷拉，开始熟悉他所做的工作。所以，我感觉我参与到了一场运动之中。

在社会认知领域，我提出了非常具有批判性的观点。与心智理论（包括理论论和模拟论）中要么过于理智化的进路，要么基于大脑的还原主义进路相反，我提出了社会交往的具身观点。现在许多哲学家在这个领域内进行研究。在这之前，我提出了社会认知的交互进路，语言学家和人类学家查尔斯·古德云（Charles Goodwin）在这个方向上做了很多工作。我们都受到了梅洛－庞蒂和吉布森（James Gibson）等理论家的启发。

不同于传统计算进路，具身认知突破大脑内部，
强调生成主义和情绪的 4A

文汇： 心智哲学和认知科学传统将认知看作是完全发生在大脑中的

过程。在您的著作和论文中,您多次批判这种观点,并从现象学和实用主义传统出发为一种生成的和具身的认知观提供了辩护。您能简单为我们介绍一下您的主要论证吗?在您看来,具身认知进路是对传统计算进路的革命还是改良呢?

加拉格尔:是的,我认为具身认知与经典的计算进路非常不同。可以说,经典进路所持有的是"狭窄心智"的观点。你知道"狭窄"是一个技术性术语,意味着"大脑中"的内容。与这种内部主义的观点相反,具身认知强调一种"宽广"或外在主义的观点,不仅仅将认知看作是大脑的过程或个体的心智状态。现在研究者们常常会谈到 4E:具身的(embodied)、嵌入的(embedded)、延展的(extended)和生成的(enactive)认知。其实除此之外,还有 4A——情绪(affect)、他异性(alterity)、承载(affordance)和自治(autonomy)。当然,自达马西奥(Antonio Damasio)以来,情绪和情感问题一直备受关注,但是生成主义进一步作出了贡献。他异性主要指的是对我们的认知生活产生影响的主体间性和社会性方面的特征。承载的概念来自吉布森(他受到现象学,特别是梅洛 – 庞蒂的影响),在认知的生物学和延展(或分布)说明中变得越来越重要。我们需要在自治性概念的问题上做更多工作。

在生成主义文献中,有关于生物性自治基本形式的讨论,但是我们需要进一步考虑在主体间交往过程中的关系性自治对于社会和政治哲学的意义。在我即将出版的新书《行动和交互》中,我将探讨这些问题。我认为具身和社会认知的工作对于我们思考人类的自治、认知、道德关系和基本正义等具有重要的意义。

10 年写成《行动和交互》:将具身—生成认知与承载的想象力聚集

文汇:您于 2017 年出版了《生成主义的方案:对心智的重新思考》一书,您认为该书在哪些方面延续(或修正)了您在 2006 年出版的著作《身体如何塑造心智》中的工作?

加拉格尔:我认为《生成主义的方案》与我在《身体如何塑造心智》

中所做的工作是一脉相承的。我对一系列相关的概念进行了探究，并且我更直接地运用生成主义哲学中的成果，如预期过程以及对具身认知的一些批评。我还试图将具身—生成认知放置到一个更加宏观的历史和当代背景中去考察，展现它与现象学以及实用主义之间的关系，并且表明它如何不同于具身认知中的内部主义版本。因此，我考察了意向性、表征、直觉、情绪、想象力等概念。我对具身性的过程进行探究，提出了一种基于承载的想象力概念。不得不说，当你把所有这些聚集起来发表的方式有时候会出乎人的意料。《生成主义的方案》一书成稿很快，我大概花了几年的时间。但在《生成主义的方案》之前，我就已经为即将出版《行动和交互》准备了几年时间，我认为这本书更是《身体如何塑造心智》一书的延续。只是，我花了 10 年时间来完成它。

"表征之战"：我的科学实用主义观点 VS 格鲁什的本体论承诺

文汇：太好了！我们非常期待您即将出版的新著《行动与交互》。基于海德格尔和梅洛–庞蒂的工作，德雷福斯为一种无表征的（专家）智能形式进行了辩护。但是，安迪·克拉克（Andy Clark）认为人类智能至少需要某种最小程度的表征。您如何看待他们之间的争论？在您看来，具身认知的进路必然与表征概念不相融吗？

加拉格尔：在《生成主义的方案》中，我有一章专门讨论这个问题。在书中，我分析了我称之为"表征之战"的争论，并试图阐明为什么克拉克所说的行动—导向表征概念并不是认知科学标准定义的表征概念。聚焦于行动理论中的表征概念以及标准表征概念所应具备的特征，我说明在行动过程中，那些表征的特征并非必要或相关。因此，克拉克以及麦克·维勒（Michael Wheeler）、里克·格鲁什（Rick Grush）、马克·罗兰兹（Mark Rowlands）等人所说的最小程度的表征并不是标准意义上的表征。

格鲁什最近发表了关于我的书的书评，在文章中他对我的观点进行了批判。但是，我并不信服，我所辩护的是一种科学实用主义的表征观。

这种表征观念为一种更加物理的解释（根据神经元的和非神经元的过程进行解释并以动力系统为特征）预留了位置。如果表征的概念的提出是为了便于科学家的工作，并且如果科学家们能够对他们所说的表征进行规范性定义——通常他们认为这仅仅是一种共变形式，而非完全标准的概念——那是可以的。但他们不应该由此被误导而做出关于表征的本体论上的承诺。在这方面，我们可以参照威廉·贝克特尔（William Bechtel）关于机械论的观点。他并没有作出本体论上的论述——在系统中我们需要对发生作用的机制进行解释。相反，他以科学家为过程建模所运用的机械论为解释工具。

按照科学实用主义的观点，科学家能够运用表征或机械主义的概念进行解释（在他们获得更好的解释之前）。但是，他们不是以对表征或机械本身进行解释为目的，而是要对物理过程进行解释——至少在我们讨论像认知那样的生物—社会现象的时候。

我们如何理解他人：自治体双方进行耦合共变的交互过程

文汇：您和其他的生成主义者试图提供一种不同于传统进路——模拟论和理论论之外的另一种进路，强调我们是通过交互而理解他人的。那么，您是如何定义"交互"的？从何种程度上说，以较低层次的认知机制为基础的交互过程（如，眼神、面部表情）并不涉及读心过程来帮助我们与他人进行交互？

加拉格尔：是的，相对而言，我认为以理解他人的心智状态（信念、欲望等）为目的的读心或者心智化过程是少数现象。如果我坐下来与你进行交谈，说我需要进入你不可见的心智状态来理解你的意图，是令人费解的。很显然，在这种情形中我们有语言以及刚才你谈到的一些其他具身的过程——如，眼神、面部表情、姿势、动作、手势以及周围的环境能够帮助我们准确了解所处的情境。在我们日常与他人交往的大多数情境中，存在大量的"符号性资源"（按照古德云的术语）。而且，大多数时候，我们是直接地与他人进行交互（以一种第二人称式的视角）并运用所有这些具身的资源，而不是简单地从第三人称的视角来观察他人。因此，

是交互 (所有的具身的和知觉的过程) 而不是根据大众心理理论进行的推论或模拟在社会认知中发挥着重要的作用。

对交互的技术性定义为: 由两个或以上的自治体共同参与的共变的耦合过程, 它包含 (a) 共变和耦合过程对双方都产生影响, 并构成一个自我维系的动态组织, 以及 (b) 尽管自治的范围可能扩大或缩小, 但行动者的自治不会被破坏。这是个复杂的过程, 但从本质上说与梅洛 – 庞蒂的 "交互肉身性" 的概念相关——两个个体间的双向际遇产生了某种超越任何一方的东西——特别是通过交互产生的某种意义。正是在意义产生的情景中, 我理解了他人。而且, 在那个情境中, 我能够提升自己和他人的自治性, 或者在有些情景中自治性降低了。这是一个关系性的自治概念。

举个例子说, 你和你的室友因意见不合发生了口角。当冷静过后, 你决定去和室友道歉。可是, 当你怀着歉意走进室友房间并向她道歉的时候, 发现她仍在生你的气, 不但没有接受你的道歉还说出了一些更激怒你的话。这时候你突然觉得, 应该道歉的是她而不是你, 于是你更生气地摔门而出。这个简单的例子表明, 有时候交互过程是完全自治的。

单靠神经元过程无法解释认知, 跨学科方式构成 "动力格式塔"

文汇: 莫兰 (Moran) 教授曾经提出一个问题: "你骨子里是一个自然主义者还是认为意识是自然所不能把握的东西?" 您会如何回答这个问题呢?

加拉格尔: 我绝对是一名自然主义者。我无法回答关于意识的 "难问题", 因为我认为这个问题本身是错误的。它预设了一种二元论。我假定了一种连续的, 可能甚至是不一样的自然概念。所以说, 我是一名自然主义者并不意味着我只是接受了科学定义自然的方式。由于时间和篇幅的限制, 我无法在这里详述这个观点的具体内涵, 但是我有一篇文章即将在《澳大利亚哲学评论》上发表, 在文章中, 我根据现象学和科学对这个观点进行了解释。

另一种思考这个问题的方式是,我采用了一种非还原主义的进路,我们无法依据一类事物来解释我们想要解释的所有事物。所以,单靠神经元的过程或者身体的过程或者环境的、社会的过程无法充分解释认知。我们需要在我称之为动力格式塔中考虑所有这些过程;而且从方法论上说,我们需要通过跨学科的方式来完成。因此,我们需要借助神经科学、人类学、心理学、经济学、哲学等所有的人文艺术和科学来为认知提供综合的说明。

我看中国哲学和世界哲学大会

文汇:本届世界哲学大会的主题是"学以成人",这种说法源自中国的儒家传统。按照儒家思想,一方面,"学以成人"关乎个人的道德养成,是个人成长和发展的根据和理由;另一方面,"学以成人"体现了将理论与实践相结合的实践智慧。按照您的思想传统,您如何理解这个主题呢?

学以成人:从具身认知角度看,是个体参与主体间的、
社会和文化的实践过程

加拉格尔:在我看来,"学以成人"是一个个体参与主体间的、社会的和文化的实践活动的过程。我长期关注具身认知以及主体间的交互,并且对社会认知的一些主流进路进行了批判。我认为,仍有许多工作亟待完成。在本次世界大会中,我的报告将聚焦于大脑在认知中发挥的作用(8 月 19 日"心灵、大脑、身体、意识、情感"专题场),并且为一种非还原论的进路提供辩护。

我认为,神经科学(尽管很重要)不足以帮助我们充分理解认知和人类体验。我们还需要考虑更宽泛的身体过程(包括情绪过程)以及那些与环境相关的物理的、社会的和文化的关系过程所发挥的重要作用。甚至从婴儿阶段开始,社会活动就塑造了我们的认知系统以及我们体验这个世界的方式。我们自身与其他的结构进行交互。尽管神经科学在很大程度上增进了我们对认知的理解,但是,正如我将在大会报告中所说,我

们还需要研究具身和情境的认知、发展心理学、生态心理学、动力系统理论、应用语言学、承载理论以及人类学中的从文化环境概念到物质参与的讨论。

将孟子的"推"、"思"与梅洛－庞蒂"具身智能"
结合研究表演中的心智

文汇：您对中国哲学有了解吗？您对中华文明有何期待？

加拉格尔：对我而言，欧洲哲学和层出不穷的科学成果令我应接不暇。我很希望我有更多的时间来研究中国哲学，但到目前为止我还没能对此有深入研究。但是，近来我对孟子的思想产生了兴趣。孟子关于"推"（或"达"）的观念——就是从特定事例出发，经由类推获得洞见的方法；"思"——就是心思贯注于行动，由此引发理智上的自知。我认为这些观点对于我们理解艺术和体育运动方面的专业表演（现）非常有启发性。我试着把孟子的这些思想与梅洛－庞蒂"具身智能"的概念联系起来。这部分研究主题是由澳大利亚研究委员会资助的"专家表演中的心智"课题的组成部分。我和卧龙岗大学的研究团队一起正在研究这个课题。另外，在我看来，在很多方面，欧洲和美国哲学是相对包容的。例如，研究世界哲学以丰富我们原有的哲学传统。这其中就包括中国哲学。在这方面，我受到美国实用主义者杜威（John Dewey）的启发，他曾访问中国并对在中国学习到的哲学抱有极大的热情。我最近正在研读他的专著《中国演讲录》。

美国的哲学发展态势：20 世纪 70 年代开始
逐步回归到跨学科状态

文汇：很高兴得知您开始关注中国哲学，特别是孟子的思想。的确，从 1919 年至 1921 年，杜威在中国停留了两年零两个月。他的足迹遍布中国 11 个省，还曾经在北京大学担任过客座教授。在他回美国以后，他对中国的政治、社会和教育状况仍保持密切关注。杜威的不少中国学生，后来成为杰出的思想家和教育家，对中国近代文明的发展产生了重要影响。那么，您如何看待和评价美国的哲学发展趋势？

加拉格尔：哲学的范围很广，它涉及许多二级学科。而且从某种程度上说，哲学处于不断地变化当中，很难说清它的趋势。就我自己的研究领域来看，哲学研究越来越呈现出跨学科的趋势，而且与科学、文学和艺术的联系越来越紧密。我认为这是非常重要的。在 19 世纪末以及现代大学架构发展的时期，哲学变得很狭隘——哲学家把自己锁在专业领域内，很少与其他的科学进行交流。它过于关注逻辑、语言学和概念分析以及狭义的形而上学和认识论。这其实与传统的哲学很不相同。如果我们回头看看 17 世纪和 18 世纪，甚至是 19 世纪的哲学，就会发现那个时候哲学家往往同时也是科学家。笛卡尔曾是一名数学家和物理学家、洛克曾研究法律和医学，詹姆士曾教授生理学，后来教授心理学。

因此，我们可以说哲学总是跨学科的，或者至少对来自其他科学的影响总是开放的。从某种程度上说，这种改变发生在 20 世纪初，而现在又开始呈现跨学科的特点 (我想是从 20 世纪 70 年代开始)。

文汇：非常感谢您的回答！

加拉格尔：谢谢！我感到很荣幸能够与中国读者进行交流。

文 / 何静 (文汇—复旦—华东师大联合采访组)

杨 国 荣
Guorong Yang

从"道"到"事"：中国哲学可以
为世界哲学提供资源

——访谈"具体形上学"开放体系创建者、中国哲学史专家、华东师大哲学系教授杨国荣

被访谈人： 杨国荣，国际形而上学协会主席、IIP 院士、华东师大哲学系教授

访 谈 人： 华东师大哲学系教授贡华南，上海师大哲学学院教授郭美华，以下简称"文汇"

访谈时间： 2018 年 4 月—5 月面访

实践智慧，这两个都看得懂的汉字词组，在哲学里有特别的含义。亚里士多德曾论证过，康德也提过与之相近的"实践理性"，杨国荣以逻辑分析与辩证思维为方式，同时又引入中国哲学与西方哲学的资源。因为《人类行动和实践智慧》一书中西融通又富有原创性，2016 年，1683 年就创建的荷兰博睿学术出版社将其翻译成英文出版。同样的原因，《成己与成物》一书由有百年历史的印第安纳大学出版社出版。该年 9 月，59 岁的华东师大哲学系教授杨国荣收到国际哲学学院 (IIP) 的通知，他被评为该院院士。1937 年成立的 IIP 素有国际哲学界"参议院"之称，常年保持着 104 位院士名额。在中国仅有古稀之年的杜维明和耄耋之年的邱仁宗两位。

1978 年入学到 1988 年师从冯契先生获得哲学博士，杨国荣在华东师大度过十年求学路后留校。30 岁的他依然孜孜不倦，从中国古代哲学梳理到近现代哲学，主攻儒学和理学；从西方古典哲学研究到现代哲学，深谙分析哲学和现象学，一条会通中西的为学路徐徐展开。好思辨的他吸收了英美分析哲学的逻辑推理、析义论证，又做中国哲学的挖掘抉发。近年的"具体的形上学"三书被誉为具有概念建构的原创性，杨国荣着力构建起自己的研究体系：以元哲学研究见长的他近年又融入"道德之善"维度，贯通中西、史思统一、兼及形上形下的治学始终指向现实的意义追问。

2014 年，因罹重疴，杨国荣经历了生命旅程的坎坷。经此重大变故，在访谈中，对"感受"、"事"概念的辨析中，我们分享着那种时不我待的生命体验，这让严谨的理论辨析多了几分温度。

哲学之缘与轨迹

文汇：大家都知道您是恢复高考后第一届大学生；1978 年 2 月进华东师大政教系，2018 年正好是入学 40 周年。更重要的是，您是 20 世纪著名哲学家冯契先生的第一个博士生，在 1988 获得了博士学位。您何时开始对哲学感兴趣的？何时决定以哲学为志业的？

读中学时，天马行空逢书就读，好理论思维

杨国荣：我的哲学缘分或许可以追溯到 20 世纪 70 年代。当时身处特殊岁月，接受正规教育几乎无可能，只能天马行空，逢书就读。那些文学作品，包括历史、经济、哲学在内的理论读物，抓到都读。最早读过的哲学书，有艾思奇的《辩证唯物主义》（当时是大学教科书）和王若水的《马克思主义的认识论是实践论》（书名也许记得不很准确）。这两本书的论述比较清晰，让我初步领略了哲学的思维方式。那时同时倡导读点马列著作，由此机缘，马列著作我也读了很多，包括《反杜林论》《费尔巴哈与德国古典哲学的终结》《国家与革命》《共产党宣言》等。我也粗粗浏览了一遍《马克思恩格斯选集》，其中的内容有的理解，有的不甚了然，但至少有了一定的印象。黑格尔的《小逻辑》当时只是看看目录，没有正式读进去。对于中学生来说，似乎太难了一点。中学时代后期，读得比较多的是历史方面的书，如《资治通鉴》等。这一阶段的阅读也谈不上学科定位，杂乱无章，有什么读什么，哲学则是其中一个方面。我的头脑可能更偏重于理论化思维，由此也形成了对哲学的一定兴趣。

冯契的《逻辑发展》让我震撼

当然，真正把主要关注点转到哲学，是大学以后的事了。当时所在的是政教系，课程涉及社会科学与人文学科的不同方面，哲学也是其中之一。两年后分专业，我选择哲学专业。冯契先生的影响在这一阶段凸显起来。当时冯先生的《中国古代哲学的逻辑发展》以油印本的形式流

传，我看了以后有种震撼的感觉。以前尽管看了不少中国哲学方面的通史性著作，如任继愈的《中国哲学史》、北京大学所编《中国哲学史》，等等。但比较起来，冯先生的书更给人以耳目一新的感觉。他阐释中国哲学的理论深度，确实非常人所及。后来又读了他的油印本《逻辑思维的辩证法》，从另外的角度了解了他的理论系统，冯先生著作的思辨力量、理论洞见，再次给我深刻的印象，从中我不仅了解了多面向的哲学观念，而且逐渐地对如何做哲学有了比较深切的体会。

哲学特色与贡献

文汇：由中国古代哲学入手，后扩展到中西哲学比较，近年来，您从中国哲学史转到具体概念的构建，发表了"具体的形上学"三书，在学界被认为是"领原创之风"，其中《道论》还获得了"思勉原创奖"。这些代表作是否和您兼备中西视野有关？

"具体形上学"四书被誉为兼备中西视野

杨国荣：如果要说代表作，大致可能涉及两个方面：中国哲学史和哲学理论。史与思不能相分，但在具体的著作中可以有所侧重。就中国哲学史而言，儒学方面或可举出《心学之思》与《善的历程》，道家方面则可提到《庄子的思想世界》。就哲学理论而言，到目前为止，应该说主要是四种著作。除了收入"具体的形上学"的《道论》《伦理与存在》《成己与成物》之外，还包括《人类行动与实践智慧》。"具体的形上学"实际上已是四书了。

至于是否兼备中西视野，则或可简单转述德国学者梅勒 (Hans-Georg Moeller) 的若干看法："杨国荣追随二十世纪重要的中国思想家的研究走向，努力复兴宋明理学的哲学传统，会通儒道释，同时吸纳康德、黑格尔、海德格尔等人所代表的现代西方体系哲学中的形上学的、历史的和存在论的进路。""杨国荣直接上承熊十力 (1885—1968)、冯友兰 (1895—1990)、牟宗三 (1909—1995)，特别是其导师冯契 (1915—

1995) 等 20 世纪的中国哲学家。所有这些先贤不仅精通中国哲学史，而且熟悉古代与现代的西方思想 (杨国荣亦是如此)。对于当代西方主流学术机构所教授的'哲学'，他们采纳了它的形式与部分内容，同时成功地将中国古代思想纳入这一 (在他们看来) 新的样式之中。(学院的) 中国哲学就此诞生。"(梅勒：《情境与概念——杨国荣的"具体形上学"》，《社会科学战线》2014 年第 9 期) 以上看法是否确当，可由学界评说。

未来计划：考察"事"的概念，世界基于"事"、人因"事"而在

文汇：自从王国维提出做学问"无古今中西之分"后，已经成为学术人普遍的价值追求，您师承金 (岳霖) 冯 (契) 学派，又有所拓展，是我们后学的榜样，对人文学者而言，六十到七十是学术的黄金岁月，可以静心撰写自己的构思，能否谈谈您今后十年的学术计划？

杨国荣：这是个大题目，这里只能简单一提。最近这段时间考虑的问题，主要是"事"的哲学意义。这个题目也可以说是接着《人类行动与实践智慧》而论。"事"从一个方面来说与行动有关联，但它还是有更广的意义，按照中国传统哲学的说法，"事"即人之所"作"，引申为广义上人的各种活动。就人之所"作"而言，科学研究、艺术创作也是"事"，通常所说的"从事"科学研究、"从事"艺术创作，也从一个方面体现了这些活动与"事"的关联。这一意义上的"事"既包括中国哲学所说的"行"，也包括马克思主义传统中的"实践"。

从哲学的不同领域看，中国哲学中的"行"更多地与日用常行、道德实践联系在一起，并相应地呈现伦理学的意义，马克思主义所说社会实践则往往比较多地侧重于认识论的意义，前面提到《马克思主义的认识论是实践论》，便比较典型的指出了马克思主义视域中实践的认识论意义。就广义而言，"事"同时包括以上两个方面，并表征着人的存在：人并非如笛卡尔所说，因"思"而在 (所谓"我思故我在")，而是因"事"而在 (我做故我在)。"事"既包括做事，也涉及处事。做事首先与物打交道，处事则更多地涉及人与人之间的交往。总体上说，"事"在人的存在过程中，具有本源性的意义。这是我最近所关注的问题。

"事"可成为哲学讨论的重要论题，并为世界哲学提供资源

接下来的一段时间中，我可能会比较多地去集中讨论上述问题，包括现实世界与事的关系。现实的世界不同于洪荒之世，洪荒之世在人做事之前已存在，人生活于其间的现实世界则与人做事过程息息相关。另外，人自身也是因"事"而在，我刚才提到的，不是我思故我在，而是我做故我在，也体现了这一点。广而言之，哲学层面关于心物、知行关系的讨论，其本源也基于"事"，哲学上一些基本的问题讨论，都可以从"事"中找到源头。这一意义上的"事"，是中国哲学中的独特概念，在哲学上，似乎没有十分对应的西方概念。宽泛而言，"事"包含了 affair、engagement、humanized thing 等多方面的含义，但其哲学意义又非 affair、engagement、humanized thing 所能限定。前面提到中国哲学可以成为世界哲学的资源，"事"这一概念可以说提供了一个具体例证。确实，可以从中国哲学已有的传统中，梳理出"事"这一类具有普遍意义的哲学资源。金岳霖在《知识论》中也谈到"事"，并与"东西"、"事体"等联系起来讨论，这无疑值得关注。当然，他主要偏重于狭义上的认识论、知识论，这多少限定了"事"这一概念的哲学意义。引申而言，我以前考察过的"势"、"数"、"运"、"几"等中国哲学观念，也蕴含类似的意义。

"事"与工夫论的关系：事上磨炼

文汇："事"的概念梳理确实是中国哲学对世界哲学的资源贡献，此外您还会聚焦哪些领域？

杨国荣：宽泛地说，中国哲学走向世界、中国哲学在当代呈现新的意义，需要做多方面的切实工作，中国哲学的重要问题、重要概念、范畴的确需要进一步的梳理，经典也需要更深入的诠释，这些都是不容回避的工作。我当然也会就此做一些努力。

文汇：您把《存在之维》改成《道论》，把道当作思想的核心。一谈到道，人们就会想到修道问题。

杨国荣：修道之谓教。

文汇：是的，修道、教或者工夫论的问题与道密切相关。目前学界不少学者关注、研究工夫论。不知您有没有考虑过这个问题？

杨国荣：这涉及广义上的成人的问题，我以前做的工作，包括晚近出版的《人类行动与实践智慧》，也从不同的层面、不同的角度多少涉及这一话题。工夫论是中国哲学的概念，它需要从多重方面、多种形式、多重角度具体展开，我的工作或可视为其中之一。大略而言，我主要以广义上的成己与成物为关注之点。在我看来，工夫本身以成己与成物为指向，离开了成己成物的过程，工夫就失去了内在意义。从这方面看，我正在关注的"事"的哲学意义，也同样涉及人的成就，因为人本身因"事"而在。工夫论的问题不能再走宋明理学的老路，不能将之仅仅限于心性涵养之域。现在一些讲工夫的人，仍趋向于主要把工夫和意识活动联系在一起。事实上，工夫并不仅仅囿于意识活动，工夫的展开过程就是具体做事（与对象打交道）、处事（与人打交道）的过程。它固然需要个体的自我省思，但不能单纯地限定于个体在内在精神世界中的活动。事实上，即使宋明理学中的一些大家，如王阳明，也注意到了这一点，他提出"事上磨炼"，亦即把"事"和工夫联系起来。"事"并不是外在的，它同时也与我后面会提到的人的感受问题相关，其具体内容既涉及人向世界的适应（human beings to world），也关乎世界向人的适应（world to human beings）。

我看中国哲学和世界哲学大会

文汇：刚才我们谈了中国哲学的概念为世界哲学提供资源，其实，从中外哲学史来看，哲学与世界的关系也是不断在发生变化，作为中国哲学家，您如何理解哲学与当代世界的关系？

人与世界有三层关系：说明—感受—规范

杨国荣：哲学与当代世界的关系背后，蕴含哲学与世界的关系这一更普遍层面的问题，后者则与人和世界的关系无法相分。从最一般意义上说，哲学与世界的关系或人与世界的关系，不外乎以下三个方面：

第一方面是对世界的说明。人总是追求对世界作各种形式的理解，与此相关的是"是什么"的问题。这一问题既可以从经验知识的层面去追问，也可以从哲学层面去加以思考。前者主要指向世界的某一方面、某一领域或某一特定对象，其内容也更多地体现于知识经验的层面；后者则跨越特定的界限而追问作为整体的世界，并从形而上的层面回应世界"是什么"等问题。

第二方面涉及人对世界的感受。说明世界主要关乎广义上的"是什么"，感受（affective experience）世界则涉及世界对人"意味着什么"。这种意味可以是多方面的，包括艺术的、宗教的、伦理的、科学的，等等。在人与世界的关联中，感受构成了重要的方面。人不仅关切存在何种世界，而且会感受到这个世界对人的意义，这种感受的内容常常以"好或坏"、"美或丑"、"有利或有害"等形态呈现。对于具体的人来说，这个世界对他来说到底意味着什么？这是无法回避的问题。同样的对象或同一世界对不同的个体往往具有不同的意味，这一事实表明，感受有着多方面的个性差异。

第三方面关乎对世界的规范。规范涉及当然，对世界的规范与世界应当如何的问题相关。人不仅追问世界是什么，不仅以不同的方式感受这个世界，而且关切世界应当成为何种形态。这里的"当然"既以现实为依据，又基于人的理想和需要。人不会满足于既成的世界，他总是以不同的方式来变革已然的存在，努力使之化为合乎理想的存在形态，这样的过程，即表现为广义上的规范世界。对世界的说明侧重于对世界的理解（是什么），对世界的感受侧重于世界对人的意义（意味着什么），对世界的规范则致力于使世界成为当然的存在形态（应当成为什么）。

三层关系对应：是什么、意味着什么、应该成为什么

可以看到，说明世界、感受世界、规范世界，分别关联世界是什么、意味着什么、应当成为什么，并构成人与世界关系的不同方面。具体而言，说明世界以世界的真实形态为指向，这种形态非人可以随意创造或改变：

从说明世界的角度看,世界是什么样的,就应如其所是地加以把握,在这一方面,人更多地适应于这个世界 (human beings to world)。事实上,人与世界的说明关系,往往更多地表现为人对世界的适应。相对于说明世界,对世界的感受具有某种中介的意味。一方面,感受世界以对世界的理解、说明为前提,如果不了解世界的现实形态,便难以形成对世界的真切感受,就此而言,"意味着什么"基于"是什么"的追问;另一方面,对世界的感受也会引发人们进一步去改变这个世界的意向:如果世界不合乎人的理想,则如何改变这一世界就成为无法回避的问题。进一步说,即使世界给人以"好的"感受,也依然会面临如何达到"更好"的问题。最后,对世界的规范,进一步将说明世界所涉及的"是什么"与感受世界所蕴含的"意味着什么"引向"应当成为什么"的问题。从人与世界的关系看,较之说明世界侧重于人对世界的适应 (human beings to world),规范世界更多地表现为世界对人的适应 (world to human beings)。

感受的丰富性、多样性、个体性基于人与世界的具体互动

文汇:以前我们关于对象这个环节不大提感受性。

杨国荣:我以前也提到过感受性问题,但主要是侧重于具体的层面,如道德感、生存感等,现在则从人和世界的关系这一更广泛的方面去理解,并以世界对人意味着什么为感受的具体内涵。人与世界的关系不仅仅以人与对象世界的关系为内容,而且包括人与人之间的交往关系。在人与外部世界的互动中,物理对象、山川草木,都会给人以不同的意味;在人与人之间的交往中,多样的人与事,同样也会引发各种各样的感受。感受使人对世界的把握更丰富多样。以"是什么"为指向的"说明"侧重于从事实层面了解世界,"感受"则把人自身也融合到其中,世界本身的多样性与人的精神世界的丰富性,也由此交融在一起。从活生生的人的存在来看,这是不可或缺的方面。人不是机器,而是非常丰富的存在形态,尤其是人的精神世界,总是充满多样意义、包含各种意味。

感受的多样性、丰富性、个体性,可以视为人与世界互动过程之具体性的体现。在谈人与世界的关系之时,通常比较注意说明世界和规范世

界的问题，也就是说，人一方面要求理解这个世界，另一方面又希望改变这个世界，但与二者相关的感受世界这一方面，往往没有给予自觉或充分的注意，这当然不是说没有触及，而是没有将其作为重要方面加以突出。

当今的哲学要回应资本、权力、技术对人的影响

从一般意义上说，哲学总是要面对人与世界关系的基本问题，对此需要给出各种回应。在不同时代，这样一些问题可以说都无法回避，当然，其表现形式可以不同。从当代的存在处境看，如下几个方面问题可能比较突出：

第一个方面是资本对人的影响。随着市场经济的扩展，资本的影子可以说是无所不在、无孔不入，它对人的影响是现代社会必须正视的问题。从马克思到西方马克思主义以及其他各种社会理论，都从不同方面对此做了多角度的关注和分析。如马克思已指出的，在资本的作用之下，人往往面临走向商品化的趋向，后者导致的可能结果是人的异化。在当代社会中，资本似乎不断在泛化：不仅仅狭义上的金钱成为资本，而且文化，包括知识、信息、技术也可以成为资本，广而言之，人所掌控的各种社会资源，都可以化为资本，从而，广义上的资本可以说支配控制着人的方方面面。这是现代社会需要正视、面对的问题。

第二个方面是权力。权力属于政治领域，不管是西方还是东方，权力对人的约束和影响，也越来越突出。权力既可以通过直接的政治权威的形式表现出来，也可以通过间接的方式来影响人。福柯把知识与权力联系在一起，也注意到权力的不同形式以及它对社会生活的多方面影响。权力的最大特点就是支配和控制，在历史和现实中，常常面临外在权力（power）对个体权利（right）的消解问题。如何使不同形式的权力得到合理安顿，权力在社会各方面的运作更趋向于比较合理的方向，这是现在需要正视的问题。现在政治学、政治哲学成为显学，各种各样的解决方案，诸如自由主义、权威主义、贤人政治，等等，应运而生，这同时也从一个侧面反映了权力对人们生活的影响，而对权力本身的思考，则成为哲

学的题中之义。

第三个方面是技术。技术对现代社会及人的生活的影响,已成为引人注目的现象。信息技术、人工智能、生物技术(包括基因、克隆),等等,与人们生活的方方面面都息息相关。在一定意义上,现代人的生活中可以说时时处处都受到技术的制约。技术既不断改变人的生活方式,也使人逐渐产生对它的依赖感。政治权力有时并不直接与人相关,但技术却无孔不入,伴随着人的日常生活。由此可能导致不同的问题,如人工智能对人的支配和控制。现在很多人担心将来机器人可能控制人类,这种担忧也从一个方面表明技术已成为现代社会不能不正视的问题。

哲学视野的参与,关乎价值上的合理走向

当代面临的以上问题既需要在经验、知识层面加以考虑和应对,也需要哲学视野的参与,后者关乎价值方向上的合理走向。人总是离不开意义的追寻,前面提到的感受性也与之相关。康德曾指出,如果没有人,那么这个世界就如同荒漠,这实际上是说,离开了人,世界就没意义。另一方面,人如果失落了对意义的追求,便会走向虚无主义。虚无主义的内在特点在于消解意义。意义的追寻,包括追问什么是好的生活或值得过的生活,什么是完美的人格,什么是理想的社会,什么是合理的交往关系,等等。这些问题不是仅仅凭借经验知识就能够解决的,这里同样需要哲学的思考。哲学家不一定解决具体问题,但他可以引导人们去关注、思考意义问题,使这个社会、使人本身的存在更合乎人性。

学以成人:既体现中国哲学传统,也具有世界性

文汇:这次世界哲学大会主题"学以成人",您是如何看的?

杨国荣:"学以成人",就这个题目本身而言,无疑体现了中国哲学的传统,但它同时也具有世界性。简而言之,世界哲学大会第一次在中国举行,当然需要体现中国哲学的背景,但它又是世界性大会,需要展现普遍的哲学内涵,把"学"与"成人"联系在一起,既体现了中国哲学一以贯之的传统,也显示出世界性的意义。

学：属认识论范畴，亦有伦理学、价值论含义

以"成人"为"学"的指向，表明人不是既成的，而是生成的：人的存在过程就是不断地生成的过程。从哲学史上看，儒家对人的这种生成性给予较多关注，其成己、成人之说，便表明了这一点。在晚近哲学中，海德格尔也注意到这一点，其《存在与时间》便以此在为关注对象。作为人的个体存在，此在首先被置于时间的视域，其中也包含对人的生成性的肯定。在海德格尔那里，这一看法与存在先于本质的命题联系在一起，意味着人并非受制于既定的本质。

在"学以成人"的命题中，"学"显然是就广义而言，而非仅仅限于知识的获得过程。对"学"的这种理解，非常契合中国哲学尤其是儒家传统：儒家意义上的"学"并不是单纯的知识获得和积累的过程，它同时也与人自身的成长过程亦即"成人"相关联。这一意义上的"学"同时具有伦理学、价值论的含义，而不仅仅是认识论的范畴。当然，需要指出的是，强调"学以成人"，可能容易引向以"成人"为"学"的整个目的，这一理解也会使"学"的意义受到限制。这里，应当自觉地意识到，"学"不仅仅与人自身的成就相联系，而再表现为"成己与成物"的统一，即不仅要成己，而且同时要成物。在西方近代以来的哲学传统中，"学"侧重于知识的把握，并相应地首先与成物联系在一起，而"学"与成人和成己的关联往往被忽略或者遗忘了。这种偏向无疑应当克服，但不能由此走向另一极端，以"成人"消解"成物"。

以上问题又回到一开始提到的人与世界的关系。如上所言，人总是面临对世界的规范问题，后者在广义上包括"成己"（成人）与"成物"两个方面，即人的成就与世界的成就。"学以成人"需要从比较宽广的视野中去加以理解。总之，成人与成物不能截然分离，离开了成己成人，单纯地关注于成物，这是一种偏向。仅仅强调成人则可能导向另一重偏向。

成人：既指向自由人格培养，又包含成就世界

文汇：这个可以结合第一个问题来说，因为当代世界，您刚才提到资

本、技术、权力对当代人的牢牢的掌控,那么,在这种情况下,当代世界呈现出资本、技术对人的控制,它指向的是杨老师常说的世界的分化、人的分化,恰恰可能和成人、成己、成物之理想相背离。就此而言,学以成人对当代这样状况也具有针对性。

杨国荣:对。从这个意义上说,它有其特定的意义。在当代社会中,人往往受到人之外的力量的左右、支配和控制,以此为背景,人自身的成就最后所指向的便是自由人格的培养。成人说到底就是自由人格的培养。如何培养自由的人格? 这是我们必须自觉加以关注的重要问题。当然,从哲学意义上理解"学",除了回应现代世界对人的各种限定之外,还可以赋予它更广的意义。这里的前提当然是对人的整个存在境况作总体上的理解:人的存在过程既面临成就自由人格的问题,同时也有成就世界的问题。如果单纯地把视野集中于人自身的成就,悬置对世界的变革,那么,人本身往往会变得苍白化、片面化。宋明时期,理学家仅仅关注于人的心性之域,要求化人心为道心,把对世界的作用视为玩物丧志,这就可能导致以上偏向。在现实生活中,成物与成人不可偏离。成物归根到底是为了给人创造更合乎人性发展的背景,就此而言成物本身不是目的,但成人的过程也离不开成物,否则,便难免趋向抽象化。

世界哲学的主流中应包含中国哲学,
不懂中哲未来将成为缺憾

文汇:请谈谈您对中国哲学或中国文明的理解和期待?

杨国荣:总体上,在历史已经进入世界历史、中西文化已经彼此相遇的背景之下,对于中国哲学的基本期望,便是融入世界哲学之中,并在与不同哲学传统的互动中取得新的形态。中国哲学融入世界哲学,参与世界范围内的百家争鸣,这一点冯契先生20世纪早就说过了。同时,参与、融入世界哲学不是丢掉中国哲学自身的特点,恰好相反,它需要展现中国哲学自身的独特的视野。

具体来说,可以从两个角度去理解:首先,从世界哲学的范围来看,中国哲学应当在比较实质的层面上进入世界哲学的视域,而不是仅仅成

为汉学家们的研究对象。要真正进入到主流的世界哲学之中，成为世界哲学，包括西方哲学，建构自身系统、进行哲学思考的重要思想资源。正如 19 世纪以来，西方哲学逐渐成为近代中国哲学发展的重要背景、成为中国哲学所运用的重要资源一样，中国哲学也应当成为主流的西方哲学家进行哲学思考的重要背景，而不是仅仅充当汉学家进行历史性、宗教性研究的对象。从世界哲学的视域看，如果未来主流的西方哲学，包括其中真正重要的哲学家们，都以中国哲学为必要的理论资源，并以不了解中国哲学为其哲学思维的缺憾，那么，中国哲学才可以说真正实质性地进入了世界哲学的范围。我们期望着这样的时刻早日到来。在主流的西方哲学把中国哲学作为他们思考哲学问题、建构哲学体系的重要资源之前，不管中国哲学如何走出去，如何介绍，都可能仅仅停留在表面的热闹之上。

中国哲学有既成形态，又处在不断生成过程中

其次，从中国哲学本身来说，它既是既成的，也是生成的。所谓既成，是指从先秦以来中国哲学已形成自身的历史形态。现在所说的先秦哲学、两汉哲学、魏晋玄学、隋唐佛学、宋明理学，等等，都是中国哲学的既成形态。但同时，中国哲学又一直处于不断生成的过程中，这一生成过程今天并没有终结。可以说，当代中国哲学依然处于生成过程中。从生成的角度看，中国哲学本身也需要获得新的内涵，取得新的形态。如上所言，历史上曾经出现过先秦、两汉、魏晋、隋唐、宋明一直到近代的不同哲学形态，当代中国不能仅仅停留在对历史上这些既成哲学形态的回顾之上，它既应承继和发展以往哲学，也应为后起的哲学提供新的思想资源。

简而言之，就中国哲学本身而言，需要以开放的视野，充分理解世界范围内的不同哲学传统，并进一步消化、吸收不同的思想资源。同时，又应立足于当今的时代，回应这个时代所提出的各种问题，由此形成新的思想系统，给中国哲学的历史长河留下一些新的东西。我想这是中国哲学应该有的定位。

当然，如我以前所言，哲学是对智慧的多样化、个性化的探索，而非

千人一面。每一个哲学家都是从其自身所处时代、个人的背景、兴趣、积累、理解、对世界的感悟等等出发，形成自己新的思考。今天，在走向世界哲学的过程中，哲学依然将处于多样的、个性化的发展过程。

现状：中西相分，史思脱节，中西马打通亟待具体落实

文汇：您的这个理想需要大家共同加倍努力。反观中国哲学的现状和态势，您如何把脉？

杨国荣：直截了当地说，目前中国哲学的发展现状和态势不是很令人满意。其中的原因有多重方面。哲学史和哲学理论无法分离，以此去衡量，则时下史与思脱节的现象似乎比较普遍。同时，王国维在 20 世纪初已指出，学无中西，从哲学的层面看，所谓学无中西实际上也就是形成世界哲学的视野，以比较开放的视野去对待人类文明发展过程中积累起来的多样智慧资源，然而，令人遗憾的是，中西相分仍是今天经常可以看到的现象。史思之间的脱节、中西之间的分离，至少在研究进路上限制了中国哲学的当代发展。此外，立足时代的理论性、建构性思考，也比较少。现在常常可以听到所谓切入时代、切入现实的呼吁，但呼吁者本身却很少真正切入现实。中西马之间的沟通也有类似情况，要求打破中西马之间的界限壁垒，至少已有十余年，但至今似乎仍主要停留于呼吁，较少看到切切实实的沟通工作。尽管哲学研究在具体的领域中得到了推进，但总体上，似乎尚不尽如人意。

文汇：谢谢您的提醒。世界哲学大会或许就是一个从呼吁到行动的良好契机。

文 / 贡华南（文汇—复旦—华东师大联合采访组）

古拉姆瑞扎·阿瓦尼
Gholamreza Aavani

伊斯兰哲学，可以富有成效地对话东西方

——访谈伊斯兰哲学专家、国际伊斯兰哲学学会前主席、伊朗哲学研究所教授 G. 阿瓦尼

被访谈人： 古拉姆瑞扎·阿瓦尼 (Gholamreza Aavani)，伊朗哲学研究所前所长、国际伊斯兰哲学学会前主席，以下简称 "阿瓦尼"

访 谈 人： 上海社会科学院哲学研究所助理研究员石永泽，以下简称 "文汇"

访谈时间： 2018 年 3 月—7 月多次邮件采访

或于美国与在哈佛的儿子小住、和导师侯赛因·纳斯尔探讨学术；或是去上海演讲于"世界中国学"论坛、去北京授课于北大高研院、去郑州论辩于嵩山论坛"文明对话"；或是飞德国购买书籍；或是赴瑞士出席论坛；或是回伊朗以古今哲思教授三代弟子……75 岁的伊朗哲学研究所荣休教授古拉姆瑞扎·阿瓦尼凭着他娴熟的多国语言，生活、游学于东西方各国间，其学术专长——伊斯兰哲学、西方哲学、比较哲学等思想也得到了丰富与传播。

在这场因为现代科技故障（邮箱断路）导致的推后三个月的访谈中，阿瓦尼给了我们诸多认知上的更新：比如伊斯兰哲学并非是古希腊哲学的翻版，更非西方话语所断言的"伊斯兰哲学随着阿威罗伊去世即告终结"；事实上，伊斯兰哲学在阿威罗伊之后并未中断，而是以更具自身特色的形态继续发展。伊朗就是一直保持伊斯兰哲学持续繁荣的国家，照明学派、阿拉比学派、萨德拉学派以及以城市命名的各学派种类繁多、丰富多彩。阿瓦尼教授在纠偏的同时，也流露了伊斯兰哲学担负中西方哲学健康对话的自觉与自信。这位 20 世纪 60 年代初到 70 年代中期在黎巴嫩贝鲁特的美国大学接受本科哲学教育、德黑兰大学在职完成硕博学位的学者视野开阔，对东西方哲学均谙熟于心。如何应对现代性、如何恢复本国文化身份与公共认同，也成了他与东西方哲学家对话的主题。

阿瓦尼教授曾任伊朗哲学研究所所长、国际伊斯兰哲学学会主席（2003—2011），获得伊朗杰出教授奖、Farabi 人文奖（2009）、哈萨克斯坦共和国科学院荣誉院士（2011），个人的斐然成就使其愈加胸襟开阔，而伊朗目前各高校中伊斯兰哲学系的数量比肩西方哲学系的现状，让阿瓦尼更加相信：追求智慧，东西方各有所长。

哲学之缘与轨迹

文汇：亲爱的阿瓦尼教授，您是当今伊斯兰哲学研究领域的著名学者，同时也具有世界眼光和人文情怀，非常感谢您能接受我们的采访。伊朗是个伟大的国家，历史悠久，有着很深的哲思传统，但没有人天生就是哲学家。您能否分享下您的哲学之缘，您是如何开始走上哲学研究之路的，在求学和研究的过程中有没有一些印象深刻的"关键时刻"或者有趣的事情？

参加贝鲁特的美国大学选拔考，以为无望，父亲的朋友告知是名列榜首

阿瓦尼：我在不同的大学里教哲学已经 45 年有余了，培养了大约三代学者，其中有些已是各类大学的哲学教授。我除了使用不同的图书馆之外，自己也拥有一个大约一万册不同学科书籍的图书馆，哲学领域书籍涵盖了西方、伊斯兰、印度和中国等，文学和艺术方面的书籍也颇为丰富。当时在贝鲁特的美国大学有奖学金，有数百名合格的高中学生参加选拔。我从家乡被选拔参加英语考试，考试后我自觉没有胜出希望。大约一个月后，我父亲的一位朋友路过发榜处，看到一大群人争先恐后地看一张名单。由于好奇，他就冲过去看，在榜首看到了我的名字。想到我可能是他朋友的亲戚，便打电话给我父亲询问是否认识这个人，这时我才意识到自己已通过这次考试。

后来还有两次考试和一次面试，我是十名被选为获得奖学金的学生之一，也是十名当中申报人文学科的两名学生之一。我一直问自己，如果我父亲的朋友没有看到那张榜单会发生什么。美国大学（贝鲁特）不仅有杰出的哲学教授，而且有非常好的不同语言的图书馆，令我受益匪浅。

中学修习阿语，在杂货店买二手杂志加强英语，
本科、硕、博间学习法、德、希腊、拉丁语，甚至汉语

文汇：据知，您精通多门外语尤其在古希腊语和拉丁语方面造诣颇深，能否谈谈哲学研究与学习外语的情形？

阿瓦尼：现代性（尽管它有许多缺点）的一个珍贵礼物就是文明的相遇与杰出学者对其他文化的深入研究，如果不掌握几种语言，是无法做到这些的。我年轻时有难得的学习语言的机会，我的阿拉伯语很好，阿语是中学必修课，在中学的早晚课间，我常去阿拉伯语的传统大师那里，与他们一起阅读十四本经典阿语概要。我的英语也挺好，除了规定的教材之外，我几乎仔细阅读了图书馆里所有可以得到的资料。我还经常从一个糖果店购买二手英语杂志，店里购买杂志是为了包裹糖块，我常常借助字典从头到尾来研习它们。在美国大学（贝鲁特）里我选修了几门法文课程，并能阅读法语原文。

我在德黑兰大学攻读哲学硕士和哲学博士，教授们大多毕业于德国、法国、美国和英国，因而促进了多语种课程的学习。当我是一名哲学教师的时候，对德语很有兴趣，就参加了为期两年的语言强化课程，并获得了在德国学习德语的奖学金。我现在还时常去德国买书。我曾师从非常著名的日本哲学家、语言学家井筒俊彦（Toshihiko Izutsu）先生学习古希腊语。另外，我还参加了其他一些课程班，如《道德经》《易经》、中国哲学中的自然概念以及有关伊本·阿拉比的《智慧珍宝》（*Fusūs al-Hikam*）的五年课程等。

我还和一些来伊朗哲学研究所从事伊斯兰哲学研究的著名学者一起学习拉丁语。我对学习汉语也很感兴趣呢。有一次，我去拉鲁斯图书馆德黑兰分馆（the Tehran Branch of the Libraire Larousse），突然，一本非常漂亮的由耶鲁大学出版社出版的中文入门书引起了我的注意：它是如此精致，对于每一个书迷来说都是一个理想的选择，以至于它的外表似乎都会促进语言的学习。我毫不犹豫，不再找别的，把这本书拿到收银台去付钱，但让我吃惊的是我没有足够的钱去支付，无奈把书还回去。当

我攒够钱第二周再去时，书已售罄。我心里很痛，以至于现在总是提醒自己："去书店的时候，一定要带够钱！"

最喜欢的著作之一《鲁米：一项哲学研究》，
从事东西方、伊斯兰哲学比较研究

文汇：您的哲学著作颇丰，能否给我们介绍下您的代表作？您觉着您最大的成就和研究特色是什么，能否分享下您的研究计划和正在进行的课题？

阿瓦尼：我对包括西方、东方和伊斯兰等不同文化的哲学都比较了解，所以对哲学的比较研究，尤其是本体论、伦理学、认识论、形而上学和艺术论等问题非常有兴趣。我已经主编并出版了一些阿拉伯语和波斯语的经典文本，并把一些翻译成英语和波斯语。我最喜欢的书之一是《鲁米：一项哲学研究》，由我在北京大学高级人文研究院所做的若干讲座构成，由 ABC 国际集团公司和卡齐出版社出版。

我在北京大学高等人文研究院讲授过一门名为《伊本·阿拉比》的课程，并即将结集成书。我还教过一门《伊斯兰哲学史》的研究生课程，在比较的基础上处理许多问题，希望这本书也能尽快面世。此外，我正在修订五十余篇论文，这些论文已在不同的国际会议上提交过，希望能以五到六册的篇幅出版。

哲学特色与贡献

文汇：相比于阿拉伯哲学、穆斯林哲学，您似乎更愿意使用伊斯兰哲学这一名称，三者如何区分？

哲学史上为何要称"伊斯兰哲学"，
而非阿拉伯哲学或穆斯林哲学？

阿瓦尼：在前现代时期，伊斯兰土地上的哲学家被简单地称为"al-faylasuf"（希腊语 philosophos 的阿拉伯语翻译，或是 al-hakim，圣哲）。即

使他们是穆斯林，他们也不认为自己的职业是"伊斯兰哲学"，因为他们的哲学和其他所有科学分支一样，在本质上是普遍的。哲学是对终极真理的追求，被认为独立于个体、文化和国家。

现代西方哲学史家称之为"穆罕默德的"、"阿拉伯人的"、"阿拉伯的"，很少把它作为穆斯林或伊斯兰的哲学。"阿拉伯"或"阿拉伯人"的哲学称谓显然是错误的，因为除了少数例外，大多数所谓的穆斯林哲学家是波斯人而不是阿拉伯人。正如把如来佛祖的宗教称为佛教，基督的宗教称为基督教一样，他们把伊斯兰教称为"穆罕默德"的宗教，也把伊斯兰哲学称为"穆罕默德"的哲学。这种说法是不准确的，因为根据《古兰经》，伊斯兰教不仅是历史的宗教，更是原初的宗教，由所有先前伟大的先知所教诲，并被最后的封印先知穆罕默德圣人所复兴。

"穆斯林哲学"一词即便不错，但称不上精准，因为"穆斯林"是个体信仰者的属性，就像我们说约翰是穆斯林，而不是指哲学学派。所以，如果我们必须用一个专门的名称来指定它，我认为"伊斯兰哲学"更贴切。有些人可能提出反对意见，说"如果它是伊斯兰的，那么它就不可能是哲学，如果它是哲学的，它就不可能是伊斯兰"。我们可以这样回应这个问题：说"伊斯兰的"、"希腊的"、"希腊化的"或"犹太的"，从不会影响哲学之为哲学的准确意义，正如中国和西班牙的食物都是真正的食物，即使成分不同、发展历史不同，两者都可以滋养和维护身体。人们应该把下面一点牢记心间：在伊斯兰文明中，教义学（Kalam）与哲学有着明显的区别，这是因为前者把所有的前提都从启示（诸如《古兰经》或《圣经》等等）中拿走，而后者是以理性、知识、理智以及严格的论证为基础的。

伊斯兰哲学关注终极问题，兼具西方哲学的逻辑、推理与东方哲学的直观、综合

文汇： 这个区分很重要！那您认为伊斯兰哲学主要研究什么内容，与西方哲学有何不同，其主要特征是什么呢？

阿瓦尼： 伊斯兰哲学的主要特征之一是"哲学是一门严格的科学"，它从逻辑出发，并持续与自然哲学、物理学、数学、实践哲学（伦理学、政

治学和家政哲学)、人性科学以及人类终极命运(哲学人类学)、哲学宇宙论、本体论、形而上学和理性神学等相结合。与其他诸学科涉及事物的现象方面不同,哲学还处理事物的第一原理和诸是者的原因。此外,每一种科学所处理的问题都有其主题界限,哲学所关注的是终极问题,而终极问题在形形色色的科学中找不到答案,诸如是之为是的性质、自由与决定论、同一和差异、统一性和多样性以及许多其他类似的问题。

另一方面,伊斯兰哲学在东西方之间的地理、文化和智识等的区间上蓬勃发展,从而可以作为东西方哲学之间的桥梁。人们可以说,伊斯兰哲学与西方哲学一样具有严格的逻辑性、推理性和论证性,而且与东方哲学一样具有沉思性、综合性、直观性和智慧性。因此,可以与东、西方之间进行健康的、建设性的和富有成效的对话。

而且,伊斯兰教作为一种普遍的宗教,鼓励培育哲学。根据伊斯兰教的神圣经典《古兰经》,所有的神圣使者,不论《古兰经》提到与否,都是最高导师和智慧化身,并且"禀赋智慧,必获多福"(《古兰经》,2:269)。此外,信仰经文和使者是所有穆斯林义不容辞的责任,他们应该努力寻找知识和智慧。

为探寻其他文明,发起了一场史无前例的翻译运动, 穆斯林学者掌握了众多希腊经典

文汇:伊斯兰哲学深受古希腊尤其是亚里士多德思想的影响,因此有学者认为,伊斯兰哲学是古希腊哲学在伊斯兰世界的再现,您同意这种观点吗?现代伊斯兰哲学和古典伊斯兰哲学有何不同,或者说伊斯兰哲学在现代世界的研究的主题和方法有何发展或推进?

阿瓦尼:《古兰经》指示,无论何时何地信徒都应寻求 ilm(知识)和 hikmah(智慧),所以,穆斯林开始探询当时他们所知的其他文明,例如希腊、罗马、拜占庭、波斯和印度等等,并启动了一场史无前例的伟大翻译运动。

在被称为智慧宫(Bayt al-Hikmah)的伟大机构中,几乎所有科学分支和哲学中的所有伟大著作连同其所有的主要评注,在阿巴斯的哈里发

的保护之下，以及在波斯的维齐尔如巴尔马科斯（Barmakids）和纳瓦巴蒂斯（Nawbakhtis）的支持下都被博学的译者（他们大都说叙利亚语或是景教徒）翻译了过来。译者想办法得到最好的抄本，校对、制作成一个很好的校勘本，然后选出最好的译者进行翻译，并由专人进行编辑。穆斯林学者掌握了大量古希腊著作的译本，其中一些现存于阿拉伯语中，而希腊文原本已不知所踪。类似的作品从巴拉维语（中世纪的波斯语）、梵语、拉丁语和其他一些语言翻译而来。值得注意的是，穆斯林拥有非常之多希腊经典的时候，用拉丁语的西方除了亚里士多德的两部逻辑学，只翻译了柏拉图《蒂迈欧篇》的一部分和波菲利的《绪论》（*Eisagogue*），而说希腊语的东方教会则还沉浸在教条神学的论辩之中。这场发生于8世纪的伟大的翻译运动引发了一场巨大而广泛的哲学活动，穆斯林得以超越其他同时代的文明。

肯迪：著书二百有余，涉猎多种学科，《论理智》阐释亚里士多德思想，被翻译成拉丁文

西方的一些哲学史家声称伊斯兰哲学是古希腊哲学的再现，这种主张属于对伊斯兰哲学的认识不足。穆斯林哲人重新思考了包括希腊在内的其他文明馈赠给他们的几乎所有哲学和科学的问题。

第一位穆斯林哲学家据说是肯迪（al-Kindi）。根据可靠的古代资料，例如伊本·纳迪姆（Ibn al-Nadim）的《百科全书目录》（*al-Fihrist*），肯迪著有二百余部作品，其中大部分作品遗失，留下的散落于不同的图书馆，还有一些则存于拉丁语和希伯来语的译本当中。伊本·纳迪姆是著名的古代目录学家，几乎记述了肯迪之后的一个世纪，他写道："肯迪是他那个时代最博学的学者，在所有的古代科学中都是独一无二的……他编撰了多种科学著作，如逻辑学、哲学、几何、算数、音乐、天文和其他科学。我们在自然哲学家中提到了他的名字，因为他更加关注自然哲学。"

正如我们前面所提到的，肯迪的一些作品被翻译成拉丁语，其中最重要的是他的论文《论理智》（*Risalah fi'l-'aql*），翻译成拉丁语就是"*De Intellectu*"，该论文阐述了亚里士多德著作中理智的不同含义。

法拉比：18 部逻辑书，多种语言，精通音乐，
详细分析了各种不以德性为基础的社会

伊斯兰哲学中的下一个伟大人物是阿布·纳斯尔·穆罕默德·伊本·奥兹拉格，通常称为阿尔－法拉比，在古代他被称为第二导师（magister secundus, 亚里士多德被认为是第一导师），因为他在所有哲学分支上都写过作品，并用他出色的理智和敏锐的批判性创立和勾画了每一个分支的原则和轮廓。法拉比无疑是一位伟大的逻辑学家，大概写了18 部有关逻辑学的著作。他能成为语言哲学的奠基者，归于法拉比的基督徒教师玛塔伊本·尤努斯（Matta ibn Yunus）和著名阿拉伯语语法学家赛拉斐（Sayrafi）的长期激烈的辩论，赛拉斐断言，由于阿拉伯语语法的完善，人们可以不使用希腊语和亚里士多德的逻辑学。

法拉比是伊斯兰世界中最伟大的政治哲学家，他在这一领域写了多部重要著作，如《德性城邦居民的意见》《论公民管理》《关于获得幸福的一些评论》《论公民政府》《论德性共同体》《柏拉图法律篇摘要》等。

他还分析了不同种类的社会。既然只有在一个德性社会中才能获得幸福，他就精心分析了各式各样不以德性为基础的社会。法拉比列举了德性城邦领袖的十二个特征，这一点使他成为一个伟大的圣哲，或者更确切地说是一位神圣的使者（Divine Messenger）。此外，法拉比无论在理论和还是实践上都是一位伟大的音乐家。他的《关于音乐的伟大之书》（*al-Musiqa al-Kabir*）毫无疑问是关于音乐理论的最好的书。而且，他被认为精通七十种语言，即便此说有些夸张，但至少说明他是一个通晓多种语言的人。法拉比的数部著作被翻译成拉丁语并被广泛地用作教科书，包括他的《论理智》（*De Intellectu*）和其众所周知的、成为经院哲学家同类作品典范的《学科分类》（*De Scientiis*）。

阿维森纳：名动东西方，逻辑学上超越亚里士多德，
把命题逻辑和条件逻辑结合到更高水平

伊本·西纳（拉丁名阿维森纳，980—1037）无疑是伊斯兰教中最伟

大的哲学家,他在东西方都有着极大的影响。他的贡献太多了,这里没办法说。在其自传中,他提到一生中没睡过一个囫囵觉,白天除了全力获得知识外,也不做任何其他事情。他为阅读中碰到的每一个问题准备一份文档,并解释说:"我思考了它的前提条件,直到问题被我证实了。"这就是他与早期或晚期的逍遥学派不同的原因,他从来都不是一个写有关亚里士多德作品或长评或短评的注释者,而是一个独立思考的哲人。

阿维森纳是历史上最伟大的逻辑学家之一,具有非常敏锐的分析和批判精神,在许多重要问题上超越了亚里士多德。逻辑史家指出,亚里士多德的逻辑重点是命题,因此称为命题逻辑,而斯多葛的逻辑则强调条件。阿维森纳把命题逻辑和条件逻辑结合到一个非常高级的水平上。

在《治疗论》(al-Shifa)逻辑学的第六章的第六篇文章中,他说:"我们尽力在这里提出关于条件的命题及其条件的三段论的讨论。在我们的家乡(fi bilādinā),有关这个主题我们已认识很多并写了一本内容详尽的书。旅途中,我们不得不丢弃所有货物和动产的时候,遗失了这本书。这本书有可能仍存于我们曾居住的国家。在我们从事逻辑学的这部分工作18年之后,落在我们手里一本关于条件式的书,这本书被错误地归功于近来学者中最博学的人。这本书含糊不清,不靠谱,空洞无物,作者没有实现他的目标……"而且,阿维森纳拓展了谓词逻辑,特别是在时间和模态逻辑上远远超出了亚里士多德的所取得的成就,甚至在某些方面超越了现代的时态和模态逻辑。

阿维森纳:能公理化最难的形而上学,传世之作
《治疗论》《东方哲学》《医典》

此外,阿维森纳是创立绝对的科学方法论原则的第一位哲学家,从而通过逻辑科学的公理成功地把所有的科学进行公理化。20世纪最伟大的哲学问题之一便是,是否有可能像欧几里得在几何学做的那样把算术也公理化。经过30年的艰苦努力,他们只以几个零碎的和局部的法则而结束。但是使几何公理化的不是几何本身,这是一门逻辑学,你从另一个命题中推论出一个命题,并通过公理化,把所有的科学公理化。

通过使用这种方法，阿维森纳能够公理化所有科学中最难的，即形而上学。如果一个人比较了解亚里士多德的形而上学，那么他可以很容易地认识到阿维森纳的成就，它由 14 本书（α、β、γ……）和《治疗论》的"形而上学"组成，"形而上学"只有两个部分：形而上学一般，"一般的形而上学"，处理的是"是之为是"及其属性，后来被克里斯提安·沃尔夫以"本体论"命名；形而上学特殊，"特殊的形而上学"，处理的是上帝及其属性、神正论的问题、实践哲学和宗教的形而上学原则。

阿维森纳在其巨著《治疗论》的导论中指出，根据逍遥学派哲学同好的哲学教义，他为普通哲人写了这部作品，并对之进行了极大地提高和系统化，弥补差距、改掉缺点和不足。但阿维森纳马上补充说，对于那些渴望了解他自己哲学的人，他还写了另一部作品即《东方哲学》(*al-Hikmah al-Mashriqiyya*)，论述了他自己的哲学观。在这本书的引言中，阿维森纳指责亚里士多德之后的逍遥学派臆测亚里士多德得出了哲学定论，并将这些观点与教义学 (Kalam) 中最狂热的派别进行了比较，然而亚里士多德本人则无先入之见，只是描述了哲学的一些要点以待他人完善。阿维森纳声称，他受益于哲学中的"许多非希腊来源"。

不幸的是，他的东方著作几无留存，因为到了他生命将尽的时候，死敌伽色尼王朝的马苏德洗劫了伊斯法罕城，他的房子也被士兵劫掠一空，最新作品都被毁灭殆尽，包括他的《仲裁之书》(*Kitab al-Insaf*) 20 卷，是对东西方哲学家关于数千个问题的裁决。

现在，他的东方作品留下来很少，如《论爱》(*Risalah fi'l-Ishq*)，是一个本体论、宇宙论和人类学以及有些神秘和象征性的浪漫故事；如《论鸟》(*Risalat al-Tayr*) 和《哈义·伊本·叶格赞》(*Hayy ibn Yaqzan*) 以及《劝导》(*al-Isharat*) 的形而上学的最后几章，则是比照其哲学对手之一的拉齐 (Razi)，专心于穆斯林苏菲的精神境界，是对思辨苏菲派的最好的形而上阐释。

伊本·西纳是一位非常伟大的医生，他的医学巨著《医典》(*al-Qanūn*) 影响了东方（包括中国和印度）和西方的医学理论和实践。在欧洲，它的拉丁译本被用作主要的医学教科书，是西方由戈滕堡

(Gutenberg) 发明现代印刷术之后出版的第二本书（《圣经》是第一本）。

阿威罗伊：诠释家，评释亚里士多德所有作品，
影响了中世纪和文艺复兴

还应该提到伊本·路世德（拉丁名，阿威罗伊），他在西方被称为"注释家"，因为他写了有关亚里士多德几乎所有的作品的短、中、长的评释，这些作品翻译成拉丁语，对西方中世纪和文艺复兴时期哲学复兴影响甚巨。

伊斯兰科学和哲学著作在落入基督徒手中之后，在托兰多（Toledo）然后在西西里岛和意大利中心被翻译成拉丁语，在欧洲所谓的黑暗时代之后，引发了学术的复兴。加之西方教育史上奠基性的大学（第一当是巴黎圣母院、牛津和剑桥）迅速遍及欧洲各地，因此古典的希腊学问得以复苏。传播到西方世界的伊斯兰科学和哲学，在西方的科学和哲学史上的某些书中得到部分承认。但不幸的是，他们极力主张完全错误的理念，认为伊斯兰哲学随着伊本·路世德的去世而告结束。与所说相反，和伊本·路世德同时及其之后，伊斯兰教哲学的繁荣和勃兴在波斯人的土地上就已开始启动。

苏赫拉瓦底：照明学派奠基人，改变西方哲学概念，
在场知识理论具有划时代价值

照明学派（the School of Illumination）的奠基人苏赫拉瓦底（Suhrawardi），就与伊本·路世德生活在同一个时代。他批评逍遥派哲学改变了逻辑学、自然哲学、认识论、本体论和神学等领域的许多问题。按照接近实在（reality）和获得真理的方法论对哲学家进行分类，居于最底层的是像亚里士多德这样的逍遥派哲学家。苏赫拉瓦底对哲学的概念进行了根本性改变。与西方哲学天然讲希腊语的观点相反，苏赫拉瓦底反驳说，智慧的光芒在每一颗心上或多或少不同程度地闪耀，此外，真主恩赐智慧，慷慨大方，不会剥夺其他民族的智慧而唯独钟情于希腊人。

苏赫拉瓦迪的哲学是以光的理论为基础的，它被定义为光本身并照

亮其他事物。物理之光是偶然的,因为不是所有的物体都是发光的,此外光也存于肉身之中。实在的光是人的灵魂,它对自身来说是显而易见的,而且使一切事物变得显明。人类的灵魂于自身中在场,并直接认识自身,而非通过概念。苏赫拉瓦底的在场知识理论,如果得到正确理解,就是划时代的,而且可以解决许多神秘的认识论问题。但是偶然的和实在的光都是由于神之光(the Divine Light)而存在的,神之光蕴于自身,以自身为目的并以自身为原因。此外,对于苏赫拉瓦底来说,东方象征着光明之源,而西方则是黑暗之源。

哲学受到了教义学家(mutakallimun)诸如艾什尔里派,即艾什尔里的追随者的严厉攻击,最著名的解释者是安萨里(Ghazali)。当时,塞尔柱王朝在整个伊斯兰东部建立了不同的大学,在那里禁止所有的科学和哲学教学,安萨里在各种书籍和论文中逐出哲学家,禁止数学和自然科学的教学。这一情形被伊本·西纳的追随者们所拯救,如巴哈马尼亚(Bahmanyar)、劳卡瑞(Lawkarī)、著名诗人哲学家莪默·伽亚谟(Omar Khayyam,一位伟大的圣人、数学家和天文学家,2018 年伊朗人庆祝了他的千年诞辰)、苏赫拉瓦底和后来的纳西尔·丁·图西(Nasir al-Din Tusi)。

伊朗国内哲学派别众多,近年来大学里的伊斯兰哲学系比肩西方哲学系,同步开拓视野

长话短说,在伊朗的土地上出现了许多其他哲学流派,其中可以提到伊本·阿拉比(Ibn Arabi)学派,其伟大的代表人物大多是波斯人,而穆拉·萨德拉学派,今天仍有许多追随者。简而言之,只要一个帝国成立,它的首都不久就会成为理性和科学传播的伟大中心。因此,我们可以谈论呼罗珊、伊斯法罕、马拉盖(Maraghah)、大不里士、设拉子、Sabziwar、库姆和德黑兰的学派。当德黑兰成为伊朗的首都时,圣哲们聚集在那座城市,成为理智科学尤其是哲学的一个重要中心。德黑兰最近被称为"千圣之城"(shahr-i hizār ḥakīm)。伊朗是伊斯兰世界唯一的哲学一直持续繁荣的国家,并且伊斯兰哲学在宗教界、最近以来在大学里被教授。伊

朗现在拥有和西方哲学系一样多的伊斯兰哲学系。一面是西方哲学，另一面是伊斯兰哲学，二者巧遇，让许多青年学者和哲学家开拓了哲学新视野。

我看世界哲学大会与中国哲学

文汇：不知您是如何理解哲学与世界的关系的？西方文明中衍生出来的现代性的力量，近现代以来非常强势，但是近些年来也遇到很多问题。例如，伊斯兰的基要主义与现代性就有着某种共谋关系。伊斯兰世界如何处理全球化、世俗化和现代性的挑战，您认为伊斯兰哲学在当今时代应担当什么角色，伊斯兰世界可否走一条独特的繁荣之路？

> 哲学不应背离智慧追求、将真理的碎片写在
> 主观性的白板上、不愿倾听他者

阿瓦尼：正如你所说的，现代主义遇到了许多困难。现代主义冲击东方文明，给它们带来了许多危机和困境，这可以从如下事实得到说明：他们偏离和背叛了伟大圣贤和神圣宗教为所有人制定的普遍原则。哲学（即爱智慧）失去了与智慧的联系。现代科学也是如此，它纯粹是机械的、工具性的、剥夺性的，远离了支配整个宇宙的永恒智慧和天命。主观主义在现代哲学中居于至高无上的地位，每一位哲人都在摧毁整全的真理，并把真理的碎片写在主观性的白板上。甚至一些宗教哲学家是不可知论者、怀疑论者，甚或是无神论者，这让事情变得更糟。甚至哲学，与其本质相反，也变成了教条，一个学派的支持者从不愿意倾听另一个学派的支持者。

> 学以成人：既是智慧之学的主要目标，
> 也是所有宗教主要目标

文汇：您如何看待这次大会主题"学以成人"？

阿瓦尼：在我看来，"学以成人"是最为恰当的主题，因为"学以成人"

是中国哲学特别是儒家哲学的核心和精髓。"学以成人"是智慧之学的主要目标,也是所有宗教的主要目标。"学以成人"就是认识自我的现实,并通过培养以实现完美。为了了解这一主题的意义,我们也应该求助于其他宗教的或公认的传统。伊斯兰的先知说:"认识自己,才能真正认识真主",这意味着,真正意义上的自我认识与初始原则是分不开的。苏格拉底把希腊哲学的研究重心从宇宙转向人自身,把德尔菲神庙的箴言"认识你自己"作为哲学的座右铭。哲学的技艺是"知识助产术",这意味着哲学就是对自我之精神的精心培养,从而避免出现精神的死胎。

穆斯林圣人以及伟大的苏菲圣徒,非常注重自我的修炼。基于精神之路,最终与所爱合一。例如,伟大的苏菲诗人鲁米,斥责同时代的学者注意力过于关注于外在的科学,牺牲了通过对美德的培养以实现对自我的认知。他说:"如果你不认识自己的价值,那就是愚蠢。"

苏格拉底自诩他根本不关心宇宙论,但大多东方传统,甚至在柏拉图那里,自我学(自我的知识)也不能与宇宙学相孤立。希腊哲学家一般认为人小世界大。但是,穆斯林圣人则相反,因为人是创造的最终目的;人是所有神圣名字的拥有者,是在上帝的形象中被创造的。根据《古兰经》,真主已把他的精神吹入人的身体。这就是为什么苏菲主义大师伊本·阿拉比宣称,没有完人的世界就像没有灵魂的身体,而完人是世界的精神。无需多说,历史上没有比今天这个时代更非人化了。这让我想起了伟大的中国圣人老子的说法,在时代的尽头,高贵会变得卑贱,且与所有表象相反。"学以成人"比以往任何时候都更适用于当今人类的困境。最后,我再次强调,选择"学以成人"这一主题,可谓切中当今时代的脉搏。如非求助于我们丰富的文化宝藏,欲从目前困境中拯救人类则难能奏效。

中国哲学应通过各种对话,发现和恢复自我
文化身份与公共认同,非模仿西方

文汇:近年来,您多次来中国参加学术研讨会并在北京大学高等人文研究院长期讲学,想必您一定对中国哲学有所认识和洞察,当前中国的传统哲学研究同样面临创造性转换问题，您对中国哲学发展的形势有何看法？对中国哲学或中国文明有何理解或期待？

阿瓦尼：中国、印度和伊朗等东方国家有着根深蒂固的悠久传统，受到圣贤智慧的支撑，我认为走出困境的唯一可能的出路是发现我们的文化身份，不是通过模仿，而是通过真正的觉醒与复活。中国哲学内容极为丰富，通过与伊斯兰、印度等其他贤明传统的接触和对话，可以重新焕发活力。他们可以真正地恢复庄严而神圣的个人与公共认同，并克服从现代西方继承的所有危机。

正如我之前所说的，45 年前，我从中国先哲那里学习《易经》《道德经》以及自然哲学，从而熟悉了中国古典哲学。井筒 (Izutsu) 教授在伊朗哲学所研究出版了一本关于禅宗的书。阅读这些著作以及在学院图书馆可以获得的其他许多资料，极大地帮助了我理解中国哲学。萨义德·侯赛因·纳斯尔 (Seyyed Hossein Nasr) 教授主政伊朗哲学研究所时，为了方便井筒教授和其他学者阅读，提供了大约一千本的中国典籍。我自己也有超过一百本精选的关于中国历史和各种哲学学派的英文译本。我很高兴地看到，中国人深爱着他们蕴含非常珍贵宝藏的过去。

文 / 石永泽（文汇—复旦—华东师大联合采访组）

罗格·安慕斯（安乐哲）
Roger T. Ames

哲学的最后一站不是真理，而是智性对话

——访谈中西比较哲学专家、中国哲学专家、北京大学
人文讲席教授、夏威夷大学荣休教授安乐哲教授

被访谈人：罗格·安慕斯（Roger T. Ames），中文名安乐
哲，北京大学人文讲席教授、博古睿学者、夏威
夷大学荣休教授，以下简称"安乐哲"
访 谈 人：内蒙古大学哲学学院讲师王惠灵，以下简称
"文汇"
访谈时间：2018 年 5 月 30 日

5 月后，安乐哲再次走上街头，会不时地被校园内外的人认出。北京大学建校 120 周年电视新闻里的一个片段，让这位学者走进了更多人的视野。在与国家最高领导人一段简短的对话中，71 岁的安乐哲谈到自己的使命——帮助中国哲学走出去，让西方人更了解中国。

出生于多伦多，长期执教于美国，安乐哲的学术生涯略带传奇色彩。18 岁起带着对中国哲学的兴趣，他辗转求学于美国、加拿大、日本、英国和中国香港、中国台湾等地，曾受教于劳思光、方东美、刘殿爵、葛瑞汉等中外名师。安乐哲在中国古代经典翻译领域作出了巨大贡献，其英译作品包括《孙子兵法》《论语》《中庸》《道德经》《孝经》等。这些译本在海内外广为流传。此外，他致力于中西哲学比较研究，带着"原汁原味"的理解，他尝试澄清西方人对中国文化的种种"误解"，也因此获得了从中国高校到文化部的诸如"会林文化奖"、"孔子文化奖"等各类荣誉。治学中，他与郝大维、罗思文等共同组成了"一多不分"的学术家庭，留下了中西思想比较三部曲。几年前，"儒家角色伦理学"的提出给学界带来了更多的生气，也让安乐哲获得了更多中外同仁的关注。

于夏威夷大学荣休后，2017 年 9 月安乐哲受聘于北京大学人文讲席教授。"我最大的成就是我四十多位学生，他们才是最重要的。教一辈子书、桃李满天下就是我的幸福。"2017 年 11 月，学生们云集北京为他庆贺生日，幸福感更坚定了他"其他随人去说吧"的信念。

从呼和浩特出发，我坐了一夜火车，清晨到达北京。带着喜悦的心情，我再次见到了安乐哲，也经历了一场难忘的对话。

哲学缘分与哲学之路

文汇：您长期执教和生活在美国，可以说，美国是您的第二故乡。如今，您加入北京大学，相信这个"第三故乡"会给您的工作带来新的起色。您如何看待自己的哲学之路和学术成就？

自从 18 岁去香港学习哲学，我一生都在 从事"最自私"的工作

安乐哲：在我看来，从事哲学研究是"最自私"的工作。因为这项工作总是在"思考自己"，实现自我提升。作为老师，我们读书、写作，与年轻人讨论问题，过着反省和值得珍视的生活。回想这一辈子，我曾经有过一丝顾虑，会不会有人说："你骗人，你不该有这样的生活"。看起来，我们这样的人"没做什么"，可是薪水却不低，活得也体面。所以，如果出于自私，我会想"别有太多的哲学家，否则，我们就不会活得这么容易"。威廉·詹姆斯（William James）说："哲学不以面包为生"。在我看来，从事哲学工作也是一种"奢侈"。

我的哲学因缘始于 18 岁那年。我去香港做交换生，那也是我人生的一个转折点。在香港念书的时候，我发现外国学生（比较独立）与中国学生（像儿童、喜欢玩）行为特征非常不同，有些"看不懂"彼此。所以，从那时起，我就树立了"让两边彼此了解"的目标。

我现在已经 70 岁了，回顾过去 42 年的岁月，我带出了四十几个博士，他们在世界各地教书，每个人都有自己的思想。我有点像一个"祖父"，我有我的"孩子们"，每每看到他们的学术成就，我就颇感满足与欣慰。至于我自身有多少学术造诣，我不太敢说，不过我致力于将中国的经典文献翻译成英文——"让她自己来言说自身"——以此扭转人们套用西方术语对中国思想作出单一解读，我认为还是有一定价值的，并且这始终是我努力的方向。

培养国际性学者，我计划在北京大学开设
新的比较哲学课程

安乐哲：我下个学期要在北大开一门新课——《中国哲学经典的英译研究》。目前，我在准备教材。我的预期是：既要让中国经典著述有汉英对照本（其中有原文，也有翻译），在开篇亦会廓清该经典文本的阐释语境（Interpretive context），以此更好地解读其文化语义。上述内容构成了该书的主旨。

作为北大的老师，我的目标是帮助学生从比较哲学的立场来学习和理解哲学。为了帮助他们成为具有国际视野的学者，我将带着他们一起读书。因此，这门课的宗旨是：不但让学生可以用汉语说中国哲学，而且也能用英语讨论和讲解中国哲学。这点非常重要。北大是一所国际性大学，它培养出的人才将会走向世界各地，在不同国际场合用外语向更多的人介绍原汁原味的中国哲学。

我接下来的具体工作任务是：帮助中国的学者国际化，让中国文化和中国哲学走出去。我的目标不是给中国人讲"中国人喜欢听的话"，而是走上一条国际化的道路，中国应该有她的地位，为自己发声。这样可以从根本上加强中西方的沟通和理解。事实上，这不仅仅是为了中国，也是为了外国，这是我的想法。

哲学特色和贡献

文汇：能否请您向大家介绍一下您最具有代表性的学术观点？

罗思文与我共同提出"角色伦理"，目标是
让中国哲学"说自己的话"

安乐哲："角色伦理"是罗思文教授（Henry Rosemont）与我共同提出的一个全新想法；为了实现"让中国来言说自身"，"一套特色语汇"至关重要。罗思文与我始终关注语言哲学的问题。我们跟随了费孝通、唐君毅、

劳思光等中国传统思想家的步伐。但与此同时,我们也在不断面对一些现代思想家的质疑和提醒,比如郭齐勇和陈来。

事实上,我的学术成就与这些学者分不开,虽然他们经常批判我。这种批评主要是因为我们中间隔着语言的"障碍"。举例来说,郭齐勇指出我的想法具有局限性。第一,我不认为儒学是普世的;第二,我不认为儒学有一个终极关怀的目标。目前,很多人把汉语中的"普适"对应于英语中的"universal"。但"universal"这个术语本身蕴含着"终极性"("ultimacy"、"final end")的含义,其中尤为突出了上帝的概念,而这在汉语的语义中并不存在,因为中国没有上帝这个概念。中国的"终极"是一种"优化"、"最大化"、"最佳效果状态"的共生系统(optimizing symbiosis)——一个最佳优化的和谐。所以,如果只是在汉语语义环境中使用"普适"这一词,这并没有问题,但如果把它附会到西方传统之中,就会产生误区。所以,我们最好不要把差异很大的西方观念与中国观念牵强附会在一起。

哲学的当代使命:从知识论返回到"社会智慧"

文汇:您长期从事中西哲学的比较研究,在这种视野下,您会对哲学作出怎样的理解?

安乐哲:在哲学的道路上,我的榜样是杜威(John Dewey)。杜威来过东方,先到日本,然后转到中国。他写了《哲学的改造》(*Reconstruction in Philosophy*)一书。在书中,他明确地批判了"哲学家式"的现象,指出哲学家也需要面对"老百姓"的疑问。可见,哲学家的责任并非只是面对技术性的哲学问题,还应该直面日常生活。我一直在思考美国哲学中的实用主义思想,其中一条核心的原则是:What difference does it make?(哲学如何改变生活?)在我看来,当今社会,我们需要社会智性(social intelligence)。我们现在的世界存在很多困惑,包括全球变暖、食品安全、水质污染、传染病肆虐、环境破坏以及收入不平等各种问题。此刻,人类需要哲学来面对这些问题。

文汇:这些人类的问题可以被理解为哲学问题吗?

安乐哲: 全球饥饿等问题其实不是一个"问题"，因为我们有解决这个问题的办法；科学、科技已经达到这个地步，只要我们明天开始解决这个问题，可能就没有问题了。所以，我们的问题不是一个科学的问题，而是一个道德的问题，是一个伦理学的问题，而道德和伦理学的思考都是哲学。

在西方，尤其是欧陆哲学，20世纪的特征是要恢复智慧

文汇: 在您看来，哲学在当今社会应该扮演怎样的角色？

安乐哲: 20世纪西方哲学的内在批判，要从一个抽象的第二世界假设回到尼采的论域中来——回到我们的身体，回到我们的日常生活，不是谈"真"（the truth），而是谈"我的真（My truth）"。所以，20世纪的西方哲学是回到日常生活。然而，中国哲学永远也没有离开日常生活，这是中国哲学的特点。它不是一套绝对抽象、系统性的思想，而是面对我们人和人的关系、家庭的问题。无论是学生和老师，还是个人与其先祖，这些都是日常生活中的关系。

文汇: 从时间上看，您怎样区分当代和现代？

安乐哲: 二者差不多，当代是离我们最近的，现代以一个技术转向（technical turn）为标志。在西方，20世纪哲学的特征是要恢复智慧，扭转哲学的"知识论"（philo-episteme）倾向。从柏拉图和亚里士多德的时代开始，西方哲学离开了"爱智慧"（philo-sophie）的语境；古希腊走向了对诸如"原则"——一个永远不改变的知识对象——等概念的崇尚，这也就是所谓的形上学思考（metaphysical thinking）。最抽象的知识是最实在的，这一教条显然离开了我们的日常生活。如果没有日常生活，就没有智慧，而智慧恰恰是实用性的。所以，西方的传统思想就变成了知识论，其目标是追求知识。现在大学的课程也因此成了知识论（epistemology），而不是"智慧论"（philo-wisdom）。20世纪西方哲学的自我反思应该恢复智慧。所以，当代哲学的责任是做社会智性的领导。

哲学面向普遍的对象，哲学担负着一种责任

文汇：哲学家是否担负一种社会责任？

安乐哲：大家通常对哲学带有一种"误解"，把哲学视为一种专业的、片面的学习对象。然而在我看来，一个人能够彰显其独特性的部分，恰恰在于他的哲学、他的思考和他的价值。所以，哲学存在于一个普遍的生活层面，而不是那个所谓的"专业的"哲学。有一个非常典型的例子，我们都知道，无论你读化学，还是社会学，最后的学位都是哲学博士（doctor of philosophy）。哲学的内在意义已经到了这个层次，也就是说，对"社会最后变成什么样子"、"物理学、化学、文学等各个门类中最基本的理念是什么"之类的问题，哲学家必须肩负起相应的职责，给出这些根本问题的答案。

哲学的最后一站不是"真理"，而是"智性对话"

文汇：如果我们可以在生活中学习和理解哲学，您如何看"哲学咖啡馆"这一在法国比较典型的现象？

安乐哲：在我看来，这是欧洲非常重要的成就，也是一个追求智慧的社会现象。美国现在最大的问题在于老百姓与哲学处于一种分离的状态，其不良影响作用于社会的方方面面，尤其在政治领域之中。十几年前，我受邀到比利时鲁汶大学讲演，当时的听众有两百多人。他们当中并不都是学生，还有来自社会中各行各业的人（律师、工程师与商人等等）。但无一例外，他们都对比较哲学抱有浓厚的兴趣。哲学不仅仅是大学中的课程和纯粹的知识，也是社会的普遍需求。所以，我非常佩服欧洲在这方面的表现——哲学家的想法也是社会的一部分。可是现在美国并不关心哲学，该趋势在特朗普成为美国总统之后愈发明晰，这直接导致了社会（道德、思想教育）的流行价值取向带有明显的排他性——"为了为自己而为自己"的文化心理似乎成了市面上唯一的声音。然而，哲学的最大贡献是：以追求包容性的智慧，来应对我们整个人类所面临的当下困境，以及越来越复杂的现实状况。2017 年在复旦大学，理查

德·伯恩斯坦（Richard Bernstein）也来和我们一起参会。他写了《超越客观主义与相对主义》（*Beyond Objectivism and Relativism*）一书。他在书中指出：哲学的最后一站不是真理，而是一种"智性对话"（intelligent conversation）。所以我认为，哲学家最重要的职责是参与讨论，并且坚持论理到最后一刻。每一位哲学家都必须具有上述觉悟，并且时刻做好准备。

我看中国哲学和世界哲学大会

文汇：您对本届世界哲学大会的主题"学以成人"做如何理解？

西方提供了对人的个人主义的理解，
儒学给出了为"人"的第二种选择

安乐哲："学以成人"的主题带有非常鲜明的中国特色，能在中国召开这样主题的哲学大会非常令人期待。据我所知，本次将有 6000 名学者参会，其中 2000 名来自世界各地，其余来自中国本土，这给了中国哲学家一个"讲述他们自己"的机会。目前，中国哲学面对的最大问题是用西方概念来解释中国思想。其中的原因可能是因为 19 世纪下半叶西方的课程教育被引入东亚，并对中国本身的语言系统产生了巨大影响。所以，我们现在的问题是，一旦谈及哲学，本体论、伦理学、形而上学以及所有的相关论题，无论说到什么都无法摆脱西方的范畴。

到目前为止，中国哲学的学者大都还是在用西方概念来阐释"哲学是什么"。其实，中国哲学可以用自己的声音说话，这次大会的主题与中国哲学关系密切，也与我目前的写作相关，这本书叫《角色伦理之人的理论化》（*Theorizing Persons for Confucian Role Ethics*）。如果要谈儒学的话，第一个要讨论的问题是：我们要理解什么是"人"？在我看来，儒学对现代世界最大的贡献是：在西方的个人主义之外，提供了第二种对人的概念的理解。

后期维特根斯坦思想与中国观念中"人"的概念有相似性

文汇："学以成人"用英文该如何翻译?

安乐哲：一些人会把"学以成人"翻译为"learning to be human"，可是我会把它翻成"learning to become human"。在我看来，human beings 和 human becomings 是一对非常好的区分。个人主义是 human beings，是一个自是、现成存在的灵魂；human becomings 则是一个过程，只有通过培养自己，我们才能够变成一个人。前者是排他的，后者是包容性的。human beings 的潜在属性是单子个人，human becomings 的潜在属性则在于你的环境。换言之，在西方，"潜在"这个概念直接与"固有性"挂钩，而中国文化语境里的"潜在"往往体现为一种"关系性"。

文汇：认知科学的"实用主义转向"也强调了人的各种关系性，您如何看这种发展变化?

安乐哲：这种儒学传统的思想现在也在西方出现了。比如，米德 (George Mead) 和泰勒 (Charles Taylor) 都谈到了人是一种关系。或许在西方，这是一个新颖的想法，但是事实上该思想早已植根于中国的传统思想之中了。

儒学认为：人时刻处于关系之中，并且此类关系是无法还原的；我们没有什么个别，什么都是关系。我们的生命不在皮肤里面，而在世界之中。我们最大的问题是混淆了"腿"和"走路"，具体而言，就是把"身体 (body)"和"人 (person)"之间的关系搞乱了。人是一个活动 (activity)、事件 (event)，而不是一件物品 (object)，如今，上述儒学的传统的思想在西方世界已经得到了越来越多的承认和重视。

文汇：活动 (activity) 这个概念让我想到了维特根斯坦的"语言游戏"。事实上，维特根斯坦所要强调的也是"语言活动"。

安乐哲：后期维特根斯坦与中国传统思想有共同的地方，而且很重要。我不久会在北大专门开设有关维特根斯坦与儒学的课程。无论是家族相似 (family resemblances)，还是语言游戏 (language games) 都和中国传统思想有密切关系。

文汇：就概念本身而言，"家族相似"理论之中存在着张力，如果家族相似成立，世界上所有的东西都是相似的，那么要怎么来区分呢？

安乐哲：我们区分的是类比性（analogy），在这个过程中，我们采取的不是静止的单子个性（individuation）的方法。在西方，像亚里士多德那样公理式的个体性（principle individuation）是本体论性的一个本质，它有一个理念（eidos）。可是，儒学有另外的可能性。如果你培养你自己，你就实现了具体化，成为个别的、特殊性的人。孔子不是普通人，是一位君子、一位仁者、一位圣人，是特殊的人，所以也成为一个带有规范性的个人。在学习中培养自己，之后，你就变成那样一个人，也就是"学以成人"。

"坏人"是相对于"君子"的"小人"，会失去"成人"的机会

文汇：人往往有好坏之分，我们又该如何理解"坏人"的存在？

安乐哲：人存在"小"与"大"的不同是正常的，一个坏人是一个小人。如果没有受教育，如果不与别人形成良好的关系，一个人就会朝着"小人"走去。在中国，恶（evil）是对机会的白白丧失。你有机会做一个大人，可是如果始终甘于做个小人的话，你会是恶的。"恶"不是一个静止不变的东西，而是缺失。虽然未必会有直接的惩罚，但有缺失的人会失去机会。一个具有规范性的个人就相当于一件代表作（masterpiece），"学以成人"是其最终形态。如果问：你为什么要做人？回答是：因为我要是个人。这是由己而出，不只是意味关系；要做人，为了要是个人。

中国文明强调"无限游戏"，这是人类需要的"共赢"模式

文汇：您如何看待中国哲学与世界的关系？

安乐哲：詹姆斯·卡斯（James Carse）的"有限游戏"与"无限游戏"的区分有助于我们理解这个问题。举例而言，有限游戏好似我和你下棋，有一个开始和一个结束，还有一系列的规则，有"输"有"赢"，无疑，这是一种封闭的模式。如果说游戏是人的行为，那么我们的"游戏"包括教育、商业和外交关系等各种各样的活动。

在目前,"非赢即输"的有限游戏模式(winners-losers)是非常普遍的,这跟个人主义意识形态分不开。美国与中国博弈,有一种谁赢谁输的心态。可是无限游戏不一样,它没有开局,也没有结局,其目的在于加强关系,以此来面对很复杂的世界。新的世界秩序需要改变一些固定做法,因为我们最后的目标指向的是一种卓有成就的生活。所以,现在人类所面临的"困境"是:一旦采取了无限游戏的模式,我们要么"双赢"(winners-winners),要么"双输"(losers-losers)。

我个人觉得,这种经济政治局面(世界秩序)与个人主义以及国家之间的博弈态度是分不开的。不过,以往的时代已经过去了,现在,我们需要一个新的世界秩序,而这个新的世界秩序与中国思想中"己欲立而立人"的精神一致。显然,这是无限游戏模式。我们要从有限游戏模式过渡到无限游戏模式,不是"共赢",就是"共输"。也就是说,有一方不赢,其余各方皆输。

"生生不息"显示了中国文明的过程性特点, 中国哲学必将拥有其世界地位

文汇:中国哲学在世界文化中应该扮演怎样的角色?

安乐哲:中国哲学给出的不是一个终极答案,或者说,一揽子什么都解决的回答。然而,中国哲学必然有其贡献,而且是非常重要的贡献。到目前为止的两百年来,中国似乎没有自己的"声音"和"位置"。现代的世界应该给中国自身应有的位置,"让她自己来言说自身"。

20 世纪初,杜威曾经到过中国,来到北大,但当时的学者对杜威并不感兴趣,因为他们都看好欧洲的新兴哲学。康德依旧是哲学的标准,如果不学习康德的理论,就等于还不够规范。当时不少人都持有类似的想法,因而中国的哲学研究也就呈现出欧陆哲学的范式。可是 20 世纪中叶及以后的西方哲学开始排斥康德的二元论——那种非个人理性(impersonal reason)的概念与抽象范畴的思维——转而追求一种过程思维的方法,去理解人的经验实践的过程。可以说,怀特海(A.N.Whitehead)和伯格森(Henri Bergson)是这个时代的先锋。20 世纪的西方哲学几乎

都是过程哲学，包括：现象学、实用主义、存在主义和诠释学，它们都接受变化的宇宙论。所以，21世纪的哲学谁也不能预测《易经》中"生生不息"的思维方法是否会作为我们哲学研究的一个范例，就如同康德在20世纪初期曾是我们的标准一样。21世纪一开始，过程思维便得到了重视，而中国传统思想一直都是过程思维。

中国家族的力量依然在日常生活中发挥作用

文汇：在一个变动的社会之中，必要的秩序与原则是如何产生和维系的？

安乐哲：我个人觉得，回答这个问题的最好办法是回到莱布尼茨。在他看来，如果要谈政治哲学、社会哲学和伦理学，中国传统的思想资源无疑极具借鉴价值。中国的"礼"是一个非常丰富的概念，它跟西方的法律不一样。当然，西方也有它的"礼"，但其指涉的语义显然是不同的。我谈到过，严复曾说，如果谈两千年来的中华帝国的政治秩序和社会秩序，中央政权大约影响了秩序构成的百分之三十，剩下的部分皆被家族因素所左右。中国的家族观念和家庭制度非常重要，也被我们的现代社会所需要。

文汇：中国的"家风家训"或者家规比较常见，但似乎没有像西方的贵族一样的家族概念，我们要如何理解其中的差别？在您看来，中国的典型家族代表是什么呢？

安乐哲：在20世纪以前，你出生在一个家族，你的整个生活都在那个家族里，无论经济、政治还是你的身份均与家族密不可分。同时，家族本身又是一个很大、很复杂的组织。现代社会也一样，比如，你回到家，会参加数十甚至上百人作为一个家庭的聚会。一个比较典型的家族是钱穆的家族。可以说，现代以前的中国制度完全依靠于家族的制度（氏族、村落）。可以想象一下，美国现在有80万警察在维持国家秩序，管老百姓，但以前的中国有这样的警察吗？所以，中国的政治秩序、社会秩序是哪里来的？是长辈用见识和胆略对某种情况给予的判断，相应地，政权机构与日常生活没有太大关系，问题与矛盾往往借助于家族内部的判断而得到解决。

中华文明并不局限在一个国家的维度上，而是人类的一部分

文汇：在中国哲学、中国传统、中华文明等提法上，我们应该注意哪些区分？

安乐哲：我们现在有一种"错误"的理解，中国与印度被视为两个国家，但事实上，她们不是两个"国家"，而是两种文明。与一般的国家相比，它们的规模完全不一样。比如，中国的人口比非洲多三分之一，是欧洲的两三倍。也就是说，我们或许要叫中国、印度为"中洲"、"印洲"；她们是"洲"（continents），是"文明"（civilizations），超出了国家的体量，呈现出另外一种规模。所以，儒家文明（称 sinitic cultures）远播日本、韩国和越南等地。同时，在世界上，像东南亚，比如说泰国，人口有一大部分来自中国；马来西亚、印度尼西亚也是类似的情况。现在的北美洲（比如温哥华和多伦多）华人非常多，许多当地城市也可以"算是"中国文明的一部分。所以，如果谈论"华人"和"儒学"这样的观念与文明，那么其受众将至少会关联到世界上三分之一的人类。因此，中国文明"不是"一个国家的文明，而是人类的一大部分。

哲学与文明有密切的关系。如果谈西方文明的话，离不开柏拉图和基督教。所以，哪怕是在 20 世纪，西方哲学发生了内部批判以后，我们的常识（common sense）还是基于柏拉图而展开。相比而言，中国的文明和哲学离不开儒学。儒学和孔子有关系，是世代延续的传统。所以，我觉得哲学和文明有密切的关系，是对传统敬奉的传承。

面对世界机遇，中国哲学"不求做得快，而要做得好"

文汇：目前中国哲学在美国的发展情况如何？

安乐哲：中国崛起对世界产生了巨大影响，现在谁都要多了解中国。所以目前在西方，与中国相关的话题成了热点，这是一个好现象。我一直和中国同事说"不要着急"，"中国的发展是一个时代的发展"。30 年前的中国和现在完全不一样，因为速度太快，年轻人难免会产生困惑。

中国肯定有她自己的机会，"我们不是要做得快，而是要做得好"，"要让外国人真正了解中国本身的思想，而不是让他们误会中国"。在中国国内，现在的情况也非常好，无论政府层面，还是学术领域，人们都觉察到中国的将来与中国的传统文化有密切关系，"要尊敬你自己，要自信地来了解你们自己的传统"。所以，许多高校都有自己的国学院，在外国有孔子学院，这种生态很好，要坚持做下去，但不可能一蹴而就。此外，要重新把中国的经典翻译成外语，而这一次要用中国自己的哲学观念去表达，而不是依托基督教或西方宗教观念的框架来误读她。现在，如果在西方图书馆找中国的哲学经典，要去 BL-BQ（宗教）和 PL（文学）区域，而不是在哲学区域。可见问题就出在这里，这是一个相当大的"误会"。

来自大陆本土的哲学学者在美国助推了中国哲学的发展

文汇：中国哲学在美国的发展是否发生过变化？

安乐哲：从 20 世纪 90 年代以后，中国哲学在美国的发展有了很大的改观。此前，在美执教中国哲学的都是西方人和港台学者。之后，有大约 50—100 位（如李晨阳、倪培民和王蓉蓉等）年轻的、在中国大陆本土受过教育的优秀学者留学后，留在美国执教中国哲学。所以，那是一个转折。一批中国青年学者让美国人对中国哲学的了解迈出了一大步。在对教学与研究作出巨大贡献的同时，他们和美国同行也奠定了中国哲学研究在美国的大致格局。所以，当前美国一部分做中国哲学研究的领军人物都是那个时代的中国学者。

文汇：这批学者的发展状况如何？

安乐哲：他们都有自己的学生，和我一样，学生也是他们的骄傲。学者们都有不同的学术立场，在不断游学的过程中共同促进学术交流。比如，复旦大学的黄勇，他曾拜师罗思文，后留学、执教美国近 30 年，5 年前回到香港中文大学教书。与他一同跟随罗思文的校友倪培民，曾留学于康涅狄克大学，师从库普曼（Joel Kupperman），之后执教美国 30 年，现在在北师大教书。北大出身的李晨阳，执教美国 30 年，现在新加坡教书。王蓉蓉也来自北大，是张世英先生的第一批研究生，现在是美国洛杉矶罗耀拉大学的哲学教授。这样的例子还有很多。所以,美国的中国哲学研究现状今非昔比。

当前的美国哲学健康而包容,不像半个世纪前只有分析哲学

文汇:目前哲学在美国的发展状况如何?

安乐哲:我个人觉得,我们现在的哲学发展健康而包容。20 世纪六七十年代,分析哲学占据哲学界首位,但现在,我们既有来自欧洲大陆哲学的竞争,也有不断发展变化的本土哲学——美国实用主义的挑战,还有中国哲学、日本哲学等多元化的哲学沟通与发展。当然,今天的分析哲学仍有着非常重要的位置,它发挥着工具的作用。但仅此还不够,我们还需要智慧。所以在我看来,现在哲学的自我理解在改变,哲学专业也在改变,越来越具有包容性。哲学学者的机会也非常多,比如一个在夏威夷大学读中国哲学的博士,找到好工作的概率是百分之九十。

文汇:在哲学专业领域中,如果高层次的人越来越多,该如何考虑他们的去向?

安乐哲:哲学是一种在世生活的存在模式 (being in the world)。如果读了哲学学位并没能找到一个理想的工作,这也无碍。如果真的是一个哲学家,无论他从事何种职业 (比如编辑、出租车司机),对其自身而言其实都是一样的,因为他有着哲学家的使命——关心自身价值,关心大问题,关心人类的共同命运。

文 / 王惠灵 (文汇—复旦—华东师大联合采访组)

卡兰·辛格
Karan Singh

印度哲学并不神秘，在诠释现代中新生

——访谈"一元论"哲学专家、印度人民院议员、前尼赫鲁大学校长 K.辛格博士

被访谈人： 卡兰·辛格 (Karan Singh)，印度人民院议员、前尼赫鲁大学校长、前驻美大使，以下简称"辛格"

访 谈 人： 文汇报驻印度记者章华龙，复旦大学国际关系与公共事务学院研究生、联合国新闻司网络服务部实习生陆诗怡，《文汇报》记者袁琭璐，华东师大哲学系博士生谢婷，以下简称"文汇"

访谈时间： 2018 年 5 月—7 月，视频、面访、多次邮件采访

2018年7月18日下午，新德里中央使馆区一座别墅前，我的同事《文汇报》驻印度记者章华龙穿过近十位警卫的目光，最终叩开了曾被称为"king"的卡兰·辛格的住宅大门。当这位87岁的主人开口谈教育、世界时局、印度哲学时，其活跃的思维让人想起他于1986年时在牛津大学出版社出版的自传。采访尾声，主人所展示的各国收藏背后透露着他的人生足迹：出生于法国戛纳，曾任驻美大使、中印文化交流委员会主席，在五大洲演讲哲学与文化；而在国内，作为王族后代的他，18岁起即是所在的查谟和克什米尔邦的摄政王、总督、省长，此后又在国大党政府中担任计生部和教育与文化部部长，2017年还被提名为副总统人选。出过诗集《孔雀之王》；捐过巨款，履职不拿分文；对"一元论"有深入研究。6月的Skype视频采访中，老人哈哈大笑，自豪地笑纳神学家、诗人和政治家这个三位一体的联合称谓。

87年的时光，目睹、亲历印度和世界的变化、冲突，尽管社会角色不断变化，但这些都不过是为他体悟哲学所做的注脚，"不满足于为认知而认知"的印度哲学思想如影相随。"哲学就是为了理解他人，理解世界"，德高望重的印度人民院议员辛格告诉我们，无论身居何位，哲学都让人找到一种平衡。

他引以为豪的是自己介绍印度哲学的著作热销，难忘的是和索尼娅·甘地一起拜访胡锦涛时的交流：中国为何重新尊崇孔子。在受过西方教育的他看来，比较印度哲学和西方哲学，在逻辑上是不可取的，因为它们产生的时代不同，但是，他主张东方哲学和西方哲学彼此借力。

当询问他的经历是否可复制时，辛格议员笑答：人生就是奇妙的探险,但不断发现、探索真理是共同的,话题又回到了他初上哲学之路时对柏拉图的体悟。

哲学之缘与轨迹

文汇:您在政治、文化教育、宗教(哲学)等诸多领域均有深入且富有成果的研究。这次,您也将主持第24届世界哲学大会的第五主题场——"传统"。非常感谢您接受我们的采访。能否分享一下,您最初是如何进入哲学领域学习并有此后的深入研究的呢?

哲学路三阶段,最终体悟哲学
"帮助理解他人,进而理解世界"

辛格:我的哲学历程大致可以分为三个阶段。第一阶段是我的学习生涯,在德里大学的专业学习为我打开了哲学的大门,也让我对其产生了浓厚的兴趣。一开始我研究古希腊哲学家柏拉图,后来我开始研究印度哲学。我的博士论文是关于室利·奥罗宾多(Sri Aurobindo)的哲学和政治思想。奥罗宾多是位伟大的革命者,同时也是伟大的思想家和哲学家。他的主要观点是:人类大脑的进化和人类的进化一样,沿袭从矿物质—植物—动物—人类的进化路径,而且这种进化会继续进行,人类并不是进化的终点。

博士阶段的学习结束之后,我对哲学有了新的思考。我逐渐认识到,哲学理应也确实与每一个个体、每一个人的日常生活、每一个灵魂休戚相关。每个人都是哲学家,都有自己独特的理解世界和解释世界的方法路径,这是我对于哲学的第二阶段的思考。

后来我担任了各种职位,承担了各种社会角色,我对于哲学的理解就又加深了一层,它意味着包容与和谐,无论肤色、种族、宗教信仰,亦或者是年龄、性别、生活背景等,哲学都能帮助你理解他人,进而理解世界。

研究受限的"一元论"，某种程度也是"二元论"

文汇：中印以"关于知识、智慧与精神性的哲学反思"为主题的学术研讨会在印度举办时，国际著名儒学家杜维明先生（国际哲学团体联合会（FISP）指导委员会委员）与会并听了您的发言，杜先生称赞您在印度哲学方面的造诣很高，尤其对"一元论"有深入且独到的研究。您可以简要和我们谈谈"一元论"吗？

辛格：这是一个复杂的问题。准确说来，我的"一元论"更多的是一种受限制的"一元论"（qualified monism）。而这种受限制的"一元论"则是一种"限定不二论"。这种理论认为宇宙万物的最终本体是梵（或神），梵是全智全能、无所不在的。梵在本质上是纯粹的精神，一种知。它具有无限的神性以及无量的力用。梵是一切事物的创造者、维持者和毁灭者。此外，梵显现为现象界是真实的转变，在这种转变中，"因"是真实地转变为"果"，梵和它所变现的现象界都是真实的。在梵与个我的关系问题上，"限制不二论"主张梵、世界和个我乃是一个有机的整体，世界和个我只是梵的性质（德性）或部分。梵和个我、世界的关系也就是实体和性质或者部分和全体的关系。这种关系，如果从实体上看，实体不等于它的任何性质，也不等于所有性质的总和。实体是超越于它的任何性质的；如果从性质上看，性质从属于一个实体，但这不意味着性质就是实体。因此，梵尽管被个我、世界所限制，但仍然是一个完整的实体。

文汇：您对于"一元论"，或者说"限定不二论"的研究主要是从哪些角度切入的呢？相较于国际、国内其他学者的有关"一元论"的研究，您对"一元论"的研究有何不同之处呢？

辛格：每个人都对"一元论"有自己的看法，所以我恐怕不能很好地回答这个问题。具体说来，梵与个我的关系问题是吠檀多的一个中心问题，而对于这个问题的不同回答则形成了不同派别，如不一不异论（二而不二）、不二论（一元论）、限制一元论（限制不二论）、性力限制不二论等等。正是这些不同的答案丰富和促进了吠檀多本身的发展。因而在我看来，这些对"一元论"不同的研究进路都有其重要的意义。

哲学家、作家、政治家三位一体才是多元化的、深层次的"我"

文汇：您曾任职多个重要岗位，其中包括印度文化部长、驻美大使等。您觉得，哲学背景对您担任这些重要的社会职务是否有所帮助？

辛格：无论做什么，哲学都能帮助你做得更好。虽然哲学和做政治家、做大使看起来没什么直接的联系，但哲学有助于人的个性的形成，它可能不是针对某个特定领域的特定能力的强化或提高，但是却对更为内在的性格、思维方式、看待事物的角度有很大影响。所以不论我身居何位，面对什么样的情况，哲学都能帮助我找到一种平衡。

文汇：在哲学家（神学家）、诗人（作家）、政治家这三个称谓中，您最喜爱大家称呼您哪一个呢？

辛格：神学家、作家、政治家这些称呼，我都很喜欢，而且我希望大家能用这三个称谓同时称呼我。因为这三个角色都是我人生中不可分割的部分，也是这些不同的经历将我塑造成了现在的我，所以我一个也不愿意舍弃，这才是一个完整的、完善的我。更重要的是，这些经历都是我个人内在成长的见证，在标签之下，是多元化、深层次的自我。通过这些，大家能够更好地了解我。

帮助找到内心的平静，哲学是永葆青春和长寿的秘密

文汇：我们很高兴见到一个 87 岁高龄但依然精力充沛的您，这很让人羡慕。哲学家似乎都很长寿，我们这次采访的 24 位世界哲学家中，您大概就年轻于中国的张世英（97 岁）了，其他哲学家也大多在 70 岁到 85 岁之间，60 岁以下的只占 20%。您可以和我们分享一下您保持健康的秘诀吗？

辛格：我觉得这些都是哲学的功劳（大笑），所以我们这些哲学家们才能活那么久。因为哲学能帮助人们找到内心的平静，在这个过程中能不断地升华自我。像现在，我这里的气温有 45 度，在如此燥热的环境下，思考哲学能够让我静下心来，进入一个不被打扰的、凉爽的世界。

赠言年轻人求索真理："我的成功可以部分复制"

文汇：您的经验可以复制给如今的印度青年和全球哲学学子吗？您最想对他们说些什么呢？

辛格：尽管我的一部分经历① 可能无法被复制，我的另一部分经历却是可以的。这就需要勤奋、刻苦、认真、耐心等品质。如果有机会，我想对现在的年轻人说，人生是一段奇妙的冒险和旅程，你要不断探索与发现，求索真理。

哲学特色与贡献

文汇：您已发表了数十部著作，中国学者通过您写的《利希斯的智慧：三个奥义书，伊什瓦雅，肯娜和曼杜基亚》（*Wisdom of the Rishis: The Three Upanishads, Ishavasya, Kena and Mandu-kya*）、《Shiva 山》（*The Mountain of Shiva*）、《印度教的标准书》（*The Sterling Book of Hinduism*）等多部著作来了解您的哲学和宗教思想。但您的作品内涵远不止于此，我们希望让更多的中国学者了解您的哲思。在您所有的著作当中，您最满意的是哪一部呢？

《印度教的标准书》：为国内外学子打开了解印度教的大门

辛格：我最满意的是《印度教的标准书》，它梳理了印度教中的各种概念，介绍了印度教的源起和发展，更探索了印度教的内涵与真谛，可以说是印度哲学界为数不多的可读性极强的哲学著作。印度的不少大学也把这本书当作课程教材或者是参考文献，让那些对印度教有兴趣的年轻人可以更快且深入地了解印度教。因为它能将更多年轻人带入印度哲学的殿堂，不断壮大印度哲学学界的队伍，为印度哲学界补充新鲜的思想、血液和能量，所以我觉得这本书是有承上启下的传承意义，也是我为印

---

① 辛格出生于王族。——访谈人注

度哲学所作的微小的贡献。

文汇：那么您最希望中国学者通过您的著作了解到什么内容？

辛格：我希望中国学者可以通过我的书更好地理解印度哲学。因为很多人都觉得印度是神秘的，所以印度的哲学也是神秘的。实际上并不是这样，印度哲学是包容且友好的，只要你想要了解，印度哲学是不会"欲说还休"或者"犹抱琵琶半遮面"的，它是开放的，等待外界来探索。所以我希望更多的中国学者能够勇敢地揭开印度哲学的面纱，通过从我书中理解到的印度哲学思想更好地理解世界。当然，我也希望与更多的中国学者做朋友，一起交流，促进相互理解、共同进步。

印度哲学和西方哲学互相借力，才有解决
现代化中危机的可能

文汇：早在轴心时代，印度就诞生了优秀的文明。您能否介绍一下当代印度哲学（神学）的发展现状？尤其是本国哲学研究与西方哲学研究的关系？

辛格：西方哲学的种类太多了，印度哲学也有不同的流派，因此两者不能单纯地进行比较。从某一维度来说，两者几乎是不能比的，因为他们诞生于不同的历史背景和文化环境之下。从古典主义到现在，哲学也经历了很多变化，在不同的诠释中获得新的生命力。像现在，我们试图用哲学来解释气候变化、恐怖主义、难民等各种现代化的问题。我只能说，无论是西方哲学还是印度哲学都十分重要，而且他们的重要性并没有因为科技的发展和社会的进步而削弱。恰恰相反，现代社会在繁荣的表面之下暴露出来的各种问题，是需要追溯到哲学层面来思考、处理和解决的。印度哲学和西方哲学互相借力才有这样的可能。

缓解"起跑线"难题：增加教育投入，
公立和私立学校共同发力

文汇：最近印度的《起跑线》在中国热映，引起很多中国中产阶级的强烈共鸣。亚洲国家都非常重视教育，而中国高校都在创建"一流院校、

一流专业",担任过多所高校校长的您,能否介绍下印度的教育现状? 有何进一步的展望和建议?

辛格:说实话,我并不满意印度的教育现状,因为政府在教育中投入的比例太少,只占到 GDP 的 6%。我认为政府应该提高教育投入。此外,我们也应该考虑政府和私有部门联动,让公立学校和私立学校都发挥作用。

海外扩建印度文化中心将达 40 个,
传播印度文化也需国外学者

文汇:自 20 世纪 70 年代起,印度文化关系委员会开始在全球各地设立印度文化中心,目前已在伦敦、纽约、开罗和北京等地建有 26 个文化中心。印度政府计划将其海外文化中心扩展到 40 个。您可以介绍下文化中心的基本情况吗?

辛格:这些文化中心的主要任务是传播印度文化,比如瑜伽、音乐和舞蹈,就像中国的孔子学院一样。通过这些文化中心,可以在当地有序地组织活动,把印度文化传播出去。未来,文化中心的范围应该会进一步扩张,以提高印度文化的辐射和影响力。

文汇:众所周知,印度是一个多民族、多宗教、多语言的国家,英语的广泛使用为文化传播带来了天然优势。悠久的历史与深厚的文化底蕴也吸引了许多来自世界各地的学者前往印度研究、学习、参观、旅游,这其中包括许多中国学者。您认为印度最值得世人学习和传播的地方是什么?

辛格:印度文化确实有很多值得学习和传播,如果要推荐一种的话,那么首推吠檀多 (vedanta),它的确是印度对哲学的一个特殊贡献。

文汇:您会推荐国外学者,尤其是中国学者来印度学习什么专业呢?

辛格:我曾去过马德拉斯大学 (University of Madras),那里有很多中国留学生,并且越来越多的留学生来印度学习。除了哲学之外,国外学者也会学当地语言、科技等专业,他们的学习对于保存和传承这些印度文化是非常重要的。

我看中国哲学和世界哲学大会

文汇：您曾出任印度文化关系委员会主席、印度文化大使，在 2010 年中印建交 60 周年之际，参观了中国成都文殊院，欣赏了中国残疾人的舞蹈《我的梦》和中国美术家印度风采作品展，这些活动使得中印两国在文化领域的互动交流更加深入。您作为印度文化界的领袖，在与中国的交流中，对中国哲学或文明有什么样的印象？对中国哲学有何期待？

曾被胡锦涛接见，一同谈论孔子和儒家哲学的重要性

辛格：我在印度文化关系委员会主席和印度文化大使任上确实有多年。对于中国哲学，我对孔子为代表的儒家和老子为代表的道家都很感兴趣。我知道中国五四时期，曾有"打倒孔家店"之风，但我很高兴现在孔子又回到了中国。当我在北京与时任主席胡锦涛同志共进午餐时，我就问他："中国又重新重视孔子了，他对中国意味着什么？"胡锦涛回答我："孔子对中国很重要，因为他代表的是人的价值观、社会秩序、人与人之间的良好关系。"这是我对中国哲学印象最深的一点。但是我真的无法对中国哲学说些什么，不过我很看好中国哲学的未来发展。

文汇：中国文化有哪些方面比较吸引您？

辛格：说实话，我对中国文化的了解并不是特别深入和全面，但是有几点还是特别吸引我的。首先是中国的艺术，在中国期间，我参观了中国的几所大学，也去了故宫。中国的雕塑、绘画、建筑很美，对我很有吸引力。中国漫长的历史和积淀下来的文化都让我非常惊叹，20 世纪八七十年代的这段历史对中国来说是一场灾难，印度也要引以为戒，并且保存好自己的文化传统，这点非常重要。另外吸引我的还有中国的美食，我特别喜欢吃中国菜，家里厨师也会烹饪中国菜。

东方哲学曾是世界哲学的主导，当下应重新激发生命力

文汇：这次世界哲学大会力图让多个哲学传统发挥它的亮点。一个世纪以来，西方的哲学主流几乎成了全世界哲学的主流。您如何看待哲学与当代世界的关系？

辛格：实际上过去好几个世纪以来，东方哲学都是主导哲学。但由于西方的统治和殖民主义，西方哲学似乎已经接管了哲学的主位。但我认为，东方哲学特别是印度和中国的哲学饱含着智慧。这些智慧能与西方哲学很好地互补。因为西方哲学具有冲突的立场，更强调矛盾，而东方哲学更注重和谐统一，它的目的是以心灵的方式将人们聚集在一起。我觉得这很重要，我们应该重新发现、关注和探讨东方哲学的重要性。

学以成人：成为对世界充满爱、具有包容精神、
对万物皆有情的人

文汇：第24届世界哲学大会的主题是"学以成人"，这个说法来自中国的儒家传统。根据儒家的看法，"学以成人"是通过学习让自己成为天地之间的一个沟通者和能动者，他的责任是去帮助天地万物实现自身的目的。在此，自我实现与尽可能多地占有资源无关，而是要去成为一个有德之人，这个有德之人能与他人、自然、天地以及自身保持一种和谐的关系。不幸的是，这种思想在现代社会逐渐衰落，物质主义的生活观在年轻人中十分流行。据您的理解或根据您的思想传统，"学以成人"意味着什么呢？

辛格：我认为"学以成人"是尽所有可能成为一个"人"，你的出生并不意味着你就是"人"了，它的重点在于"成为什么样的人"。这里的人应该是具有"人的品质"的人，不仅是外在的，还关乎内在。而我所理解的人的品质，是对世界充满爱、具有包容精神、对万物皆有感情。人从来不应该是孤立的个体或者物种，因为人是社会性的动物。人与人之间需要保持联系和沟通，人与动物、植物等其他物种之间也要保持频繁的接触。同时，我们也要尊重人和人之间差异性的存在，这也是哲学教

导我们的。

世界哲学大会：别的学者的某句话，常让我醍醐灌顶

文汇：您此前是否参加过世界哲学大会，对它有何印象？

辛格：我在 2013 年参加过在雅典举办的世界哲学大会，想来也是五年前的事了。我觉得这一大会很棒，借助这个平台，来自世界各国的在不同哲学流派有所建树的学者能聚集在一起，发表并讨论自己的观点和认识。对我而言，这是一个结交新朋友、交流新观点、获得新知识的地方。有时候别的学者的某句话能一下子让我醍醐灌顶，想通某个困扰我很久的问题，给我惺惺相惜的感觉，这种感觉是非常稀少且珍贵的，所以我很感谢世界哲学大会。上回参会的时候，哈佛大学的杜维明教授就给了我这种感觉，让我印象深刻。这次是我第二次参会了，我十分期待。

文汇：您认为世界哲学大会在促进哲学发展的过程中扮演着什么样的角色？

辛格：可以说，促进哲学的发展正是举办世界哲学大会的意义所在。众多哲学家汇聚一堂，重新发掘哲学的重要性，并且试图将哲学融入于我们当下的生活。哲学不像数学、化学或者物理，它是一种我们赖以生存的东西，所以哲学不应仅仅在象牙塔里，应该参与到我们的生活中。

演讲"给全球社会的五条经文"，
探讨如何运用古代哲学智慧

文汇：印度哲学界对世界哲学大会这个国际盛会非常重视，每年亮相都让人难忘，您能和我们说说印度哲学界对此次大会的计划吗？

辛格：印度学界确实很重视这场大会，印度哲学家研究委员会（ICPR）通常会派人参会。但我不知道这次的具体安排是什么，因为我是"单独行动"的。我希望有更多的印度学者可以参加，我也肯定我们会有非常惊艳的亮相，一起拭目以待吧。

文汇：可以和我们聊聊您在这次哲学大会上发言的主要内容吗？能透露一点给我们的读者吗？

辛格：我的演讲试图去探讨当下的我们如何运用古代哲学中的智慧。三千年前的某些概念对现在的生活仍然是有启发意义的。但或许由于时代过于久远使它们蒙尘，又或许是由于有限的传播渠道使大家没有机会接触到这些东西，甚至由于一些曲解和误会使它们被"打入冷宫"。鉴于此，我的演讲题目是"给全球社会的五条经文"。经文是非外在的、非显而易见的、只能意会不能言传的真理。我就研究这些经文和现代的生活是怎么巧妙关联的，这是我尝试在做的事情。我的观点是：传统，只有我们结合自己所处的时代和环境，重新发现它、阐述它、理解它，才能发挥出最大的意义，焕发出它的勃勃生机。总的来说，我的演讲主要讨论了古代经文智慧在当今社会如何应用的问题。

文汇：非常感谢您接受我们的采访，让我们对印度哲学有了全新认识。

文 / 袁珺璐、陆诗怡、谢婷（文汇—复旦—华东师大联合采访组）

马蒂亚斯·卢茨－巴赫曼
Matthias Lutz-Bachmann

法兰克福学派的当代命题：面对变动社会的批判和建设*

——访谈法兰克福学派第三代重要代表之一、法兰克福大学哲学系教授 M. 卢茨－巴赫曼

被访谈人： 马蒂亚斯·卢茨－巴赫曼 (Matthias Lutz-Bachmann)，法兰克福学派第三代重要代表之一，法兰克福歌德大学 (以下简称 "法兰克福大学") 哲学系教授，兼任法兰克福大学人文高等研究院院长，以下简称 "卢茨－巴赫曼"

访谈人： 法兰克福大学哲学系哲学博士候选人朱一代，以下简称 "文汇"

访谈时间： 2018 年 7 月中旬面访

* 感谢上海交通大学高宣扬教授、德国美因茨大学博士候选人杨宗伟对前期联系的帮助。

美茵河从法兰克福蜿蜒而去，见证潮起潮落的德国理性狂飙。20世纪60年代末，中学生卢茨－巴赫曼感受着法兰克福学派一、二代代表人物马尔库塞、哈贝马斯等在加州和法兰克福号召学生抗议越战和社会不公的豪情，演讲和檄文满布视线。如此氛围下，20世纪70年代他进入了法兰克福大学哲学系，后师从与哈贝马斯齐名的阿·施密特，获得博士学位，同时深受阿佩尔和哈贝马斯的影响。如今，66岁的卢茨－巴赫曼已是法兰克福学派第三代的重要代表，他和霍耐特、弗斯特等分别构成法兰克福学派的不同面向。

卢茨－巴赫曼的研究视野广阔，从古典到当代，涉猎政治哲学、伦理学和宗教哲学。在当代政治哲学领域，他的"全球正义"（global justice）理论是重大贡献。该理论试图超越民族国家体系和传统的超级大国间的强权政治，指向一个广泛、民主和政治的世界公共领域。他秉承阿佩尔和哈贝马斯的启蒙和理性理念，试图通过对古典晚期哲学、中世纪哲学和近代早期哲学的考察，将法兰克福学派的理论与欧洲近代早期的启蒙传统相联结，以推进法兰克福第一代思想家开启的反思近代启蒙理性的事业。

在主管科研和人文的法兰克福大学副校长任上，他建立了一系列研究所，舆论称赞"极大地提高了大学的研究水准和声望"。而今作为人文高等研究院院长，他推进了一系列哲学与当代自然科学及人文学科的跨专业研究。四大主题中，既有"科学、社会与艺术的复杂性理论"议题，也有在新建的"宗教动力研究中心"中开展的犹太教、基督教、伊斯兰教之间相互肯定与批评的关系史研究。诸多应对当代问题的努力，让他荣获了2017年的黑森文化奖。

访谈中，卢茨－巴赫曼对此只是欣慰：我看到了一百年前霍克海默所要求的哲学与科学的理想结合。

哲学之缘与轨迹

文汇：教授先生，首先祝贺您在 2017 年被授予黑森文化奖①。

> 学古希腊语拉丁语、参与政治实践的中学经历
> 将我引上哲学路，获 2017 年黑森文化奖其来有自

德国黑森州科学与艺术部部长诵读了这样一段颁奖词，来肯定您哲学贡献的公共政治意义："迅速增长的知识和技术可行性界限的不断推移给我们的社会带来新的伦理问题。如何为这些问题找到普遍有效的回答，总是充满别样的挑战。马蒂亚斯·卢茨－巴赫曼教授以他的工作给社会提供了支点和道德上的指引。作为法兰克福歌德大学的副校长②，他极大地提升了大学的科研水准和声望。为此他理应得到我们的感谢。"您同时投身于理论与实践、哲学与政治，都取得了非凡的成就。请问，您是怎样走上哲学之路的？

卢茨－巴赫曼：我中学教育中的三种经历最终将我引向哲学。首先，学习古希腊语和拉丁语，算是我对欧洲古典最初的探究；其次，对宗教问题的思索；最后，作为法兰克福的年轻人的政治活动参与。不要忘了，法兰克福正是 20 世纪 70 年代学生运动的理论中心之一。

> 博导施密特接替了哈贝马斯教席，其 20 世纪 80 年代的
> "周四讲座"影响几代学人，风靡二十余年

文汇：您在阿尔弗雷德·施密特（Alfred Schmidt）的指导下取得博士学位，他被认为是法兰克福学派第二代的重要代表，他的著作《马克思

---

① Hessischer Kulturpreis，1982 年首次颁发，以表彰科学、艺术如文学、美术、音乐、电影、建筑和文化传播事业领域的特殊成就。——访谈人注
② 2009—2015 年。——访谈人注

的自然概念》(*Der Begriff der Natur in der Lehre von Marx*) 被视为"马克思接受史上新的一章"、20 世纪六七十年代"欧洲反抗运动中被读得最多的书之一"。20 世纪 70 年代初他接替哈贝马斯承接了霍克海默 (Max Horkheimer) 在法兰克福大学的哲学与社会学教席。阿·施密特在 80 年代的"周四讲座"被视为传奇，甚至大量的非哲学专业的人士也蜂拥而至。这个讲座是关于什么的呢，当时您也在大学吗？

卢茨－巴赫曼: 是的，我始终都在，甚至在阿·施密特得到教授职位以前。

阿·施密特在阿多尔诺 (Theodor W. Adorno) 去世、哈贝马斯 (Jürgen Habermas) 第一次从法兰克福出走以后成为教授。作为青年学生，我们为他渊博的学识、雄辩的口才和对哲学渊源的卓越把握——尤其是对黑格尔哲学的透彻理解、对马克思经济学批判的哲学阐释，以及与当代结构主义的争论而痴迷和振奋。他的传奇性讲座是"唯物主义的历史"，持续超过了二十年的时间，吸引了一代又一代年轻的学生。

当年社会和世界政治是哲学课的一部分，报告人来自全球；法兰克福学派迎来了第二个高峰

文汇: 您能讲讲阿·施密特的哲学成就吗？您学习期间系里的氛围是怎样的呢？

卢茨－巴赫曼: 那时的氛围是无与伦比的。社会和世界政治问题也是哲学课表的一部分。报告人来自西欧、来自巴黎和罗马，而来自西班牙和南美的不同观点者与美国的批判知识分子也一同在场。在霍克海默、阿多尔诺、马尔库塞 (Herbert Marcuse) 和本雅明 (Walter Benjamin) 文本的地基之上，我们迎来了法兰克福学派的第二个高峰。只是阿·施密特后来日益转向一些哲学家如叔本华和尼采，我就慢慢和早先的老师们拉开了距离。也就是那时起，我越来越被启蒙哲学所吸引，首先是康德；接着是分析哲学；当然卡尔－奥托·阿佩尔 (Karl-Otto Apel) 的哲学也非常令我着迷，他当时在法兰克福大学任教；还少不了尤尔根·哈贝马斯，他通过文章也一直在场。

1980 年的尼采讨论班被拍为照片悬挂在校区地铁站内，
当时我正悟到尼采属于黑暗的反启蒙

文汇：这张法兰克福学派的著名历史照片被放大并挂到了靠近法兰克福大学 Bockenheim 校区的 Bockenheimer Warte 地铁站里，每一个来往的学生和行人都会看到。您能给我们说说这张照片背后的故事吗？

卢茨－巴赫曼：那是 1980 年夏季学期尼采讨论班的一堂课，主题是尼采的《不合时宜的沉思二：历史对于生命的利与弊》。我刚刚把黑板上这两个基本概念——好古的历史 (antiquarische Historie) 和批判的历史 (kritische Historie) 解释完，著名的女摄影家芭芭拉·克莱姆 (Barbara Klemm) 就走了进来，说是要为刚建成的 Bockenheimer Warte 地铁站寻一些大学的"生活照片"。那时我刚把哲学博士论文交给阿·施密特，通过对康德和马克思历史哲学体系共同点的发掘，我已经把阿·施密特的现代阐释甩在了脑后。他从未意识到，尼采根本不是启蒙的接续，而是同叔本华一样属于黑暗的反启蒙，海德格尔和亲纳粹的知识分子也从中得到了启发。阿·施密特当然远非后者，但他也不能从这种非理性的反启蒙旋涡中真正抽离。

施密特将法兰克福第一代哲学家作品翻成德文，
出版霍克海默全集，后期渐渐远离政治

文汇：那么，阿·施密特在法兰克福学派中是什么样的存在呢？他和法兰克福学派第一代哲学家，比如霍克海默和阿多尔诺的关系是怎样的呢？

卢茨－巴赫曼：阿·施密特无疑是哈贝马斯以外法兰克福学派第二代最重要的代表。相比阿多尔诺，霍克海默给了他更多帮助。阿·施密特后来和贡策林·施密特·诺艾尔 (Gunzelin Schmid Noerr) 一起主持编辑出版了霍克海默的全集；他还很早就把法兰克福第一代哲学家的重要著作从英文翻成德语，这就扩大了法兰克福学派哲学的传播。阿·施密特越年长，教授的哲学就越远离政治。这样他就和法兰克福学派第一代

哲学家一起区别于哈贝马斯。后者至今依然是德国政治与智识的中心，甚至就整个欧洲来说也是如此。

我受益于阿佩尔和哈贝马斯的"现代性下的公共理性"研究，他们有效融合了欧陆与分析哲学

文汇：您在法兰克福学派众多的哲学家那里学习过，后来成为他们的同事，接着在这里研究和教学，直至今天。您能就其中的几位谈谈吗，比如阿佩尔和哈贝马斯的重要哲学贡献，以及您与他们的关系？

卢茨－巴赫曼：我自己的哲学研究从阿佩尔和哈贝马斯那里受益很多，远非这里短短的回答能穷尽。简而言之，他们工作的核心在于，如何在现代性的条件下建立公共理性。此一创造性的理论涉及我们今天的方方面面，从科学理论到社会理论，从道德理论、法理论到全球正义和全球政治。近来哈贝马斯还重新考量了宗教问题。如此广阔的视野当首先归功于阿佩尔和哈贝马斯意义深远的理性理论，此一理性深植于语言和沟通的语言行为之中。今天，凭借这种哲学方案，我们能够成功反对意识形态和非理性主义，其中也包括科学自然主义。

文汇：法兰克福学派哲学在阿佩尔和哈贝马斯那里的发展可以在一定程度上看作是欧陆哲学和英美哲学沟通和融合的产物。比如阿佩尔和查尔斯·皮尔士（Charles S.Peirce），哈贝马斯和约翰·奥斯丁（John L.Austin）以及约翰·塞尔（John R.Searle）等。欧陆哲学和英美哲学在当今中国彼此还很分离，两者还没找到很有效的沟通平台。您能就此谈谈么？

卢茨－巴赫曼：阿佩尔和哈贝马斯的哲学非常有意义，他们把德国／欧陆哲学的传统（康德—黑格尔—马克思、克尔凯郭尔、新康德主义、胡塞尔、早期海德格尔、法兰克福学派的哲学传统）和英美哲学的理论联系起来，比如美国实用主义，尤其是皮尔士、维特根斯坦的语言哲学，罗尔斯的正义论，分析哲学在牛津、剑桥和美国进一步发展的成果（当然最早一部分工作可以追溯到维也纳学派，直到他们被纳粹解散）。阿佩尔和哈贝马斯的研究取得了丰硕的成果并在这条道路上极大地改观了德国的哲

学讨论。

霍耐特突出实践理性问题，弗斯特以辩护理论讨论
商谈伦理和规范性，我接续亚里士多德与康德

文汇：施密特、阿佩尔、哈贝马斯等之后，就是法兰克福学派的第三代哲学家了。除您以外，还有阿克塞尔·霍耐特（Axel Honneth）和赖纳·弗斯特（Rainer Forst）等，您能就此谈谈吗？

卢茨-巴赫曼：两人都是我在法兰克福的可敬的同事，代表了我们批判理论第三代丰富光谱中不同的传统和流派。值得一提的是我们三人中，霍耐特长我 3 岁，而弗斯特要小我 14 岁，年龄上如同学生辈，事实上，弗斯特是哈贝马斯的学生，我相信他也是哈贝马斯至今为止最优秀的学生。所以，我和霍耐特都非常乐意视弗斯特为第三代批评理论的最年轻但却重要的一员。霍耐特几年前荣休后不再执教于法兰克福大学，主要学术活动在美国哥伦比亚大学。我和弗斯特共同继续应对对于批判理论的各种挑战。就学术而言，霍耐特通过与黑格尔哲学相关联的"社会承认理论"而将社会哲学领域中的实践理性问题凸显出来。而弗斯特在哈贝马斯理论之后以其"辩护理论"扩展了对商谈伦理（discourse ethics）和规范性（normativity）的讨论。我的观点与弗斯特更接近。而对于伦理学与政治哲学的过强限制，我是持有异议的。为了与之对抗，我引入了另一重关联：亚里士多德与康德。至少在托马斯·阿奎那那里可以明显找到这种端倪。我试图将法兰克福学派的理论与很遗憾没能持续下来的欧洲近代早期的启蒙传统更紧密地联系起来。这种传统我们在 12 世纪、13 世纪、14 世纪的时候就已经可以看得很清楚了。

"康德路向"区别于霍耐特的"黑格尔路向"，
目标在于实现理性的、更少非正义的公共关系

文汇：谢谢您给我们提示了一个重要的思路，让我们看到法兰克福学派第三代在继承学派传统的同时在沿着不同的逻辑进路向前发展。现在中国对以霍耐特为代表的"黑格尔路向"已有不少了解，而对

阿佩尔—哈贝马斯—卢茨—巴赫曼这一内在的"康德路向"的继承与逻辑发展还很少知晓。那么在您看来，我们可以怎样描述法兰克福学派几代哲学家所致力的目标呢，而作为一个学派，理论的独特性又在哪里？

卢茨–巴赫曼：简而言之，就是通过理性—商谈—反思的启蒙工具，尽可能地实现理性的、更少非正义的公共关系。这包括了社会的和政治的空间；同样也表现在一系列领域中：经济、科学、艺术、宗教等。批判理论一直试图在现代世界的条件下重构哲学的事业，就是寻找真理和理性的智识，以实现对独立的、自由的、天赋理性的人的尊重；尤其在面对使人成为其他目的的牺牲品——而不是康德意义上人是无止境的目的本身——的一切意识形态的时候，使对人的尊严的保护成为义务。这是至今为止法兰克福学派理论与实践的核心。

法兰克福哲学系除批判理论外，还保留其他优秀哲学传统

文汇：法兰克福学派的社会研究所（IfS）已为人所知，法兰克福大学的哲学系与法兰克福学派是什么关系呢？

卢茨–巴赫曼：法兰克福大学哲学系格外重视的一点，即是除了批判理论的强大在场外，其他哲学传统及其优秀代表也要存在，这一点保持至今。

文汇：1989—1994 年您在柏林自由大学哲学与社会科学学院任教授，自 1994 年至今您一直在法兰克福大学研究和教学。您担任过法兰克福大学主管科研和人文科学的副校长，以及哲学与历史学院的院长，在您的任期内，一系列研究所在大学建立起来，简单地列举一下，有法兰克福大学高等研究院、伊斯兰研究中心、历史人文科学研究中心、法国—德国历史与社会科学研究所等；2012 年起您担任法兰克福大学人文高等研究院院长，您在那里组织研究讨论班，组织一系列内容丰富的活动，比如哲学与当代实验音乐、科学及诗歌的同台交流，在我看来都是美好的经历。这些工作背后的出发点是什么？

我在人文高等研究院展开的活动和研讨具有跨学科性质，这是霍克海默 100 年前的理想

卢茨－巴赫曼：我在哲学系的工作和我在法兰克福大学人文高等研究院的活动互补得极好。因为一个好的哲学、名副其实的哲学，总是与大学的其他科学和学科的问题联系在一起，也就是和"世界"的问题联系在一起。目前人文高等研究院有四大主要议题。第一，对规范性的研究，以及在哲学与法学、经济学、政治学的互动中得以扩展的正义方案。第二，在"历史研究中心"中更新历史研究方向的问题。第三，哲学与选定的自然和社会科学，特别是与物理学、生物学、化学以及社会学、音乐学对话中的"科学，社会与艺术的复杂性理论"问题。第四，不久前刚建立的"宗教动力研究中心"，致力于两千年来犹太教、基督教、伊斯兰教之间相互肯定与批评的关系史研究。

所有这些问题都具有跨学科性质，但需要哲学的大量参与。如果您愿意，您也可以将其理解为哲学与所提及的科学的独特结合，在"人文高等研究院"我们与国际研究员、访问学者以高水平的研究团队为之进行了合作。我在其中看到了一百年前霍克海默所要求的哲学与科学的理想结合。

研究讨论班和之后的"哲学披萨店"讨论，学会从不同学科处聆听、对话、学习，开拓方法

文汇：您的研究讨论班让我受益匪浅。您邀请国际哲学家、人文科学不同领域的专家，甚至自然科学家到讨论班来，他们带来不同的主题，尤其是随着快速发展的当代社会而来的政治哲学的问题。对这些问题的讨论拓宽了我们的研究视野。不同知识背景的人围绕着报告人的主题，通过批判性的问题和有针对性的回答将讨论不断深入。对这些问题进行分析所需要的理论和方法是　大收获，没有实践哲学作为桥梁，这些理论哲学的知识很难在分析现代社会中发挥应有的作用。讨论班之后，"Romanella"披萨店就成了哲学的"第二战场"。在这里讨论更放松，题目也更宽泛。来自不同国家的哲学家加深了彼此的了解，建立了友谊。

您能谈谈"哲学披萨店"的故事吗？

卢茨－巴赫曼：除了阅读和讨论之外，好的哲学还有赖于对话能力、"倾听"能力，从他人的洞察力中学习的能力。聚餐时这些更容易实现，柏拉图笔下的苏格拉底已经知道了。我们也在讨论会之后这样做。讨论会里经常有来自世界各地的同事和朋友：来自亚洲和拉丁美洲、欧洲和北美洲、非洲和澳洲。而意大利菜可以将各种食物搭配在一起：有肉的和无肉的、鱼类和意大利面，还有我们的"Romanella"披萨店木烤箱出来的美味披萨，美味和讨论同样让人难忘。

哲学特色和贡献

文汇：我们刚才从对您的哲学生涯的回顾中已经初步了解了您的哲学思想和哲学贡献。您能把您的研究重点列举一下吗？在您看来，您最大的学术贡献有哪些？

> 我研究领域相当广泛，重点为法兰克福学派的批判理论、
> 康德和阿奎那研究和"全球正义"

卢茨－巴赫曼：我的研究重点相当广泛，除伦理学、政治哲学和宗教哲学的研究之外，还包括古典晚期和中世纪哲学、近代早期哲学和当代哲学研究。最近我也在研究复杂系统的科学理论和认识论问题。这其中最重要的当属法兰克福学派的批判理论、康德和托马斯·阿奎那研究。最近，我的《伦理学导论》被翻译成了日语，书中指出一种跨范式的普遍方法。我的"和平与法权"理论阐释了一种全球正义，它将超越民族国家体系和传统的超级大国间的强权政治，而指向一个广泛、民主和政治的世界公共领域。

> 相比中世纪，18世纪的启蒙是一个"减半的启蒙"，
> 是早期启蒙中特定观念的片面发展

文汇：在您的中世纪研究中，详细地考察了中世纪哲学的影响史，但

不失一位当代哲学家的视角。这一工作也拉近了中世纪哲学和我们今人的距离。您能介绍一下吗?

卢茨－巴赫曼: 18 世纪之所谓"启蒙",其实开始于欧洲中世纪的法理论和科学领域。由于一系列偏见、更多是意识形态主导的利益,在欧洲中世纪思想传统和机构中这一启蒙的发端一直被否定或者直接被从知识中"取消"了。我的观点是:从这一设定出发,霍克海默和阿多尔诺曾经揭示的"启蒙的辩证法"——现代"理性的没落"——才能被解释。

我对中世纪哲学的研究,部分服务于这样一个与很多人相反的观点:相较于给我们带来 19 世纪和 20 世纪的"减半的启蒙",中世纪蕴藏着更多的启蒙的潜能。这里有两套由我发起、富有成效的大型图书出版序列。一套是弗莱堡的 Herder 出版社的"中世纪哲学图书馆"(Herders Bibliothek der Philosophie des Mittelalters)系列,一套是斯图加特 Frommann-Holzboog 出版社的"中世纪与近代的政治哲学和法理论"(Politische Philosophie und Rechtstheorie des Mittelalters und der Neuzeit)系列。这项出版工程的意图是,通过发掘中世纪和近代的核心原始文献,给上述误区以持续的修正。我们走在一条非常正确的路上。

文汇: 对"减半的启蒙"(halbierte aufklärung)的概念,您是怎么理解的,您能谈谈近代早期的启蒙传统与中世纪的内在线索,以及中世纪广泛的启蒙潜质吗?

卢茨－巴赫曼: 与一些重要的哲学以及制度—科学史的研究者的观点一致,我认为如果没有开启了 11 和 12 世纪科学文化发展的启蒙,就不能理解马克斯·韦伯描述为理性化和"世界的祛魅"过程的那个 18 和 19 世纪的欧洲启蒙。这个断语同样适用于已经有了很多描述的"12 世纪科学的文艺复兴"(参照历史学家 Peter Weimar 的同名著作,以及 Georg Wieland 主编的有关"12 世纪文艺复兴"的文集);当然也适用于"最早的公共知识分子"的登场如彼得·阿伯拉尔(Petrus Abaelardus),他被法国著名历史学家雅克·勒高夫(Jacques Le Goff)形容为"第一个现代人(premier homme moderne)"以及"法律的革命"(如著名的美国法律历史学家 Herold Berman 在他的著作《法律与革命》所论述的那样）。当然中世纪还有很多其他的发展。在哲学领域，我们可以留意到12和13世纪同样的发展过程。我这样总结：从古典时期传承下来的哲学在"论辩术（ars dialectica）"的影响下有条不紊地科学发展着，并在法国、意大利和其他许多地方的许多学校被教授。由此出现了逻辑和认识论、形而上学和自然哲学的新雏形，晚些时候（13世纪）则出现了伦理学/道德哲学以及法理论的新雏形。这些为后来的讨论奠定了重要基础。

简而言之，我的观点表现在两个方面：一是启蒙（在严格来说的欧洲意义上）在11世纪和12世纪就已经开始了，并在大学（也是在中世纪创办的）和学院以及自由集市里继续发展。二是特指的18世纪和19世纪的启蒙，只是早期启蒙运动中特定的，符合发展趋势的片面观点的延续。我称之为现代典型的"减半的启蒙"。

启蒙批判：霍氏和阿氏留下《启蒙的辩证法》《理性之蚀》，哈氏留下"脱轨的现代性"

文汇：自霍克海默和阿多尔诺以来，"启蒙"就是法兰克福学派的核心论题之一。您给出了您的理论，您怎么理解"启蒙批判"的？

卢茨－巴赫曼：霍克海默和阿多尔诺在他们20世纪40年代的著作里就对这种片面的或者说"减半"的启蒙作了哲学的、科学—文化的分析和尖锐的批判。代表性的著作有霍克海默和阿多尔诺在1944年出版的《启蒙的辩证法》（*Dialektik der Aufklärung*）（这是他们在加利福尼亚的流亡中所写），以及霍克海默于1947年出版的《理性之蚀》（*Eclipse of Reason*）。接着法兰克福学派第一代的理论，我提出上述两个观点。哈贝马斯也有一个著名的论断叫"脱轨的现代性"，他这里以脱轨的列车作比喻。所有批判理论都与当时的政治、社会和科学体制首先处于批判关系中，这一批判旨在确证启蒙的全部潜力尚未用尽。这不是一种"反启蒙"的形式，而是对现代及其"理性"片面和错误的发展的批判。

向中国学人推荐由马克思通向康德的《历史与主体》，

及其他关于法权、人的尊严的作品

文汇：您的研究领域广博，著作和主编的书籍颇丰。哪些值得推荐给中国学人呢？

卢茨－巴赫曼：我的博士论文《历史与主体——关于伊曼努尔·康德与卡尔·马克思的历史哲学概念》(*Geschichte und Subjekt. Zum Begriff der Geschichtsphilosophie bei Immanuel Kant und Karl Marx*) 指出了一条道路，即由马克思出发，不是通向黑格尔的唯心论哲学，而是通向康德和他的启蒙、道德行为和政治方案，中国的读者可能会对之感兴趣。我刚才提到过的《伦理学导论》，2012 年由雷克拉姆出版社 (Reclam-Verlag) 出版，今年被翻译成了日语，也很适合哲学的初学者。

最后我想提一下新近出版的书。我和 James Bohman 以德语和英语同时出版的文集：《通过法权达致和平》(*Frieden durch Recht*)、《世界国家抑或国家世界？》(*Weltstaat oder Staatenwelt?*)；与 Andreas Niederberger 等合作出版的《全球化进程中的战争与和平》(*Krieg und Frieden im Prozess der Globalisierung*)、《世界城邦》(*Kosmopolis*) 丛书；与 Amos Nascimento 合作出版的《人权，人的尊严与世界主义理念》(*Human Rights, Human Dignity and Cosmopolitan Ideals*)；以及在刚过去的 7 月，我在劳特里奇 (Routledge) 出版社（伦敦与纽约）出版了《人的尊严：从一种人权的批判理论而来的视角》(*Human Dignity:Perspectivesfrom a Critical Theory of Human Rights*)，该书围绕着基于人的尊严的人权批判理论入手，汇集了哈贝马斯、纳西门托、弗斯特以及其他学者和我的研究成果。此外，我在 2018 年 8 月出版了关于中世纪 (13 与 14 世纪) 政治理论中"本性"和"统治"概念的论著《论本性与统治》(*Von Natur Und Herrschaft*)，该书由坎普斯 (Campus) 出版社（法兰克福与纽约）出版。这两本书都有电子和印刷版。

全球正义：来自康德的政治正义，并非国家间的合同法，而是联合国的国际法的出发点

文汇：这些著作给我们提供了一个进入您"全球正义"理论的门径，您能进一步谈谈您的"全球正义"理论吗？

卢茨－巴赫曼：我的"全球正义"理论来自"政治正义"的构想，最终落实为公共、共和的法权（recht）。理论根据来自康德，而不是霍布斯、洛克或卢梭。哈贝马斯和弗斯特也分享了这一观点，只是我的结论更加彻底。我的基本想法是，今日世界作为一个整体，没有强大的"全球法权"，我们不能解决那些最急迫的问题，如和平的保持，限制大规模杀伤性武器、尤其核武器的扩散，环境和气候问题，资源分配和贫困问题，移民问题，全球金融市场的控制等。

我理解的"全球法权"，不是那种简单的、适用至今的"国家间"的合同法，而是真正意义上新的政治—法权的、公共的法权秩序。它联结起全世界，并建立在1948年联合国人权宣言意义上世界范围内有效的人权方案之上。这个法权体系已经在联合国秩序框架中形成并向前发展，但还残缺不全。比如秉着这个新的全球共和的法权精神产生的国际刑事法庭（其章程尚未得到美国、中国和俄罗斯等国的批准）。战后对德国和日本在纽伦堡和东京的战争刑事审判是这一法权体系进一步发展的基础。

在对康德法权哲学原则进一步发展的意义上说，这个法权体系必须是"共和的"（而不是"专制"的），必须是公共的（绝非今天那种国际化的私法），必须是民族国家的有效联结（在康德意义上"强制的"）。要限制国家主权首先是所谓"大国"的主权，并得到"世界公共领域"的支持，"世界公共领域"已经被康德视为对单个国家权力体系的重要纠正。这个法权体系不是虚构或者"乌托邦"，而是已经成为今天国际法的出发点。

我看中国哲学和世界哲学大会

文汇：第24届世界哲学大会以"学以成人"为主题，明确地关注人

以及人与世界的关系。您怎样理解哲学与世界的关系？

哲学是人与世界以及科学之间的反思关系，
部分以科学为中介，部分靠反思来寻求真理

卢茨－巴赫曼：哲学不是像其他科学那样的科学，而是借助科学手段，通过对人类知识的第一原理，以及对人类有限的理论理性和实践理性的反思来寻求真理。哲学是对智识的寻求，它走在科学之前，或者可以说是科学的基础。因此哲学部分以科学为中介、部分仅靠其自身但反思地来寻求对世界的理解。在此意义上哲学也是人与世界以及科学之间的反思关系——包括人与其他形式的知识之间的反思关系，这些知识中人们表达了对自我与世界的认识，比如艺术、文学和宗教等。

曾参加过波士顿和伊斯坦布尔 WCP，全球共交流，
哲学只有一个"祖国"——天下和自由

文汇：您之前参加过哲学世界大会吗，如果有过，能谈谈您的经历和对这次大会的期待吗？

卢茨－巴赫曼：是的，我参加过波士顿和伊斯坦布尔的世界哲学大会。我很重视世界哲学大会，它就像一次世界公民的聚会。因为哲学只有一个"祖国"，但不在古代的雅典或亚历山大，也不在中世纪的巴黎或牛津，而是如斯多葛主义者理解的那样——"天下"（世界城邦，kosmopolis）和"自由"：人类思想的自由、言论的自由、彻底批判的自由，可以四海为家——如果政治、军事、经济的权力者们放行的话。今天的哲学，就像我们自康德和马克思、自霍克海默和哈贝马斯以来所知的那样，不再是简单的"在思想中理解世界"（像黑格尔定义的那样），而是"批判"：在康德那里是理性的批判，在马克思那里是经济的批判；"批判"同样也是对科学主义迷信的批判、对政治的批判、对不自由的批判、对贫穷和战争带来的苦难的批判。哲学的承载者们能够、必须且需要以世界哲学大会为契机，在这个世界公共论坛上见面和交流、共同学习、相互学习。同时欧洲和美国的哲学也要向亚洲、非洲和拉丁美洲的哲学家学习。

也正因如此，世界哲学大会才这么重要。

学以成人：一直是哲学的任务，制定"世界主义"方案，
成为国家、民族、人类合作基础

文汇：您怎么理解这次大会的主题"学以成人"？

卢茨－巴赫曼：这句格言是一个要求，也一直是哲学的任务。鉴于当前伴随全球化和人类共同发展而来的挑战，比如地球资源的过度使用、日益增长的贫困化和移民问题以及大规模杀伤性武器——不仅仅是，但首先比如核武器——扩散带来的威胁，还有国家主义、民粹主义、排外主义新形式的出现，就使"学以成人"成为一个要求：制定"世界主义"的政治方案。借此我们才能将这些问题和平地、社会地、公正地，也就是真正"人性"地解决。今天我们需要更多的，而不是更少的国际合作与互动，我们要和平地开放我们的边界。人权的诉求，对我们以及一个新的世界政治方案而言可能是一个非常好的法权—政治导向。因此"学以成人"也意味着一个以人权为导向的世界政治方案和有约束力的法权规则，它应该成为国家、民族、人类全球合作的基础。

对欧洲哲学，可以从柏拉图与亚里士多德开始阅读，
这样才知道后来的哲学家增减了什么

文汇：现在越来越多的中国年轻人对哲学感兴趣，您想对他们和读者说些什么呢？

卢茨－巴赫曼：就欧洲哲学而言，我建议：阅读经典，批判性地阅读！但不要从19世纪开始，而是从柏拉图和亚里士多德开始，包括古典晚期和欧洲中世纪。否则，你不知道从康德和黑格尔、皮尔士和维特根斯坦、霍克海默和哈贝马斯那里可以学到什么。另外，与过去的源头相比这些作者忘记或取消了什么问题。只有这样系统地做的才是真正的哲学。至少对我而言，有充分理由认为这是合理和重要的。

文汇：您是否去过中国，对中国哲学有何印象和期待？

卢茨－巴赫曼：我曾经做客北京大学，那里开放的科学氛围和富于

成果的讨论给我留下了深刻的宝贵印象。我很乐于再次到访，不仅仅是北京，也要拜访一下这个如此巨大而重要的国度的其他地方。这样也能更了解中国哲学。

文汇：非常感谢您富有启发性的交谈。

文／朱一代（文汇—复旦—华东师大联合采访组）

文森特·德贡布
Vincent Descombes

外一篇

让语言哲学服务于社会哲学

——访谈语言哲学、行动哲学专家,法国巴黎高等
社会科学研究学院教授 V. 德贡布

被访谈人:文森特·德贡布 (Vincent Descombes),法国巴
黎高等社会科学研究学院教授,以下简称"德
贡布"

访 谈 人:复旦大学哲学学院讲师谢晶,以下简称"文汇"

访谈时间:2018 年 8 月多次邮件采访

在 1980 年英语版的《当代法国哲学》一书的序言中，牛津贝利奥尔学院的阿兰·蒙特菲奥（Alan Montefiore）这样称道德贡布：一个本族的向导，既能对他自己的领域有专门知识，又能和他自己领进来的穿越这个地区的陌生人有真正的交流，德贡布就是这样的好向导。

75 岁的凡桑·德贡布在 40 年前的这部著作之后，又以《所有类型之对象的语法》《心灵的食材》《意义的机制》《主体的补语》《熊的推理及其他实践哲学论文》《身份的困境》等十几部哲学著作，收获在法国乃至英美学界不俗的反响。他的"哲学交流"跨越语言哲学、行动哲学、社会哲学、政治哲学、主体哲学等多个领域，是法国当代哲学界毫无争议的领军人物。

长期执教于法国巴黎高等社会科学研究学院（EHESS）的德贡布不仅深悉古希腊哲学、德国观念论、分析哲学、社会学和人类学等传统，并且在这些传统之上发展出了自己关于社会性、意义、主体、行动、身份等问题的独到观点。我曾有幸受其言传身教，屡屡惊叹于他精练的论证风格、对思想史和文本的精深理解、思想建树上的率直独立，深为其跨越门派影响、兼具深刻人文关怀和全球视野的气度所感染。

德贡布为人质朴，不爱以第一人称论事，更不爱谈论自己的所作所为。借世界哲学大会之机，我们有幸访问到他。他对于战后至今的法国哲学直言不讳，对于自己的分析风格严格界定，尤其是对于自己的社会学关怀细数由来，为中国读者展现了法国当代哲人打破流派、扎根传统、立足现实，既严谨又开放的思想风尚；而"二阶的普世主义"是他近年来的主要观点之一，代表着欧洲思想家对于欧洲中心主义的反思，以及对于不同社会文化间对话所负有的责任感。

哲学之缘与轨迹

文汇：您是法国当代最重要的哲学家之一。哲学史上，人们通常把现象学、精神分析学、结构主义和后现代思潮在这一时代的汇聚称为所谓的"法国理论 (French Theory)"。在国外，您时常被视作是法国哲学黄金时代 (法国理论) 的继承人。

中国读者对您的了解大多是通过您的早期作品——阐释法国哲学的《当代法国哲学》一书，然而，在法国您以引进并运用分析哲学而著称；与此同时，您所关注的问题很多都属于社会学和人类学——涂尔干 (Émile Durkheim)、莫斯 (Marcel Mauss)、杜蒙 (Louis Dumont)、奥尔蒂格 (Edmond Ortigues) 的范畴。这一切使您的思想具有很鲜明的独创性。是什么样的哲学训练促成了这一独创性？福柯 (Michel Foucault)、列维－斯特劳斯 (Lévi-Strauss)、德里达 (Jacques Derrida)、利奥塔 (Jean-François Lyotard) 等这些思想家是否在其中扮演了重要角色？

20 世纪 60 年代的索邦大学，只要求学生深入
了解批判观念论哲学家柏拉图、笛卡尔和康德

德贡布：我是在 20 世纪 60 年代的索邦大学完成哲学学业的。我接受的是法国式的教育，但这并不意味着我主要所学就是法国哲学。今天仍然占主导的法国式哲学教育非常重视对哲学史及对作者的掌握。在我们那个时代，学生们被要求深入了解的那些大哲学家是战前批判观念论——一种法国式的新康德主义——所推崇的柏拉图、笛卡尔和康德。我从来没有上过关于亚里士多德或黑格尔的课，更别说关于中世纪的思想家了。就此而言，今天的情况大有改善了；另一个今昔重要区别在于，现在我们的课程中还有普通心理学和普通社会学。梅洛－庞蒂 (Merleau-Ponty) 和福柯都是从教授心理学开始他们的大学职业生涯，两人对一种人文科学的哲学的发展起到了很大的促进作用。

为学术生涯接受传统教学的同时，为拓展见识自己
阅读前卫思想如海德格尔和马克思

您提到了好几个思想家的名字。在索邦，我上过德里达的课，他当时是利科 (Paul Ricœur) 的助理。我对于胡塞尔现象学的了解都归功于上利科的课程，他每年都详细地讲解胡塞尔的一部大作。在这些名曰"实践工作"（意味着学生可以提问题）的课上，当时还没有发表任何作品的德里达教我们深入地阅读文本。他在评述经典文本的时候会非常耐心地考察一段文字可能有的所有含义，这给我留下了深刻的印象。

您刚才问我，当时我们对于将对下一代产生重大影响的那些思想家有多少了解？说实话，今天回想起来也会有些吃惊：当时我们进入思想世界是两种并行不悖的途径。一方面，学科学习存在着正统的教学：为了通过考试继而找到一个合适的博士论文题目，即为了开启学术生涯，这些课程的学习必不可少；另一方面，学生间存在着一种前卫的反正统文化，交汇着海德格尔、马克思的思想，结构主义一直具有吸引力，但我们只能靠自己去掌握它们。因此，一方面是了解经典的学说和理论，如斯多葛主义、康德主义等；另一方面是每个人为了发展自己的思想而展开个人阅读，因此这些阅读有点冒险和反抗的意味。

哲学特色与贡献

我的第一本篇幅很小的书，是 1971 年依据第三阶段博士论文而改写出版的《柏拉图主义》。今天看来，它就是法国式哲学教育的纯粹产物。但我在 1977 年出版《当代法国哲学》时，已经开始怀疑这一法国传统了。

当时流行着"哲学可以调和所有思想"，我在 1977 年
出版的《当代法国哲学》中提出质疑

文汇：您的怀疑态度是针对什么？

德贡布：我怀疑我们那一代人从后来被称为"后结构主义"或"法国

理论"的流派中能获得什么。这个倾向贯穿于全书,并且在最初的几页就已经流露出来了。尽管美国人认为他们是处在某种理论的同盟中,其实像当时所有法国人一样,我对于那些思想家之间展开的论争之绚丽和精致叹为观止。但我感到这些论争其实是在走向一条死路,这些哲学家陷入某种竞争中,这种竞争恰恰与他们所受到的"法国式"教育有关。这种教育带来了这样一种观念:存在着一种共同的哲学,我们能够通过观念史的进路在其中调和所有的伟大思想家,并得出某种类似意识或思想之进步的东西。这种打了折扣的"黑格尔主义"自然而然地令人以为具有创造性的哲学已经走到了尽头,所有能被说出的重要的思想都已经被说过了,我们见证着"哲学的终结",这一主题常常被当时的法国"海德格尔主义者"借用。这一终结是巅峰还是死亡? 大家的意见不同,但重要的是不管情况属于前者还是后者,想要从事哲学的人都来晚了一步,剩下的唯有历史。

年轻哲学家想"质疑所有可能存在的原则的总原则",
我从中看到特定传统的衰竭

除非是大胆地相信自己有能力不受整个西方传统的束缚——通过一种比所有距今为止所提的问题都更彻底的提问方式,而这恰恰是战后多位最优秀的年轻哲学家(您所提到的福柯、列维-斯特劳斯、德里达、利奥塔)想要探寻的道路。他们的想法是,必须想办法摆脱整个西方哲学传统的所有预设(换句话说,所有偏见)。由此产生了一种冒险,它是一种对于彻底性之竞争的结果:质疑这个或那个原则还是不够,还要质疑所有可能存在的原则的总原则,所有预设的总预设,以此在所有的竞争对手中脱颖而出、占领制高点——以此来证明那些竞争对手仍然都持有这样或那样的偏见,仍然被这样或那样的思想方式所"操纵"。一言以蔽之,他们仍然不够彻底,仍然能够被超越。这 竞争在我看来导致一种思想上的死胡同。我从中所看到的不是某种超常的生命力,而是一种特定传统的衰竭,我希望从中解脱出来。

在
这
里
，
中
国
哲
学
与
世
界
相
遇

相比法国式哲学，分析哲学可以直接理解柏拉图，并将之翻译成当代负责任的语言

文汇：是分析哲学使您走出了死胡同？

德贡布：1969 年，借兵役之机（我们也可以以国际合作的方式完成它，而不一定要去部队），我在蒙特利尔大学教了两年书。也是在那里，我完成了我的第三阶段论文，内容是关于柏拉图。我是在那里发现了关于古希腊的分析哲学。令我惊讶的是，较之我以"法国式"的知识背景所能做到的，我必须承认分析哲学家能更好地理解柏拉图或亚里士多德所提出的问题。

面对一个古典文本，分析哲学学者直接进入文本所提出的问题。这恰恰是我的一些法国同仁所不满的——"你们能想象吗？他们想要把柏拉图变成一个同时代人！"就好像把一个柏拉图讨论过的问题（比如，"一"与"多"的问题和虚假命题的可能性）当作一个对于我们而言有意义的问题来讨论，当作一个我们自己提出而柏拉图能为我们解疑的问题来讨论，这其实是在降低柏拉图的能力。但如果我们要将柏拉图当作同时代人，那么我们得将他想要说的用我们自己的语言表述出来。不仅仅是引用他或将他从希腊语翻译成法语，而是将他翻译为一种我们能为之负责的哲学语言。

图根德哈特以《自我意识与自我规定》作出尝试：德国观念论与分析哲学可以相通

在 1980 年，我读了恩斯特·图根德哈特（Ernst Tugendhat）于 1979 年出版的大作《自我意识与自我规定》，我的一个朋友觉得我一定会对这本书感兴趣，从德国把书带给了我。这番阅读对于我具有决定性影响，因为它告诉我：我们能以创造性和多产的方式令德国观念论和语言分析哲学对峙。除了他就自我意识所得出的特殊结论之外，图根德哈特还告诉我们什么呢？他告诉我们，对于我们所倚赖的文本，无论是柏拉图、亚里士多德还是黑格尔或海德格尔，我们可以持有一种纯粹的哲学态度。我们可以在阅读他们的同时，要求他们回答我们的问题——只要问题确

实涉及他们自己曾提出的疑问。图根德哈特是第一批作出这种尝试的人之一，但我们能展开一种"分析康德主义"（如斯特劳森 Strawson）或"分析黑格尔主义"[如布兰顿（Brandom）、麦克道威尔（McDowell）] 的想法在今天已经家喻户晓了。

1983 年的《所有类型之对象的语法》强调了
分析进路的二要素：语言的优先性及最小单位

文汇：这一转向的第一个成果是您的《所有类型之对象的语法》（1983）。在那个分析哲学进路对于法国哲学家还很陌生的年代，您通过此书想要告诉他们什么呢？

德贡布：我在书中尤其强调了两个观点，它们在当时对我很重要，使我彻底反思我们从事哲学的方式。第一个观点：语义的问题应该先于认识的问题。第二个观点：分析哲学的分析性在于它通过分析语言来分析概念，但它所分析的语言是话语，其单位是命题，而不是词汇，词汇的单位是词语。

关于第一点，就像迈克尔·达米特（Michael Dummett）继伊丽莎白·安斯康姆（Elizabeth Anscombe）之后所重申的，整个近代哲学都建立在认识论问题的优先性之上。首要问题在于——面对笛卡尔的怀疑，如何去证明我们的判断并加以确定。但这一点完全是可以去质疑的（这里达米特只是将弗雷格和维特根斯坦的哲学方法中所隐藏的一种观点明确地表述了出来）：在能够提出"如何证明一个命题"这一问题之前，先要能够确定它说的是什么，以及它在现实面前对什么负责，亦即说明它的真值条件（它的逻辑真值条件，而不是它的认识论验证条件）。为了能够对一个命题提出怀疑，先要有能力理解它在说什么——这就是广义上的逻辑（不仅是关于推理的理论，而且是语义学，即对于表意模式的研究）相对于认识论的优先性。

"语言学转向"的意义在于：质疑了认识论的优先性，
考察在话语即命题中的功能

德贡布：我觉得这一"语言学转向"较之那些想要成为最大胆者的法

国哲学家的哲学竞拍更彻底，同时又更谦逊。所谓更彻底，是因为它质疑的是他们自己不敢讨论的近代哲学核心教条（认识论的优先性）；所谓更谦逊，是因为它将我们带入一个苏格拉底式的情景，我们在其中必须先问我们的对话者——你要说的是什么？

关于第二点，在 20 世纪 60 年代，所有的人都已经承认思想和语言是不可分的（但梅洛–庞蒂会否认这一点，他在这个问题上忠于柏格森）。但我从图根德哈特那里学到了什么呢？我学到了，上述观点还不足以赋予哲学以分析进路所需要的方法。图根德哈特作为海德格尔的学生完全把握到了这一关键的问题：对分析进路无动于衷的哲学家，当我们与他们谈论语言，他们想到的是词语，而分析的对象当然是命题。在必须从词语着手这一观点的背后，我们实际上能发现的是维特根斯坦要质疑的那个偏见，亦即这样一种天真的想法，它认为语言从根本上是一些词语的集合，这些词语命名我们周围的事物。分析一种语言肯定是考察词语并追问它们的意义，但这意味着考察它们在话语，亦即广义上的命题（不仅是陈述，而且也包括疑问、假设、命令）中的功能。

修哲学的同时也修社会学，思考"作为总体的人的学科的哲学能为人文学科做些什么"

文汇：您后来所有的著作中都贯穿着上述两个观点，但我们在其中还能发现一种对于社会学问题的不懈关注，尤其是在《心灵的食材》(1995)、《意义的机制》(1996) 和《身份的困境》(2013) 中，它们已经成了社会哲学的经典。您对社会性的关注是如何产生的？

德贡布：我从一开始就对社会哲学感兴趣。我在完成哲学学业的同时也修了社会学的学士学位。就像我刚才所提到的，哲学学业在当时包含一部分人文学科的基础课程。人文科学在当时还没有完全脱离它们的哲学源头。由此产生了福柯后来在《词与物》中所针对的想法——统一所有这些知识的想法（莫斯会说，一种关于"总体的人"的科学）。这个统一的科学需要哲学基础。梅洛–庞蒂在索邦大学的课程（这些课程现在已经以《儿童心理学和教育学——1949—1952 年索邦大学课程》为题合并出版) 上曾将经验现象学奉为对这一基础的保证。从某种意义上说，我只是接受了这一规划，但我将梅洛－庞蒂所定义的那种关于意识的描述性哲学换成了一种关于行动的分析哲学，它部分取材于维特根斯坦和亚里士多德 (安斯康姆在《意向》中所诠释的那个亚里士多德)。

在当时，了解人文科学的基础是一个哲学学生白天的正常活动。但有些晚上，在"社会主义或野蛮"团体中，我们与卡斯托利亚蒂斯 (Cornelius Castoriadis) 一起讨论他正在撰写的关于历史理论的文本 (它们现在是他的《社会的想象机制》的第一部分)。卡斯托利亚蒂斯发展出的观点是，一种得到充分理解的文化人类学能够引导我们彻底地更正我们对于马克思和《资本论》，对于历史决定论这一想法本身的判断。而这会赋予这些人文学科以深刻的意义：历史哲学能从中获得什么？

大论文命题受益于杜蒙的《平等人》，我将社会哲学和语言哲学相融合写就《意义的机制》

因此，我对于社会哲学的兴趣源自所有这些契机。我当时提交了一个国家博士论文 (所谓的"大论文") 的题目。那个题目是关于社会学的起源——不是指历史意义上的最初的开端，而是指社会学这一想法出现的那一刻，对于一种社会科学的需要被意识到的那一刻。

我的"大论文"的构思是，社会学的想法本身受到一种悖论的威胁。这一悖论被写入了社会学这门学科的名称中："社会"一词来自法律，它指一个契约联合体，但社会学——真正的社会学——其生成是为了批判对于社会纽带的这种个体主义的构想，后者是近代契约论的构想。我想通过这篇论文证明，在社会学学科的内部存在着一种建构性的张力，它在那些最具影响的社会学著作中既构成其意义所在，又时常成为其矛盾之处。

在 1977 年，我读到了杜蒙 (Louis Dumont) 关于现代经济观念之产生的著作《平等人》。杜蒙在当时因为他对于印度种姓制的研究而成为结构主义的权威。我读了刚出版的《平等人》后意识到他处理的就是我的博士论文题目 (而且如果是我来处理的话做不到他那么好)！所以，我想要研究的问题是有价值的——既然它们被一个社会人类学大师处理了。我要做的是重拾杜蒙所留下的问题——但这一次是从哲学的角度（概念分析的角度），而不是从人类学的角度。因此我必须将我的"社会哲学"研究线索和我的"语言哲学"线索拧到同一种研究中，这要求我展开巨大的工作。一直到《意义的机制》（1996），我才觉得自己有能力令语言和心灵哲学服务于社会哲学。

社会学中的"集体个体"概念存在悖论，我试图用分析哲学手段清晰总体的形式构成问题

文汇：所以您并没有放弃您的大论文题目。恰恰相反，它在《意义的机制》中，更普遍地说在您的社会哲学中具有核心地位。您能不能进一步展开这个问题？

德贡布：有一个概念能概括威胁到社会学的那个悖论：关于社会的"集体个体"（individu collectif）概念。从严格意义上理解其学科的那些社会学家想要研究真实的社会而不是个体之间的单纯互动。他们因而想要谈论社会总体，将人类群体视作具体的总体（totalité）。然而，这些社会学家同样具有现代思想，因此他们与同时代人（与我们）一样认为一个人就是一个个体。从很多方面来讲，这些观点都是成立的——确实存在着社会总体，现代人确实将自己视为个体（在这个词的规范性意义上）。怎样调和这两个观点呢？包含社会契约在内的政治哲学的做法是给自己造出一个公意的集体主体，这一主体是一个集体个体，因为它能够说"我们想要"。由此，社会成为一个集体个体，亦即一个由一群个体构成的个体。但这个概念是站不住脚的。事实上，如果构成一个复杂体的组成部分保留它们的个体性，那么它们所构成的总体只可能是一个聚集物，是诸多可识别元素的组合，而不可能是一个能在时间中被个体化的存在。

通过集体个体的概念，我从纯粹哲学的角度提出了杜蒙所关切的问题。他不止一次地指出哲学家对于总体概念所言甚微。当他这样说的时候，他所针对的是德国观念论思想家。从根本上，他想说的是后者停留在康德在机械总体和有机总体之间所建立的对立上（在《判断力批判》

中)。然而,社会总体既不是一个机械体,也不是一个有机体。因此我们需要设想另一种总体及另一种总体和组成成分间的关系,以便能够证明——与机械体不同,社会总体先于其组成成分。

总之,我试图回应的是杜蒙自己的要求——让哲学家帮助我们就总体的形式构成问题明晰我们的概念。这是我通过分析哲学的手段所试图从事的。

使用一部哲学语法,梳理"主体"、"知识"

"行动"、"身份"等概念

文汇:以同样的方式,您不仅为社会性问题,而且也为主体的问题(《主体的补语》)、行动的问题(《熊的推理及其他实践哲学论文》)以及身份的问题(《身份的困境》)进行了概念上的梳理。您是通过哪些语法(哲学意义上的语法)工具来为这些重大的哲学问题带来新的生机,将它们变成自己的问题的?

德贡布:哪些语法工具?您要问的是,我从维特根斯坦那里汲取了哪些灵感?首先我要明确的是问题绝不在于将属于哲学家的问题转手给语言学家。我们应该使用的是一部哲学语法。维特根斯坦的美学课程中曾这样解释:以"好"一词为例,人们会以为,我们应该问的是"什么是好的?什么使得好的东西具有好的属性"?没错,但如何回答这样的问题呢?我们总不至于去考察不同的例子,如一锅好汤、一番好的行动、一本好书、一个好的建议等,并在其中寻找同一个"好"的属性。维特根斯坦让我们将一部哲学论述想象为语法论述,亦即一部关于句子成分的作品。这个"句子成分"的概念(partes orationis)来自拉丁语法,指的是在我们的句子(它们构成我们的话语)中有名词、动词、形容词、副词、连词等。但维特根斯坦解释道,哲学语法的论述会包含一些对于哲学家有用,不为语言学家所知的章节,后者不需要它们来研究人类语言。例如,其中会有一章是关于人称代词("我"、"你"、"他"、"她"、"我们"等),它尤其涉及令第一人称有别于第三人称的原因。其中还会涉及两种形式的第三人称自反代词,直接引语自反形式("约翰给自己刮胡子")和间接引语自反形式，后者指向第一人称（"约翰说自己准备好出发了"就相当于他说"我准备好出发了"）。哲学家应该在这一关于人称代词的章节中分析我们关于人类主体的概念。

至于您提到的其他概念，应该将它们归入它们所属的"成分"。人类行动的概念应该被放入关于某些行动动词的章节中，这些动词具有如下的特征：如果我们想要用它们来描述一个行动者在做什么，我们必须要能够赋予这一行动者以对于自己正在做的事情的知识（我们不能说某人正在结婚，但他不知道）。这是一种知识，但它是特殊的知识，它是第一人称的知识，而不是观众或观察者的知识：通过这一知识，行动者知道自己在做他有意向做的事情，通过这一知识，他恰恰因为在执行自己的意向而知道它。总之，它是安斯康姆在《意向》中所称的"实践知识"。

至于"身份"概念，它从属于关于疑问词的章节，尤其是关于"谁？"（哪个人）一词的那一章，对这个问题可以有两种理解：要么它是关于某人身份的问题（这个时候我们问的是："他叫什么名字，涉及的是谁"），要么它是关于某人对于自己的看法的问题，是关于他认为自己是谁及他想要是谁的问题（就像当人们问："他把自己当谁啊"）。在第一个含义中，"谁"可以和"他们中的哪一个"互换，但在第二个含义中，它不可以。（如果有人说"我想做我自己"，我们不能问他：你想要做人群中的哪一个？）

我看世界哲学大会与中国哲学

文汇：第 24 届世界哲学大会正在北京举行。其宗旨之一在于倡导哲学入世（即我们共同生活的单数意义的世界）。您的思想涉及自律、行动、社会纽带、个人和集体身份等入世的问题。借此机会，我们想问您，您是如何看待哲学和当今世界的关系的？

> *哲学是对世界的广泛认识，出自个人思想或*
> *摆脱某领域知性困惑的反思活动*

德贡布：这个问题，我将它理解为在当今世界进行哲学活动意味着什么?

什么是哲学,什么不是哲学 (类似 "什么是科学、宗教、精神修炼" 等问题)? 用两三句话为哲学下定义是不可能的,但我们能发现,"哲学" 一词可以从两层意思来理解。我们能将它理解为对于世界的一种广泛的认识,它出自个人思想 (想要探讨一个群体或一种文明的哲学是很难的,除非我们赋予它们一种个性,将它们描述为集体思想者)。亦或者,"哲学" 一词能被用来指称一种反思活动,它所运用的是一些由古希腊思想家所发明的概念分析方法,今天,这些方法仍然具有希腊名称,如 "辩证法 (dialectique)"、"分析 (analytique)"、"本质 (eidétique)" 等。

这一反思的活动并不任意或凭空展开,而是意在令我们摆脱在这样或那样的领域中的知性困惑,他们来自我们的科学进步中,对政治、法律、伦理等问题的理解中等,从普遍意义上而言——在我们对自身的理解中。希腊哲学家将他们用上述技术所处理的问题分为三类:逻辑的问题、物理的问题、伦理 (包括政治的广义上的伦理) 的问题。这一分类始终是我们能赋予作为学科的哲学的最好内容。

当代哲学面对的挑战:开拓概念研究,并追问是否能与其他文化取得相通

上述对于概念的分析,或更确切地说对于概念体系的分析 (因为一个概念不可能被孤立起来理解或研究),首先 (不可避免地) 是在一门语言或一个文化的范围中展开的。在我看来,当今这个时代下哲学家的主要问题是,如何扩展我们的分析,以便在令我们获得思考能力的那个知性体系中将必要的元素和附加的元素区分开来? 必要的元素是定义概念的那些元素,比如 "因"、"行动"、"数" (这些是许多哲学讨论的核心概念)等。如果我们修改其中的一个元素,那么我们即使是保留了词语,也还是更换了讨论的内容。以哲学史上的一个人尽皆知的概念为例,我们可以就因果关系的概念发问:是否能简单地用一系列事件的规律性来定义它? 如果我们满足于这样的定义,我们所运用的是否还是因果关系的观念,还是说我们已经失去了因果意义上的 "为什么" 这一问题的内涵? 有

366

人会说，如果哲学活动这样进行，那么它将自己简化为对于常识的维护，甚至是对于某个时期某个背景中的常识的维护。但事实并非如此。这里的问题不在于从事被人们称为"日常语言哲学"的东西，因为我们不能停留在我们日常生活的语言。我们应该同样在自然科学、历史学、法律实践甚至任何我们需要使用"因为"的地方，考察我们的概念要求。而恰恰是在我们自己知性世界内部的语用多样性中，我们产生了绝大部分困惑，以及哲学家之间的广泛的论争。

然而，这一哲学分析是针对我们的概念作出的，它们是由我们的文化特有的知性体系所提供的，而这一文化是特殊的。当代哲学应该面对的真正的挑战在于开拓我们的概念研究。我们应该继续追问：在某个概念的运用标准中，有哪些是不能被改变的，否则我们就会改变我们的谈论主题。但对于在我们的文化中所找到的属于我们的概念进行追问已经不够了。我们还需要学会去追问，我们的概念是否也是不同于我们的其他文化中所使用的概念？我们的定义是否对于所有的文化都成立？换句话说，我们的哲学工作应该与人类学家和历史学家的工作汇合，后者将一个传统中的思想形式翻译为另一种传统中的思想形式。

比较人类学指出两种"普世主义"，后一种跳出"唯我论"，希望达到所有知性体系

以马塞尔·莫斯为创始人的那个比较人类学传统教会我们区分两种"普世主义"。一阶的"普世主义"是这样一些思想家的态度：他们天真地以为可以通过对于自身的单纯反思来得出所有知性体系都必需的概念要素。这种态度是很容易理解的，它对于我们来说是自然而然的。确实，如果我正确地思想，那么我所思想的似乎应该也是任何人对于同样的问题所抱有的想法。特殊的思想者因此相信自己能够直接上升到一种属于所有人的对世界的理解。为此，他只需要在先入为主的偏见面前保持批判精神。

这种一阶的"普世主义"——启蒙的"普世主义"（在 18 世纪的意义上）在今天看来是不够的。今天占主导的是相反的态度。后者是一

种普遍的相对主义, 其结果是, 大家相信应该满足于生活在文化唯我论中——既然人类的文化 (尽管都是人类的) 不可能互通。二阶的 "普世主义" 与相对主义对立。它旨在将关于概念要素的哲学研究建立在翻译之上。从一门语言到另一门语言存在着翻译, 这是事实。我们可以评估它们, 这又是一个事实: 没有任何翻译是完美的, 但有一些比其他的好。翻译总是可能的 (所以唯我论是一种假象), 但如果不付出努力, 我们无法实现或改善它。它是一种解释和诠释的工作, 但也是一种发明的工作, 它发明出更普遍的思想形式, 后者令我们得以描述那些从一种语言 (一种文化) 过渡到另一种语言所必须作出的改变。只有这样, 我们才有希望达到所有知性体系 (而不仅仅是某个特殊的知识体系) 所必需的元素。

学以成人: 这是一种人性练习, 哲学家在此过程中通向对多元文化的理解

文汇: 第 24 届世界哲学大会的主题是 "学以成人", 它是儒家的准则, 但也在西方与会者中得到了强烈的反响, 因为它也透露着人文主义传统的气息。您刚才所说的恰恰在强调不仅仅存在一种 "成人" 的方式, 还需要理解其他的方式。换句话说, 比较人类学不仅仅是一门关于人的学科, 而首先是一种 "成人" 的学习过程, 如果我们借用您的著作《人性练习——与飞利浦·德·拉哈的对话》的书名, 这就是一种 "人性练习"。

德贡布: 是的。一个哲学家是在通往二阶的 "普世主义" 的过程中 "学以成人" 的。

期待中国学者以一种我们能理解的术语分享他们的思想, 这种术语需要共同塑造

文汇: 既然我们在讨论 "彻底比较", 您能不能谈谈您是如何理解中国思想, 对之有何期待?

德贡布: 关于中国思想和文明, 想要直接参与应该伴随着从汉语到法语和从法语到汉语的翻译的那种哲学工作中, 必须读和说中国语言并同时研究你们的古典文本 (原版) 和你们的实践。我只能满足于我能够

读的语言中可以找到的材料。我期待中国的知识分子（包括哲学家、作家、史学家等）告诉我们他们是如何理解自身，并用一种我们能与他们分享的术语告诉我们。而这种术语需要我们共同塑造。

文／谢晶（文汇—复旦—华东师大联合采访组）

附 录

北京世界哲学大会将改变世界哲学生态

2018 年 8 月 24 日晚上，被称为"小世哲会"的第 124 期文汇讲堂"全球视域中的中国哲学"，在 5 位来自第 24 届世界哲学大会现场的中外知名学者的哲学对话中拉开序幕。国际哲学学院 (IIP) 院士、国际哲学团体联合会 (FISP) 国际项目委员会主席里卡尔多·波佐 (Riccardo Pozzo)，在主讲中提出了应对全球化时代的危机，东西方哲学并肩创新、反思与包容的理念。

哲学的角色和功能发生了怎样的变化？中西方哲学的对话该如何实现突破？哲学应当如何回应当代科学技术发展带来的挑战？对话嘉宾中国人民大学哲学院杰出人文学者、FISP 国际执行委员会委员谢地坤，美国孟菲斯大学教授肖恩·加拉格尔 (Shaun Gallagher)，美国格兰谷州立大学终身教授、北京师范大学特聘教授倪培民在华东师范大学哲学系教授刘梁剑的主持下展开对话。华东师范大学哲学系教授、党委书记童世骏就哲学的六种对话形式做了精彩点评。

主旨演讲

东西方哲学：创新、反思与包容

里卡尔多·波佐 (Riccardo Pozzo)　　章含舟　译

一

正如雅斯贝尔斯所指出的：当孔子和老子在中国生活与教学的时候，佛陀所在的印度诞生了《奥义书》，正如查拉图斯特拉之于波斯，众多先知之于巴基斯坦，荷马、巴门尼德、赫拉克利特以及柏拉图之于古希腊，"所有这些名字所蕴含的一切几乎同时发生于中国、印度和西方"。

雷米·布拉格 (Rémi Brague, 2004) 注意到："字典"这个词在阿拉伯语中为 سوماق (qāmūs)，该词源于古希腊神话里十二泰坦中的一位——Ὠκεανός (Okeanós, Ocean, 直译为海洋)。该词最开始的字面意义是指水流的延伸，它能环抱所有大陆，使航海以及随之而产生的沟通成为可能。就像柏拉图《蒂迈欧篇》(*Timaeus*, 23c) 中对文化熔炉 (cultural melting pot) 的描述预示着："希腊文字、文化和思想被翻译进西塞罗和波伊提乌斯 (Boethius) 的拉丁语著述中，抑或从希腊语和希伯来语中被译介至阿拉伯语、拉丁语以及其他本地语言系统里的哲学传统、宗教和医疗文本，构成了伟大的地中海文化圈的发展动力。"[格雷戈里 (Gregory), 2012]，我们今天亦能感受到类似的文化熔炉的重生。

"我们现在有一个对话的文明"——当杜维明在第 24 届世界哲学大会宣读其精彩的论文之前，他如是说道。"对话的文明"不仅仅是"文化的对话 (dialogue of cultures)"，前者更是一种文化——植根着对话本性的文化。"学以成人"是一个需要不断前行的工作，我们只有浸染于艺术与人文领域，并且在此过程中不断充实自己，方能构成文化创新的基础[波佐与维吉尔（Virgili），2017]。

事实上，成为一个哲学家的标准始终处于变动之中，哲学若想实现创新、反思与包容，就必须同时给予社会更多的思考。现在的问题是，当我们面临全球化时代的挑战时，哲学家能在构建创新、反思与包容的社会时发挥什么具体作用呢？

哲学是关涉文化的。衡量其影响力对于我们改善文化中的资本因素的社会容忍度而言至关重要。因为衡量行为从价值、社会的需求和期待的角度，为校准研究和创新提供了基础。

西方的"反思的社会（reflective society）"是指，在现代公共领域里，为了增进交互理解，公民在进行磋商与恳谈时所起到的作用。这一思潮可以追溯至康德（1790）和黑格尔（1813），并在哈贝马斯（1973）、费希金（James S. Fishkin，1993），贝克、吉登斯与赖希（Ulrich Beck, Anthony Giddens and Scott Lash，1996）以及费拉拉（Alessandro Ferrara，1998）等当代哲学家的思想中得到发扬。现在许多社会当下问题，比如人工智能、后人类、知识的碎片化、注意周期（attention spans）和数据存取等现象，也值得我们进行严肃的反思。

在东方，杜维明的论述是值得我们关注的。在他看来，"人从来不是静态的结构，而是动态的、创造性的成长过程。那么，为什么要坚持以自我意识为出发点呢？我们当然可以想出一个整体一致的观点，主张先人后己。因为我们意识到了别人，我们才意识到自己。不承认别人的存在，我可能根本就不知道自己的存在。可以想见，我与他人的关系先于我的自我意识。"（杜维明，2018）

在第 24 届世界哲学大会的开幕式上，中国的教育部长陈宝生先生在演讲中专门提到包容概念所起到的重要作用。事实上，我们正直面传统与文化中出现的信任危机。然而，文明意味着我们要借助开放与学科之间的新整合，来管理全世界文化的多样性。需要明白的是，中国应当了解世界，相应地，世界也需要了解中国。现在我们需要新的叙事模式，逻辑、社会与个人交织在一起，共同努力向前。总之，我们当前的重要任务，是借助沟通去实现不同文化之间的协调与和谐。

我们期待哲学能引发思维层面的革新，以便在教育、终生学习、医疗保健、城市发展与改造等各个领域的包容与反思中寻求文化上的定位（空间与场所的人类学）。文化必须是多元的、不断变化着的、具有适应性的以及构建性的。无论何时，包容与反思始终建构于我们与他人（不论他人来自何处）的交往之中。学会这两种精神对于一个公平的社会而言是必不可少的。为此，我们需要一条能够形成社会广泛联结的大胆的、振奋人心的进路。

二

第 24 届世界哲学大会是北京大学与国际哲学团体联合会（FISP）共同努力的成果。毋庸置疑，在为中国与世界各地培养哲学人才方面，北京大学哲学系起到了重要作用。杜维明、王博及其优秀的青年学者团队——刘哲、仰海峰、王彦晶与吴天岳——实在是功不可没。他们与中国各大科研院校中的杰出代表，比如北京师范大学的江怡（译者注：江怡现已调至山西大学任教）、复旦大学的孙向晨以及中国社会科学院的谢地坤（现已调至中国人民大学任教），形成了紧密有效的合作。现在，我简单地介绍下国际哲学团体联合会。莫兰（Dermot Moran）与斯卡兰蒂诺（Luca Scarantino）分别是 FISP 上任与现任主席。两位主席在联合会中起到了灵魂人物的作用。FISP 指导委员会所选任出的国际项目委员会（International Program Committee）成员亦会伴随在主席身边，处理联合会的相关事宜。

FISP 成立于 1948 年的第 10 届世界哲学大会（荷兰阿姆斯特丹）。该联合会是非营利组织"国际哲学与人文科学理事会"（Conseil International de la Philosophie et des Sciences Humaines，简称 CIPSH）的下设组织。需要说明的是，"国际哲学与人文科学理事会"在所有的国际人文联合会与"联合国教科文组织"（United Nations

Educational, Scientific and Cultural Organization, 简称 UNESCO) 之间起到了桥梁的作用。同时, FISP 也是全球哲学界最高规格的非政府组织。其主要构成机构为世界各地的哲学研究所。中国的 FISP 代表成员是: 中国社会科学研究院哲学研究所 (Institute of Philosophy of CASS)、上海社会科学研究院哲学研究所 (Institute of Philosophy of SASS)。

　　每次世界哲学大会的召开都是一项非常重要的文化事件。所有的会议议程都已出版, 并由 FISP 网站下设的哲学文件中心 (Philosophy Documentation Center) 负责管理, 目前均可正常使用。

　　第 1 届世界哲学大会 (1900), 8 月 1—5 日, 法国巴黎

　　第 2 届世界哲学大会 (1904), 9 月 4—8 日, 瑞士日内瓦

　　第 3 届世界哲学大会 (1908), 8 月 31 日—9 月 5 日, 德国海德堡

　　第 4 届世界哲学大会 (1911), 4 月 5—11 日, 意大利博洛尼亚

　　第 5 届世界哲学大会 (1924), 5 月 5—9 日, 意大利那不勒斯

　　第 6 届世界哲学大会 (1926), 9 月 13—17 日, 美国波士顿

　　第 7 届世界哲学大会 (1930), 9 月 1—6 日, 英国牛津

　　第 8 届世界哲学大会 (1934), 9 月 2—7 日, 捷克共和国布拉格

　　第 9 届世界哲学大会 (1937), 7 月 31 日—8 月 6 日, 法国巴黎

　　第 10 届世界哲学大会 (1948), 8 月 11—18 日, 荷兰阿姆斯特丹

　　第 11 届世界哲学大会 (1953), 8 月 20—26 日, 比利时布鲁塞尔

　　第 12 届世界哲学大会 (1958), 9 月 12—18 日, 意大利威尼斯

　　第 13 届世界哲学大会 (1963), 9 月 7—14 日, 墨西哥墨西哥城

　　第 14 届世界哲学大会 (1968), 9 月 2—9 日, 奥地利维也纳

　　第 15 届世界哲学大会 (1973), 9 月 17—22 日, 保加利亚瓦尔纳

　　第 16 届世界哲学大会 (1978), 8 月 26 日—9 月 2 日, 德国杜塞尔多夫

　　第 17 届世界哲学大会 (1983), 8 月 21—27 日, 加拿大蒙特利尔

　　第 18 届世界哲学大会 (1988), 8 月 21—27 日, 英国布莱顿

　　第 19 届世界哲学大会 (1993), 8 月 22—28 日, 俄罗斯莫斯科

第 20 届世界哲学大会（1998），8 月 10—15 日，美国波士顿

第 21 届世界哲学大会（2003），8 月 10—17 日，土耳其伊斯坦布尔

第 22 届世界哲学大会（2008），7 月 30 日—8 月 5 日，韩国首尔

第 23 届世界哲学大会（2013），8 月 4—10 日，希腊雅典

第 24 届世界哲学大会（2018），8 月 13—20 日，中国北京

东西方是如何交流的呢？直到 1998 年，世界哲学大会均由西方国家筹备。2003 年，世界哲学大会首次在亚洲进行，土耳其的伊斯坦布尔承办了第 21 届世界哲学大会。此后，韩国首尔也获得了第 22 届世界哲学大会（2008）的举办权，这是大会第一次在远东地区召开。

为了向哲学致以崇高的敬意，意义非凡的第 23 届世界哲学大会于 2013 年在希腊雅典召开。2018 年 8 月，世界哲学大会再一次造访远东，来到了中国的北京。世界哲学大会的举办从欧洲移步亚洲，标志着哲学的对话文明基础已经成为了一股不可逆转的趋势。事实上，国际项目委员会在幕后做了更多工作：它说服了 FISP 在大会上放弃了亚里士多德主义的学科分类，进而引进了植根于"精神人文主义"传统的替代项目。第 24 届世界哲学大会采用专题"己（self）"去替代逻辑与形而上学版块、采用专题"群（community）"去替代伦理学和政治哲学版块、采用专题"地（nature）"去替代科学版块、采用专题"天（spirit）"去替代宗教版块。整个构架完成于第五个关涉历史的专题"传统（traditions）"。此外，国际项目委员会还继续为十组座谈会拟定了相应的主题。

三

当前，从事研究工作意味着政府或者私人机构进行投资来创造知识，产品的新形式虽然在某种意义上改善了公民的福祉或服务（这些服务的成本效益往往已经被最大化了），但创新似乎只与知识变现相关联了。技术创新会对社会发展形成影响，并在相应范围内促成社会创新。反过来，社会创新又会推动技术创新以及文化创新。在我们正面临的第四次

工业革命以及之前的所有阶段,哲学不止一次地与技术创新相遇。

坚持创新、反思与包容能够更好地帮助我们意识到框定科学与社会合作蓝图的重要性,厘清当下的困境以及提供解决思路。所谓"意识到",其背后蕴含着公共利益、分享经验以及交换空间(波佐与维吉尔,2016)。哲学该如何科学技术相遇呢?无疑,"文化创新"听起来好似一个矛盾体,然而它却实实在在地充盈于社会与技术的创新之中(波佐与维吉尔,2017)。文化创新需要交往的空间——其间,公民们可以围绕着公共利益,交换自己的经验。这些不局限于图书馆、博物馆以及科学中心,还包括"艺术与人文的数位研究基础设施"(Digital Research Infrastructure for the Arts and the Humanities,简写为 DARIAH)在内的共创平台。

1937 年的笛卡尔大会。哲学家无疑为 20 世纪的科学与创新带来了实质性的贡献。其中一个高潮,莫过于 1937 年在法国索邦召开的第 9 届世界哲学大会,它被命名为"笛卡尔大会"(Congrès Descartes),以纪念笛卡尔《谈谈方法》(*Discours sur la méthode*)出版 300 周年。该次大会由瓦莱里(Paul Valery)经办,包括勃朗德尔(Maurice Blondel)、布伦瑞克(Léon Brunschwicg)、俄瑞斯坦诺(Francesco Orestano)、罗斯(W.D. Ross)、弗兰克(James Franck)、马里坦(Jacques Maritain)、莱维尔(Louis Lavelle)、奥加提(Francesco Olgiati)、沃尔(Jean Wahl)、马塞尔(Gabriel Marcel)、贡塞特(Ferdinand Gonseth)、德布罗依(Louis de Broglie)、卡尔纳普(Rudolf Carnap)、赖欣巴哈(Hans Reichenbach)、古耶(Henri Gouhier)和柯宾(Henry Corbin)在内的众多知名学者发表了演讲,本雅明(Walter Benjamin)也公开参与了此次会议。哲学家们在这次二战前夕的会议中,对因果性、决定论以及科学的统一性作出了精彩的论述。

2024 年的康德大会。哲学亦会给 21 世纪带来很多财富。2024 年是康德的 300 周年诞辰,我相信,2024 年的康德大会一定会在许多事情上达至顶点,犹如 1937 年笛卡尔大会那样在哲学史上留下壮丽的一笔——我们期待《康德著作集》(*Kant's Gesammelte Schriften*)第一部分的新编版、第14届国际康德大会 (14th international Kant-Congress) 以及其他一系列富有意义的活动。第25届世界哲学大会 (墨尔本,2023) 将会成为康德纪念活动的先声。事实上,21世纪最大的挑战是全球化,我们需要一个哲学叙事来应对它,而康德关于登临权 (right of visit)、友好 (hospitality) 以及主权 (sovereignty) 的论述无疑为该叙事提供了宝贵的理论资源。

<h1 style="text-align:center">四</h1>

哈贝马斯 (1973) 曾将黑格尔 (1813) 详加论述的一个概念"直抵事物的反思 (reflecting into the thing)"——从存在的浮面通达本质的根基,就像是用反射的光线照亮原先不可见之物,或创造一个原先不存在的图景——应用于社会。现在是时候检视这种反思背后所蕴含的意义了,该反思致力于去重新定义看待文化的方式,尤其在过去、现在和未来中展现不同路径下的文化进程是如何参与在一起的。

请让我介绍一个案例。设想一位求学于意大利一所人文科学高中的华侨小孩。某日,老师要求其阅读柏拉图的《苏格拉底的申辩》,初次阅读时必须用意大利语,之后可以参阅希腊原文或是斐奇诺 (Marsilius Ficinus) 翻译的古典拉丁语版本。如今的学生很容易进行多层次、多语言的超文本 (hypertexts) 阅读,不少当代的社会阅读工具也为他们提供了互助式指导。为了能在其家中 (他/她家平时使用中文) 更为深入地讨论苏格拉底的思想,这位同学还会去阅读现代汉语版的《苏格拉底的申辩》。相应地,如果这位学生的校友们要阅读孔子的《论语》,他们也会接受他/她的概念指导。于是,这些学生们聚集在一起,开始思考"动 (movement)"、"静 (rest)"、"人 (human being)"以及"仁 (humaneness)"这些概念,并且最终逐渐理解了诸如"存天理、灭人欲"之类的宋明儒学 (倪培明,2017) 的核心原则 (王蓉蓉,2005)。

五

"不平等"既是欧洲所面临的主要难题,也是欧洲实证研究的对象:减少不平等和社会排他是未来欧洲不得不应对的挑战。与此同时,诸如创新的新形式与公民参与等现象也在某种程度上彰显了欧洲的巨大潜力。欧洲一体化的持续离不开社会的包容、创新与反思。

理论、事件、纲领、事实以及现实生活是当今世界不可缺少的部分。如果我们不去借助新的教育工具去参与和构建知识,那么国家叙事、同一性的意识形态等问题将仍然被少数群体所关注,进而影响到多数群体——我们不应忘记那些曾经辐射整个世界的历史事件(比如关于大屠杀的恐怖经历)。

创新教育与培训政策能够增加劳工的生产力、社会平等以及最终实现民主的参与进程。事实上,许多文化沉淀嵌入于"联合国可持续发展目标(UN Sustainable Development Goals)"的系列条例之中,例如:良好健康与福祉(目标三)、优质教育(目标四)、性别平等(目标五)、体面的工作和经济增长(目标八)、产业、创新和基础设施(目标九)、减少不平等(目标十)、可持续城市和社区(目标十一)、负责任消费和生产(目标十二)、和平正义与强大机构(目标十六)。

六

哲学致力于建立以证据为本的教育(evidence-based education)以及适用于所有教育学业水平(覆盖整条创新链条,从学校到劳工市场和公民社会)的就业政策[普罗迪(Prodi, 2018)]。在理解尊严、不同传统带来的差异以及由于历史、哲学和宗教层面的无知所造成的威胁等方面,创新贯穿始终。因此,哲学必须展开三个层面的合作:在基础研究层面,与教育学、心理学、社会学、社会行为科学、宗教科学、历史学、经济学和地域研究相结合;在应用研究领域,去关联性别研究、社会凝聚力研究、跨文化研究、经济不平等研究；就企业创新的维度而言，与就业平等、人力资本与人才素质、工作组织发展相联系。

无论是在观念层面还是在制度层面，哲学都致力于研究那些关于新生代系统变革的论题，也即我们现在所谈论的公共利益、分享经验与交换空间（波佐与维吉尔，2016）。目前我们已经看到了成效。

有趣的是，当今世界会进一步探索创新、反思与包容，而这一过程所指明的方向早在数千年之前就已经被秉持着精神人文主义的中国学者所洞察。杜维明提醒我们："一个具体的、活着的人是由多维复杂的关系构成的。"（杜维明，2018）

圆桌对话

哲学: 回归人的发展, 预见 AI 伦理困境

刘梁剑: 我是华东师大哲学系的刘梁剑。欢迎大家来到美丽的丽娃河畔一起来聊聊哲学。

波佐教授在演讲题目中提到 philosophy East-West (东西方哲学),"East" 和 "West" 之间的联字符发人深思: 我们用什么方式联结东方与西方? 在世界文明的新时代, 东西方之间越来越需要通过一种更加文明的方式相联结。这就是波佐教授反复强调的另一关键词——对话 (dialogue)。今天这个圆桌会议, 正是一次具体而微的东西方对话。下面有请四位嘉宾介绍一下各自的哲学背景。

谢地坤: 我来自中国人民大学哲学院, 研究德国和欧洲哲学, 2017 年之前长期在中国社科院哲学所工作。中国社科院哲学所和上海社科院哲学所共同组织中国哲学界参加 FISP 的活动。作为十多年的哲学所所长, 我被选为 FISP 国际指导委员会委员 (下称指委, 恒定为 39 位), 参与了从 2003 年伊斯坦布尔会议到 2018 年在北京大学召开的第 24 届哲学大会的组织策划工作。对世界文化的多样性、哲学作为一种民族精神、世界文化的交融深有感触。

波佐: 我现在的研究主要集中在创新、人口迁移和词汇学。此前在意大利的人文研究院做主任, 参与欧盟一些关联的合作项目, 对于人文和社会科学之间的联系和两者的创新有一定的体会。我同时还在欧盟"地平线 2020 配制研究实施计划委员会"内工作, 努力在欧洲多语言的基础设施上为人文和艺术发展提供数据支持。

加拉格尔: 我来自美国的孟菲斯大学 (密西西比河边的田纳西州)。

在美国执教哲学三十余年，对那里的情况非常了解。我研究现象学、存在主义，从 20 世纪 90 年代开始，转向认知科学中的具身认知，主张认知不仅是大脑的功能，身体也在其中发挥作用。和我一起合作的有心理学家、语言学家、人工智能科学家，等等。

倪培民：1985 年，我在复旦大学读完硕士后赴美留学，获博士学位后留美任教，在那里生活和工作了三十多年。现在我是美国格兰谷州立大学终身教授，同时也兼任北京师范大学特聘教授。

哲学的角色和变化趋势

刘梁剑：波佐教授在演讲中设问，要建设一个创新、反思、包容的社会，哲学怎样发挥作用，这涉及哲学的功能和角色问题。

哲学最重要的作用是促进人的发展、推动人的教育

谢地坤：哲学的功能和作用与以往不同。世界哲学大会自 1900 年在巴黎召开至 1973 年间都没有主题，直至第 15 届才设立，但话题都是包罗万象，等于没有主题。2013 年、2014 年在北大讨论本届主题时产生了激烈的争论。当时我与北大一些同事提议 "Dialouge in Between"，因为与以往一样宽泛没有得到 FISP 39 位指委的同意，这些哲学家分别代表了 百多个国家和几十个不同的哲学团体，以及个人对哲学功能的理解。最后杜先生提出 "学做人"，获得普遍赞同并被翻译为广泛接受的 "学以成人"。

进入 20 世纪后，西方哲学分为以人文主义关怀为主的大陆哲学和以英美为代表的分析哲学两大流派。20 世纪最大的转向就是语言转向，即语言分析，这两大派别实际上体现了我们如何理解哲学。大陆哲学表达得很清楚，海德格尔认为 "哲学就是对人类未来和地球未来的拯救"；1965 年，萨特造访中国期间提出——"存在主义就是一场人道主义运动"，这是对哲学本质的一种概括，凸显以人为中心。

而此次世界哲学大会确定的主题印证了当代哲学的趋向。罗蒂在

21世纪初提出,"我们反思20世纪哲学,那种关注用逻辑学方法来揭示语言结构的做法在今天看来一文不值。"因此,在我看来,哲学不仅是认识世界、人类社会、世界发展规律,更大的功能在于促进人的发展、推动人的教育。

多元—狭隘—开放:英美哲学开始向多样化趋势发展

加拉格尔: 实用主义哲学是美国的主流哲学。近期美国哲学论坛上强调最多的一个词就是多样化——哲学内部的多样化。

美国哲学学会采取诸多措施推动学科多样化。一方面,向不同的人群开放,提倡更多的女性介入,改变过去哲学是白人男性的小天地的现状。另一方面,也意味着话题、课题的多样化。现在强调追求更多的国际理解,希望囊括世界各地的各种哲学。但这个转变需要时间。

英国和澳大利亚的一些高等教育机构开始强调"理念的影响",希望哲学家或学术工作者能够关注非学术机构的研究,以拓宽哲学话题。在17、18世纪的哲学史中,出现了笛卡尔等大家,他们同时还是科学家、数学家。到20世纪初,哲学被归入某一个系,开始变得狭隘、专业和抽象,仿佛只是纯粹的象牙塔中或教授之间的精神活动。但过去10年中,哲学的确呈现出进一步开放的趋势,以此来看,哲学并不只有某个单一的功能或角色,而应该是多元的。

整个人类像青少年,怎样走向心智成熟,还需要"学以成人"

倪培民: 我在美国学习时去纽约访友与大楼的年轻保安闲聊。他听到我是学哲学的,就说:"哦,就是那提出一大堆问题,却没有答案的学问吗?"确实。在哲学里,我们追问很多问题,涉及人生、社会、宇宙等不同层面。这类问题驱动了我去探讨哲学,也同样曾驱动了柏拉图、亚里士多德、老子、孔子进行深入的思考。它们往往没有一个确定的、绝对正确的答案,但引导我们思考,启迪我们灵感。这就是哲学的美感和价值所在。

本次世界哲学大会的主题是"学以成人"。迄今为止,出现了许多非常优秀的个人,但从整体上看,作为一个"类",人类还很不成熟,就像一个青少年：肌肉发达，荷尔蒙爆棚，有很大的建构能力，也有巨大的毁灭能力。人的成熟的主要标志是心智的成熟。所以"学以成人"还需要看整个人类怎样走向成熟，怎样去学以成人。

至于哲学的功能，多年前在美国《高等教育期刊》上读到《哲学的危机》的文章，一位知名的分析哲学家所写。文章列举了哲学所受到的诟病。"当其他人文学者变成了行动者，运用他们的学识作为改变社会的工具之时，哲学家却越来越多地退回去，成了旁观者，甚至不是旁观生命，而是退回到了脱离生活的宏大抽象的概念领域。"怎么解决这个危机？我很期待看到他的答案。但文章结论是：哲学并没有什么不对。它本来就是研究那些永恒的概念的，哲学家就应当像小孩一样，永远保持好奇。

他说的有一定道理，哲学确实需有自己的独立和尊严，并不是事事先想着为社会服务。像笛卡尔那样坐在壁炉前所做的纯哲学的、超脱具体时空的"沉思"，也在实际上影响了整整一个时代。哲学的观念虽然抽象，但它们制约着我们的思维方式和行为方式，对人的成熟至关重要。所以，一方面探索永恒的问题和概念必不可少，但另一方面我们也必须面对不断改变的现实，应当与时俱进地应对具体生活和具体问题。而人类在当下亟需哲学，亟需发展成为"成熟的人"。

意大利高中课堂上用孔子来解释柏拉图，这就会促进哲学思维的创新

波佐：在意大利，高中就需学习哲学。设想一下，这节课要谈论柏拉图，讲解《苏格拉底的申辩》，而这个课堂中有个华侨二代，孩子在意大利长大，精通意语和汉语。他可以按惯例用希腊文、拉丁文或英语来阅读柏拉图并写出阅读报告，而他的爷爷告诉他柏拉图提倡的自由灵魂，在中国的孔子也曾说过。于是这个孩子用双语读完柏拉图，同时阅读孔子，并把《论语》拿到课堂中。多亏了这个聪明的孩子，其他读柏拉图的意大利孩子知道了孔子。这个例子可以告诉我们什么是创新和反思。

创新的冲击之一是体制性的变革，有些事情在改变，例如首先电子书已经改变了图书馆和许多高等教育机构。其次我们有没有这样的途径，

让学生在社交网络上阅读中文译本。再者,是否有这样一些社群一起参与社会活动。最后是用户的数据,这些孩子创造了一些新东西。当然,还有其他变量。

作为一个哲学家,我们应当进行这样的反思工作。因为这个孩子并没有重述柏拉图的字句,而是在自己的传统中找到了柏拉图的镜像,并通过数据流将信息反馈给了其他同学,使课堂变得越来越多元。这就是创新。

东西方哲学的对话

刘梁剑:"美美与共"是东西方哲学对话的理想境界。不过,在现实层面我们注意到,许多对话并不那么顺利。FISP 主席莫兰特别提到,东西方哲学对话需要实现语言、概念工具、偏见和大众传媒片面性等四方面的突破。大家怎么看呢?

哈贝马斯说与中国人交流感到不平等,
中国哲学人须为平等交流付出努力

谢地坤:黑格尔说,哲学是时代精神的体现,并且是正在思维着的精神,任何定于一规的所谓哲学不过是教条。同时,哲学也是民族精神的体现。哲学是对我们生活世界的反思。东西方哲学家的交流,障碍首先来自对哲学的理解和认知。德里达来京访问时,曾在北大和中国社科院谈到中国哲学。他的本意是说哲学具有多样性和开放性,西方的哲学家也想从存在很大差异的中国哲学中汲取营养和其他元素。但这观点被误解为看不起中国哲学传统。我认为,它影响了我们对哲学多样性和包容性的理解。

《世界文化多样性宣言》提倡平等的多样性,在相互尊重的基础上进行交流。哈贝马斯曾说,中国人与我们的交往令我们感到不平等。即,现在哈贝马斯的每篇文章几乎都被译成了中文,但德国人根本不知道中国哲学现状。从此次世界哲学大会来看,中国哲学专题提到了许多中国传统哲学，但对于当下中国人与中国哲学界研究的内容，实际上谈得极少。所以，这就产生了"障碍"。

在这方面，冯友兰先生代表的老一代哲学家给我们做了很好的榜样。他说，中国哲学不仅是照着讲，而且要接着讲。什么叫接着讲？就是必须在中国文化的基础上有所创新、有所突破，真正构建中国人自己的哲学风格与创新内容，然后加强中西哲学的融通，这才是发展中国哲学的正确道路。

通过不断对话，从以西释中进步到以中释中，进一步到以中释西

倪培民：首先，东西方交流间的状况并不对称。西方哲学界总体而言对东方哲学没什么兴趣。哈佛、普林斯顿、耶鲁等美国一流大学实际上都没有中国哲学专家，即便有，也只存在于宗教研究或东亚研究等等系科中。其他大学中有研究中国哲学的学者，也多为学校为了体现包容多元的文化。

以前中国受到来自西方的压力，认为要拼命地借鉴西方哲学，采用西方的话语概念来诠释东方的哲学——以西释中。但现在，许多人已经认识到它的片面性，需要"以中释中"，这是一个进步，但仍不够。我们需要进入第三阶段"以中释西"，即用中国视角来诠释西方哲学。近几年我尝试用宋明儒学所讲的"工夫"来解释西方的哲学，看到西方主流视角所看不到的新的景象。在此基础上，我们可以与西方进行新的对话。

北京世界哲学大会将改变世界哲学生态

波佐：奥运会曾在北京召开，展现了不同面貌。世界哲学大会在北京举办也有它的独特性。比如说，西方人觉得100挺好，中国人则觉得99很好，所以我们有99场专题会议。

如果以"以西释中"的角度阅读往届哲学大会的论文集，你会发现以前更多的是伦理学、认识论、科学哲学和艺术，但此次全体大会的主题分别是自我、群体、自然、精神和传统，完全考虑了中国哲学的背景。

所以，毫无疑问我们充分融合了中国哲学和西方哲学，指委会最后达成共识——北京世界哲学大会将改变世界哲学生态。

哲学面对人工智能和科技发展

刘梁剑：哲学应当如何回应当代科学技术的发展带来的挑战？加拉格尔教授的工作与心理学、人类学、神经科学有着大面积的交叉，他平时也阅读了大量的科学论文，请他先聊。

最新的 AI 将带来人机互动、机人互动、机机互动，如何界定共享责任？

加拉格尔：过去，人们也曾探讨过相关问题，尤其是在电脑出现之时。在过去五六十年中，哲学已开发出新的基本方法。但现在需要更新的方法探讨这些问题。

就机器人研究而言，美国投入了大量科研经费。这些机器人将来或许完全可以与人类进行无缝顺畅的互动，能模拟人类直接在机器之间进行互动。已有不少团队专门研究电脑的认知，那么人机互动、机人互动、人人互动与机机互动这些状态到底意味着什么，这不仅需要从自身的角度寻找新的答案，还需要从延展的心智、嵌入的角度，以及深层的角度来探讨。

与人工智能的互动确实将带来许多复杂的问题。从技术的本意来看，每一个工具都必然存在弱点，我们因此也会受到工具本身的缺陷的影响。例如，为了了解大脑，我们可能会利用脑部扫描等工具，并期待某一技术包揽人类全部的认知，事实是，一味追求脑部扫描不可能得到全部的答案。

又如虚拟现实技术，有时也称为主客观的混合技术。脑科学能使我们了解大脑运行的一些法则，这可能会对法学产生一定影响，比如某些罪行可能与罪犯的大脑生理学方面的因素有关。那他应在多大程度上担责？这就是有关责任的伦理困境。还有共享的责任伦理，例如人类与电脑合作时，应如何分配责任？毫无疑问，在这样的技术和人伦方程中，我们确实需要用哲学眼光进行更多的思考，而哲学家可以作出特殊的贡献。

庄子提出"机心"，已经提示了技术也会 反作用于人类和主观世界

倪培民：我们往往认为，技术不过就是人类能力的延伸，多多益善。其实不然。在古代中国，儒家的思考不多，但老庄这些道家思想家都谈到技术和工具可能带来的后果。庄子就提醒人们注意"机心"。"有机械者必有机事，有机事者必有机心。"意思是人在使用某种工具的时候，不仅是人作用于客观世界，其主观世界也会反过来受到影响。

今天，已有深度学习能力的人工智能会作用于我们。大数据会掌握人类的阅读习惯，主动推送首要关注，造成信息的碎片化和窄化，将人类引入越来越狭隘的领域，造成主观能力退化，例如记忆力下降、方向感萎缩、注意力分散。所以，从长远来看，我们应重新解读人与工具、人与世界、人与自然的关系。思考人类到底需要成为怎样的物种：一个手臂加长、头脑增强，控制世界的同时又让人类创造的智能物反咬一口的人？还是与技术同步发展能力、心智更为成熟的人类？

在这一大的思考框架下，儒家思想的重要价值得以显现。技术状态下的人类，更加需要认识到人不是单纯的个体，他还是群体，是国家乃至宇宙的组成部分。我们与周围事物存在相互依存关系，应建立和谐而非对抗的关系。

刘梁剑：我在2018年第22期的《思想与文化》上看到美国加州州立大学富乐敦分校哲学系的刘纪璐教授撰写的《儒家机器人伦理》，这个话题已经被哲学家们所关注。

既时刻关注科学最新发展又体现独立性， 反之都将危及哲学的生存

谢地坤：从近代或18世纪以来，哲学遇到的每一次挑战都来自科学技术的进步，所以从胡塞尔到现在都在谈哲学危机。按照哲学界长期的说法，科学技术的每次进步都推动了哲学的发展，但是反过来，哲学如何

影响到科学的发展，我们做得很少。今后一段时间内，科学哲学将是哲学中的显学且必须发展的学科，反之，会危及哲学本身的生存。

当代物理学、生物学、计算机技术、信息技术实际上都构成了对哲学的挑战。丁肇中教授前几年通过实验发现了暗物质的存在，前两年有人发现了引力波，也是一种暗物质，暗物质对世界发展的影响达到 70%。对此，如何从哲学上解释所谓的物质？以往我们总说"世界是物质的，世界是可以被认识的"，所以现在的哲学定义是不全面的。同理，没有对人工智能与人类本身心智的关系这些最新知识和认知，现象学原先提出的所谓意向性、意向结构恐怕是一文不值。

现在提倡使用大数据。作为一个哲学工作者，我不禁反思，大数据和认知论到底有什么关系？因为大数据模糊了主体性，我特别喜欢加拉格尔教授说的"大数据模糊了责任意识"，因为所有的数据全部来自网络公司，其主体性已经消失。另外，大数据说的全是当下现象。前些年在调查"85 后"的中国年轻人网络言论时，有一年得出的结论是"怨"这个字占据第一位，但第二年则是另外一种说法。现在要思考的是，大数据的当下性与哲学追求的永恒性是什么关系？

所以一方面哲学研究者要关心、了解科学，另一方面要树立相对独立性，否则哲学会遭遇危机。

刘梁剑：中国现代文学和现代哲学中，有两个很有意思的意象：象牙之塔，十字街头。古希腊哲学中也有两个很有意思的意象：agora（市场，苏格拉底找人对话的地方），academy（柏拉图的学园）。哲学，一方面有"十字街头"或 agora 的面相，另一方面则有"象牙之塔"或 academy 的面相，后者意味着必要的理论沉思，前者意味着关注生活世界的新变化，包括科学技术的新进展。哲学需要实现这两种不同面相之间的良性互动。

（整编：李念、金梦）

六种对话携手克服"概念贫困"

童世骏（华东师大哲学系教授、校党委书记）

这次世界哲学大会的中国承办方是北京大学，但它的中国发起方是两家，中国社科院（CASS）和上海社科院（SASS）；谢地坤教授以前在CASS做哲学研究所的所长，我以前在SASS做哲学研究所的所长。感谢文汇讲堂让我有机会强调这一点。

哲学与教育携手克服"概念贫困"

波佐（Riccardo Pozzo）教授谈到了哲学与创新、反思和包容的关系，谈到了哲学与教育的关系，我听了很受教益。我觉得 innovation、reflection 和 inclusion 恰好对应于华东师大创校校长孟宪承的三个 C：智慧的创获（creativity）、品性的陶熔（character）、民族和社会的发展（community），很可以做一些发挥。

我想借机谈谈自己对创新、反思和包容与哲学之间关系的看法。哲学与科学的区别在于，哲学研究概念问题，而科学研究事实问题。套用马克思的名言，哲学是通过"解释世界"来"改变世界"，通过改变将要改变世界的人们的思想，来改变他们生活于其中的世界。为了实现这种特殊的"改变世界"的使命，哲学的概念工作必须通过教育落实到创新、反思和包容。换句话说，哲学与教育携手克服挪威哲学家希尔贝克 Gunnar Skirbekk 教授所说的"概念贫困"（conceptual poverty），对于创新、反思和包容，都非常重要。

但我们不仅要在数量上克服"概念贫困",而且要在质量上克服"概念贫困"。智者和爱智者的区别就在这里——智者也掌握许多概念,但只有爱智者才懂得真正理解和运用概念。

要在质量上克服概念贫困,对话就特别重要;只有通过对话,才能发掘和掌握概念的深层含义、概念的语境含义和概念的运用方法,才能培育使用概念进行理性论辩、进行摆事实讲道理的兴趣和能力。

六种哲学意义的对话

正因为对话是重要的,我们不仅要谈论对话(talking about dialogues),而且要从事对话(being engaged in dialogues),就具体问题进行对话。

就具体问题进行有哲学意义的对话,大概有六种形式:其一,哲学家同行之间的对话(这是世界哲学大会的主要内容);其二,不同民族传统的哲学专家之间的对话(这是世界哲学大会的重要特色,也是倪培民教授贡献最多的那种对话);其三,哲学专家与其他专家之间的对话(如加拉格尔 Shaun Gallagher 教授的科学哲学研究);其四,哲学专家与普通大众之间的对话(如刘梁剑所说到的 agora 或十字街头与 academy 或象牙塔之间的对话);其五,其他各学科专家之间的对话;其六,其他各学科专家与公众之间的对话。

前面四种对话当然与哲学家有关,但后面两种对话(其他各学科专家之间的对话和其他各学科专家与公众之间的对话)也与哲学家有关,也就是说,其他各学科专家之间的对话、其他各学科专家与公众之间的对话,如果要克服概念上的障碍的话,以研究概念、范畴为专长的哲学家,可以发挥重要作用。

当然,这也要求哲学家更多更好地了解其他学科、更多更好地学会与公众对话。

感谢在场的哲学家们和在场的哲学爱好者们,感谢文汇讲堂和文汇报的同志们,也感谢华东师范大学和复旦大学的相关同志们,你们的努力,让大家知道,世界哲学大会,甚至哲学本身,不仅仅是由无比艰深的专业哲学家、常常让人啼笑皆非的民间哲学家（民哲）和对民哲传闻津津乐道的网民们所构成的。

（整编：李念）

后 记

现在回望 2017 年底起意的"24 位世界哲学家访谈录",颇有坐看云卷云舒、花开花落之惬意与悠然,然而期间的转承启合却无一不浸润着电影般的戏剧与悬念。

需要一些想象力

关于第 24 届世界哲学大会,由远而近,仿佛是邻居家的数着归期的游子,我并不陌生。还在 2012 年 11 月,杜维明先生首次做客文汇讲堂,题目即为《仁的反思:面向 2018 年的儒家哲学》,那时就埋下了中国举办世界哲学大会的隐线;2013 年 8 月杜先生率队在希腊雅典申办成功,期间的有惊无险,我写进了好几篇报道中;2015 年 11 月,国际哲学学院(IIP)院士年度会议首次在北大召开,主题是"人的维度",我参加并做了报道;2017 年 8 月,北大召开了盛大的"24 届世界哲学大会倒计时一周年启动仪式",我在家里观看了视频直播。那天的直播后,一个"中国哲学人共同体"念头一直萦绕在脑海里。作为总部驻扎上海、目光是全国、视野是全球的人文媒体,文汇报能做些什么?致敬!这两个字冒出来。总有些人是先锋,如杜维明先生,从哈佛到北大,席不暇暖地让儒学走向海外,又让其带着"客人"回家,不再"花果飘零";如北京大学,作为承办方,必须面对关联的多维动态关系。上海,这个有着"海派学术"根基的城市,能做些什么?尤其是学界。于是,在 2017 年底华东师大的一次学术聚会中,我和华东师大、复旦大学的同龄人梁剑、清华提议此事,和孙向晨院长、郁振华教授、陈立新主任报告此事,和报社请示,不妨文汇报、复旦、华东师大联手,做个世界哲学家访谈,向第 24 届世界哲学大会致敬？

想象力，在郁振华提议的访谈数量中达到了闭环——"24 位世界哲学家访谈录"向第 24 届世界哲学大会致敬。

需要彻底的协同

当今的世界，想以一己之力做件有动静的事都是奇迹。然而，但凡有两人，就会有异议，有三人，就会多元。我们的"共同人"小船，就在多股不同方向的力量中打转继而达成共识，朝目标方向前行。我清晰得记得，2018 年 1 月 22 日，北京最冷的冬天，我带着两校的建议人选去北大和谢地坤、刘哲、程乐松一起商讨具体人选。后者代表着这次世界哲学大会的两个主办方——国际哲学团体联合会和北京大学下属的具体操作方。一周后回到上海的两校会议上，我们再次讨论。显然出发点并不相同，有些甚至相悖，源于每个人的视线辐射范围不同。在逐个沟通中，最后，一份最大公约数中的 24 人名单和备选名单出炉，既保持了组委会希望的多元 + 新学科，也保留了学者们希望的主流，同时以海外学者为主。

此后的相异意见具体降解到我们操作的三方和具体每个访谈者联系的哲学家身上。不过一个原则已经确立，沟通、说服中达成协同，几乎每一方都会作出一些妥协，也欣赏相异方的长处。

需要无情的执行力 +

春节前，我和刘梁剑、才清华组成了项目组，彼此分工，做了严密的进度表。让我始料不及的是，尽管有组委会作为指导，但名单上赫然在册的大哲学家们，并非个个呼应我们；采访团队的组成中，青年博士生踊跃度胜于更高一级的学者。于是，一个颇为严峻的问题摆在面前——如何联系上并不极端陌生的目标哲学家？"共同体"的小船又开始原地打转了。那两张 24 人进展表从 3 月到 7 月，一直放在我的包里，直到邹巴巴看不清字，几乎每夜入眠和每日醒来都会盘点一下，仿佛一夜间多了24 位失联的全球爷爷奶奶们（如除去 50 岁的法国哲学家，平均年龄在78 岁）。微信互动群里，合作团队也会因为谁给了我们回应而掀起欢乐的浪花。失联的范围在不断缩写，从十多个到七八个，有的是耐心所致，有的是敦促奏效，有的则需要外围攻关。作为记者，我笃信，只要有名有姓的人，我们总能联系上。此时，文汇报驻外记者发挥了很好的作用，从俄罗斯、尼日利亚、伊朗、印度、巴西，他们都被我搬来救急，帮忙打电话联系目标人，我自己也写一些中文思维的邮件给哲学家，记得写给尼日利亚的奥克雷神父的信，"我像等待圣诞礼物一样，期盼这个'六一'国际儿童节能得到我向往的礼物——您的问题回复。"总之，没几天，他回复了。学者也起到了助推作用，姚新中、高宣扬都极为支持我们的项目，他们直接帮助我们打通联系盲区；有两位学者，直接替换了名单。值得一提的是，我们最终成稿有了 25 位哲学家，也是采访组合力努力的成果。

此后的访谈、翻译、确认中，都遇到了类似的节奏问题，我们的采访队伍逐步扩大到 34 人，工作语言从中英文扩展到俄语、法语、德语。好在因为都有了提前量，最后在刊发前几天，等到了巴特勒教授的回复。真是谢天谢地！期间，因为个性不同、习惯不同、节奏不同，采写组成员都配合了我的"无情指令"，我也为编辑稿件常常一夜只睡三四个小时来承受拖稿的"无情"。事后回想起来，这些既惊险又温馨。

需要多维度共振

笛卡尔、康德似的头脑体操进入 21 世纪，必须设计多维度的共振。首先是传播的共振，这次总体设计上是一组访谈、一场讲座、一本书。在融媒体时代，我们率先选择了在各家新媒体上的多次传播，影响的人群接近 50 万。在世界哲学大会期间，几乎所有与会学子都在看这组报道，学人几乎都知晓这组报道。最后评选出 20 位"我爱 WCP"传播奖，最优者还获得了向心仪的哲学家提问的机会。而文汇讲堂现场，更是提供了面对面对话、激发灵感的机会。作为静态文字的书，既是纪念也是提供再度思考的空间。感谢人民出版社选择了我们。

其次是与哲学家的再次面对面。此前的访谈，受限于时空，一半采取了邮件采访，因为彼此之间的专业六成是有关联的，所以，书面有助于精确性的表达。在世界哲学大会现场的面对面，更是加深了沟通。有的很快有了新的学术合作成果。

如今，这近三十万字的书稿即将出版。回顾访谈往事，依然有些恍惚，那些遇挫时的信念、援助的温暖、持续熬夜65天的亢奋、领略不同哲学家洞见的愉悦、说服不同意见的智慧、刊发后的好评和遗憾……终将成为我们每个个体"学以成人"道路上亮丽的风景——我们的主体性、主体间性，在中国哲学走出去的漫长行进中，都没有缺席；还感染、感动、联手了不少同道者。真心感谢我所在的文汇报社党委对这组访谈的倾力支持，感谢复旦大学哲学学院、华东师范大学哲学系班子的果断决策，使我们来自海内外的34位采编组成员有缘将之变成丰硕的思想成果。三家领导层具有的前瞻战略、全球视野赢得了世界哲学大会上诸多海内外学人由衷的赞誉——报道充分显示了上海风度和上海风格。

如果还有下一次，相信每个人都会做得更好。

李 念

(《文汇报》记者、文汇讲堂负责人、文汇—
复旦—华东师大联合采访组牵头人)

责任编辑：任　哲
版式设计：顾杰珍

图书在版编目（CIP）数据

在这里，中国哲学与世界相遇:24位世界哲学家访谈录／李念 主编 . —北京：
　人民出版社，2018.11
　ISBN 978－7－01－019910－8

I. ①在…　II. ①李…　III. ①哲学家 – 访问记 – 世界 – 现代　IV. ① K815.1

中国版本图书馆 CIP 数据核字（2018）第 233245 号

在这里，中国哲学与世界相遇
ZAI ZHELI ZHONGGUO ZHEXUE YU SHIJIE XIANGYU
——24 位世界哲学家访谈录

李　念　主编

人民出版社 出版发行
（100706　北京市东城区隆福寺街 99 号）

北京中科印刷有限公司印刷　新华书店经销

2018 年 11 月第 1 版　2018 年 11 月北京第 1 次印刷
开本：710 毫米 ×1000 毫米 1/16　印张：25.5
字数：340 千字

ISBN 978－7－01－019910－8　定价：68.00 元

邮购地址 100706　北京市东城区隆福寺街 99 号
人民东方图书销售中心　电话（010）65250042　65289539